# Die KUNST des ZEICHNENS

# 15 MINUTEN

# KOMPAKTWISSEN

# Inhaltsverzeichnis

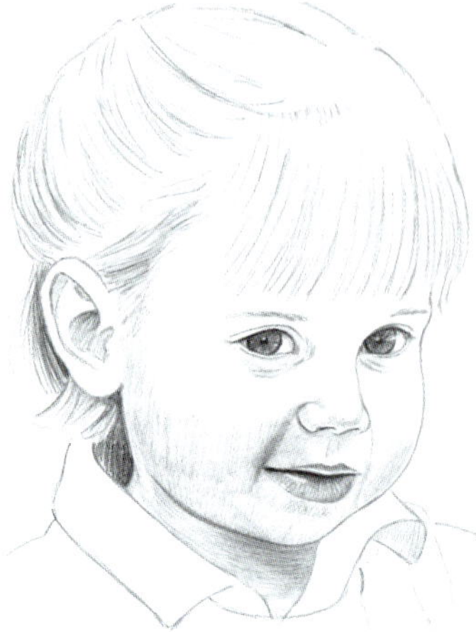
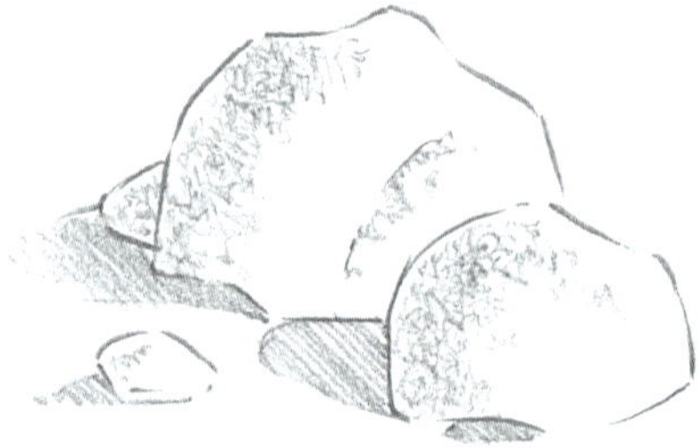
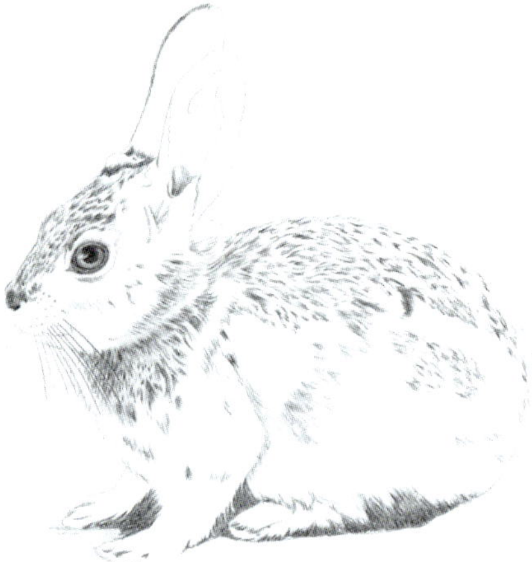
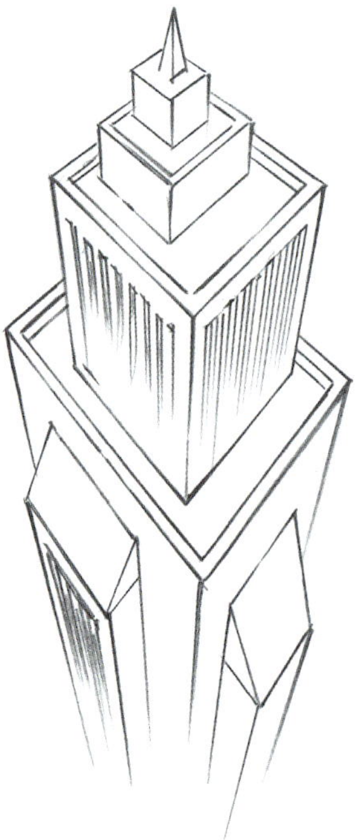
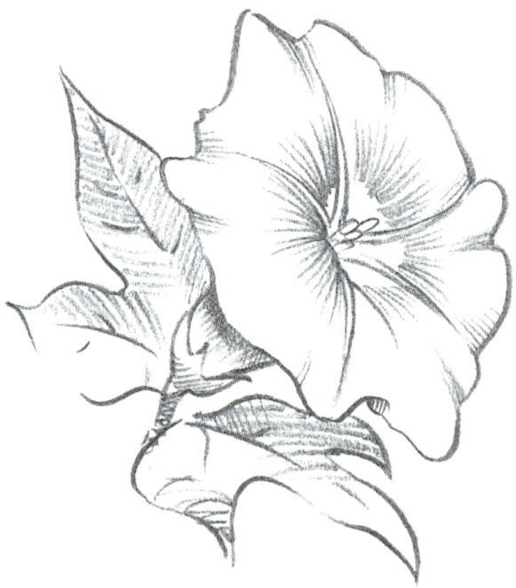

# Über dieses Buch

Gesichter, Blumen, Tiere, Landschaft und Architektur – dieses Kompaktwissen versammelt alle wichtigen Zeichenthemen in einem Band. Jeder Themenbereich besteht aus verschiedenen Lektionen, die aufeinander aufbauen. So arbeiten Sie sich Schritt für Schritt von den einfachen Grundlagen bis zum ersten Motiv vor und üben dabei, die erlernten Techniken sinnvoll zu kombinieren. Tipps helfen, Fehler zu vermeiden und Sie werden die Grundtechniken schnell beherrschen. Einzige Voraussetzung: Sie arbeiten die methodisch aufeinander abgestimmten Lektionen systematisch durch.

Die vielfältige Auswahl von Zeichenmotiven zu jedem Themenbereich ermöglicht es Ihnen, im Anschluss an die Übungen eine Vielzahl verschiedenster Zeichnungen anzufertigen, für die Sie jeweils nur etwa 15 Minuten Zeit aufwenden müssen. Sie werden begeistert sein, wie schnell sich Ihre Zeichenmappe füllt!

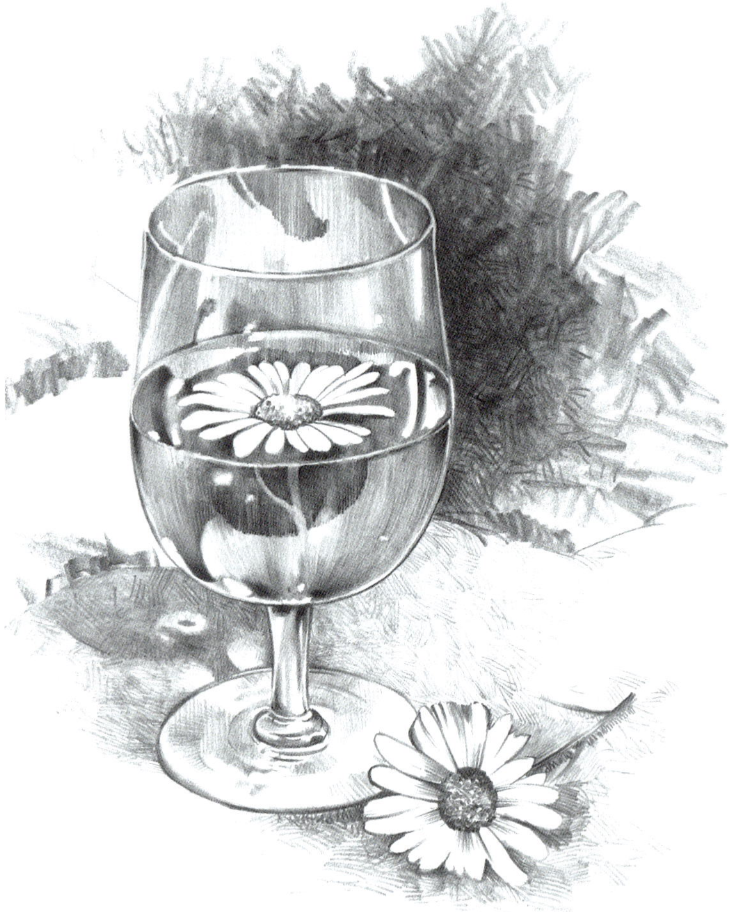

# Zeichnen in 15 Minuten

Sie möchten gerne Gesichter zeichnerisch festhalten können und sind fasziniert von den vielfältigen Formen von Landschaften und Blüten? Es reizt Sie, Architektur mit dem Stift zu erfassen und Tiere in Ruhe und Bewegung darzustellen? Mit wenigen Stiften, ein paar Blättern Papier und diesem Buch können Sie jederzeit loslegen. Zu jedem Thema finden Sie neben einem Überblick über die geeigneten Zeichenmaterialien gezielte Übungen, die Ihnen helfen, den Blick für Proportionen zu entwickeln, eine Zeichnung systematisch aufzubauen oder Licht und Schatten richtig einzusetzen. Die Übungen verleihen Ihnen Sicherheit und Vertrauen in das eigene Zeichentalent – und dann geht es auch schon mitten hinein. Anhand geeigneter Motive, für die Sie etwa 15 Minuten Zeit investieren müssen, können Sie erste, sichtbare Erfolge auf Ihrem Zeichenblatt erzielen. Sie werden staunen, wie schnell sich erkennbare Fortschritte einstellen und wie viel Freude es bereitet, sich mit gezieltem Training in 15 Minuten zum Zeichenprofi zu entwickeln.

# Material

## Arbeitsplatz und Papier

Damit Sie von Anfang an schöne Bilder zeichnen können, sollten Sie wissen, welche Ausstattung besonders für Anfänger geeignet ist. Etwas Materialkunde hilft Ihnen auch, gleich zu Beginn solides Material zu erstehen.

Zeichnen macht Freude! Zudem ist es eine der wichtigsten Kunstformen – und es hat den großen Vorteil, dass Sie im Grunde immer und überall künstlerisch tätig sein können. Außerdem ist das Material überaus erschwinglich. Beginnen Sie am besten mit einer günstigen Grundausstattung und kaufen Sie sich nach und nach besseres Material dazu.

### Arbeitsplatz

Am besten ist es, wenn Sie sich einen Platz am Fenster mit genug Ablagefläche für Ihr Material einrichten. Ideal sind natürlich ein eigenes Zimmer mit Licht von Norden und ein Zeichentisch. Nur wenn Sie nachts arbeiten, brauchen Sie eine Glühbirne mit sanftem gelblichem Licht und eine Quelle für bläulichweißes Licht.

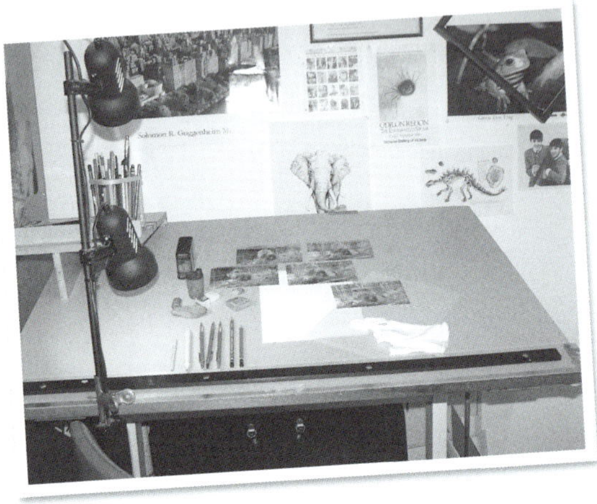

### Skizzenbücher

Skizzenhefte mit praktischer Bindung erhalten Sie in vielen Größen und mit unterschiedlichem Papier. Für zu Hause eignen sich große Formate, auf denen Sie ein Bild in Ruhe vorzeichnen können. Auf Reisen und für die Arbeit im Freien ist ein kleines Heft ideal. Eine gute Wahl sind Blöcke mit Spiralbindung und schwach gekörntem Papier von mittlerem Papiergewicht.

TIPPS

## Zeichenpapier

Für die Reinzeichnung Ihres Motivs wählen Sie ein Einzelblatt. Diese sind in unterschiedlicher Ausführung erhältlich. Von feinstem weißem Papier mit leichter Körnung bis zu Papier mit hohem Holzgehalt und grober Körnung gibt es viele Zwischenstufen und Varianten. Sie haben die Wahl.

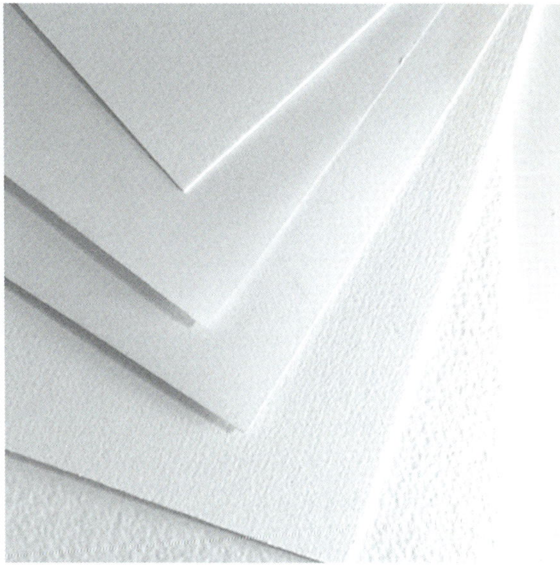

## Papier für Kohlezeichnungen

Beim Zeichnen mit Kohle haften die Kohlepartikel nur lose auf dem Zeichengrund; sie verwischen also leichter als Bleistiftzeichnungen. Für Kohle eignen sich am besten spezielle Papiersorten, die Sie im Fachhandel finden. Viele haben eine raue Oberfläche, die Zeichnungen noch interessanter macht.

# Bleistifte, Radiergummis & Co.

Wenn Sie verschiedene Zeichentechniken ausprobieren, werden Sie herausfinden, womit Sie am besten zurechtkommen.

Ein großer Vorteil von Bleistift, Zeichenkohle oder schwarzer Aquarellfarbe besteht darin, dass man diese Materialien bequem mitnehmen kann, um beispielsweise im Freien zu zeichnen. Außerdem kosten sie nicht sonderlich viel. Die folgenden Werkzeuge und Materialien stellen eine solide Grundausstattung dar. Experimentieren Sie aber unbedingt auch mit anderen Stiften, Papieren und Techniken – es gibt mehr als eine richtige Zeichenmethode.

## Pinsel

So einen Pinsel (A) bekommt man preiswert im Haushaltswarengeschäft, denn eigentlich ist es ein Backpinsel. Er ist ideal, um Radierkrümel und andere Partikel vom Papier zu „fegen". Dazu eignet er sich bestens!

## Stift-Verlängerung

Stifte, die durch häufiges Anspitzen kurz geworden sind, liegen mit so einer Verlängerung (C) wieder besser in der Hand.

## Knetgummi

Knetbare Radiergummis (E) sind sehr praktisch. Zum punktuellen Radieren kann man sie spitz formen. Flach gelegt nehmen sie Grafit oder Kohle vom Papier, ohne dessen Oberfläche zu beschädigen. Obendrein hinterlassen sie keine lästigen Krümel.

## Kunststoffradierer

Die weißen Radierer (G) sind nützlich, um größere Flächen auszuradieren oder Lichter in dunklen Flächen zu setzen. Vorsichtig verwenden, um das Papier beim Radieren nicht zu beschädigen.

## Radierstift

Mechanische Stifte mit nachfüllbaren Radiersträngen (B) sind zum präzisen Arbeiten sehr praktisch. Man kann sie auch zusammen mit einer Radierschablone benutzen.

## Papierwischer

Diese Stifte aus aufgerolltem Papier (D) verwendet man zum Verwischen von Grafit und Zeichenkohle. Wenn die Spitze schmutzig wird, einfach über einen Knetradiergummi reiben, um sie zu säubern.

## Radierschablone

Die Schablone (F) auflegen, um Bereiche zu schützen, die nicht ausradiert werden sollen.

## Anspitzer

Ein kleiner Anspitzer (H) ist vollkommen ausreichend. Stifte werden mit der Spitze aufgesetzt, um feine Linien und Details zu zeichnen. Zeichnet man mit der Seite der Mine, erzeugt sie breite Striche. Mit einem Minenschärfblock (I) lässt sich die Form der Spitze genauer kontrollieren. Den Stift vorsichtig darüberrollen, um eine gleichmäßig runde Spitze zu erhalten – oder senkrecht aufsetzen, um sie stumpf und breit zu formen.

TIPPS

## Bleistifte

Bleistifte gibt es in vielen Ausführungen. Probieren Sie verschiedene Typen aus, um diejenigen zu finden, die sich für Ihren Zeichenstil am besten eignen. Es gibt Stifte mit Holzmantel (J), ohne Holzmantel (K) sowie verschiedene Arten von Druckbleistiften (L). Außerdem sind verschiedene Härtegrade erhältlich. Der Buchstabe H steht für „hart". Diese Stifte eignen sich am besten für feine Skizzen. Der Buchstabe B bezeichnet weiche Bleistifte, die sich zum Schattieren verschiedener Motivbereiche empfehlen. Je höher die Zahl vor dem Buchstaben, desto härter oder weicher ist der Stift. Ein Bleistift 4H ist sehr hart und erzeugt nur einen zarten Grauton. Ein Bleistift 9B ist sehr weich und zeichnet einen sehr dunklen Strich.

Harte Bleistifte sollten immer mit ganz leichter Hand geführt werden, damit keine Abdrücke auf dem Papier entstehen. Zum Vorzeichnen eignet sich der neutrale Härtegrad HB am besten. Die Härtegrade, die man beim Arbeiten am häufigsten braucht, sind HB, 3B, 4B, 6B und 9B. Mit ihnen lassen sich viele verschiedene Tonwerte gestalten. Die Härten 6B und weicher sollten nur für die dunkelsten Motivbereiche verwendet werden.

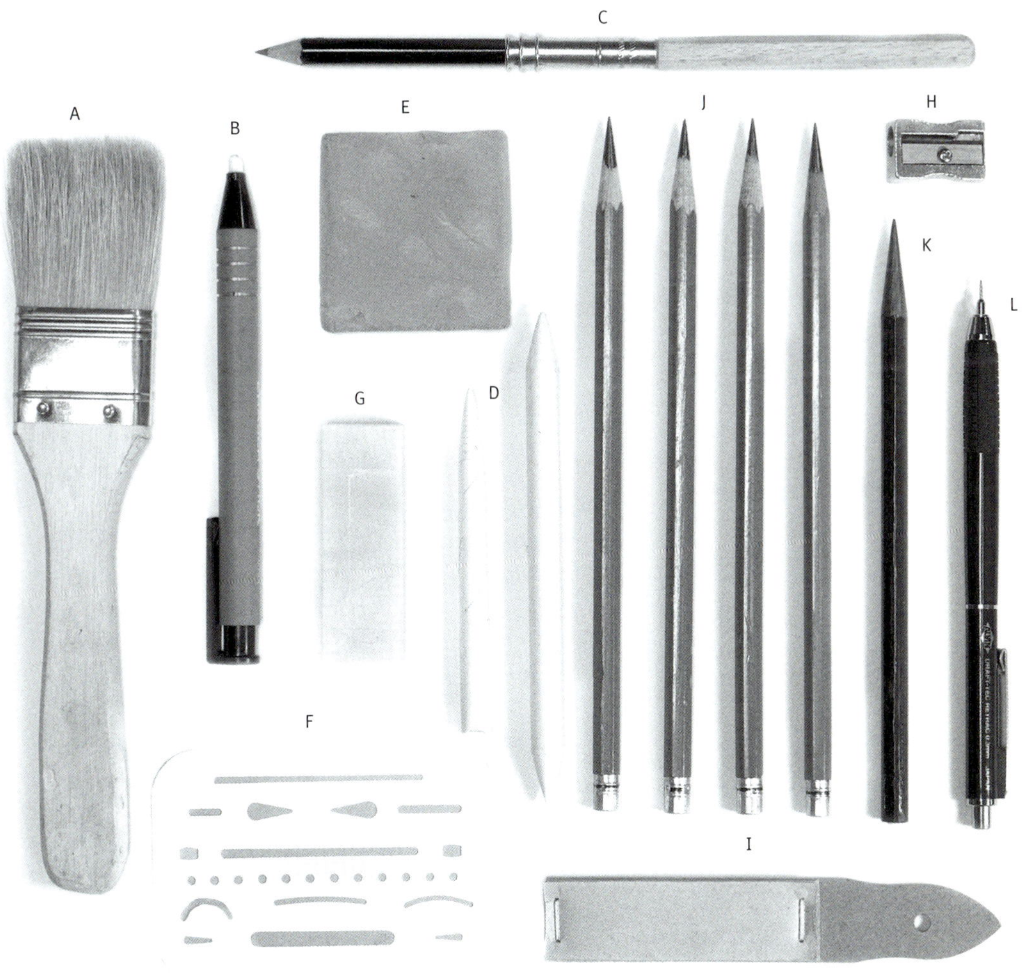

# Technik

## Mit dem Stift spielen

Linien kann man nicht nur mit einem spitzen Bleistift ziehen – es ist oft sogar besser, mit der stumpfen Mine zu arbeiten, denn so lassen sich sehr interessante Effekte erzielen. Und je breiter die Bleistiftmine ist, umso schöner sind die Effekte zu sehen. Probieren Sie unbedingt verschiedene Bleistifttypen aus, um selbst zu erleben, was Sie alles damit machen können. Nehmen Sie beim Ausprobieren einmal den spitzen Bleistift, einmal den stumpfen und zeichnen Sie alle Linien und Punkte, die Ihnen einfallen. Lassen Sie sich von den Beispielen auf dieser Seite inspirieren.

Beim Experimentieren mit Linien und Formen werden Sie merken, dass Sie bei einigen Kritzeleien plötzlich an bestimmte Dinge denken – so erinnern kleine Vs an fliegende Vögel oder Wellenlinien an Wasser.

### Mit dem gespitzten Bleistift zeichnen

Nehmen Sie sich Zeit, einen spitzen Stift und Papier. Beginnen Sie mit einfachen parallelen Strichen. Variieren Sie im nächsten Feld die Striche und zeichnen Sie nach und nach das ganze Blatt voll mit den unterschiedlichsten Strichen und Mustern wie im Beispiel. Zeichnen Sie anschließend alle Varianten mit einem stumpfen Bleistift. Selbst wenn Sie genau denselben Griff verwenden und alle Striche gleich setzen – Sie werden den Unterschied erkennen, sobald Sie den Stift wechseln.

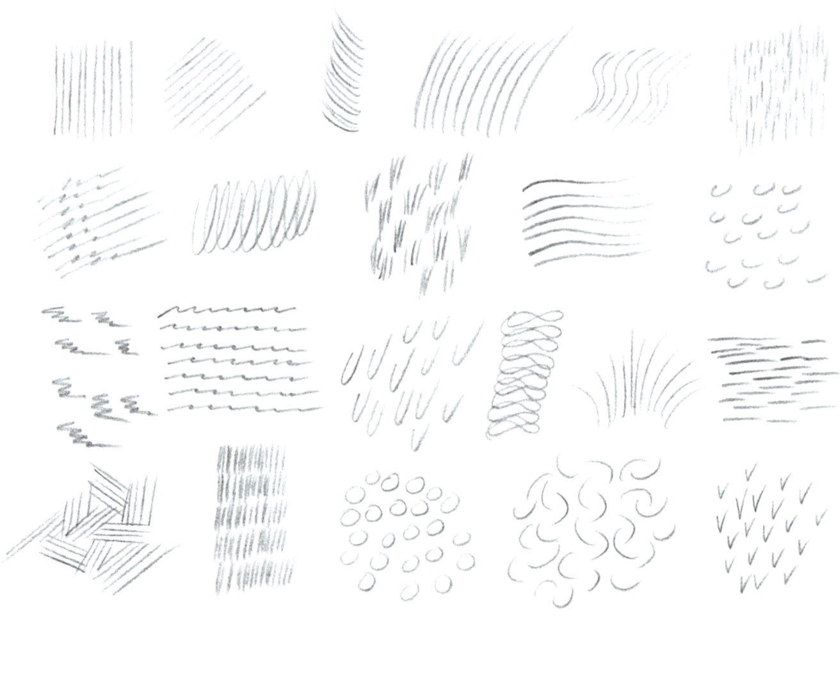

Beim Radieren leistet ein elektrischer Radierer gute Dienste. Mit der rotierenden Spitze lassen sich auch Linien und Muster sehr gut aus einer schraffierten Fläche herausradieren. Anfänger sollten mit dem Gerät allerdings erst einmal ein wenig experimentieren.

TIPPS

## Bleistifte spitzen

Künstlermesser sind bestens geeignet, um Stifte anders als mit dem Spitzer zu formen und ihnen eine meißelförmige, stumpfe oder flache Spitze zu geben. Sie halten das Messer schräg zum Stift und schnitzen vom Körper weg. Immer nur wenig von der Mine und vom Holz abschneiden.

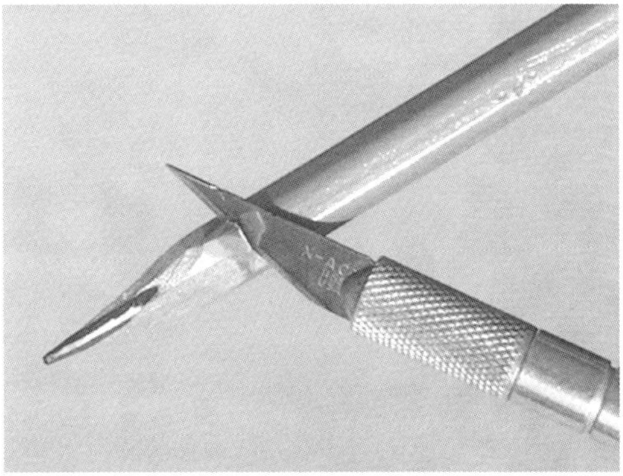

Sandpapier formt eine Bleistiftmine ganz schnell in jede gewünschte Form. Es nimmt auch etwas vom Holzmantel mit. Je feiner die Körnung, desto besser können Sie das Ergebnis kontrollieren. Sie müssen den Bleistift beim Schärfen in der Hand rollen, damit die Mine gleichmäßig wird.

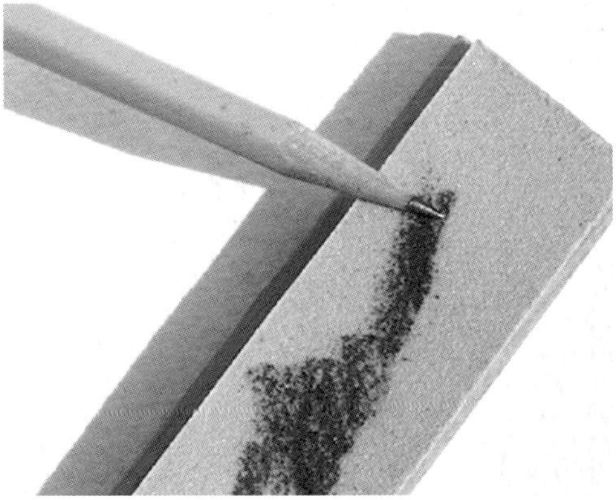

Raues Papier ist sehr gut geeignet, um eine Mine, die Sie mit Sandpapier gespitzt haben, ganz fein abzureiben. So erhalten Sie einen ganz spitzen Bleistift für winzig kleine, feine Details. Auch hierbei müssen Sie den Bleistift die ganze Zeit drehen.

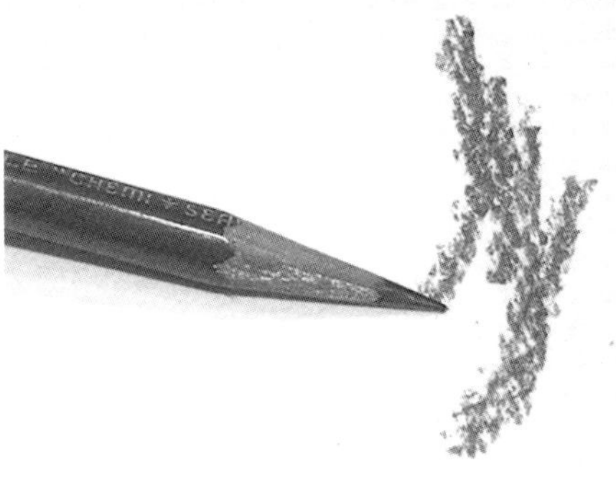

# Grundwissen Schraffieren

Die meisten Künstler verwenden nur zwei Grifftechniken. Mit der Schreibhaltung lassen sich sehr detaillierte Zeichnungen anfertigen, da Sie so den Stift optimal kontrollieren können. Freiere Striche erlaubt dagegen der lockere Schraffurgriff, bei dem Sie auch den Arm einsetzen und eine Bewegung wie beim Malen machen.

TIPPS

Ein Bleistift ist ein unglaublich vielseitiges Instrument, mit dem Sie viele Effekte erzielen können. Unterschiedliche Griff- und Schraffurtechniken ermöglichen eine Vielzahl unterschiedlicher Striche und Linien. Wenn Sie zum Beispiel den Griff ändern, mit dem Sie den Stift halten, verändert sich das Bild Ihrer Linien. Anfänger übersehen auch leicht, welchen Unterschied es macht, ob die Spitze des Bleistifts frisch gespitzt ist oder stumpf. Auch die Art der Mine wirkt sich auf die Striche aus. Was alles mit einem Bleistift möglich ist, können Sie aber nur entdecken, wenn Sie es ausprobieren!

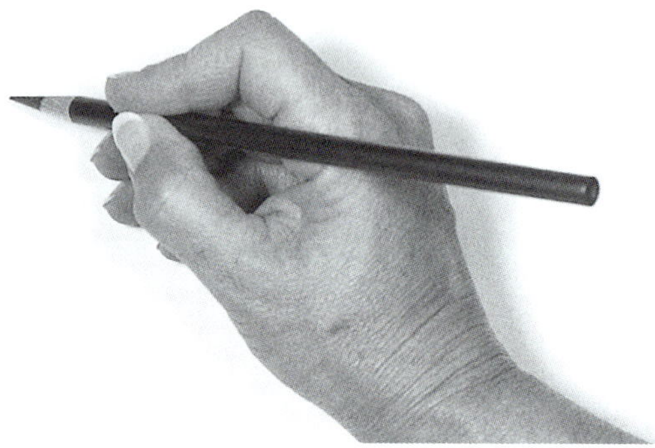

### Schreibhaltung

Dieser Griff erlaubt die beste Kontrolle und saubere, präzise Linien, die für Details und Akzente einfach perfekt sind. Achten Sie nur darauf, ein sauberes Stück Papier unter den Handballen zu legen, damit Ihre Zeichnung nicht verschmiert.

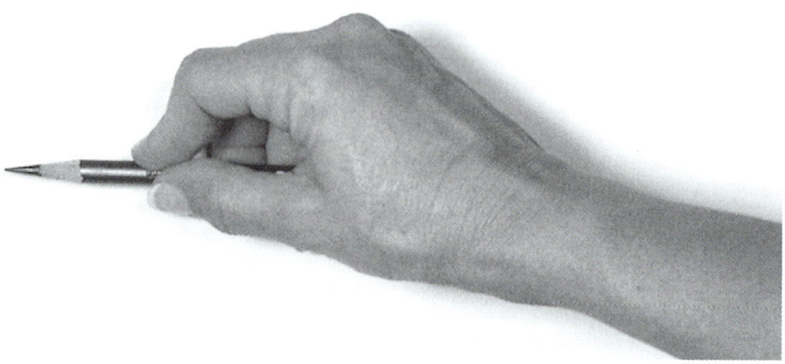

### Lockerer Schraffurgriff

Greifen Sie den Stift so, dass Ihre Hand ihn von oben bedeckt und Sie ihn mit Daumen und Zeigefinger führen können. So lassen sich wunderschöne Schraffuren anfertigen.

## Die 6 wichtigsten Schraffurtechniken

Schon die folgenden sechs Grundtechniken reichen aus, um alles zu zeichnen, was Sie nur wollen – von zarter Gesichtshaut über langes Haar bis zu unterschiedlichen Schatten oder einem einfachen Hintergrund. Das Wichtigste beim Schraffieren ist es, aufmerksam zu arbeiten. Wer den Stift nur lustlos und mechanisch übers Papier bewegt, produziert leider ganz schnell dicke Striche und unebene Flächen. Schraffieren Sie möglichst mit gleichmäßigen Auf-und-ab-Bewegungen und gleiten Sie dabei sanft über die Stelle, an der Sie arbeiten.

### Schraffieren

So leicht ist es, eine Fläche auf dem Papier dunkel zu färben: Sie zeichnen einfach parallele Striche. Je geringer der Abstand zwischen den Strichen ist, desto dunkler wird die Stelle.

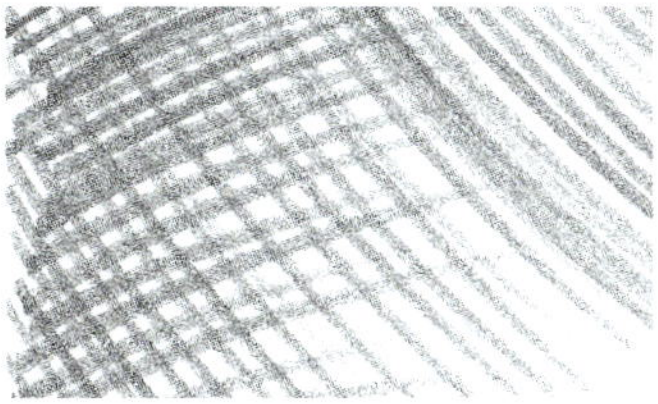

### Kreuzschraffuren

Für stärkere Schatten und dunklere Stellen verwenden Sie Kreuzschraffuren. Je mehr Striche sich überkreuzen, desto dunkler wird der Bereich.

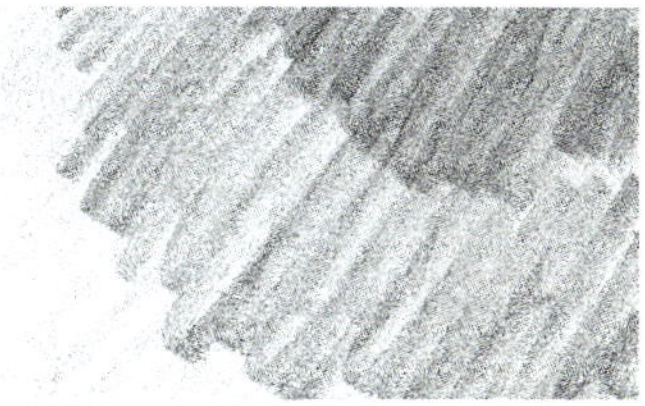

### Abstufungen

Mit der Seite der Bleistiftmine drücken Sie für dunkle Stellen beim Schraffieren fester auf – für hellere Stellen leichter.

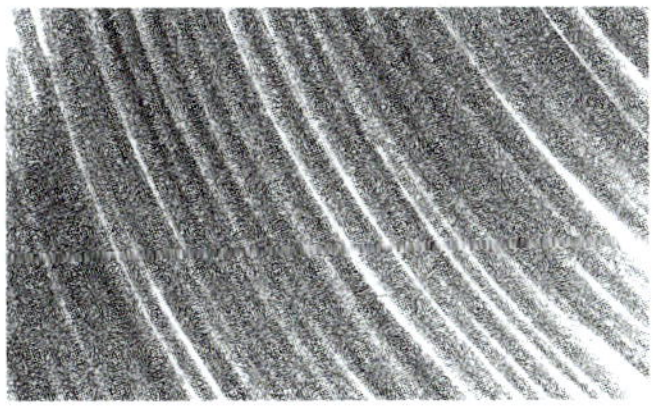

### Dunkle Schraffuren

Wenn Sie stärker aufdrücken, können Sie sehr dunkle Stellen schraffieren.

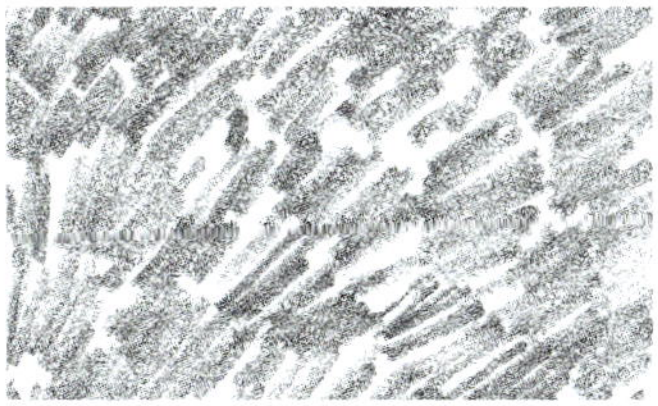

### Muster

Um ein Muster zu zeichnen, nehmen Sie die Seite der Bleistiftmine und setzen kurze, ungleichmäßige Striche nebeneinander.

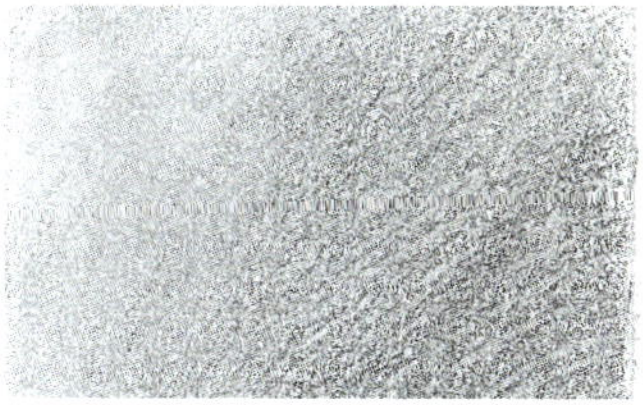

### Verreiben

Sehr feine Übergänge schaffen Sie, wenn Sie nachträglich mit dem Papierwischer oder einem Tuch über eine schraffierte Stelle reiben.

# Grauwerte

Spielen Sie als Zeichner mit den Grauwerten genauso wie ein Musiker mit den Tönen der Tonleiter! Fertigen Sie dazu eine Musterkarte wie auf Seite 19 an, dann haben Sie Richtwerte, auf die Sie sich verlassen können.

TIPPS

Wenn Sie etwas Übung darin haben, mit dem Bleistift Flächen gleichmäßig auszufüllen, probieren Sie verschiedene Härtegrade aus, um die Variationen des Tonwerts kennenzulernen. Der Tonwert ist die relative Helligkeit oder Dunkelheit einer Farbe, bei Schwarz spricht man auch von Graustufen. Durch Schatten (dunkle Tonwerte) und Lichter (helle Tonwerte) entstehen Tonwertvariationen, die Ihre Zeichnungen plastischer und realistischer wirken lassen.

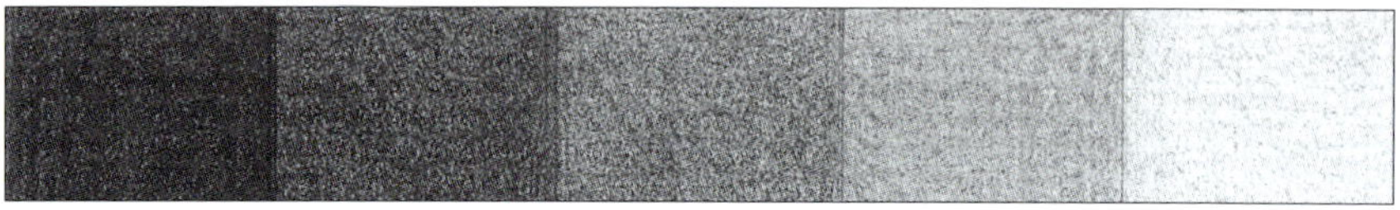

## Graustufen-Skala

Durch das Zeichnen einer Graustufen-Skala werden Sie mit den Tonwerten vertraut. Legen Sie mehrere Bleistifte bereit (in diesem Fall 2B, B, HB, H und 2H). Zuerst wird ein Feld mit waagerechten Strichen mit dem Bleistift 2B ausgefüllt. Für das nächste Feld nehmen Sie die Härte B. Jeweils den nächsthärteren Stift verwenden und das letzte Feld mit dem Bleistift 2H ausfüllen.

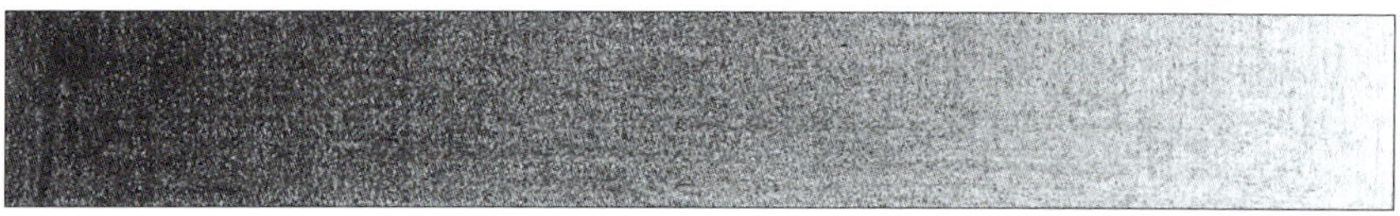

## Graustufen-Verlauf

Bei dieser Skala werden die Übergänge zwischen den einzelnen Tonwert-Feldern mit einem Papierwischer fließend verwischt. Ganz links mit Härte 2B beginnen, dann fortlaufend härtere Stifte verwenden, bis die letzte Fläche mit 2H ausgefüllt wird. In der rechten Hälfte des letzten Feldes nur ganz leicht aufdrücken, sodass ein fließender Übergang zum weißen Papier am äußersten rechten Rand entsteht.

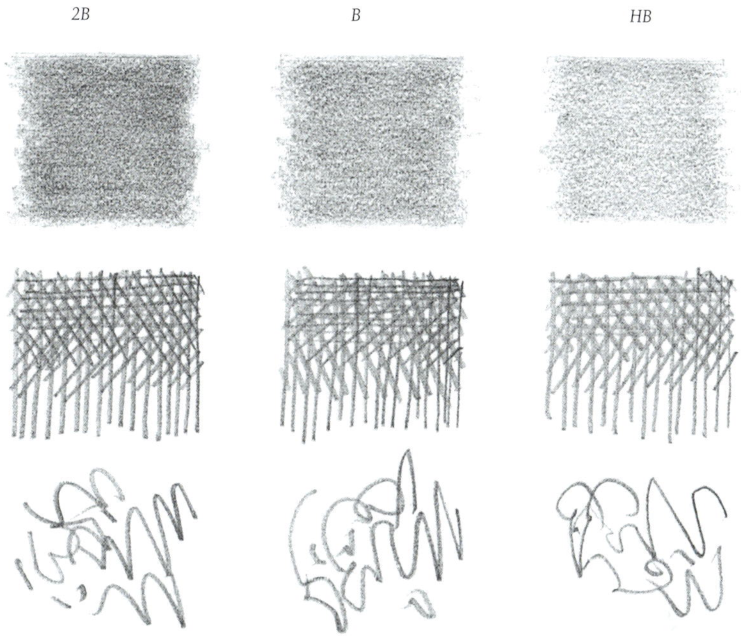


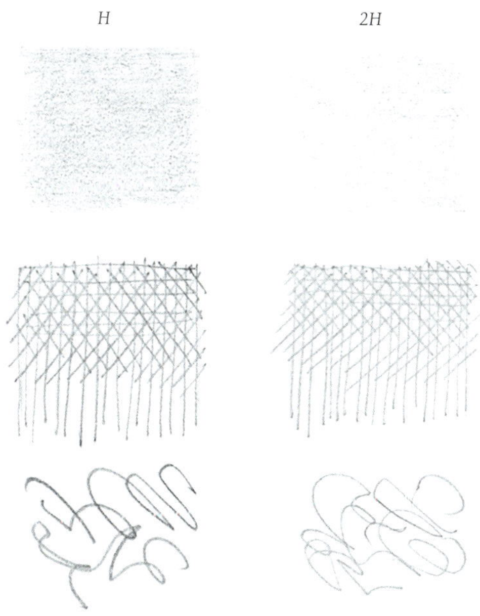


## Eine Musterkarte anlegen

Wählen Sie mehrere Bleistifte verschiedener Härte (in diesem Fall 2B, B, HB, H und 2H) und zeichnen Sie mit jedem Stift kleine Flächen in verschiedenen Techniken, etwa gerade Striche, Kreuzschraffuren und lockere Kritzel-Linien. Arbeiten Sie stets mit demselben Druck. Notieren Sie sich auch die Härtegrade, mit dem die Beispiele gezeichnet wurden. So eine Musterkarte ist hilfreich bei der Wahl der richtigen Härte für verschiedene Tonwerte und Effekte.

# Licht und Schatten

Grundsätzlich unterscheiden wir zwischen Schlagschatten und Formschatten. Den Schlagschatten wirft das Objekt auf andere Oberflächen. Formschatten zeigen sich auf seiner eigenen Oberfläche. Sie helfen uns, die Form eines Gegenstands oder eines Lebewesens zu erkennen. Formschatten werden mit zunehmender Entfernung von der Lichtquelle dunkler.

TIPPS

Wir sehen Formen dreidimensional, weil ihre Oberflächen das Licht unterschiedlich reflektieren. Für eine realistische Zeichnung muss das Objekt so beleuchtet sein, dass seine wahre Form erkennbar wird. Wird ein Objekt direkt von vorn angestrahlt, sieht man die hinter ihm liegenden Schatten nicht, und das Objekt wirkt flach. Wird es hingegen schräg von vorn beleuchtet, entstehen Schatten verschiedener Tiefe, die seine dreidimensionale Form verdeutlichen.

Eine Zeichnung mit starken Unterschieden zwischen Licht und Schatten (sehr dunklen Schatten und sehr hellen Lichtreflexen) ist kontrastreich. Bewegen sich dagegen die meisten Tonwerte im mittleren Bereich, ist eine Zeichnung kontrastarm. Kontraste sorgen dafür, dass eine Zeichnung ins Auge fällt und ausgeprägt plastisch erscheint. Andererseits sehen „weiche" Motive wie ein Babyporträt mit sanfteren Kontrasten stimmiger aus. An den folgenden Beispielen sind die Unterschiede zwischen kontrastarmen und kontrastreichen Motiven gut zu erkennen.

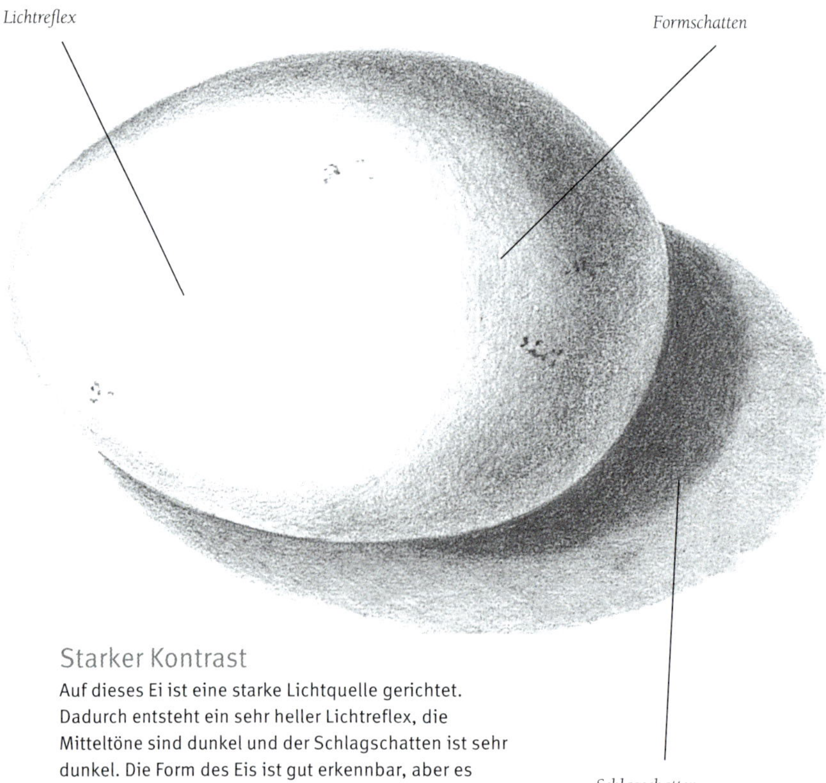


### Starker Kontrast

Auf dieses Ei ist eine starke Lichtquelle gerichtet. Dadurch entsteht ein sehr heller Lichtreflex, die Mitteltöne sind dunkel und der Schlagschatten ist sehr dunkel. Die Form des Eis ist gut erkennbar, aber es sieht sehr hart aus, als bestünde es aus Stein.

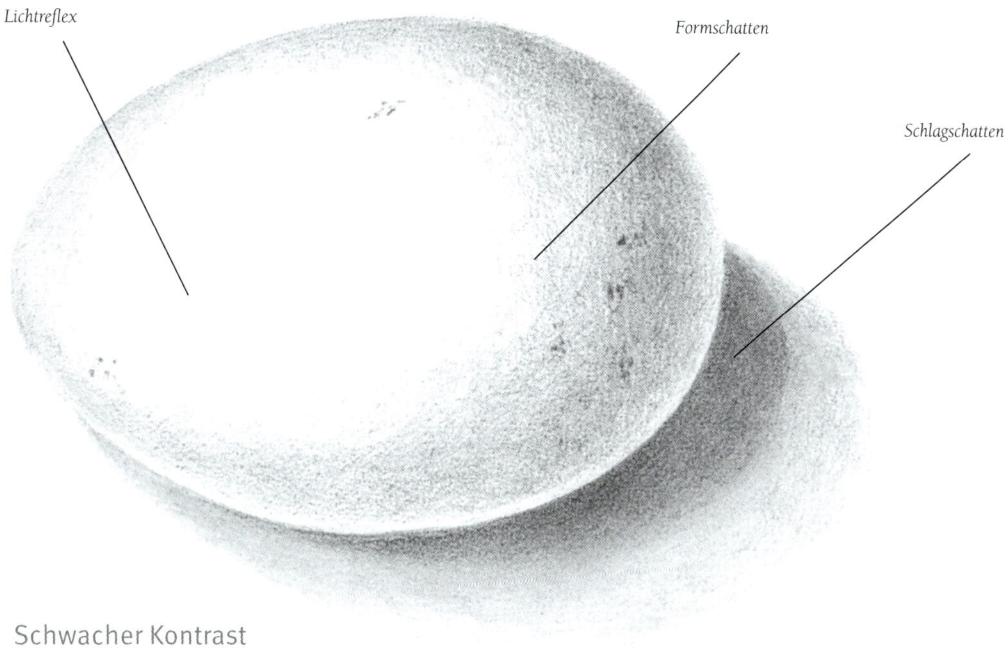


## Schwacher Kontrast

Hier ist das Licht weicher, sodass sich mehr mittlere Graustufen auf der Oberfläche des Eis zeigen und die Schatten heller ausfallen. Obwohl die Schatten weniger klar umrissen sind als im nebenstehenden Beispiel, kommt der natürliche, organische Charakter des Eis so besser zum Ausdruck.

15 MIN

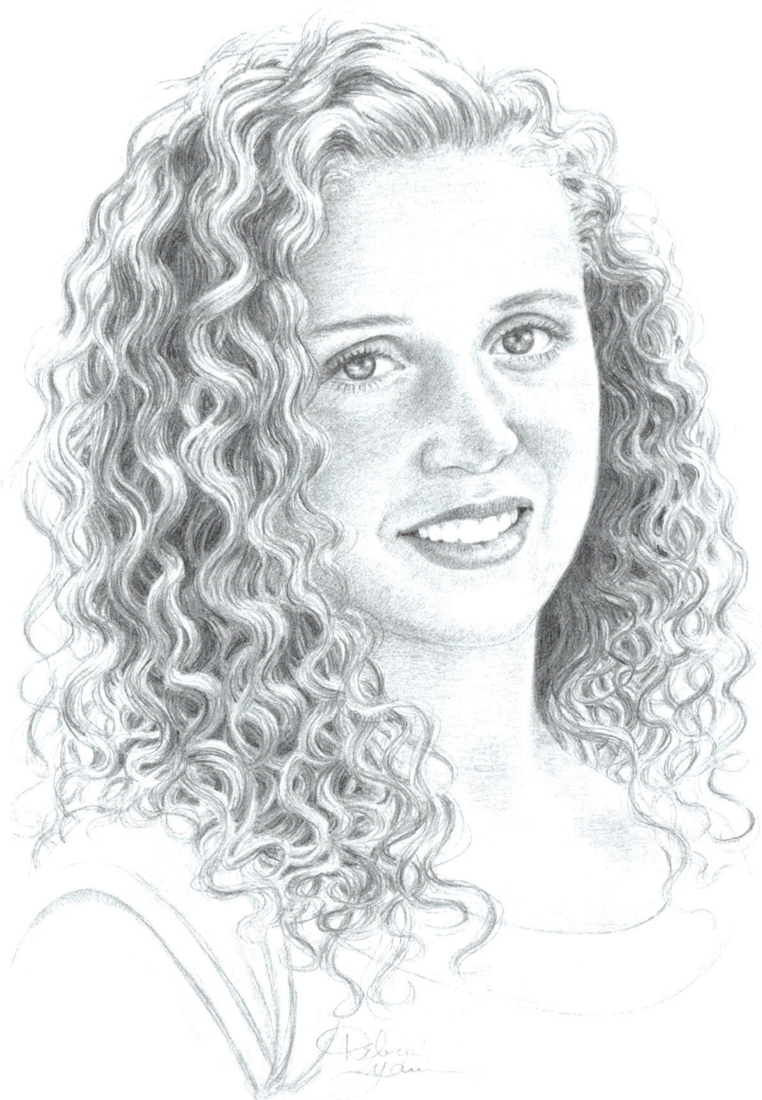

# Porträt

So einzigartig die Gesichtszüge eines jeden Menschen sind, im Grunde ist es einfach zu lernen, wie man ein Porträt zeichnet. Denn der Aufbau unseres Gesichts folgt einfachen Regeln. Je mehr Menschen Sie dann zeichnen, umso schneller erkennen Sie, was an einem Gesicht unverwechselbar ist – und schon bald wissen Sie genau, wie Sie dies auch darstellen können. Zusätzlich helfen Ihnen Tipps für den Umgang mit Licht und Schatten.
Wenn auch Sie das Zeichnen von Menschen interessiert, dann sollten Sie nicht zögern, Ihre ersten zeichnerischen Gehversuche in diesem Bereich zu machen. Selbst ein Porträt wird Ihnen oft schon am Anfang gelingen – denn wie der bekannte amerikanische Zeichner William F. Powell einmal sagte: „Ein Gesicht zu zeichnen ist nicht schwieriger als alles andere auch".

Beginnen Sie am besten damit, zunächst die Formen von Augen und Mund zu üben. Bitten Sie jemanden, Modell zu sitzen oder nehmen Sie ein Foto als Vorlage.

Beschäftigen Sie sich mit den Abbildungen auf dieser Seite und zeichnen Sie jedes Motiv mehrmals, bis Sie es sicher beherrschen.

TIPPS

# Grundformen des Gesichts

So mancher fürchtet, dass es kompliziert ist, ein Gesicht zu zeichnen – doch keine Angst: Es geht in Wirklichkeit nur darum, ein Gespür für die Proportionen zu bekommen und darum, die verschiedenen Elemente eines Gesichts, wie Mund oder Nase, zeichnen zu können. Beides besteht nur aus einfachen Kurven und Grundformen und ist ganz einfach zu zeichnen.

## Auge

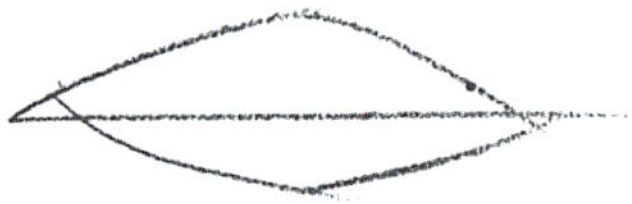

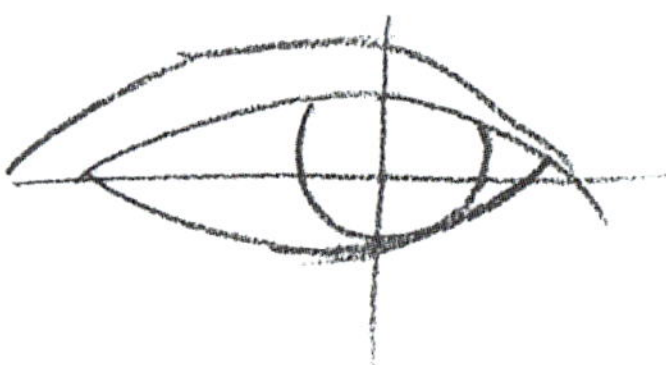

In dieser Ansicht liegt die Iris in der Nähe des Augenwinkels. Zeichnen Sie die Hilfslinien an der richtigen Stelle ein.

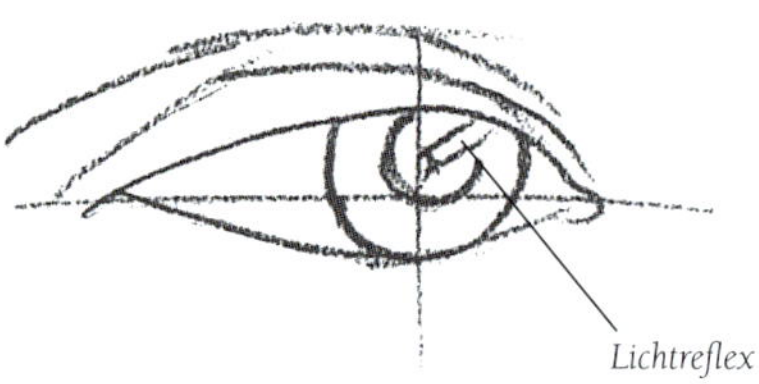


## Mund

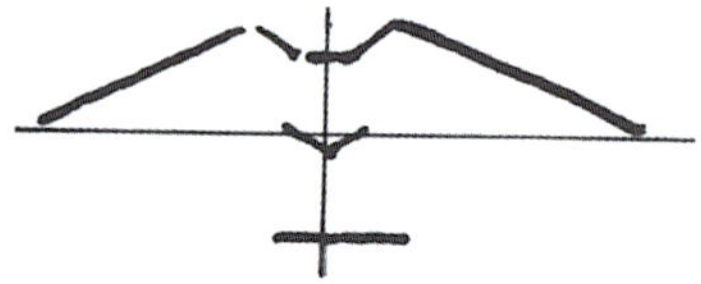

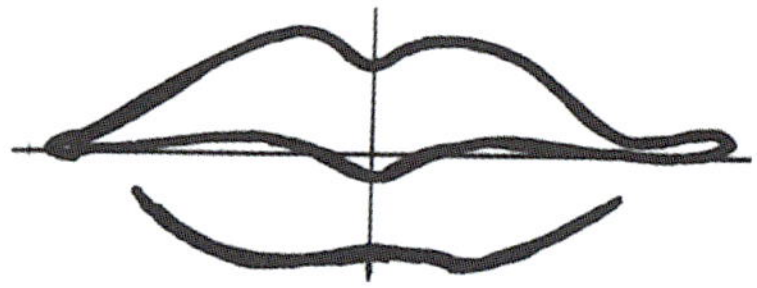

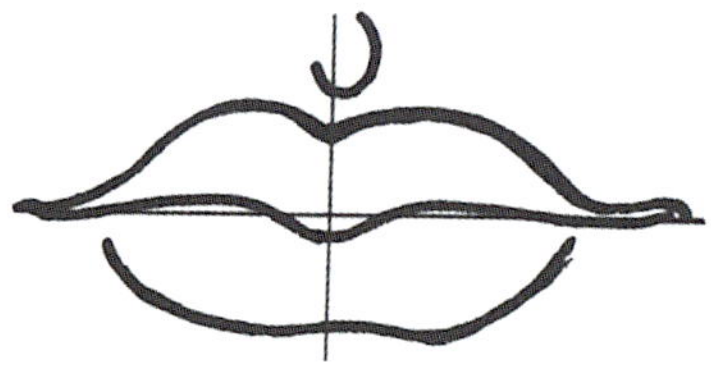

Ganz gleich, ob Sie Mund und Augen von vorne oder im Profil darstellen wollen – beide Elemente lassen sich aus einfachen Hilfslinien aufbauen. Von vorne gesehen sind die Hilfslinien gebogen und von der Seite sind die Linien etwas geneigt. Um diese Hilfslinien herum bauen Sie mit einfachen Kreisen und geschwungenen Linien Mund und Augen auf.

## Auge im Profil

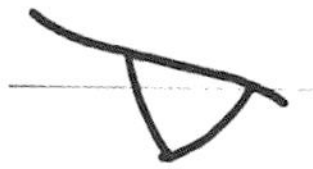

Der Augapfel ist immer zu einem guten Teil vom Lid bedeckt.

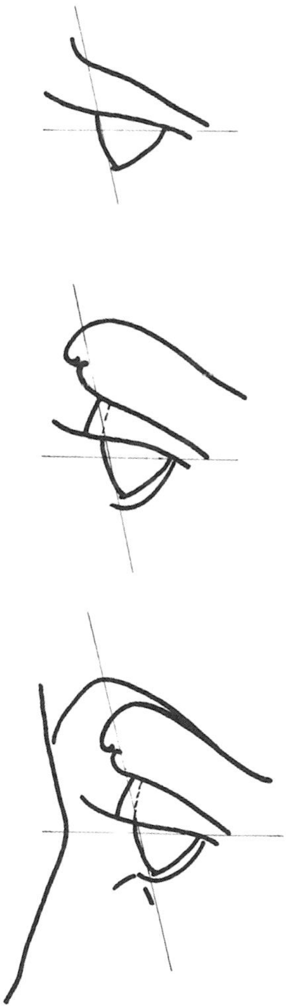

## Mund im Profil

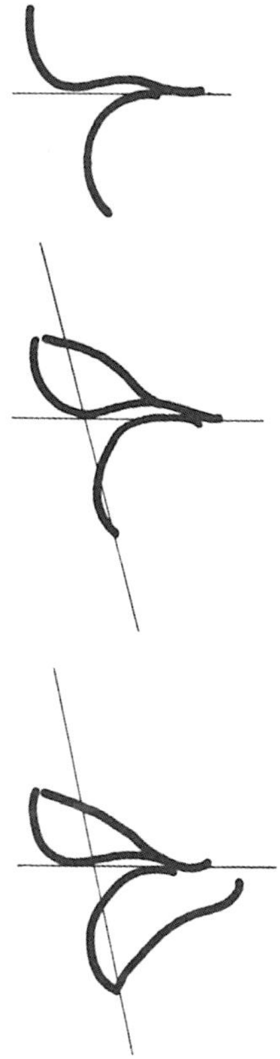

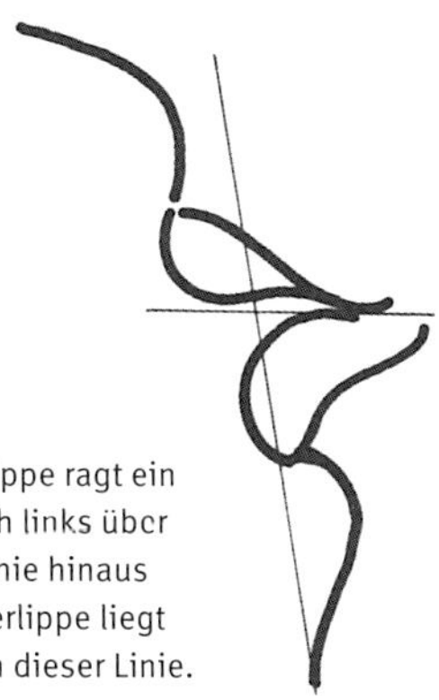

Die Oberlippe ragt ein Stück nach links über die Hilfslinie hinaus – die Unterlippe liegt rechts von dieser Linie.

# Augen

## Grundaufbau des Auges

Je besser Sie die Augen treffen, umso größer wird die Ähnlichkeit des Porträts mit Ihrem Modell. Augen sind aber auch wichtig, um die Stimmung und die Gefühle einer Person auszudrücken. Deshalb lohnt es sich sehr, wenn Sie die folgenden Abbildungen, die Augen von vorne oder von der Seite zeigen, genau studieren und immer wieder nachzeichnen.

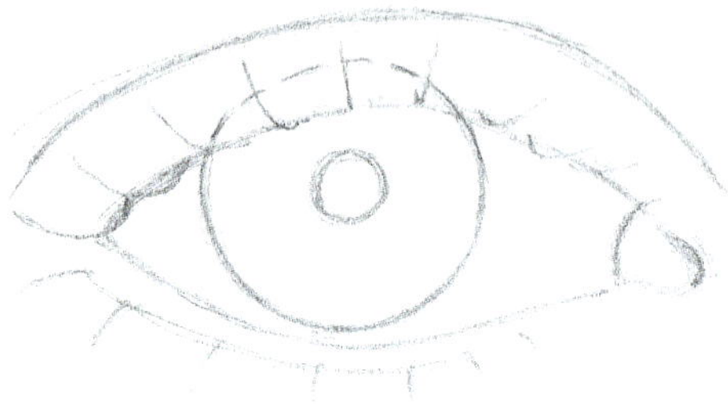

Zuerst den Kreis für die Iris zeichnen; dann das sichelförmige Augenlid darübersetzen. Wussten Sie, dass die Iris nie ganz zu sehen ist, da das Lid immer einen Teil überdeckt? Unterlid, erste Wimpern und den Augenwinkel vorzeichnen.

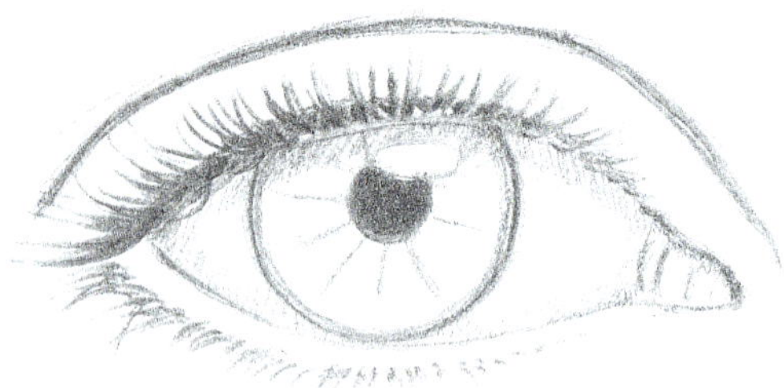

In die Iris zeichnen Sie jetzt Strahlen, die nach außen weisen. Dann folgen die Wimpern, der Schatten, den Oberlid und Wimpern aufs Auge werfen, sowie die schwarze Pupille und der Lichtreflex oben im Auge.

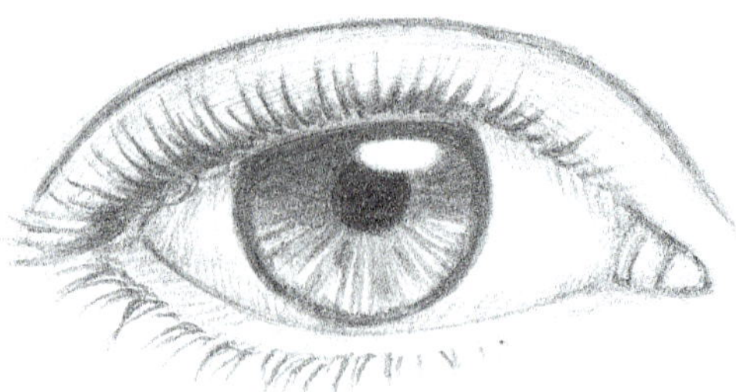

Der Iris mit strahlenförmigen Strichen mehr „Farbe“ geben. Ober- und das Unterlid formen Sie mit Schraffuren.

Das Auge ist immer feucht, da seine Oberfläche konstant mit (Tränen-)Flüssigkeit überzogen wird. Deshalb schimmert auf der Hornhaut (E) immer ein weißer Lichtreflex.

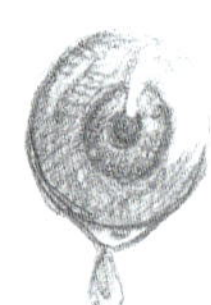

TIPPS

Achten Sie darauf, dass ein Auge von vorne gesehen eine völlig andere Form hat als von der Seite.

1 Die Augen liegen eine Augenlänge auseinander.

2 Jedes Auge ist so lang wie die Nase breit.

3 Der Mund reicht von der Mitte des einen Auges bis zur Mitte des anderen.

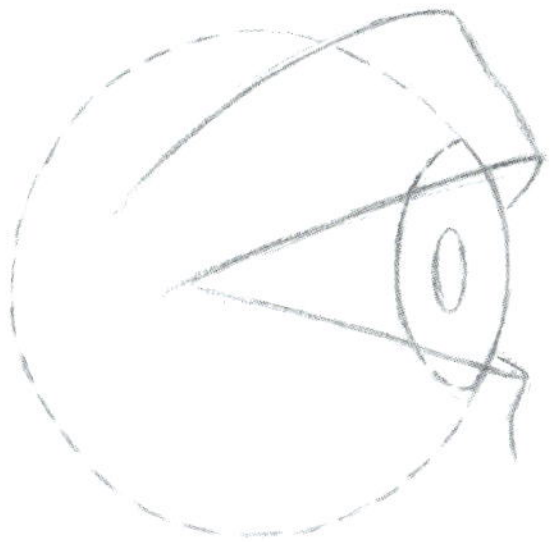

Da das menschliche Auge ein runder Körper ist, zeichnen Sie als Erstes einen gestrichelten Kreis, dann folgen das Ober- und das Unterlid. Von der Seite gesehen, haben Iris und Pupille die Form von Ellipsen, die oben und unten jeweils vom Lid überdeckt sind.

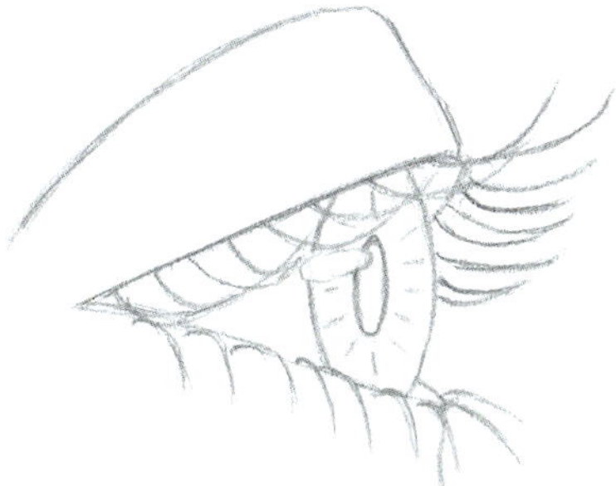

Wimpern zeichnen Sie bei der Seitenansicht vom inneren zum äußeren Augenwinkel mit kraftvollen Bögen. Die Wimpern sind über der Mitte des Auges länger als an den Seiten.

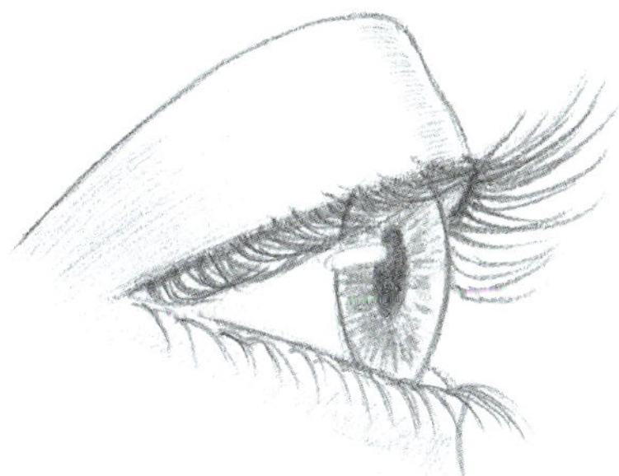

Beim Schraffieren der Lider arbeiten Sie die halbrunde Form heraus. Die Iris wird mit Strichen von innen nach außen „gefärbt“. An den Lichtreflex denken!

## Noch mehr Tipps für Sie

Das Weiße im Auge (A) ist der sichtbare Teil des Augapfels. Die Iris (B) ist eine flexible Scheibe, die den Lichteinfall in die Pupille (C) reguliert; ihre Pigmente bestimmen die Augenfarbe. Die Hornhaut (E) liegt über der Iris. Die Form des Augenwinkels (D) bestimmt in hohem Maß, wie ein Auge aussieht.

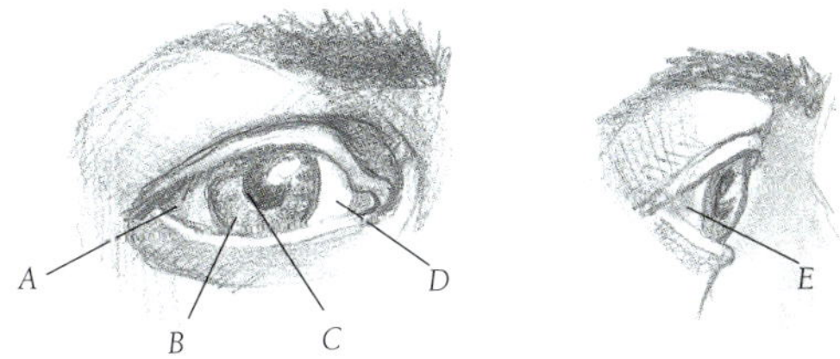

# Die Augenpartie

Wenn Sie ein Auge ebenso gut von vorne wie von der Seite zeichnen können, ist es an der Zeit zu üben, wie man ein Augenpaar samt Augenbrauen und Ansatz der Nase so zu Papier bringt, dass die Proportionen stimmen und sich ein klarer Blick auf den Betrachter richtet.

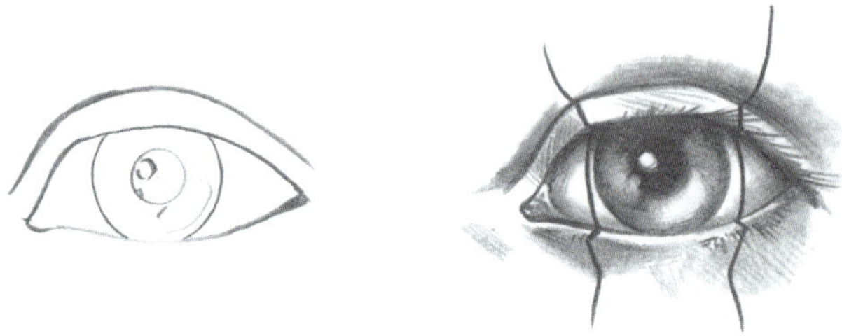

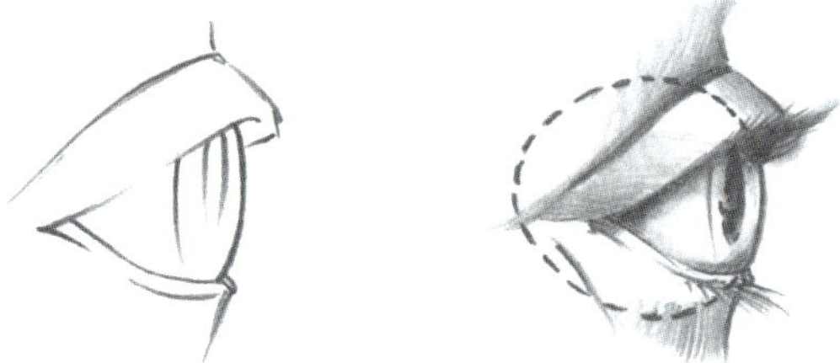

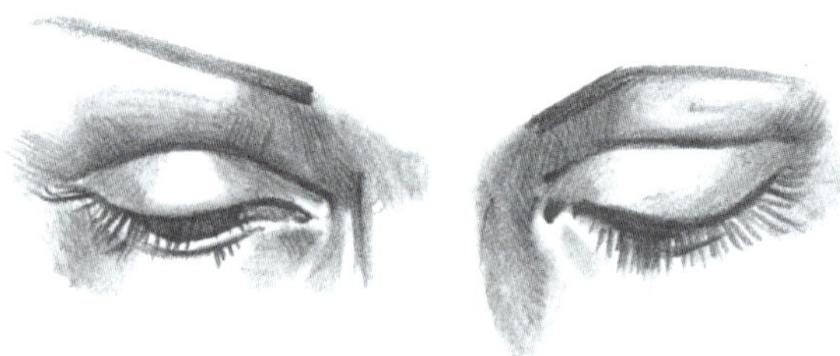

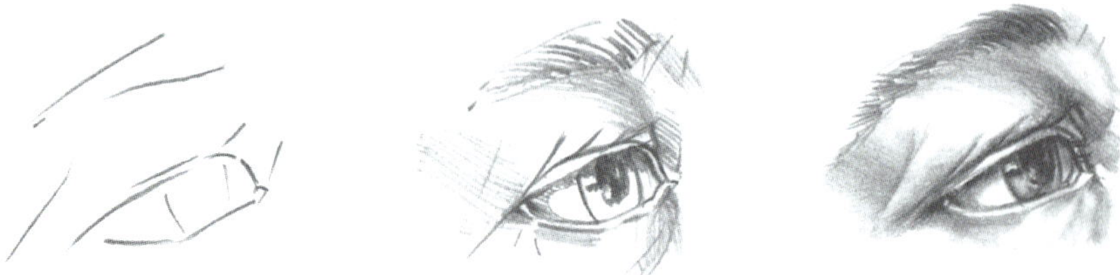

Beim Erwachsenen sind die Augen etwa die Länge eines Auges voneinander entfernt.

Augen sind immer feucht – der Lichtreflex im Auge deutet dies an. An sich sollten Sie diese Stelle beim Schraffieren immer weiß lassen. Wenn Sie sie aus Versehen überzeichnen, radieren Sie den Reflex anschließend wieder aus.

TIPPS

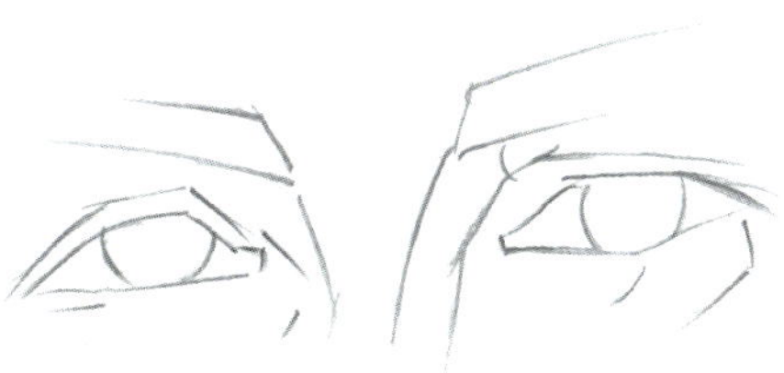

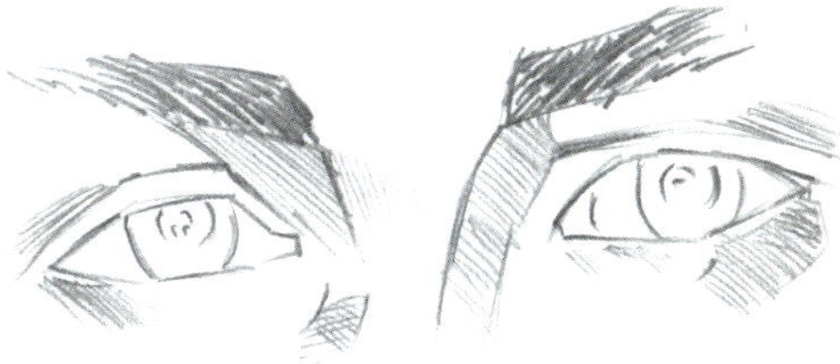

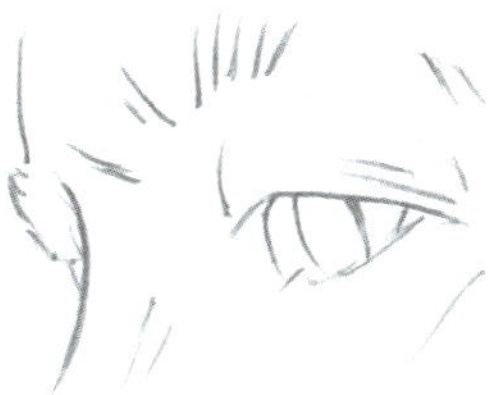

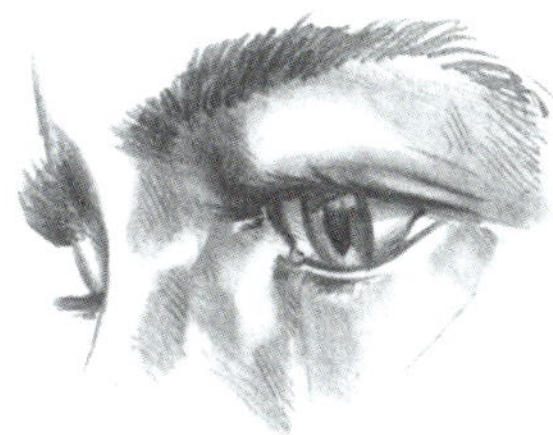

1

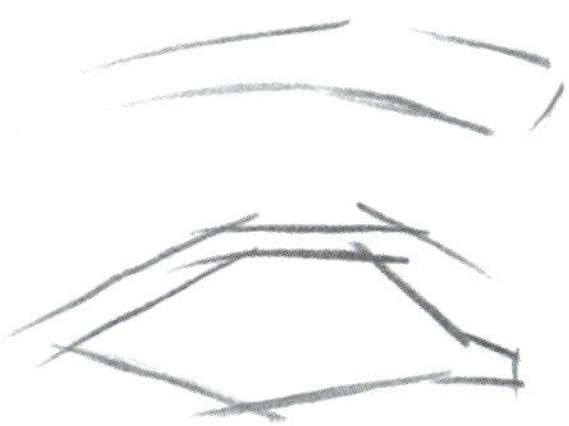

2

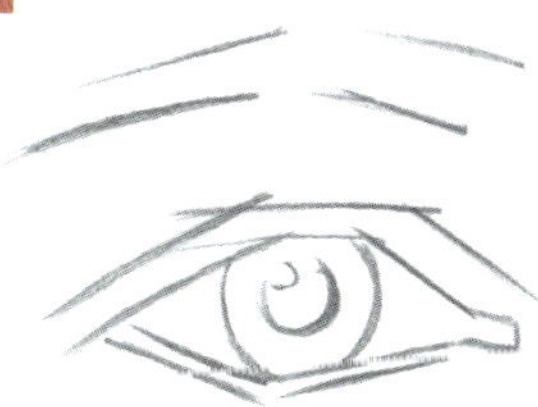

3

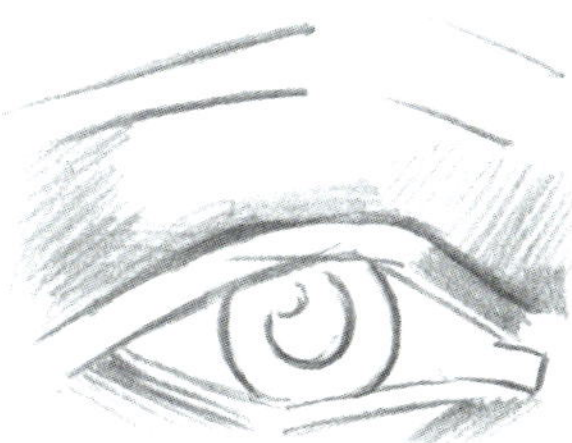

4

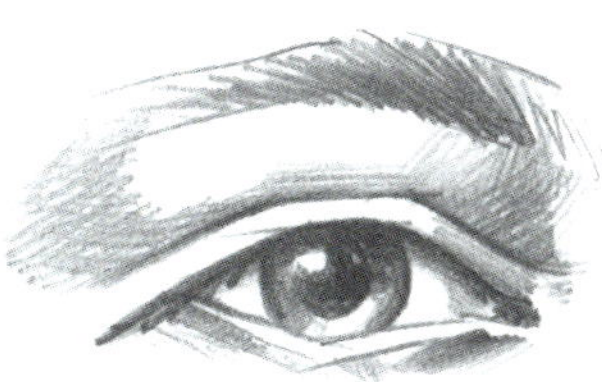

Obwohl Augen ein so wichtiges Element eines jeden Porträts sind, sind sie erstaunlich einfach zu zeichnen – wenn man weiß, wie es geht. Üben Sie den Aufbau, bis Sie ihn sicher beherrschen. Dann können Sie einen Schritt weitergehen und lernen, wie Sie Augen freihand aufbauen.

# Ohren

Die Ohren stehen nicht senkrecht vom Kopf ab, sondern immer in einem leichten Winkel. Er ist bei jedem Menschen anders und es tut einem Porträt gut, wenn Sie genau darauf achten, den Winkel möglichst richtig wiederzugeben.

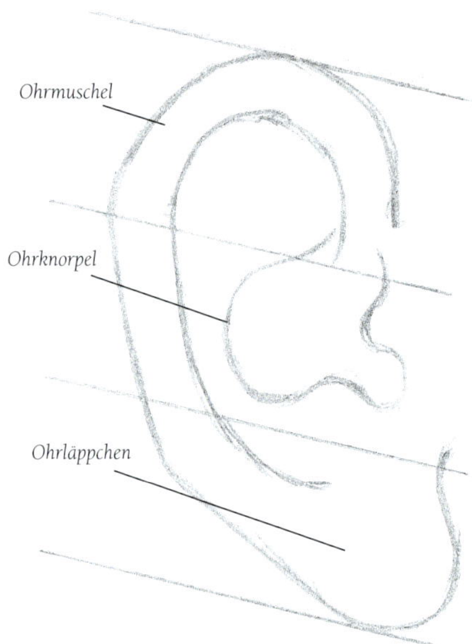


### Aufbau

Die Grundform des Ohrs entspricht einem Halbkreis, der aus drei Teilen besteht: Ohrmuschel, Ohrknorpel und Ohrläppchen.

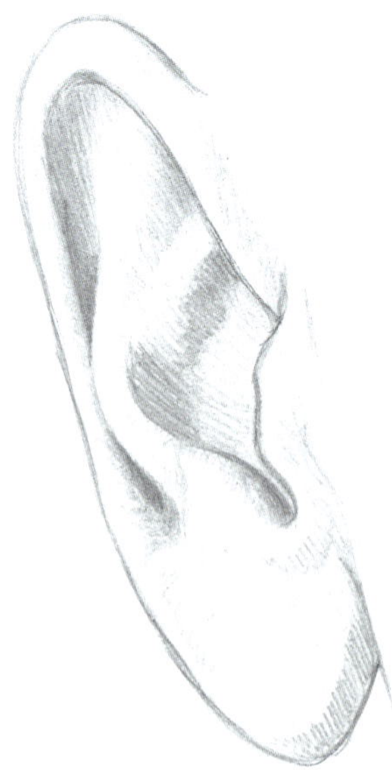

### Sitz

Das Ohr sitzt in einem leichten Winkel seitlich am Kopf und ist meist etwa doppelt so lang wie breit.

Ohren sind oft recht unterschiedlich geformt – es gibt Fälle, in denen Menschen ein Segelohr haben, während das andere die herkömmliche Form aufweist.

Achten Sie bei den Ohren auch auf die Form der Ohrläppchen!

TIPPS

## Ohren zeichnen

Zeichnen Sie zunächst die Grundform des Ohrs mit seinen drei Teilen vor. Deuten Sie die gerundeten Formen der Ohrmuschel und die Falten durch erste detaillierte Schraffuren an. Schraffieren Sie dann das übrige Ohr sorgfältig fertig.

1

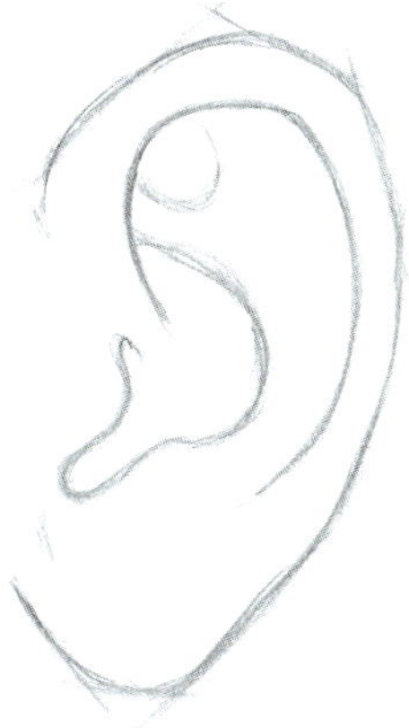

2

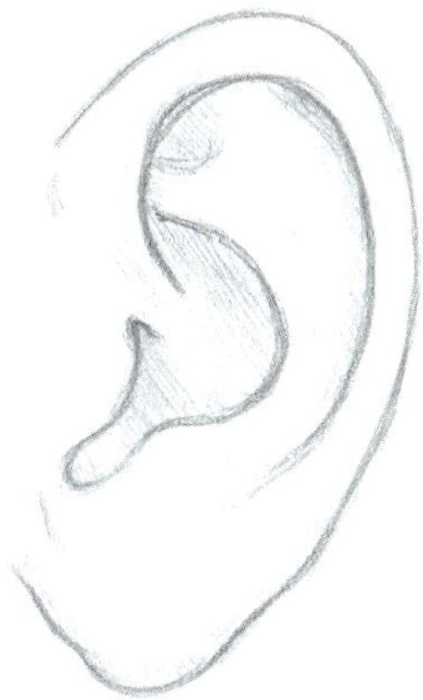

3

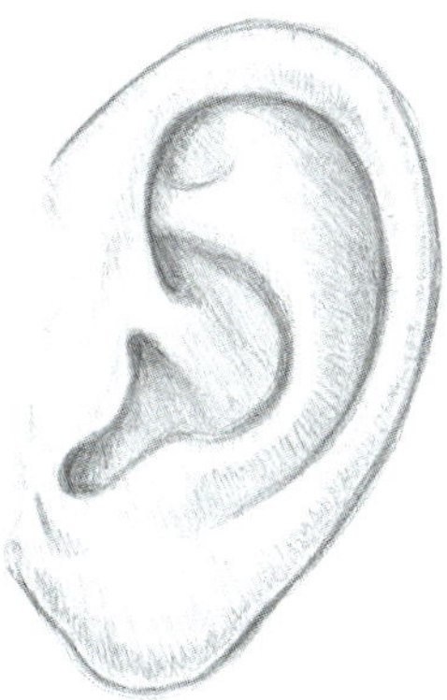

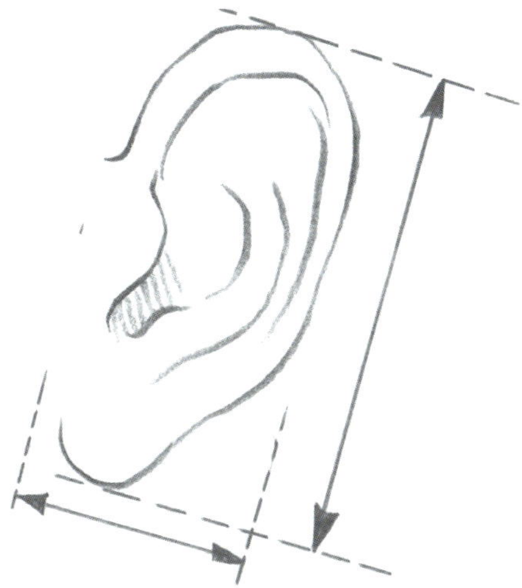

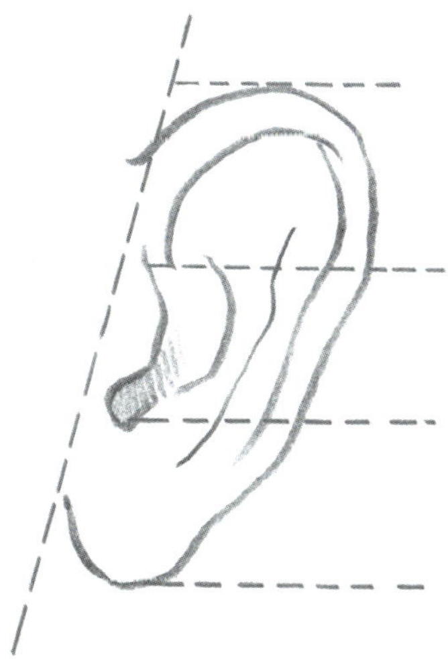

# Nase

Achten Sie darauf, dass die Nasenlöcher nur angedeutet sind – wenn sie zu dunkel erscheinen, ziehen sie den Blick des Betrachters auf sich und lenken vom Rest des Gesichts ab.

TIPPS

Nasen haben eine komplexe Form und bestehen aus vier Ebenen, die Sie unten studieren können. Um die Nase einer bestimmten Person richtig darzustellen, zeichnen Sie zunächst genau diese viergeteilte Grundform: zwei Ebenen für den Nasenrücken, je eine Ebene für die Nasenflügel. Bevor Sie mit den Schraffuren beginnen, machen Sie sich bitte ein genaues Bild davon, wie das Licht auf die Nase fällt und wie es sie formt.

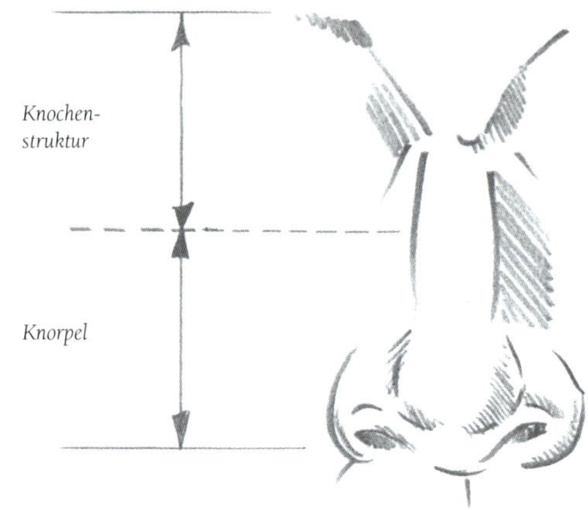


Denken Sie beim Zeichnen daran, dass der obere Teil der Nase auf knöchernen Strukturen aufgebaut ist, während der untere nur aus Knorpelmasse besteht. Die Nasenspitze hat übrigens meist eine kugelförmige Gestalt.

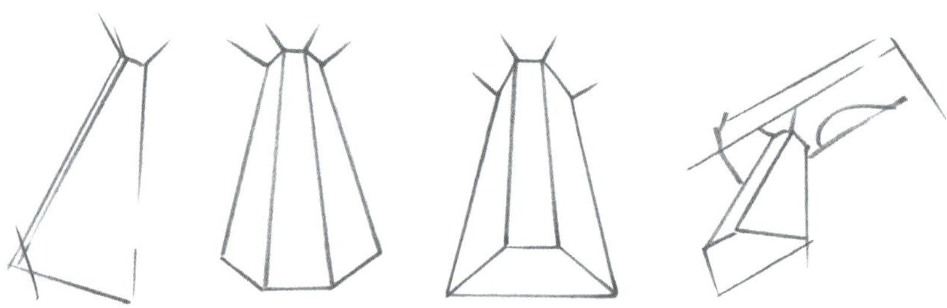

im Profil | von vorne | von oben | Dreiviertelansicht von unten

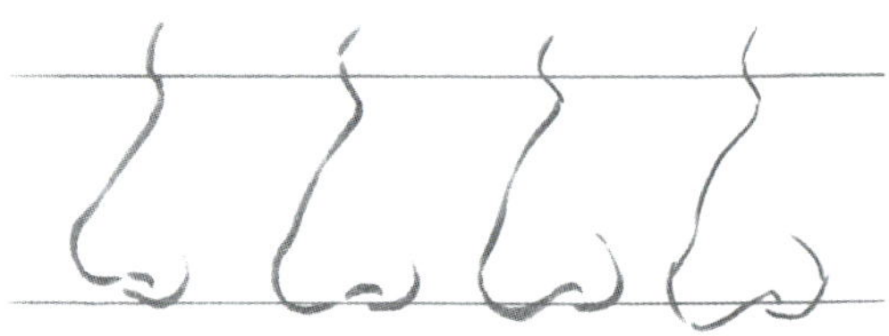

*Alterungsprozess einer Nase*

In der Abbildung links sehen Sie, dass die Nase immer weiter nach unten sinkt, je älter wir werden. Oft sinkt sogar die Nasenspitze noch nach unten. Sehen Sie die Nase immer gut an und zeichnen Sie sie möglichst genau ab, wenn Sie ein realistisches Porträt anfertigen wollen.

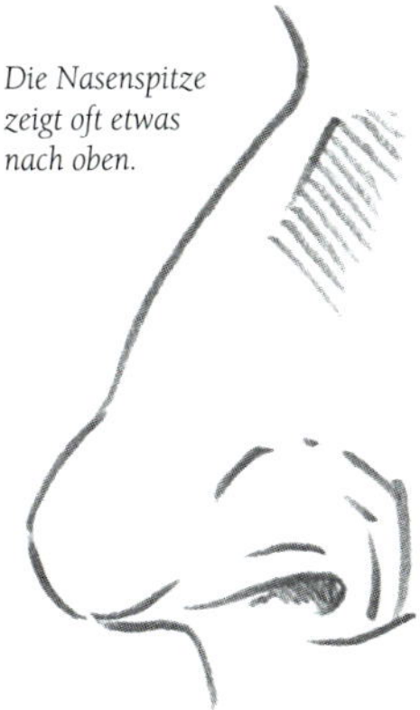

*Die Nasenspitze zeigt oft etwas nach oben.*

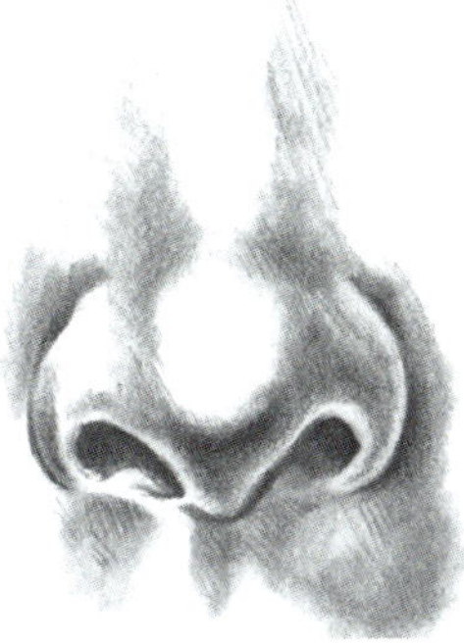

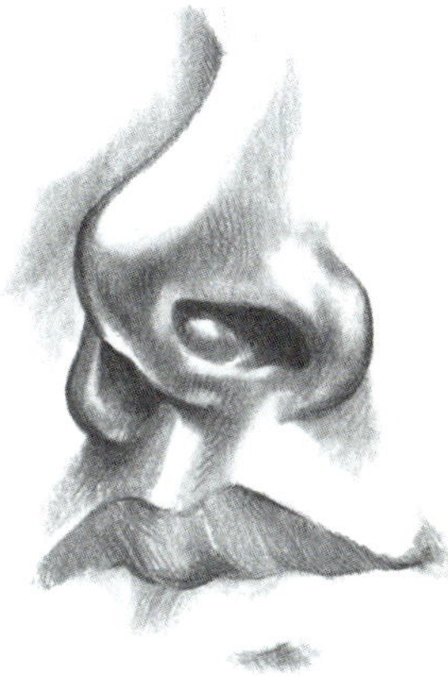

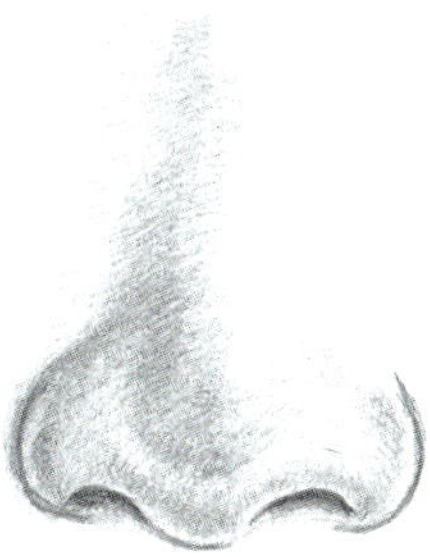

runde Nase

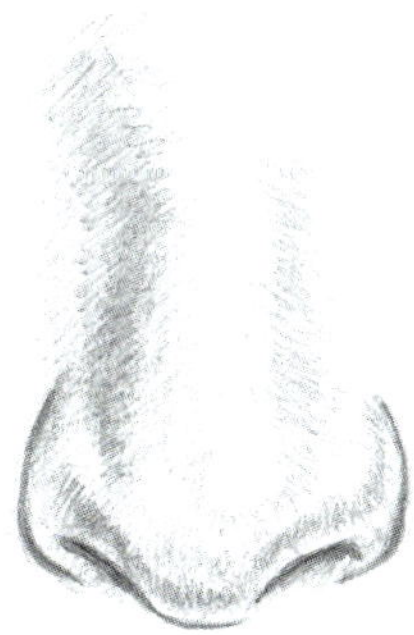

flache Nase

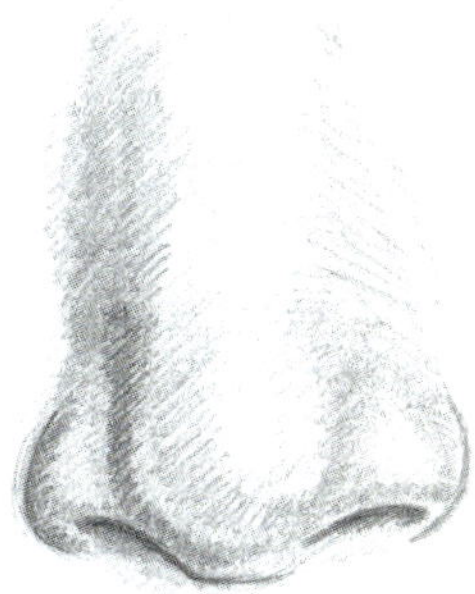

fleischige Nase

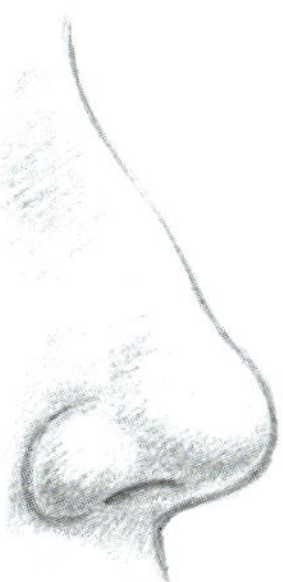

gerade Nase

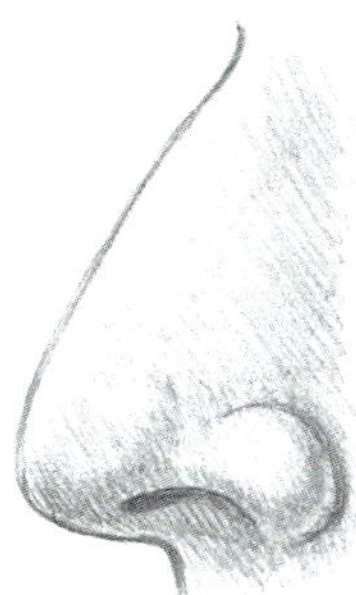

Hakennase

# Mund und Lippen

Lippen sind einfach zu zeichnen, wenn Sie ein wenig Übung darin haben, die Grundform zu finden. Mit der Zeit wird es Ihnen immer leichter fallen, die individuelle Mundform des Menschen, den Sie zeichnen, zu erkennen und wiederzugeben.

Für Anfänger ist es am leichtesten, Lippen in drei Schritten zu zeichnen. Bringen Sie zuerst die Grundformen der oberen und der unteren Lippe zu Papier und geben Sie ihnen dann mit gebogenen Linien und Schraffuren nach und nach die gewölbte Form.

TIPPS

Sehen Sie sich die einfachen Grundformen der Lippen auf dieser Seite an, die freihand gezeichnet wurden und Ihnen die Idee des Grundaufbaus von der Seite vermitteln.

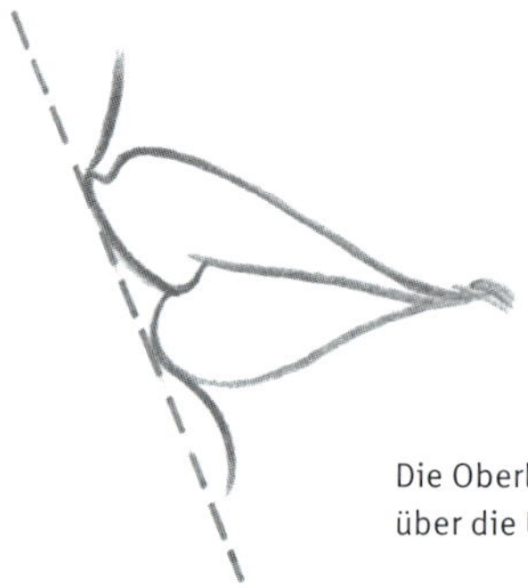

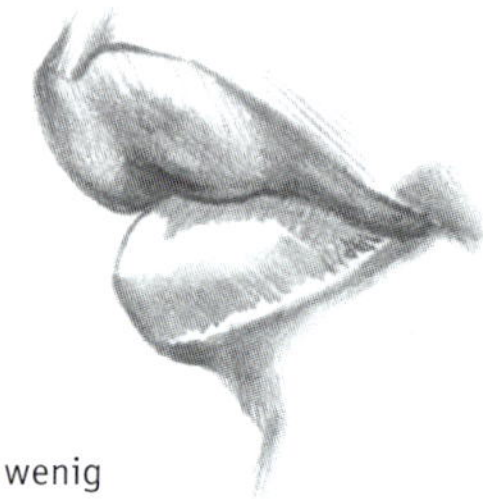

Die Oberlippe steht ein wenig über die Unterlippe über.

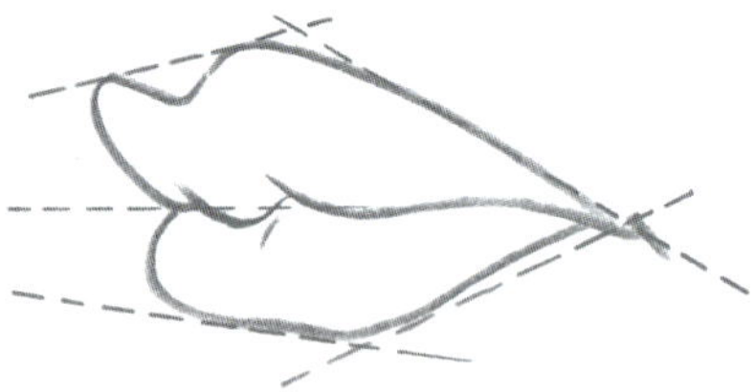

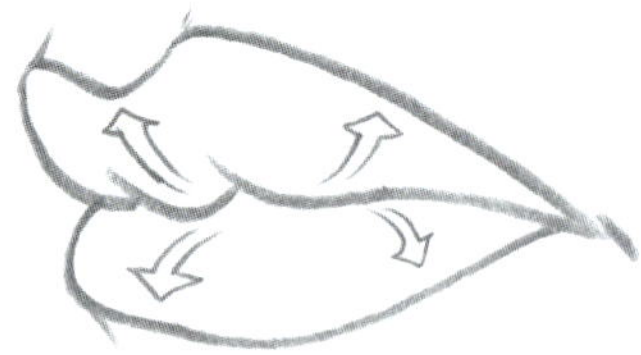

Beim Schraffieren mit gebogenen Linien die Wölbung zeigen.

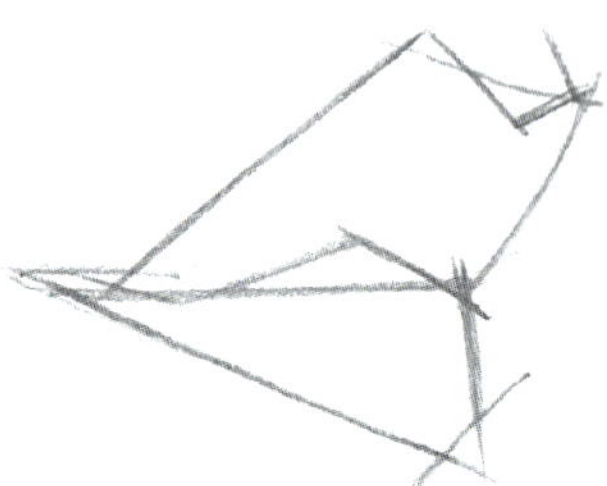

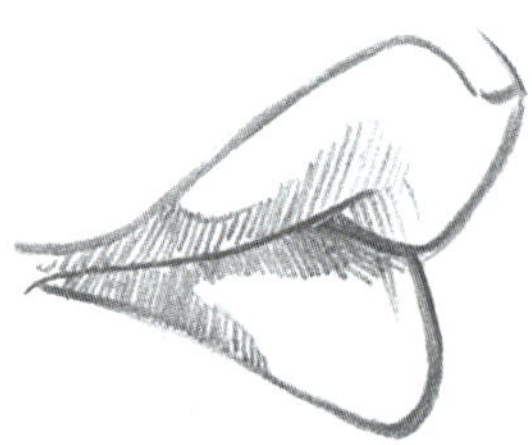

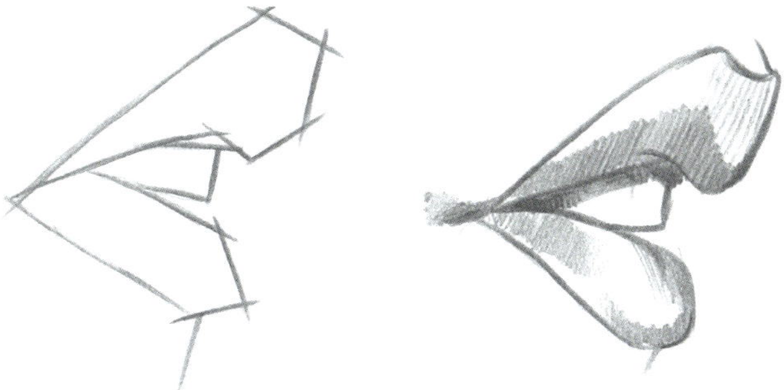

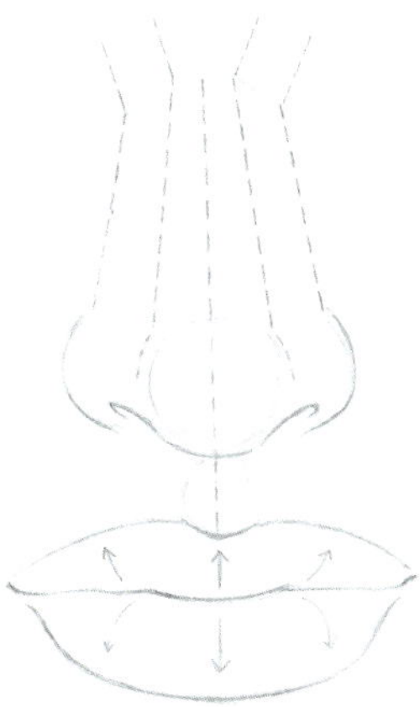

Die Nase deuten Sie mit vier Flächen an und fügen einen Kreis für die Nasenspitze dazu. Dann zeichnen Sie die Bögen der Lippen. Der kleine Kreis zwischen Oberlippe und Nase zeigt die Vertiefung dort an. Sehen Sie die Pfeile auf Ober- und Unterlippe? In dieser Richtung müssen Sie später jeweils schraffieren.

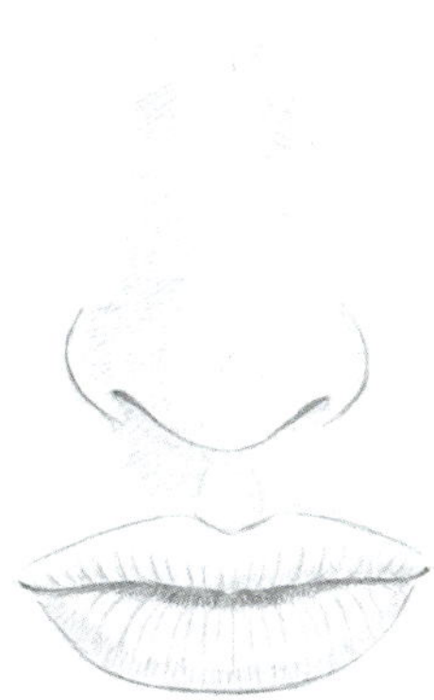

Anschließend setzen Sie links und rechts der Nase Ihre ersten Schraffuren, dann zeichnen Sie die Nasenflügel ein und arbeiten die Vertiefung zwischen Lippe und Nase etwas mehr aus. Schraffieren Sie die Lippen in Pfeilrichtung und zeichnen Sie den Spalt zwischen den Lippen ein. Achten Sie darauf, die richtige Form darzustellen.

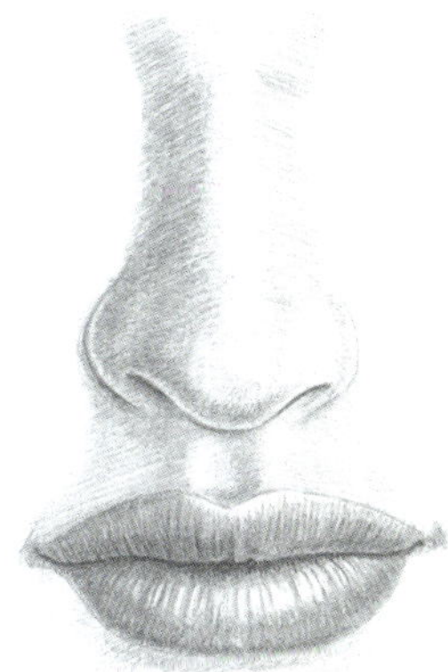

Mit den letzten Schraffuren geben Sie Nase und Mund ihre Formen. Wenn es sich anbietet, fügen Sie noch Lichtreflexe ein. Hier wurden mit einem Knetradiergummi nachträglich unterschiedlich helle Lichtreflexe auf der Oberlippe, an der Nasenspitze und auf dem Nasenrücken angebracht.

# Gesicht

## Proportionen des Erwachsenen

Damit Sie ein noch besseres Gefühl für die Verteilung der Elemente in einem Gesicht bekommen, hier ein paar weitere Tricks:

1 Die Augen liegen eine Augenlänge auseinander.

2 Jedes Auge ist so lang wie die Nase breit.

3 Der Mund reicht von der Mitte des einen Auges bis zur Mitte des anderen.

TIPPS

Das menschliche Gesicht hat eine gestaltete Oberfläche – ähnlich wie eine Landschaft oder auch ein Apfel. Seine Konturen bestehen aus Licht und Schatten wie bei jedem anderen Objekt auch. Allerdings sind die Konturen von Mensch zu Mensch verschieden. Und so besteht die Kunst des Porträtierens darin, diese Unterschiede zu erkennen und das Gesicht möglichst stimmig und wirklichkeitsnah zu Papier zu bringen – und die Grundlage dafür ist die Kenntnis der Proportionen eines Gesichts.

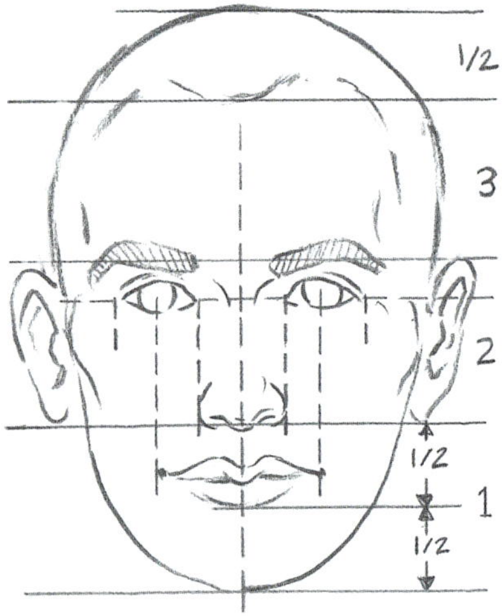


Hier sehen Sie, wie Sie die übrigen Gesichtszüge an der richtigen Stelle platzieren. Prägen Sie sich dieses Grundschema gut ein, ehe Sie mit dem Zeichnen beginnen.

- Die Nase endet in der Mitte zwischen Augenbrauenlinie und Kinn.
- Die Ohren beginnen auf Höhe der Augenbrauen und enden auf Höhe der Nase. Fertigen Sie am besten einige Skizzen aus dem Gedächtnis an.

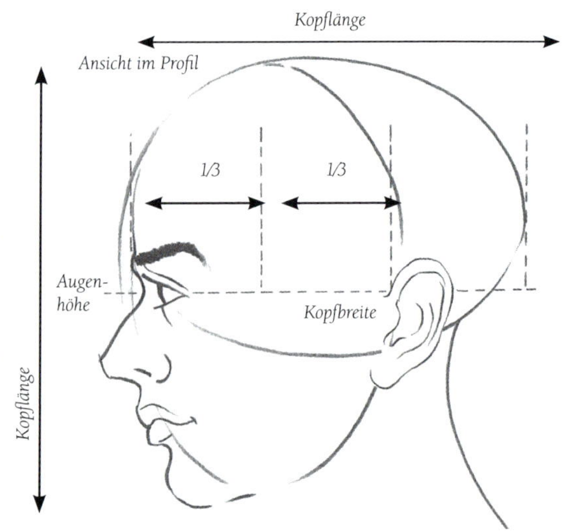


Fast immer entspricht die Breite des Kopfes mit der Nase sehr genau der Höhe des Kopfes – gemessen jeweils an der längsten bzw. breitesten Stelle.

Um das Ohr richtig zu platzieren, teilen Sie den Kopf seitlich in drei gleiche Teile.

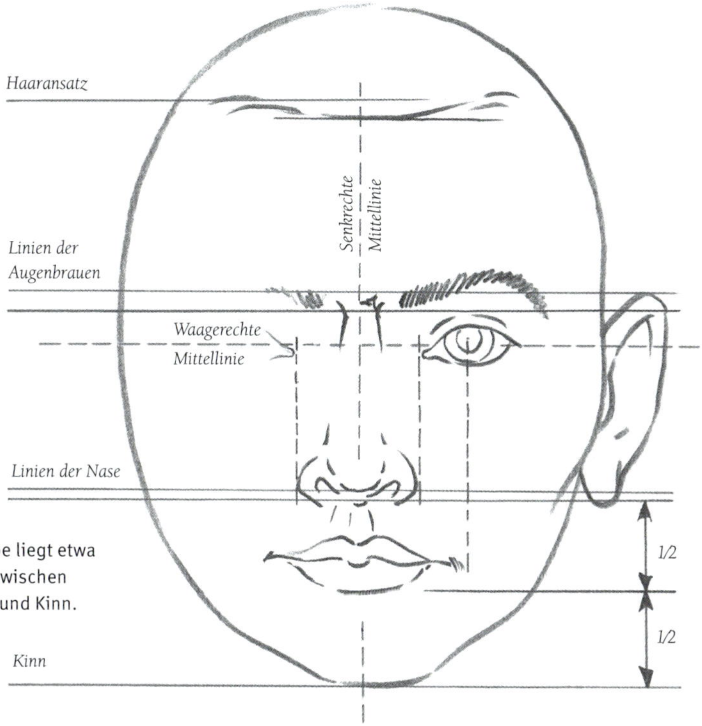


Die Unterlippe liegt etwa in der Mitte zwischen Nasenspitze und Kinn.

Wenn Sie die Proportionen eines Erwachsenen einmal gelernt haben, können Sie im Grunde jedes Gesicht zeichnen. Sehen Sie sich zunächst die Maße der Illustration rechts an und übertragen Sie sie auf ein Blatt Papier. Zunächst zeichnen Sie eine ovale Gesichtsform. Dann teilen Sie sie mit einer waagerechten Linie in zwei Hälften. Bei Erwachsenen sitzen die Augen auf dieser waagerechten Linie.
Dann teilen Sie das Gesicht mit einer senkrechten Linie nochmals – auf dieser Linie liegt die Nase.

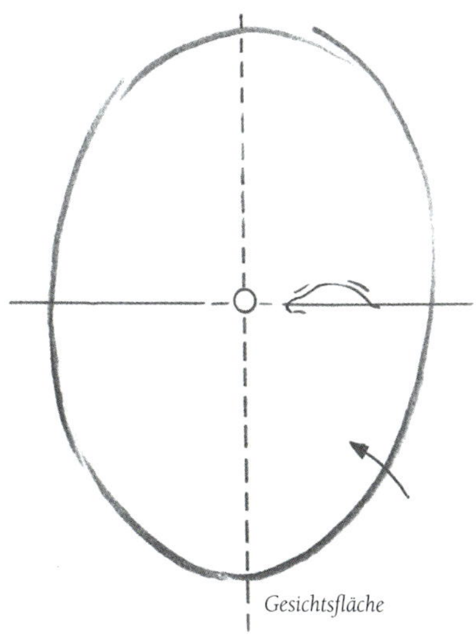

# Das Gesicht von vorne

Wenn Sie ein Porträt zeichnen wollen, das wirklich Ähnlichkeit mit dem Vorbild hat, sollten Sie möglichst alles über das richtige Verhältnis der Gesichtsmerkmale zueinander sowie ihre Größe und Anordnung wissen.

TIPPS

Nur wer die Proportionen eines Gesichts korrekt erfassen kann, wird die Gesichtsmerkmale wie Augen, Nase, Mund, Ohren, Wangen, Kinn usw. richtig wiedergeben können.

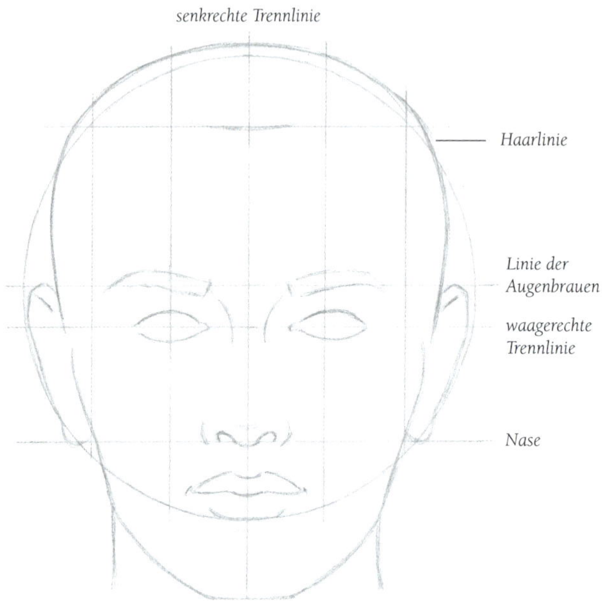


## Hilfslinien

Der Kopf ähnelt einem Ball, den man an den Seiten zusammengedrückt hat. Der Ball wird senkrecht und waagerecht halbiert, und das Gesicht lässt sich in drei waagerechte Abschnitte teilen: durch die Haarlinie, die Linie der Augenbrauen und die Linie für die Nase. Mit diesen wenigen Hilfslinien können Sie im Prinzip jedes Gesicht erfassen.

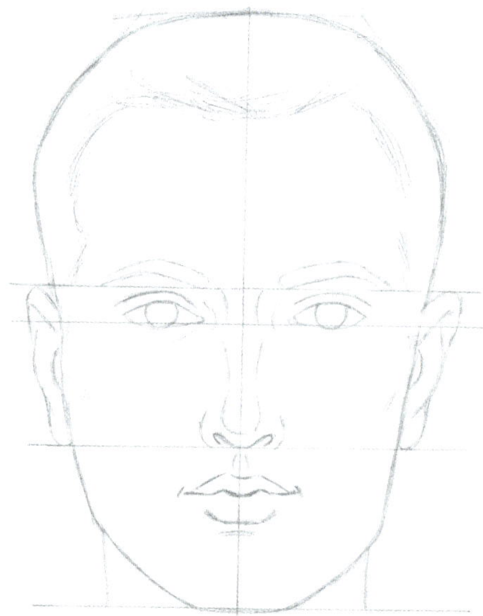

## Gesichtsmerkmale

Die Augen liegen genau zwischen der waagerechten Trennlinie und der Linie der Augenbrauen. Die Nasenspitze liegt in der Mitte zwischen der Linie der Augenbrauen und dem Kinn. Die Unterlippe endet in der Mitte zwischen Nase und Kinn. Die Ohren reichen von der Linie der Augenbrauen bis zur Höhe der Nasenspitze.

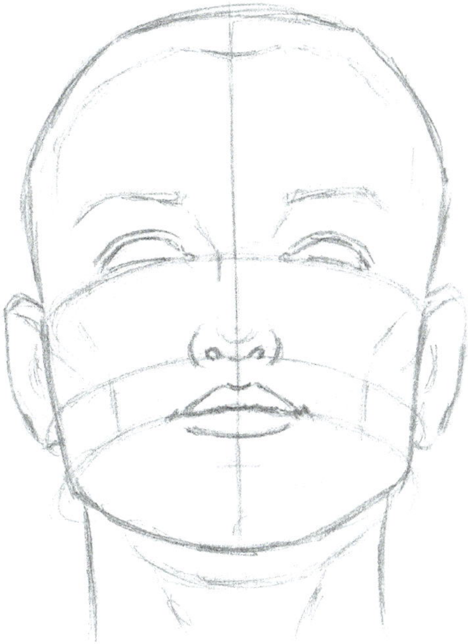

## Den Blick heben

Wenn man den Kopf hebt, wandern die waagerechten Hilfslinien als Bögen nach oben. Jetzt sind die Ohren etwas weiter unten, und von den Augen ist das Weiße besser zu sehen.

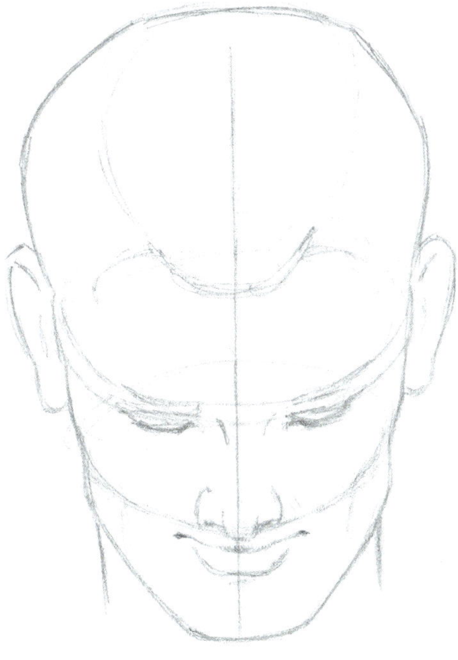

## Den Blick senken

Wen man den Kopf senkt, scheinen sich die Augen zu verengen und man kann viel mehr vom Kopf sehen. Die Ohren scheinen fast bis zur Haarlinie nach oben geschoben worden zu sein und werden von der waagerechten Trennlinie „festgehalten“.

# Profil und Dreiviertelansicht

Anfänger im Porträtieren wählen oft ein Profil, weil es leichter zu zeichnen ist und man sich nicht so sehr darum kümmern muss, die Gesichtsmerkmale parallel zu gestalten. Trotzdem müssen beim Profil und vor allem bei der anspruchsvolleren Dreiviertelansicht die Proportionen stimmen.

**TIPPS**

Bitten Sie Freunde, sich von Ihnen entweder im Profil oder in der Dreiviertelansicht zeichnen zu lassen. Bestimmt entstehen einige schöne Porträts!

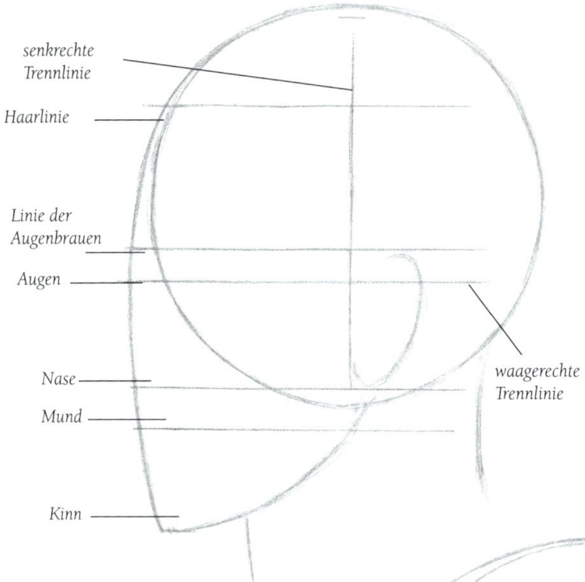


### Grundwissen Profil

Zeichnen Sie zunächst mit einem großen Zirkel einen Kreis. Mit zwei gebogenen Linien deuten Sie Gesicht und Kinn an. Platzieren Sie das Ohr gleich hinter der waagerechten Trennlinie.

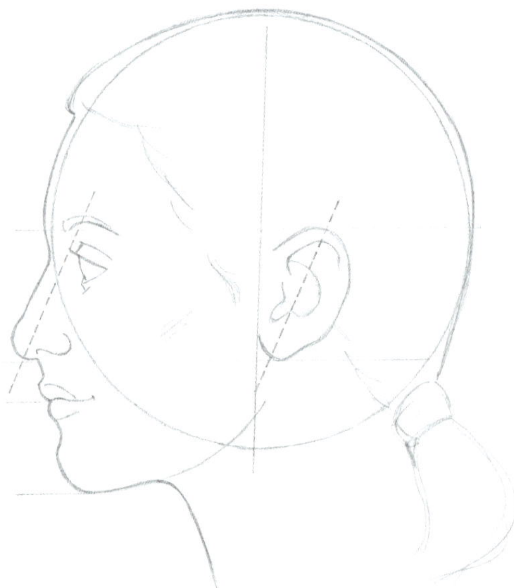

### Gesichtselemente einzeichnen

Mithilfe des Zirkelkreises positionieren Sie die Elemente des Gesichts: Nase, Lippen und Kinn befinden sich außerhalb des Kreises, Augen und Ohren darin. Die gestrichelten Linien zeigen, dass Ohr und Nase parallele Hilfslinien haben.

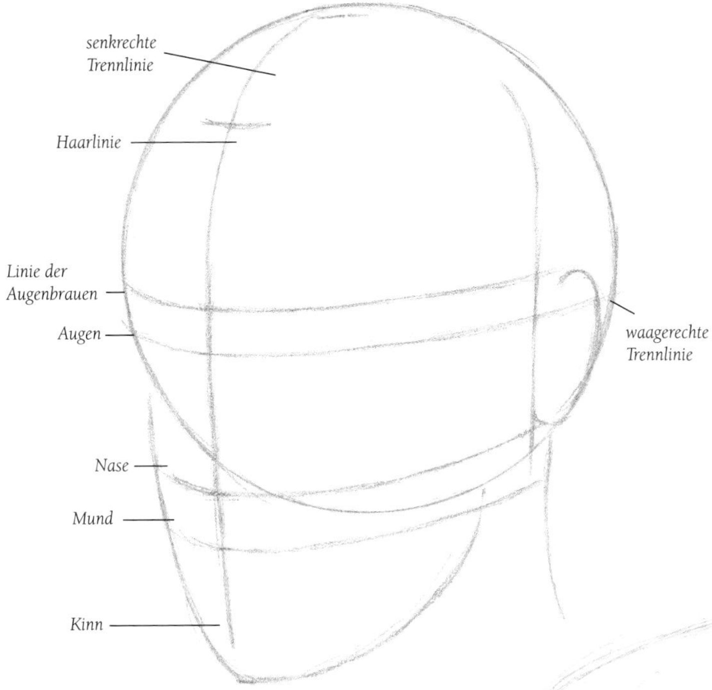


## Dreiviertelansicht

Bei einer Dreiviertelansicht kommt die senkrechte Trennlinie ins Spiel. Obwohl man mehr von der linken Gesichtshälfte sieht, ist die rechte zum Teil zu erkennen. Wenn man den Kopf so dreht, muss man die Hilfslinien als Bögen zeichnen.

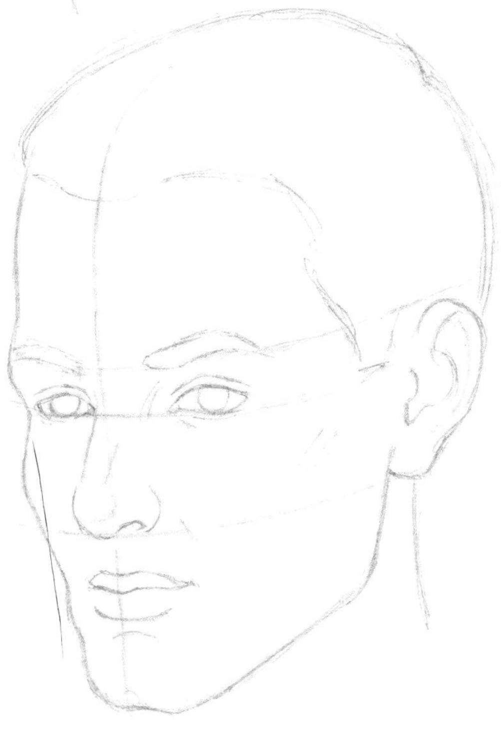

Bei dieser Ansicht erscheint das linke Auge größer als das rechte. Dies ist Teil der sogenannten optischen Verkürzung, einer Technik, mit deren Hilfe Sie die Räumlichkeit eines Motivs erschaffen.

# Gesichtsebenen

Lichtreflexe und Schatten geben einem Objekt seine räumliche Wirkung. Dazu müssen Sie beim Zeichnen zunächst erkennen, woher das Licht kommt, das auf Ihr Objekt fällt.

Beim Zeichnen von Porträts müssen Sie in der Lage sein, die einzelnen Ebenen eines Gesichts schnell zu erfassen. Sie brauchen diese Elemente beim Schraffieren, um Schatten, Licht und Reflexe richtig zu platzieren.

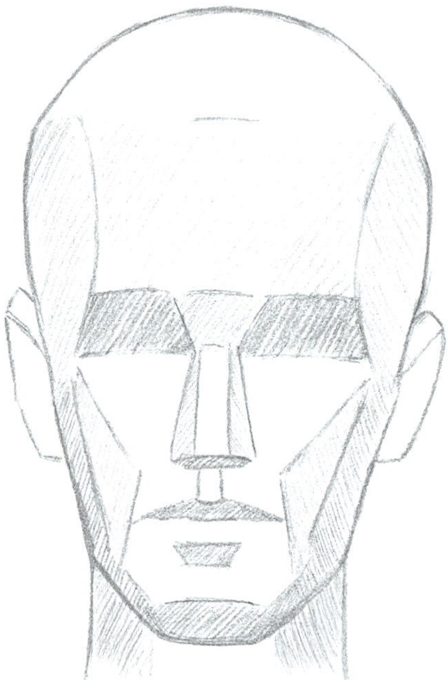

## Licht von oben

Wenn Licht von oben aufs Gesicht fällt, werden die vorstehenden Bereiche wie Wangenknochen oder Nasenrücken hervorgehoben. Die Augen dagegen treten unter den Brauen zurück. Auch die Nasenflügel, das Kinn und der Hals liegen im Schatten.

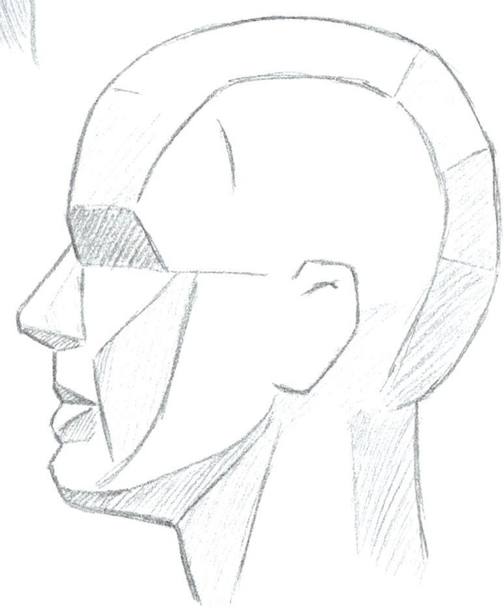

## Licht von der Seite

Hier liegen zwar die Augen auch im Schatten, aber die Seite des Gesichts und des Nackens sind jetzt im Hellen. Je weiter die Kopfpartie zum Nacken absinkt, umso dunkler werden die Schatten. Die Seite der Wangen wirkt wie eingesunken, und die Ohren werfen einen Schatten.

TIPPS

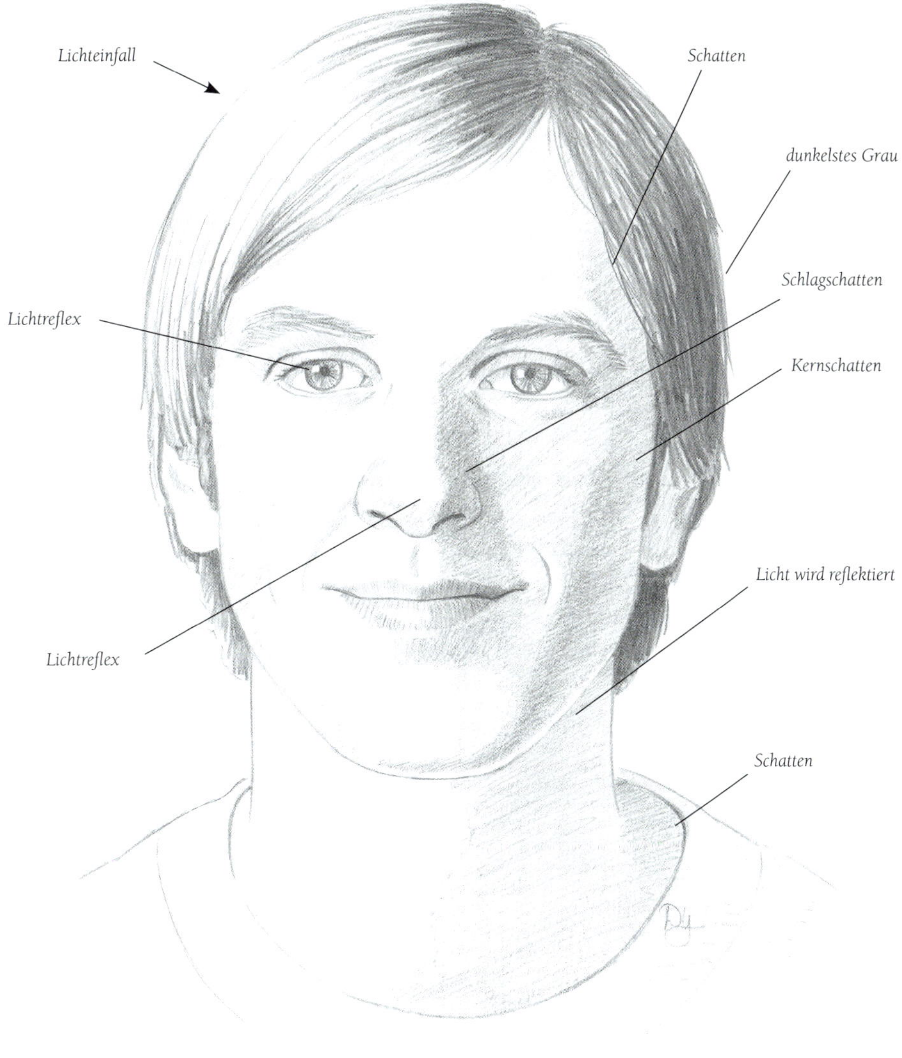


## Licht und Schatten

Es bedarf unterschiedlicher Schraffuren, um ein Gesicht mit Grautönen zu modellieren. Die dunkelsten Schatten (oder Kernschatten) entstehen dort, wo Licht bzw. Schatten und Gesichtspartie zusammenwirken. Vorstehende Elemente wie die Nase werfen dagegen Schlagschatten wie die Stelle rechts der Nase. Lichtreflexe erkennt man am besten, wenn sie direkt im Licht liegen. Bei diesem Porträt kommt das Licht von links oben. Deshalb sind das Haar links und die Stirn am hellsten, während alle Gesichtspartien, die gegenüberliegen, wie die linke Gesichtshälfte des jungen Mannes und sein Hals, mehr oder weniger im Schatten liegen und grau erscheinen. Außerdem gibt es eine Reihe von Flächen mit hellen Stellen wie hier das Kinn und die Stelle unter dem linken Auge.

# Frau

## Gesicht von vorne

Nehmen Sie sich Zeit und Ruhe, um Ihr Modell genau anzusehen, denn ein Detail wie der richtige Abstand der Augen entscheidet darüber, ob Ihre Zeichnung gelingt oder nicht.

Wenn Sie eine Person direkt von vorne zeichnen, müssen die Gesichtszüge möglichst exakt positioniert sein. Bei Darstellungen im Profil ist es leichter, da Sie sich zum Beispiel nicht darum kümmern müssen, dass beide Augen miteinander im richtigen Bezug stehen.

**1**

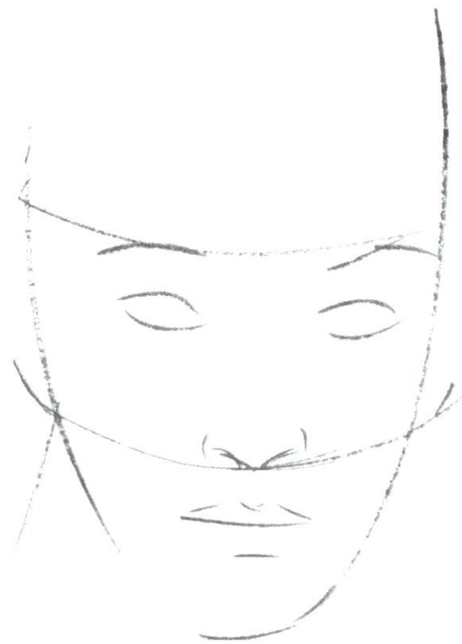

Im ersten Schritt wurden nur wenige Hilfslinien gezeichnet. Sie werden sehen, dass Sie mit zunehmender Erfahrung und Sicherheit sogar mit noch weniger Hilfen auskommen. Trotzdem reichen die beiden geschwungenen Linien bereits aus, um die Gesichtszüge exakt zu positionieren.

**2**

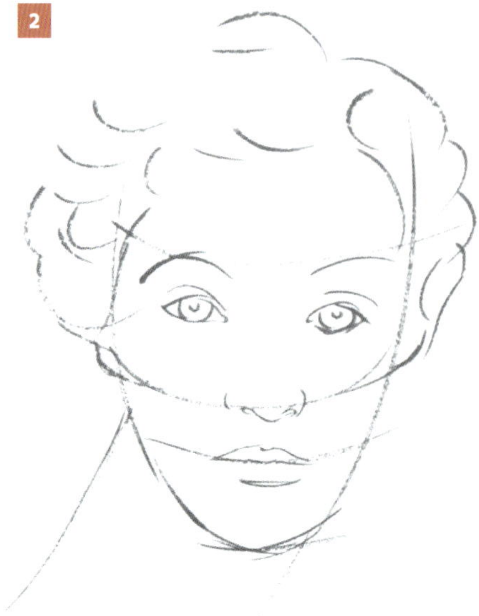

Im zweiten Schritt werden Gesichtszüge und Haar stärker betont und ausgearbeitet. Die Elemente des Gesichts sind nie ganz symmetrisch – in der Regel ist immer ein Auge größer als das andere. Das Porträt erhält durch das Schraffieren von Augen, Nase und Lippen seine Kraft und seinen Ausdruck. Sie können auch die Gesichtsform durch das Hervorheben der Ebenen des Gesichts noch betonen.

TIPPS

3

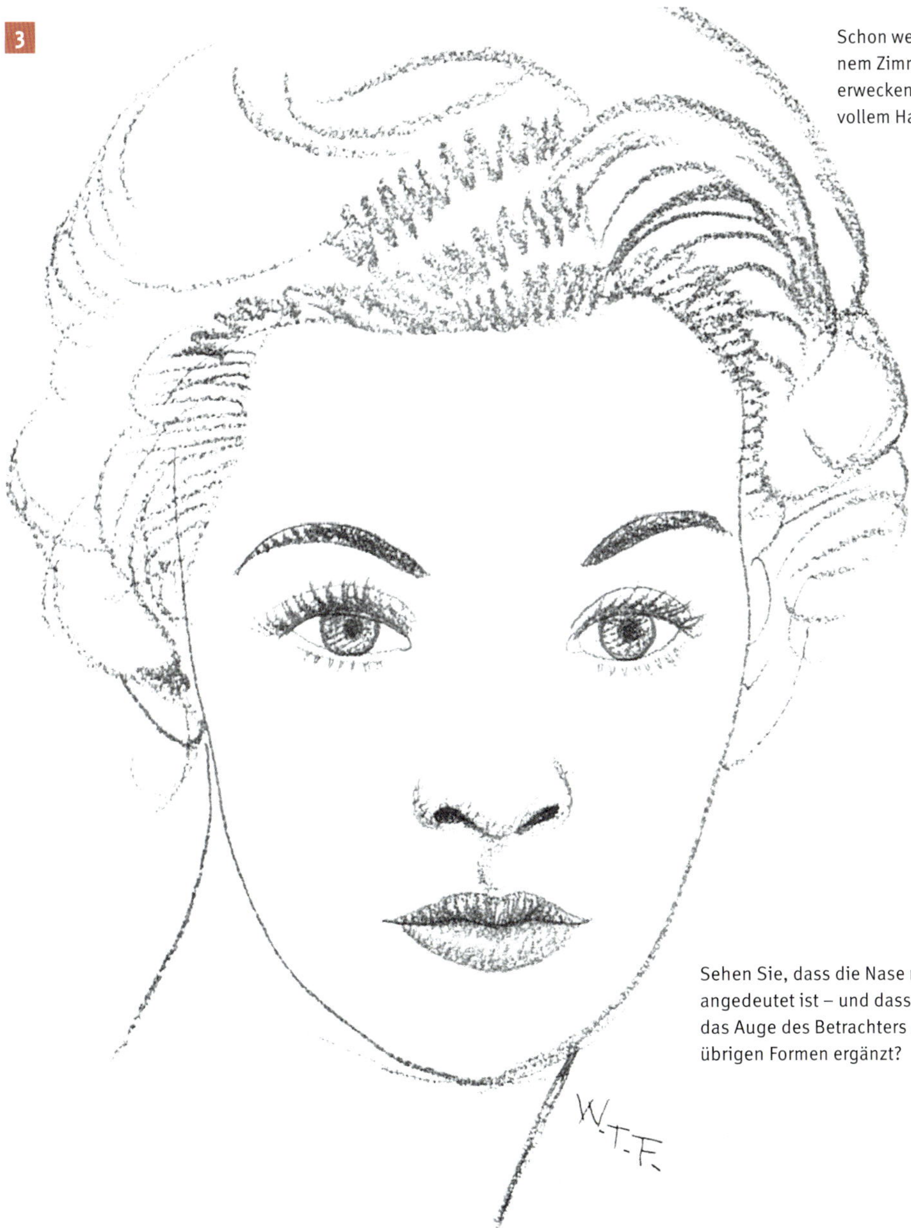


Schon wenige Striche mit einem Zimmermannsbleistift erwecken den Eindruck von vollem Haar.

Sehen Sie, dass die Nase nur angedeutet ist – und dass das Auge des Betrachters die übrigen Formen ergänzt?

Überprüfen Sie beim Arbeiten immer wieder, ob die Proportionen und Winkel stimmen. Erst wenn Sie die Vorzeichnung gelungen finden, sollten Sie mit dem Ausarbeiten der einzelnen Elemente beginnen: Fügen Sie einige Schraffuren hinzu – entscheiden Sie selbst, wie viel oder wie wenig Sie zeichnen wollen; manchmal ist weniger mehr ...

TIPPS

# Dreiviertelansicht

Die Dreiviertelansicht eines Menschen ist etwas schwieriger zu zeichnen als eine Ansicht von vorne – aber Sie sollten es unbedingt versuchen. Sehen Sie sich Ihr Modell genau an und halten Sie sich an die folgenden Schritte – dann wird Ihr Bild auch gelingen! Zeichnen Sie zunächst die Grundformen des Gesichts vor und setzen Sie dann Hilfslinien wie im Beispiel. Wichtig ist, dass Sie daran denken, dass durch diesen Blickwinkel die Gesichtszüge nicht in der Mitte des Gesichts stehen – so sitzt die Nase genau auf drei Vierteln des Gesichts. Zeichnen Sie das Profil der Nase bis zur Wurzel und schneiden Sie das linke Auge etwas an.

1

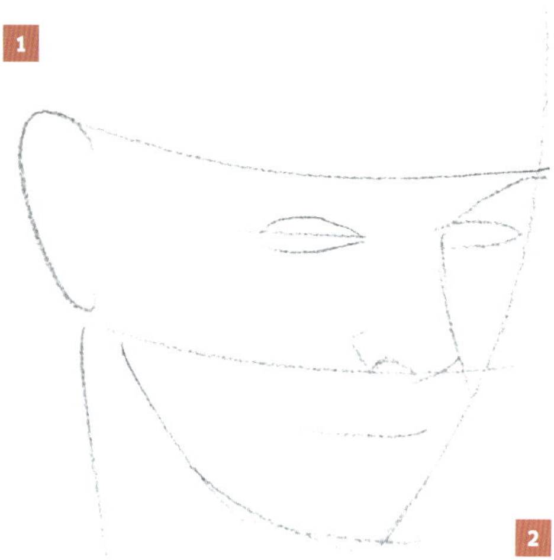

2

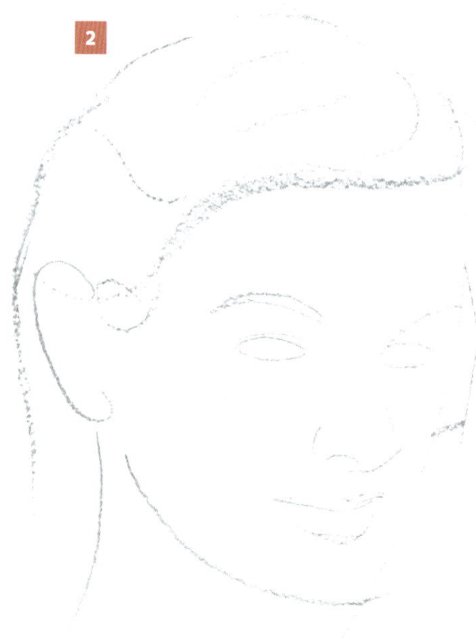

Beim Skizzieren der Haare hilft es, das Haar als eine Masse mit geschwungener Linie aufzufassen. Sie können einzelne Haare später immer noch hervorheben.

3

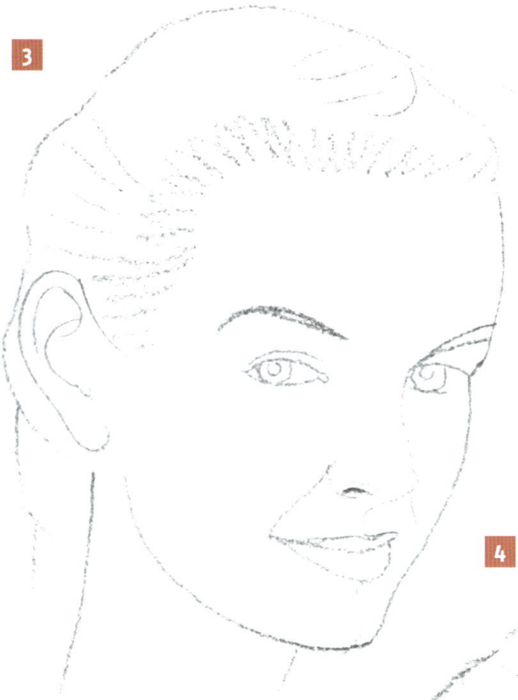

4

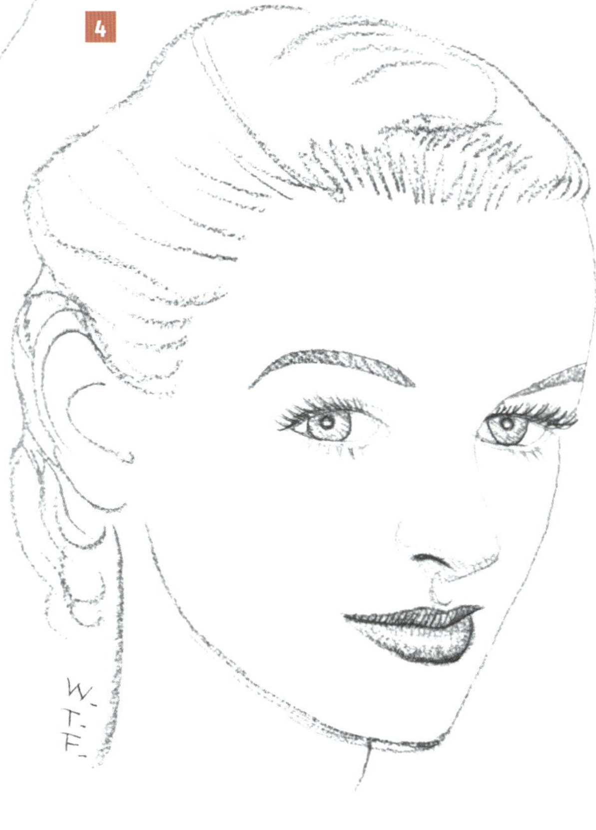

Halten Sie diese Dreiviertelansicht technisch möglichst einfach. Sie müssen sich zum Beispiel nicht dem Haar widmen. Wichtiger ist es zu lernen, wie man Gesichter zeichnet – das Haar kommt später.

15 MIN

# Frontansicht einer Frau

Wenn Ihnen das Zeichnen von Porträts Freude macht, sollten Sie nach den ersten Anfängen dazu übergehen, Menschen nach einem Foto zu zeichnen. Am besten sind Schwarz-Weiß-Fotos geeignet, denn hier können Sie die Grautöne in aller Ruhe studieren und in Ihr Bild übertragen.

**1**

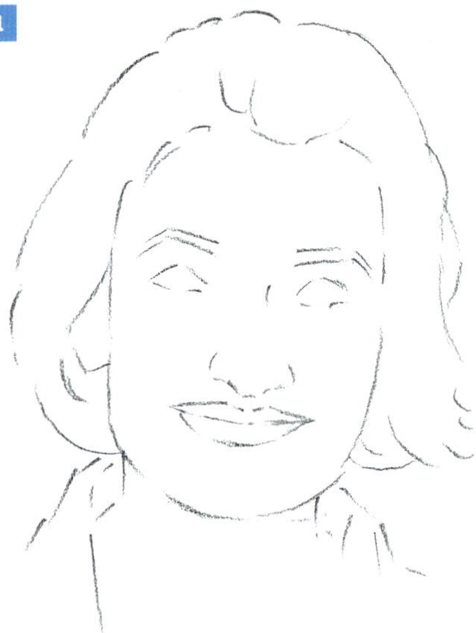

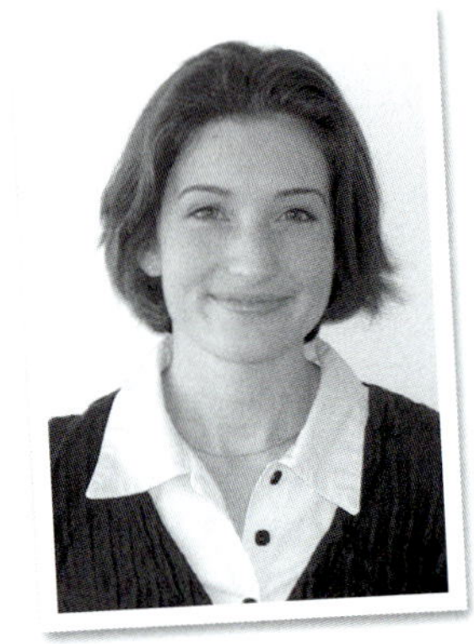

Nehmen Sie einen gespitzten Kohlestift und zeichnen Sie die ersten Umrisse von Kopf, Haar und Kragen mit leichten Strichen ein. (Für dieses Porträt eignet sich Kohle besonders gut, da Sie mit ihr auch feinste Grautöne leicht darstellen können.) Zum Schluss folgen die Gesichtszüge.

---

**2**

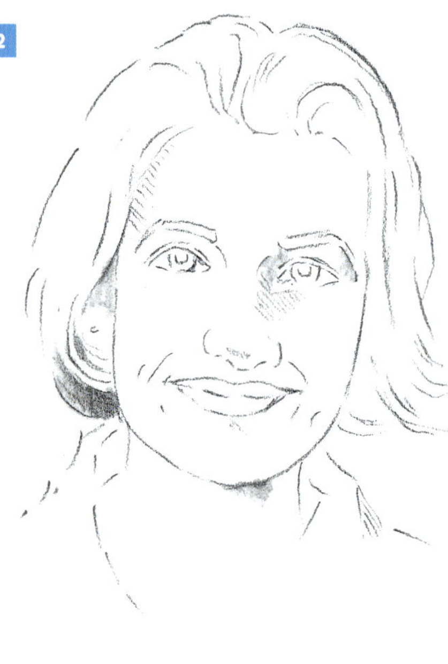

Mit der Arbeit am Gesicht geht es weiter: Sie zeichnen Iris und Pupille ein sowie die Lachfältchen. Jetzt ziehen Sie das Foto am besten nochmals zu Rate, damit Sie alle Feinheiten des Gesichts gut treffen. Dann folgen erste Schraffuren.

TIPPS

Auf dem Foto kommen die feinen Gesichtszüge, die zarte Haut und die strahlenden Augen sehr schön zur Geltung.

Achten Sie aber auch auf die individuellen Besonderheiten wie den leicht schiefen Mund, die Lachfältchen, die ziemlich weit auseinanderstehenden Augen und darauf, dass man die Nasenlöcher kaum sehen kann. Auf solche Details kommt es an, wenn Sie ein Porträt wirklichkeitsnah gestalten möchten.

3

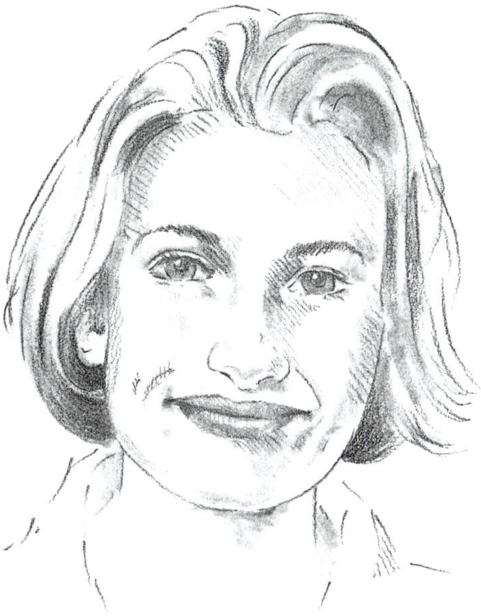

Nehmen Sie nun die Seite des Kohlestiftes und zeichnen Sie mit seiner Hilfe die Gesichtsebenen ein. Mit dem Knetradiergummi radieren Sie dann die Lichtreflexe im Auge heraus. Für die dichten Haarpartien nehmen Sie am besten ein Stück Kohle.

4

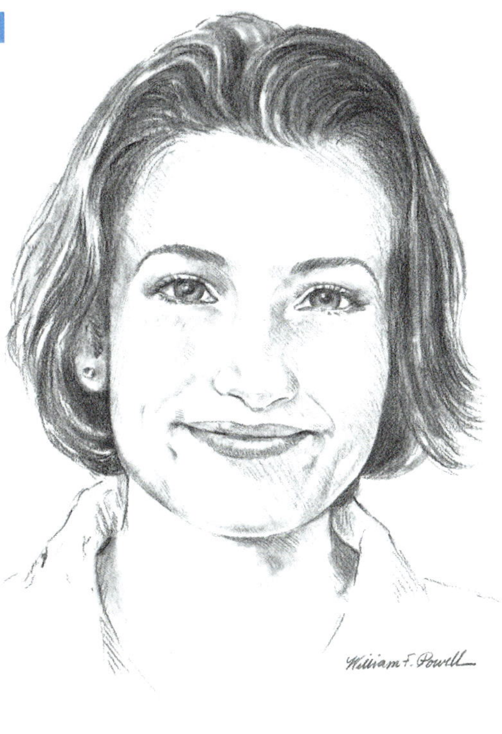


Arbeiten Sie weiter behutsam mit Kohlestift und Kohle am Gesicht. Für besonders feine Übergänge verwischen Sie die Farbe behutsam mit dem Finger oder mit einem Papierwischer. Überschüssige Kohle nie mit einem Tuch abreiben, sonst verschmiert das Bild.

# Mann

## Profil eines Mannes

Bei einem Porträt von der Seite kommt es darauf an, die Hilfslinien ganz genau an der richtigen Stelle zu setzen, um die Proportionen des individuellen Gesichts, zu dem auch der Hinterkopf gehört, gut zu treffen.

TIPPS

Ein Profil kann sehr dramatisch wirken, denn von der Seite erkennt man die individuellen Charakteristika eines Menschen viel deutlicher als in der Frontansicht. Aber gerade deshalb müssen Sie darauf achten, dass nicht ein spezielles Merkmal zu stark betont wird.

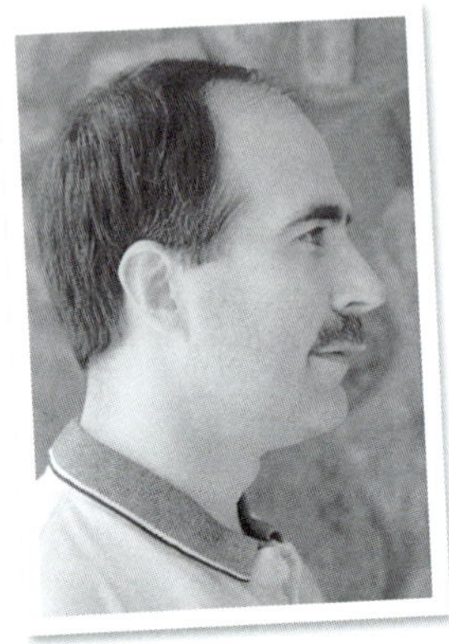

1

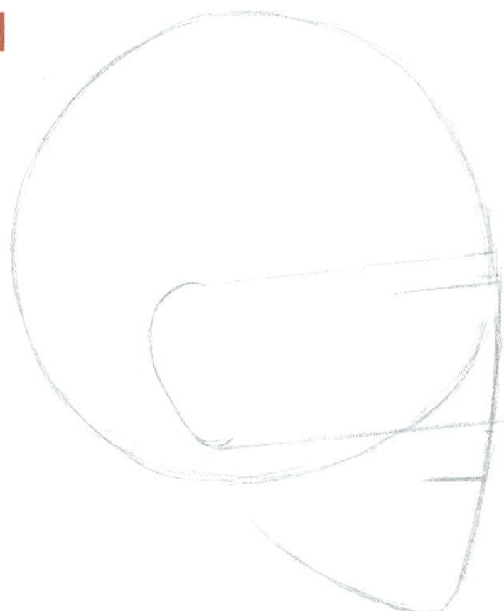

Nachdem Sie die Kopfform mit einem Kreis skizziert haben, nehmen Sie einen Bleistift in Härte HB und zeichnen Hilfslinien für Gesicht, Wangen und Kinn sowie für Augen, Nase, Mund und Ohr. Arbeiten Sie dabei so nah wie nur möglich an Ihrer Vorlage.

2

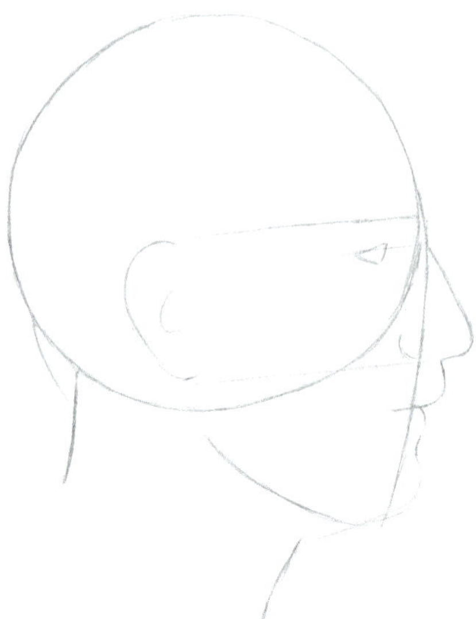

Anhand der Hilfslinien zeichnen Sie nun die Gesichtsmerkmale so ein, dass Sie das Individuelle, wie die etwas vorstehende Oberlippe, festhalten. Der Ausschnitt des Auges zeigt, wie klein das Auge im Profil wird.

3

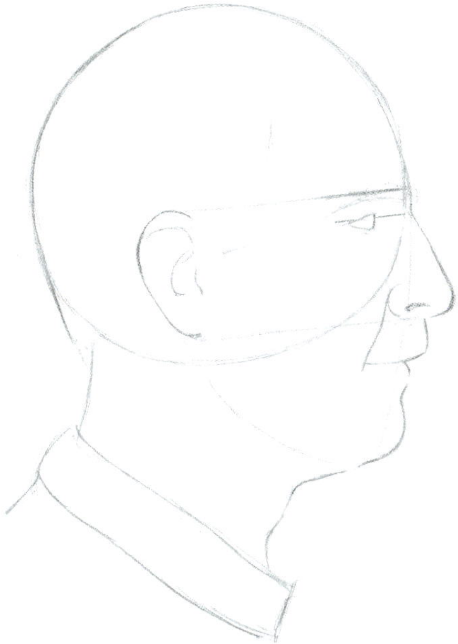

Beim Einzeichnen der Brauen achten Sie sehr genau auf die Abstände zwischen der Braue und den anderen Partien wie dem Auge und der Nase und versuchen den Bogen so exakt wie nur möglich zu treffen. Sobald Sie mit dem Umriss zufrieden sind, geht es an die ersten Details wie Hals und Adamsapfel.

4

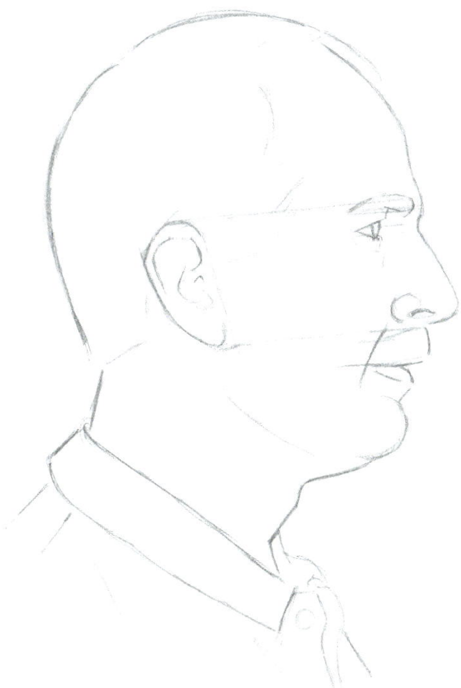

Beim Profil ist der Sitz der Haarlinie besonders wichtig, da sie großen Einfluss auf die Stirn hat und mitbestimmt, ob Ihr Bild Ähnlichkeit mit der Person hat, die Sie porträtieren: Hier ist die Stirn sehr hoch. Dann arbeiten Sie weiter an den Gesichtszügen.

Da viele Erwachsene sehr ausgeprägte Gesichter besitzen, macht es Spaß, sie von der Seite darzustellen wie bei diesem Porträt.

Viel vom Gesicht wurde hier weiß gelassen, damit man sich ganz auf Augen und Mund konzentrieren kann.

TIPPS

5

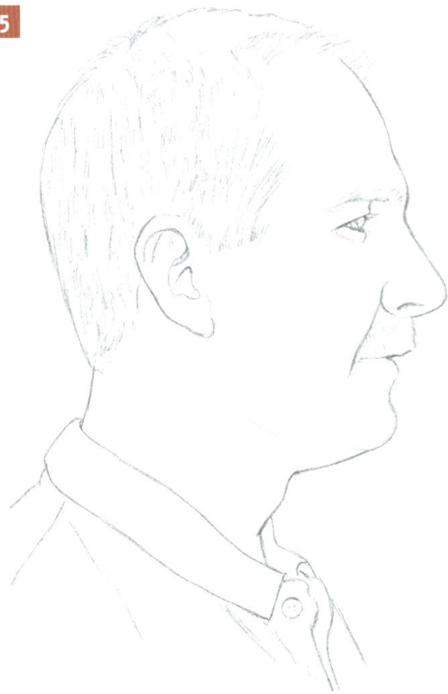

Nun sieht man die Ähnlichkeit schon. Deshalb nehmen Sie einen Bleistift in Härte 2B und bringen Räumlichkeit ins Bild: Nase und Wangen werden runder. Auf der Oberlippe deuten erste kleine Strichlein den Schnurrbart an – auf den Kopf setzen Sie kurze, rasche Striche fürs Haar. Es folgen Detailarbeiten an Auge, Ohr und Braue.

6

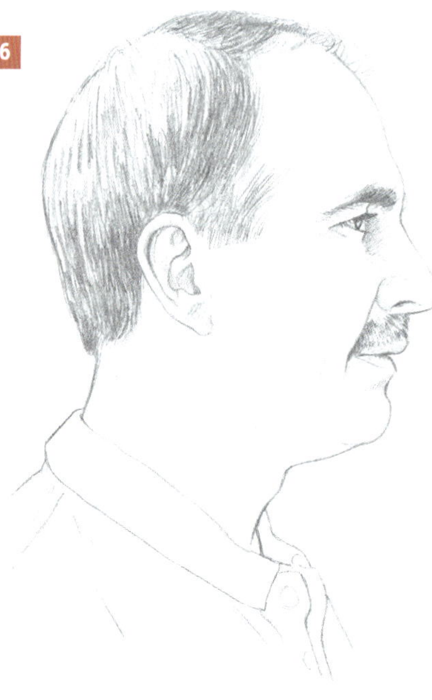

Arbeiten Sie weiter an Haaren, Augenbraue und Schnurrbart mit dem Bleistift in Härte 2B mit Strichen in der Wuchsrichtung. Beim Haupthaar lassen Sie einige Stellen ganz weiß. Dann wenden Sie sich den Linien und Schatten im Gesicht zu und schraffieren Auge, Ohr und Nase.

7

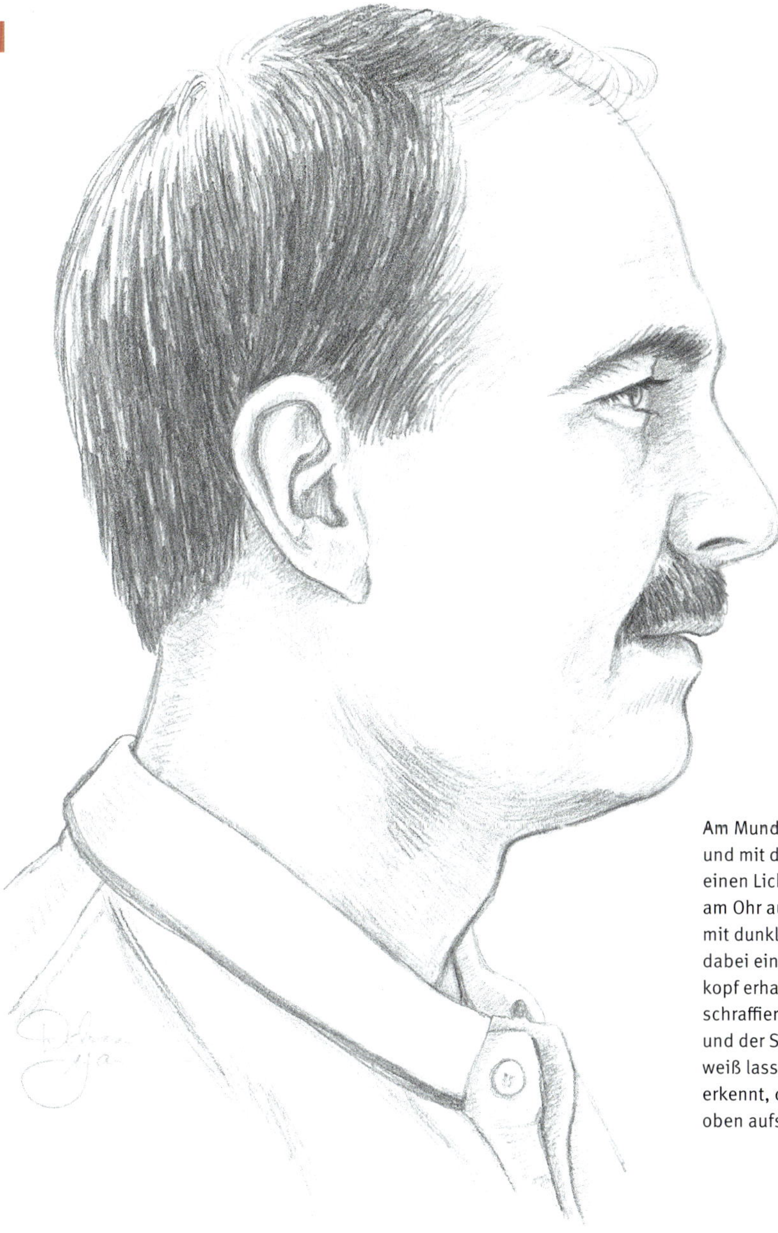

Am Mund die Lippen schraffieren und mit dem Knetradiergummi einen Lichtreflex setzen. Die Details am Ohr ausarbeiten und das Haar mit dunklen Strichen formen – dabei einige Lichtreflexe am Oberkopf erhalten. Stirn, Nase und Kinn schraffieren, nur auf den Wangen und der Stirn größere Stellen ganz weiß lassen, damit der Betrachter erkennt, dass das Licht seitlich von oben aufs Gesicht fällt.

# Kinderköpfe

Babys erkennt man auch an den zarten Augenbrauen und am feinen Haar; das Haar wird in aller Regel erst mit zunehmendem Alter dichter.

Übrigens helfen Frisuren, Kleidung und Accessoires das richtige Alter zu erkennen.

TIPPS

Kinderköpfe im Profil wirken fast rund. Die Kleinen haben eine große Stirnpartie, die weiter nach vorne ausgeprägt ist als bei Erwachsenen. Die Nase ist dagegen klein und recht rund, sodass der Kinderkopf im Profil gut in ein gedachtes Quadrat passt. Am besten beginnen Sie mit einem Kreis für den Hinterkopf und zeichnen dann die Grundformen der Gesichtszüge vor. Die Augenbrauen liegen auf der waagerechten Mittellinie, die Nase liegt in der unteren Gesichtshälfte und nimmt etwa ein Viertel des Profils ein. Sehen Sie genau hin und setzen Sie alle Gesichtszüge mithilfe der Hilfslinien an die richtige Stelle.

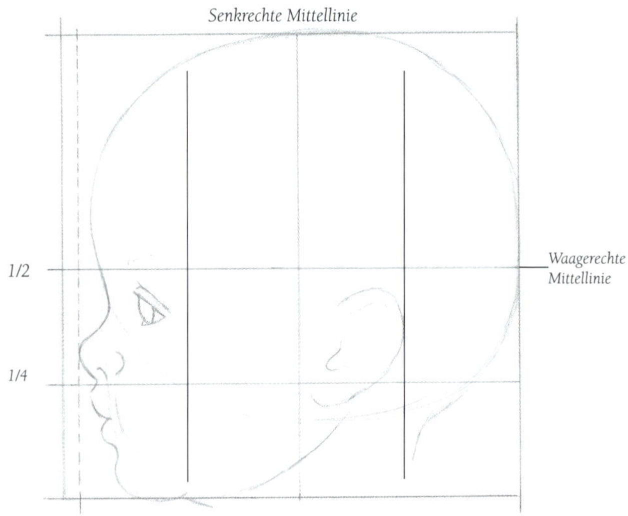


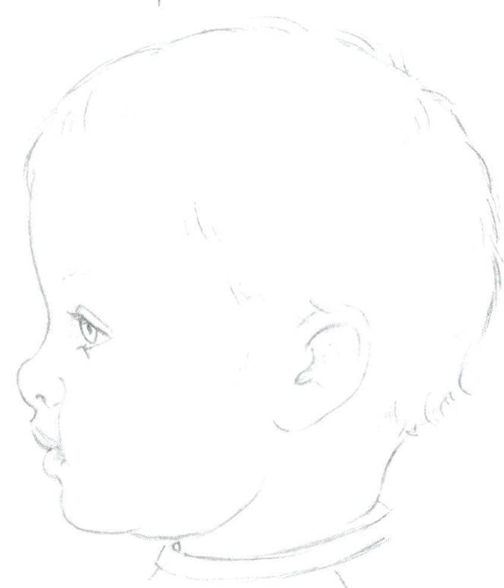

## Die Gesichtszüge ändern sich

In der Dreiviertelansicht ändern sich die Gesichtszüge. Auch wenn Babygesichter anders geformt sind, so ändert sich ihre Ansicht nach demselben Grundprinzip wie Sie es in der Abbildung sehen – je nachdem, wie der Kopf gewendet wird. Übernehmen Sie die Hilfslinien und setzen Sie die Gesichtszüge mit ihrer Hilfe an die richtige Stelle.

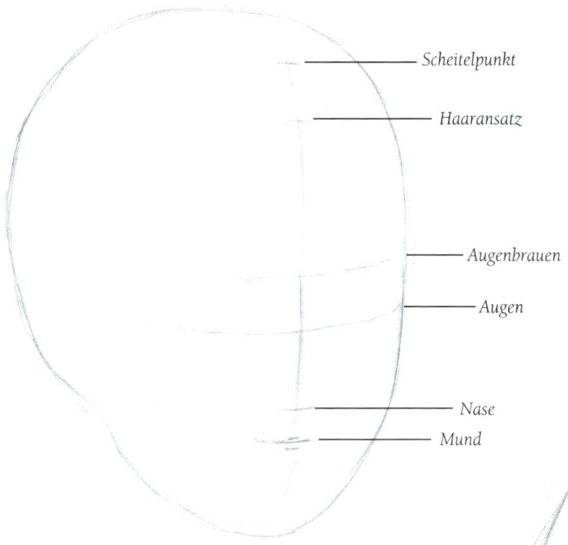


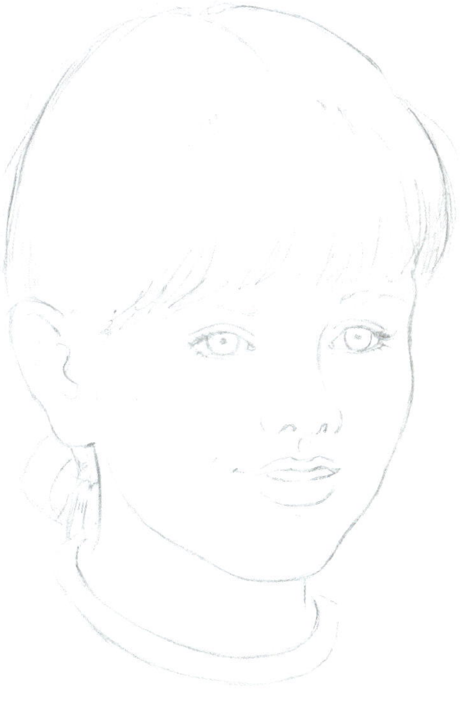

# Kleines Mädchen

So faszinierend es ist, Kinder darzustellen, Sie müssen beim Zeichnen ein paar Punkte beachten, damit Ihr Porträt den kindlichen Charme einfängt. Achten Sie vor allem darauf, die Gesichtszüge dem Alter entsprechend richtig im Gesicht zu platzieren. Denken Sie auch daran, dass Mund und Augen runder sind als beim Erwachsenen, und dass das Haar noch fein und dünn ist.

TIPPS

Beim Zeichnen von Porträts ist es wichtig, dass Sie sicher sitzen und dass sich Ihr Zeichenbrett in einem guten Winkel befindet. Schieben Sie die Zeichnung immer so, dass Sie nicht mit der Hand über Bereiche wischen, die bereits fertig sind.

1

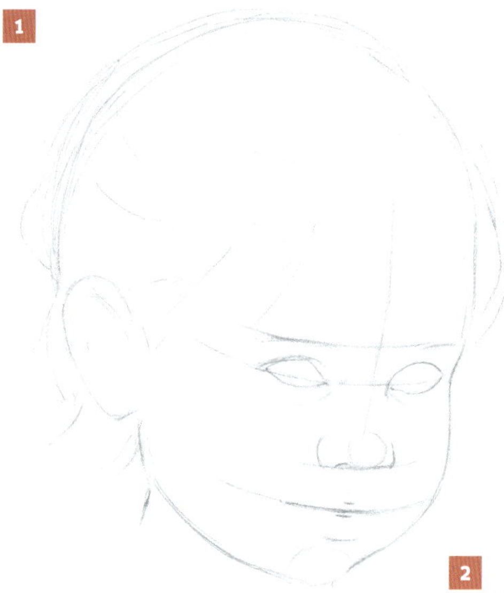

Mit einem frisch gespitzten Bleistift die Grundform des Gesichts festhalten. Dann die Hilfslinien passend zur Neigung des Kopfes einzeichnen. Die Augenbrauen liegen auf der waagerechten Mittellinie, die übrigen Gesichtszüge darunter. Die Augen sind rund und liegen etwas weiter auseinander als eine Augenlänge. Dann noch die runde Nase, den kleinen Mund und die Umrisse des feinen Haars zeichnen, das das Gesicht einrahmt.

2

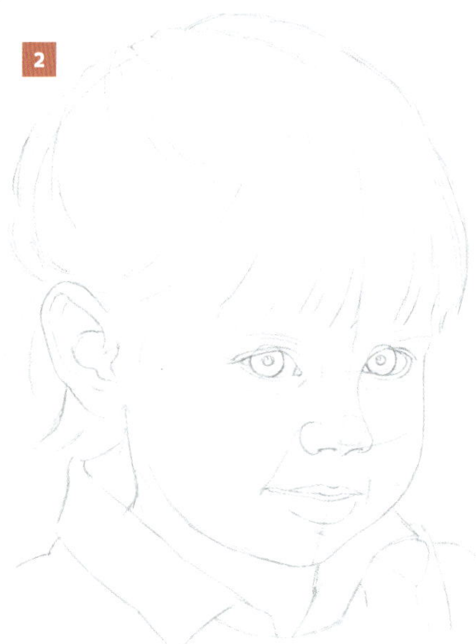

Die Augen detaillierter zeichnen und dabei an die Lichtreflexe denken – sie geben Kinderaugen diesen neugierigen, kindlichen Ausdruck. Das Ohr und die Lippen formen. Dann eine geschwungene Linie vom Nasenflügel zum linken Auge ziehen und eine weitere Linie von der Nase zum Mund, um die Wange zu zeigen. Mit wenigen, sanften Linien den weichen Bereich unterhalb der Augen und die Stirnfransen andeuten.

3

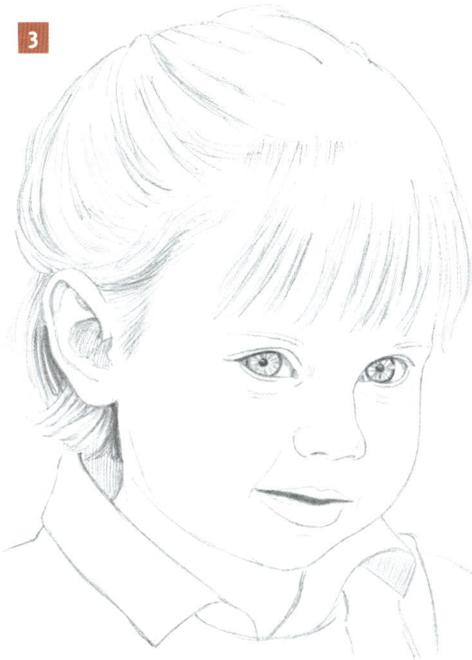

Mit einem Bleistift in Härte 3B den Bereich zwischen den Lippen ausarbeiten, die Pupille schwarz färben und die Iris umrahmen. Das Haar zwischen dem Oberkopf und dem Ohr zeichnen, dabei die Partien im Schatten hinter dem Ohr dunkler gestalten: Mit zarten, kurzen Strichen geben Sie dem Haar ein weiches Erscheinungsbild. Dann wieder zum Bleistift in Härte 2B greifen. Die Ohrmuschel innen und die Unterseite des Kragens zeichnen – wichtige Details, die den Einfallswinkel des Lichts zeigen. Zum Schluss die Augenbrauen und die Linien um Mund und Augen andeuten.

4

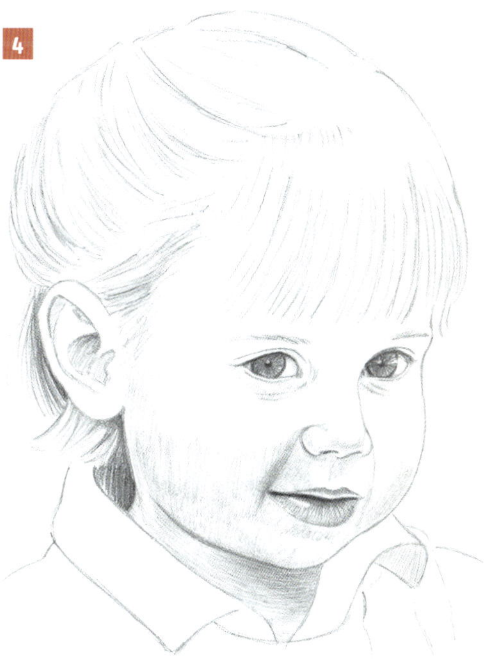

Die Lippen ausarbeiten, dabei einen Bereich auf der Oberlippe auslassen, damit sie Glanz erhält. Die Rundung des Halses schraffieren. Die Augenbrauen sehr fein einzeichnen, damit das Gesicht kindlich wirkt, und die untere Gesichtshälfte sanft schraffieren. Die Wangen sollen weich und rosig erscheinen.

Mit einem Papierwischer lassen sich die feinen Konturen eines Gesichts besonders sanft verreiben.

TIPPS

5

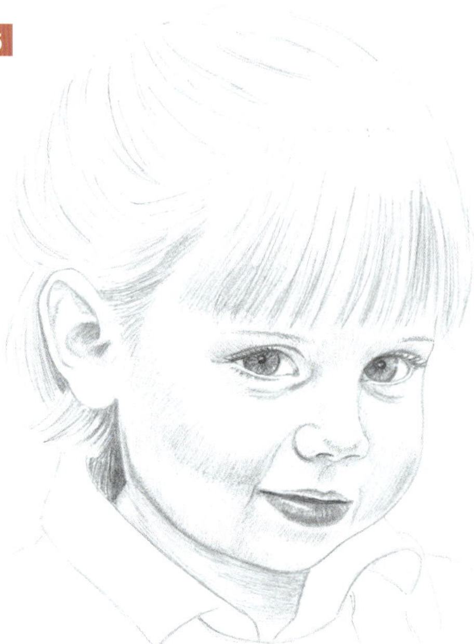

Zwischen Augenbraue und Auge zeigen feine, weiche Linien, wie zart dieser Bereich noch ist. Mit geschwungenen Strichen die Wimpern einzeichnen und den Oberkopf mit weichen Auf- und Abstrichen formen. Die rechte Wange erhält durch weiche Schraffuren ihre Form und die Stirnfransen durch weitere weiche Striche. Einige Stellen bleiben weiß, damit das Haar locker fällt.

6

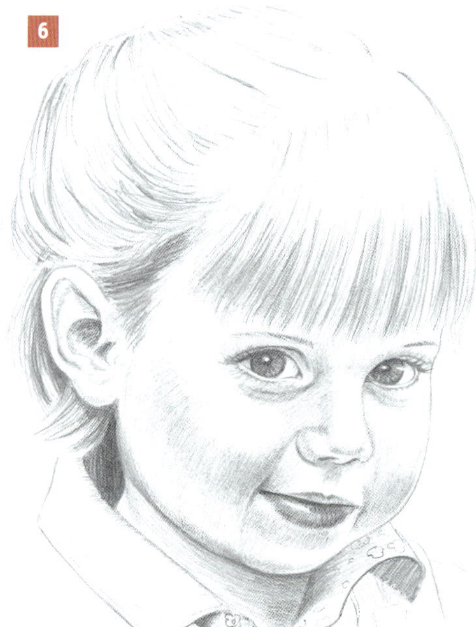

Das Ohr und den Übergang zwischen Oberlippe und Nase ausformen. Die Mundwinkel deutlicher hervorheben. Das Haar erhält dunklere Partien, damit es voller erscheint. Am Kragen ein feines Blümchenmuster auftragen. Generell verstärkt passende kindliche Kleidung, wie Overalls, Shirts, Bänder, Schleifen und Kappen oder Mützen den charmanten Eindruck von Kindlichkeit.

6

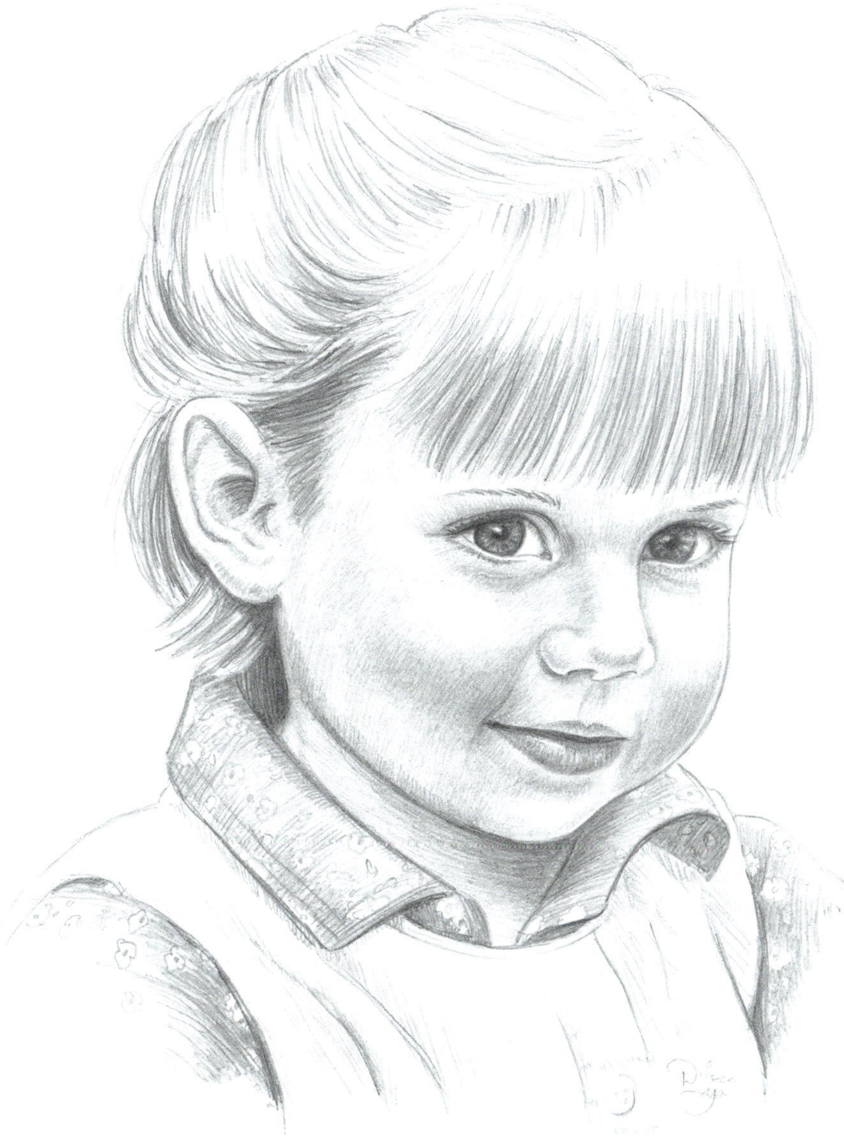

Mit dem Radiergummi weiße Stellen im oberen Bereich der Fransen herausradieren, damit das Haar hell und blond wirkt. Mit dem Bleistift in Härte 3B die Bluse und das Cordoberteil gestalten. Zum Schluss den Knopf aufzeichnen. Sehen Sie sich das Porträt nun mit etwas Abstand an und prüfen Sie, ob es harte Übergänge oder harte Striche hat, die dem Gesamteindruck des kleinen Mädchens schaden.

# Ältere Schönheit

15 MIN

Die Schönheit älterer Gesichter offenbart sich manchmal erst auf den zweiten Blick. Um sie zeichnerisch zu erfassen, ist es wichtig, sich auf die großen Formelemente des Gesichts zu konzentrieren, statt sich in Details – beispielsweise Falten – zu verlieren. Hilfreich ist dabei weiches, indirektes Licht anstelle einer starken, direkten Lichtquelle.

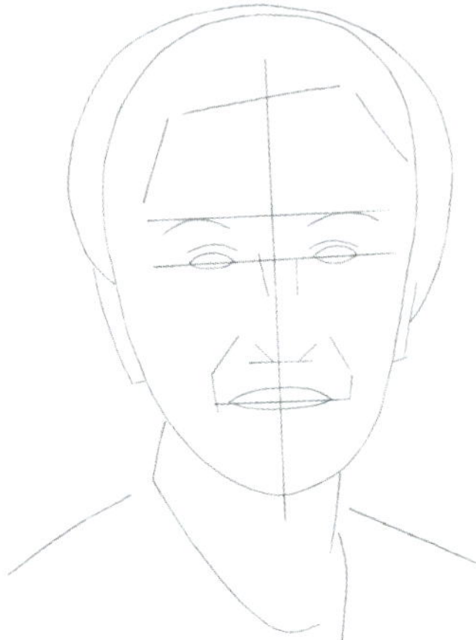

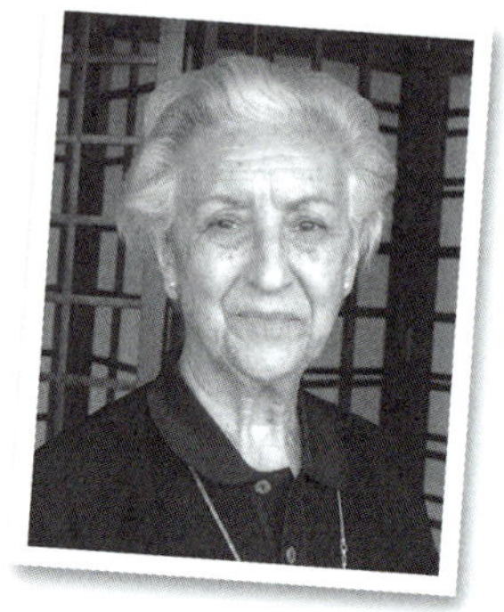

### Skizze

**Mit einfachen Grundformen und Linien beginnen, um Winkel und Positionen festzulegen.**

**1**

*Strichführung der Haare entspricht der Wuchsrichtung.*

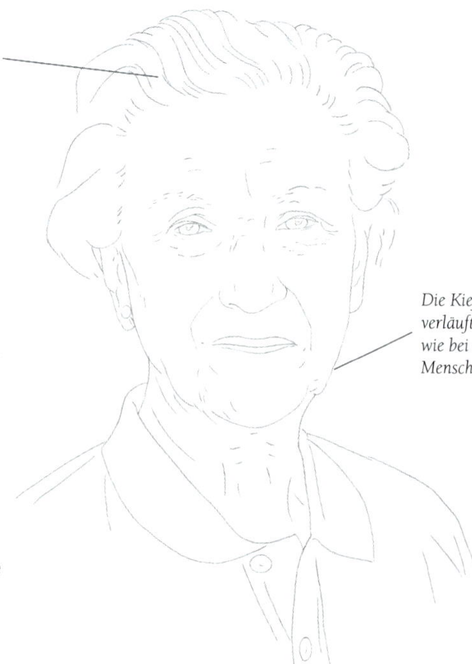

*Die Kieferkontur verläuft nicht so glatt wie bei einem jungen Menschen.*

Ein Stück stabiles Transparentpapier auf die Skizze legen, mit Klebeband fixieren und die Konturen von Gesicht und Haaren zeichnen. Ohren und Gesichtszüge genauer ausarbeiten. Die Augenbrauen ebenso wie die Falten unter den Augen und die ausgeprägten Falten im Gesicht mit kurzen, durchbrochenen Strichen andeuten. Achten Sie beim Zeichnen des Halses auf die Schatten, die mit zunehmendem Alter tiefer werden. Zuletzt die Konturen der Bluse zeichnen.

## TIPPS

Die meisten Künstler nehmen am liebsten einen gut gelungenen Schnappschuss als Vorlage. Je besser das Gesicht zu sehen ist, umso besser werden Sie es treffen.

Zeichnen Sie bloß keinen winzigen Kopf in einer Ecke Ihres Papiers. Nutzen Sie den Platz, den Sie haben.

**2**

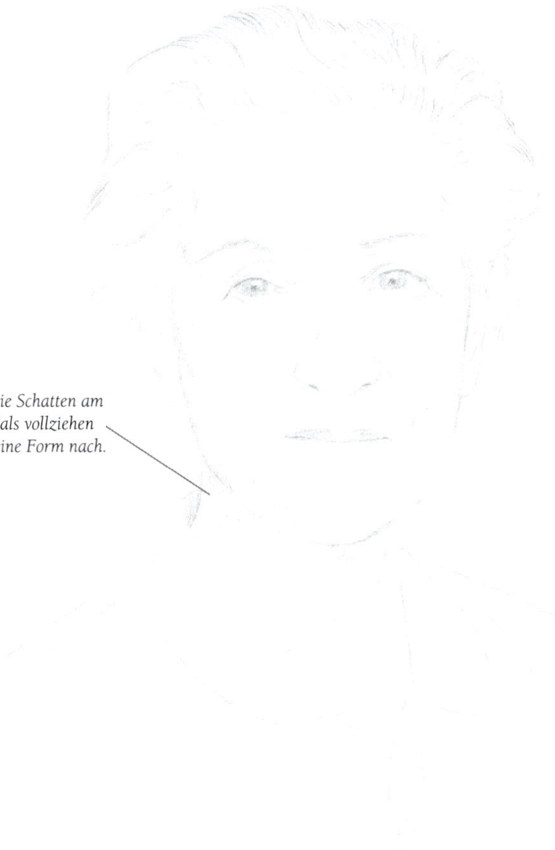

*Die Schatten am Hals vollziehen seine Form nach.*

Die Zeichnung auf ein sauberes Blatt Papier übertragen und die Haare mit einem Bleistift HB und langen, zarten Strichen andeuten. Die seitlichen Flächen von Gesicht und Nase hell schattieren. Lippen und Augenbrauen mit kurzen Strichen abdunkeln. Hals und Bluse bekommen ebenfalls helle Schatten.

## Alterserscheinungen

Beim Zeichnen älterer Menschen kommt es vor allem auf die großen Formelemente des Gesichts an, weniger auf die Einzelheiten. Versuchen Sie, ältere Fotos als Vorlage zu verwenden. Moderne Kameras mit hoher Auflösung erfassen jedes noch so kleine Detail. Für diese Zeichnung wurde ein 35 Jahre altes Foto einer lachenden alten Frau verwendet. Die typischen Merkmale des Alters sind gut zu erkennen, auch ohne dass die einzelnen Falten abgebildet wurden.

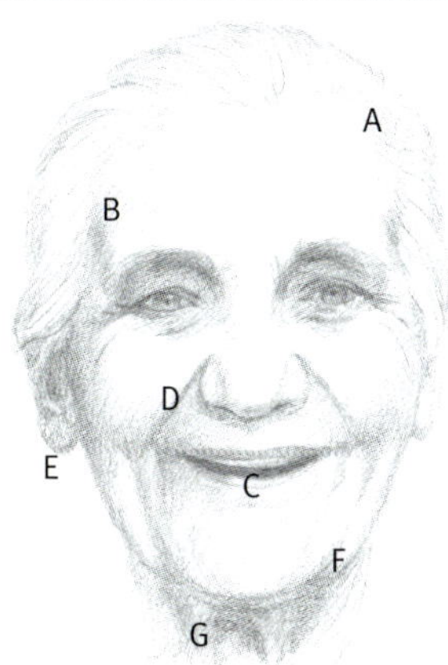


A Die Haare werden dünner, der Haaransatz weicht zurück.

B Knochenstruktur des Schädels ist erkennbar, vor allem an den Schläfen.

C Die Lippen werden schmaler, ihre Konturen unschärfer.

D Große Mimikfalten werden tiefer.

E Die Ohrläppchen werden länglicher.

F Die Haut entlang der Kieferkontur ist nicht mehr straff.

G Der Hals verliert an Straffheit.

15 MIN

Nur wenn ein Porträt richtig auf dem Blatt positioniert wird, kann es gut wirken. Der Schlüssel dazu sind die Augen. Sie ziehen den Blick des Betrachters als Erstes auf sich und sollten weder auf der senkrechten noch auf der waagerechten Mittellinie liegen. Setzen Sie die Augen auch nicht zu nah an den oberen oder unteren Rand oder zu weit nach außen, denn das ruft das Gefühl von Unausgewogenheit hervor.

**3**

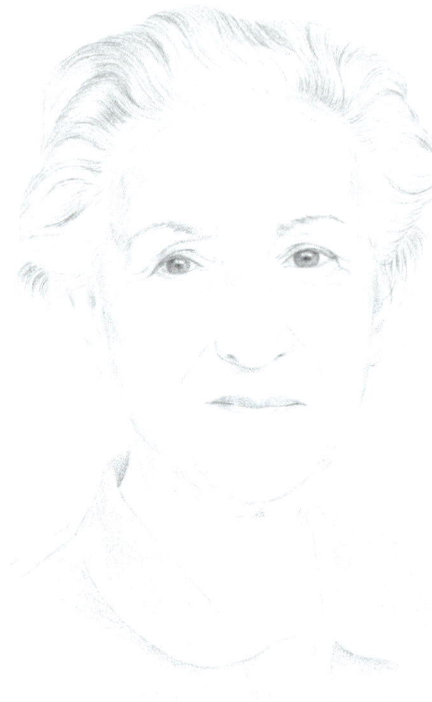

Im grauen Haar werden nur relativ blasse Schatten eingefügt. Augenbrauen, Iris und Pupillen sowie die Lippen nochmals abdunkeln. Die Formschatten im Gesicht, an den Ohren und am Hals weiter ausarbeiten. Vor allem die Schatten an den Seitenflächen der Nase und unter ihr werden etwas dunkler eingetönt.

*Die Schattierungen auf der Bluse orientieren sich am Gewebe des Stoffs.*

## Haarfarben

In Bleistiftzeichnungen müssen Farben durch Graustufen vermittelt werden. Das ist besonders wichtig, wenn es darum geht, eine „Haarfarbe" darzustellen.

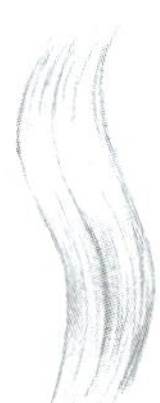

Blonde und graue Haare haben einen hellen Tonwert, darum müssen die Schatten blass und zart gezeichnet werden. Deuten Sie schmale Schattenlinien mit der Spitze des Bleistifts an.

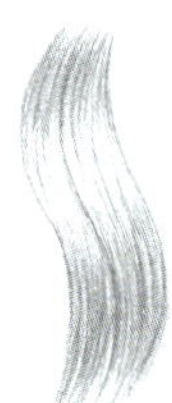

Für mittlere Tonwerte, etwa von dunkelblondem oder hellbraunem Haar, dürfen die Schatten etwas kräftiger gezeichnet werden, jedoch nicht zu dunkel.

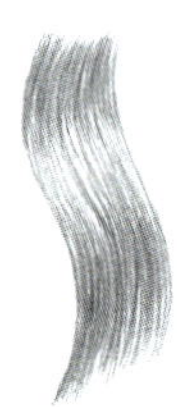

Bei dunkelbraunen und schwarzen Haaren ist es wichtig, Form und Fall durch hellere Lichtreflexe erkennbar zu machen.

TIPPS

4

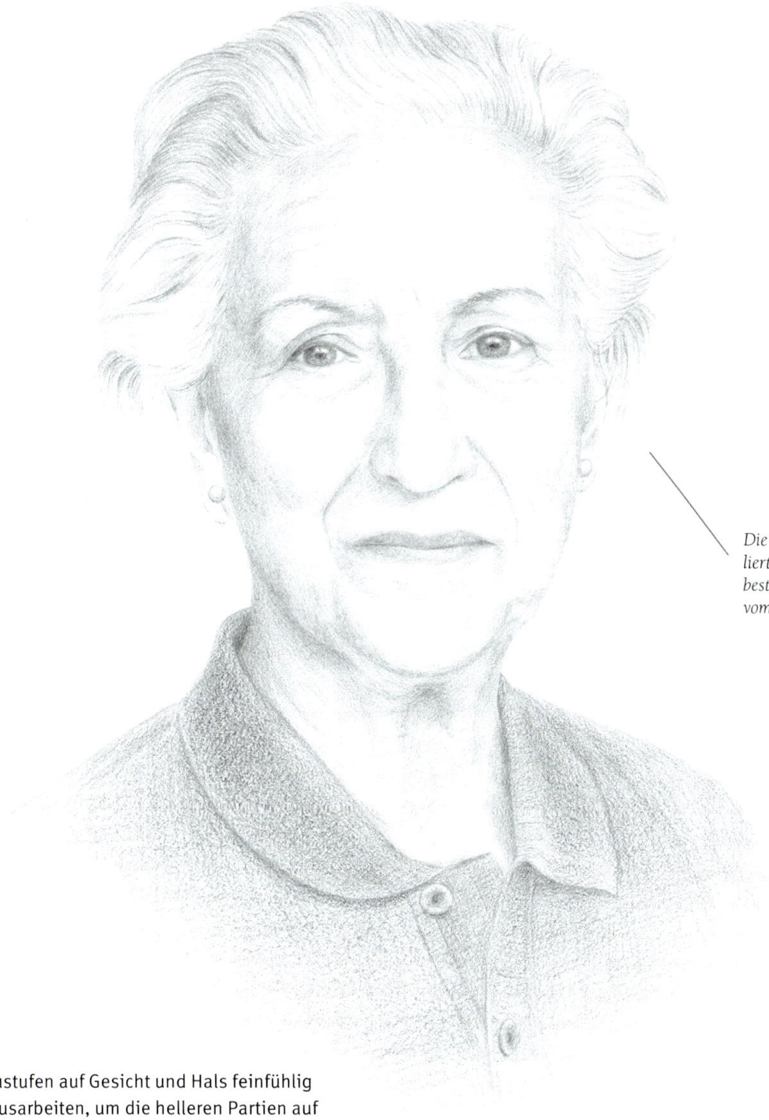

*Die Ohren nicht zu detailliert ausarbeiten, sonst besteht die Gefahr, dass sie vom Gesicht ablenken.*

Die Graustufen auf Gesicht und Hals feinfühlig weiter ausarbeiten, um die helleren Partien auf Wangen und Stirn zu modellieren. Die Bluse wird mit einem flach aufgesetzten Bleistift 2B etwas stärker abgedunkelt.

15 MIN

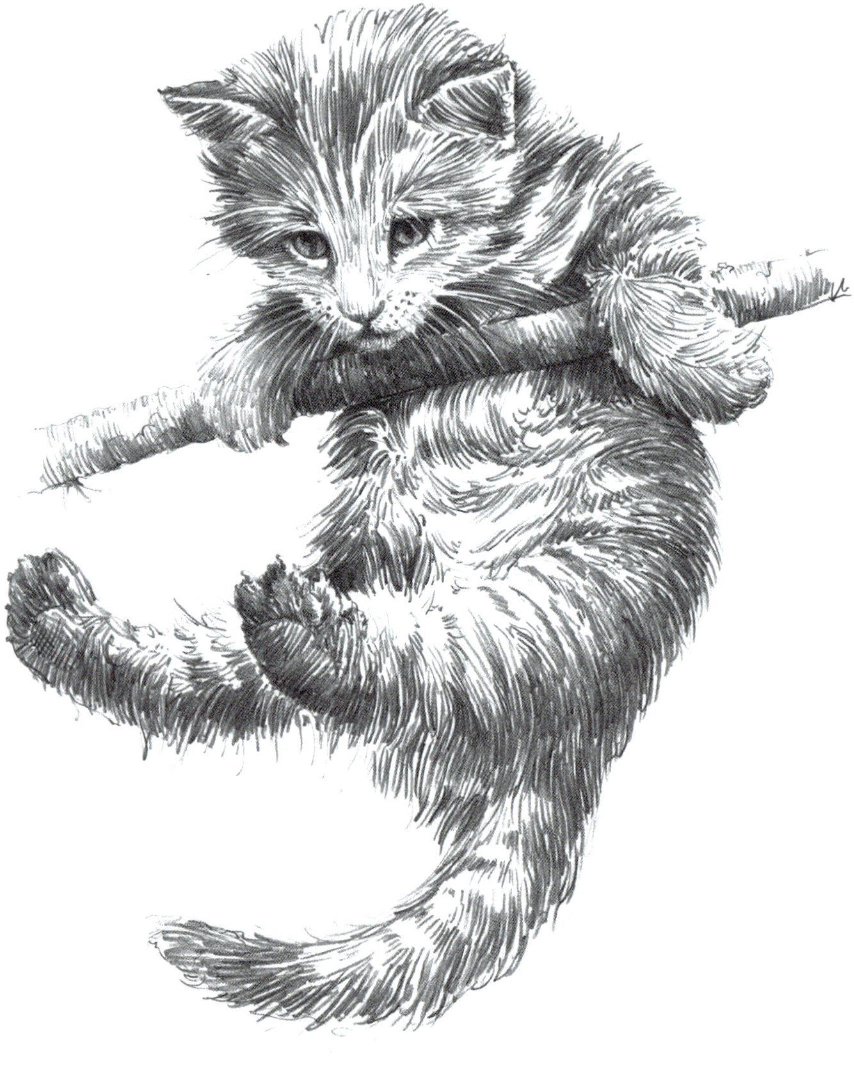

# Tiere

Wenn Sie gerne Tiere zeichnen, haben Sie sich ein wunderbares Gebiet ausgesucht! Tiere sind nicht nur zoologisch unglaublich vielfältig: Säugetiere, Fische, Vögel und selbst Insekten faszinieren nicht allein durch ihre Gestalt. Tiere in Bewegung einzufangen, ist eine Herausforderung, die auch erfahrene Zeichner immer wieder fesselt. Doch wer ein wirklich guter Tierzeichner werden will, muss zunächst sein Handwerkszeug kennen. Gleichzeitig gilt es, das eigene Auge zu schulen. Nur durch Beobachtung, Geduld und fleißiges Üben kann es gelingen, die Persönlichkeit und ganz typische Bewegungen eines individuellen Tieres für immer so auf Papier zu bannen, dass lebensnahe und packende Bilder entstehen.

# Arbeiten mit den Grundformen

Grundformen begegnen Ihnen überall. Wenn Sie einmal damit begonnen haben, einfache Gegenstände, Pflanzen, Tiere und sogar Menschen als ein Puzzle aus ganz einfachen Grundformen zu sehen, können Sie einfach alles zeichnen, was es gibt.

TIPPS

Wer gelernt hat, ein Motiv in einfachste Grundformen zu zerlegen, kann eigentlich alles zeichnen. Es gibt kein Motiv, das sich nicht in Kreise, Rechtecke, Quadrate und Dreiecke zerlegen lässt. Wenn man eine Linie um das Motiv herum zeichnet, erhält man seinen Umriss. Um aber die Räumlichkeit (also die dritte Dimension) wiederzugeben, muss man die geometrischen Körper herausarbeiten: Erst wer aus einem Kreis eine Kugel zeichnen kann, aus einem Rechteck einen Quader oder Zylinder, aus einem Quadrat einen Würfel oder aus einem Dreieck einen Kegel, kann Gegenstände formen oder Lebewesen wirklich zum „Leben erwecken". Deshalb ist es der erste Schritt, diese Formen zu erkennen und zu zeichnen. So beginnt die Zeichnung eines Balls oder einer Grapefruit mit einer Kugel. Ein Fass oder ein Baumstumpf sind im Grunde Zylinder, so wie in einer Schachtel oder in einem Haus simple Quader „versteckt" sind. Bäume oder Trichter beruhen auf Dreiecken. Haben Sie diese Grundformen erkannt und gezeichnet, besteht der Rest der Arbeit nur noch aus den Details.

## Körper

**So werden Umfang und Form gezeichnet: Die Ellipsen zeigen die Vorder- und Rückseiten von Kugel, Zylinder und Kegel. Der Würfel entsteht durch die Verbindung von zwei Quadraten mit Seitenlinien.**

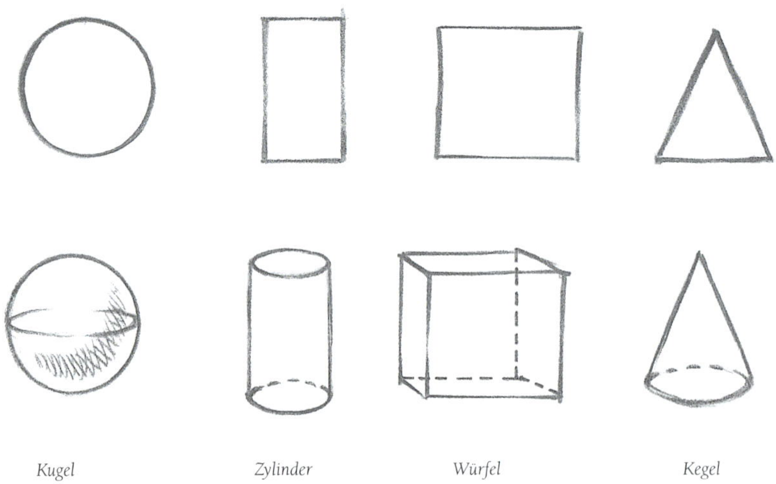

*Kugel* *Zylinder* *Würfel* *Kegel*

1

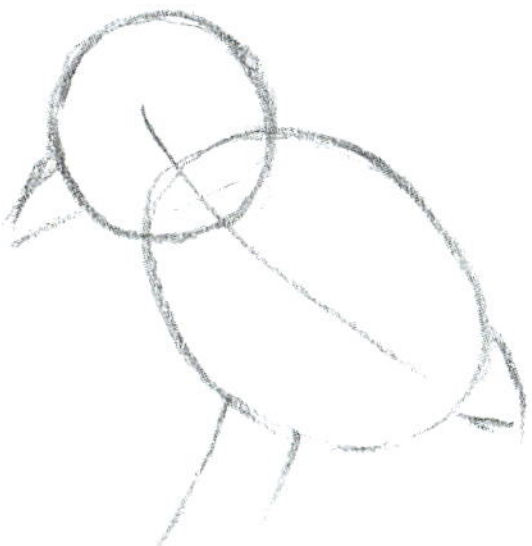

## Grundform

Der Anfang ist ganz einfach: Sie beginnen mit einer Art „Lebenslinie“. Dann bauen Sie, wie hier beim Küken, die Grundform aus einfachen Kreisen, Dreiecken und Ovalen auf. Zum Schluss diese Formen mit Strichen verbinden.

2

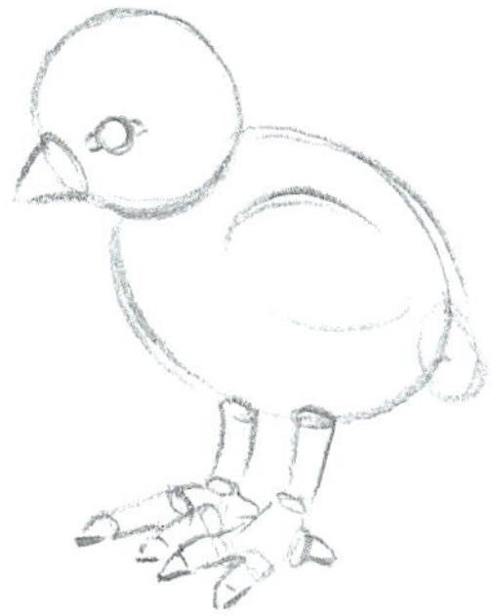

## Körper

Sobald die Umrisse stehen, zeichnen Sie Kugeln, Kegel usw. daraus – und schon entstehen Tiefe und Dimension.

3

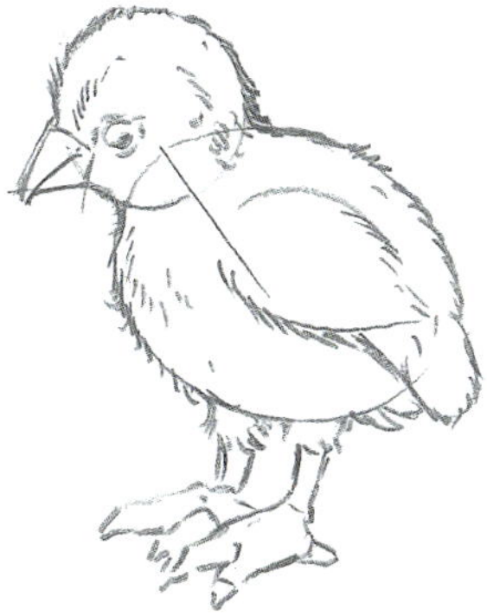

## Durchzeichnen

Wenn Sie die Formen miteinander verbinden und die Hilfslinien einzeichnen, die später überzeichnet oder radiert werden, entsteht das Motiv in seiner ganzen Körperlichkeit. Beim Küken brauchen Sie nur ein paar Striche für die Daunen.

# Jeder Vogel hat Persönlichkeit

Zeichnen lernt man nicht nur durch fleißiges Üben. Auch wenn man gut hinsieht und Objekte, Menschen und Tiere genau betrachtet oder Kunstbücher liest und in Ausstellungen geht, erweitert man sein Wissen immer mehr.

Für dieses ausdrucksstarke Porträt eines Hahns brauchen Sie Aufmerksamkeit und etwas Vorbereitung, damit es richtig gut wird. Hähne sind kompakt gebaute und energische Tiere. Dies sollte sich im Porträt spiegeln. Greifen Sie zunächst die Umrisse auf, wie in Schritt 1 zu sehen, dann arbeiten Sie die Skizze weiter aus wie in Schritt 2. Nehmen Sie dann ein Papier zur Hand und probieren Sie unterschiedliche Schraffurtechniken aus, um die Effekte zeichnen zu können, die Sie im fertigen Bild sehen. Erst wenn Sie sich Ihrer Sache sicher sind, sollten Sie mit dem Schraffieren des Kopfes beginnen.

1

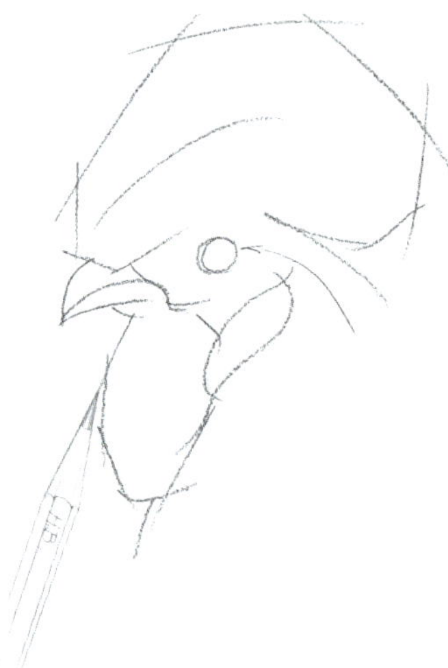

2

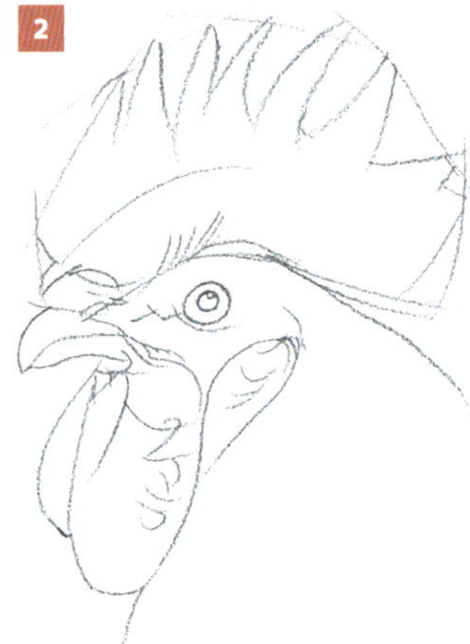

3

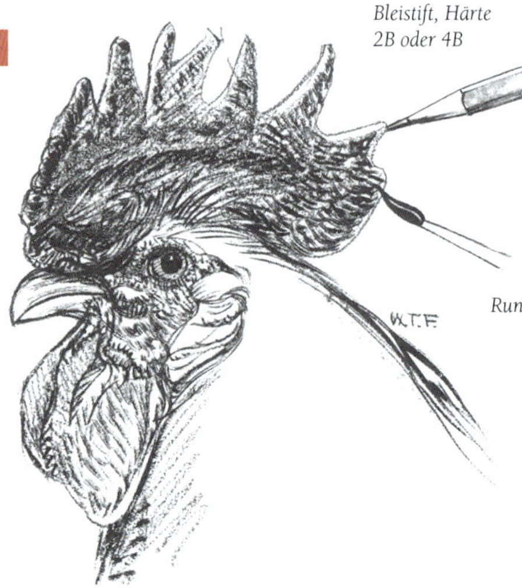

*Bleistift, Härte 2B oder 4B*

*Rundpinsel, Stärke 3*

*Mit einem weicheren Bleistift oder mit dem Pinsel können Sie die Akzente setzen.*

TIPPS

## Künstlertipp

Zeichnen Sie nicht irgendein Tier. Vesuchen Sie immer, nicht nur die anatomischen Merkmale der Rasse einzufangen und korrekt wiederzugeben: Jedes Tier ist eine einzigartige Persönlichkeit und verdient es, mit Aufmerksamkeit und einer gewissen Liebe porträtiert zu werden. Lassen Sie sich dafür Zeit. Besonders lebendig und ausdrucksstark werden Tierporträts, wenn man ein Auge dafür entwickelt, dass es in seine Umgebung optimal integriert ist.

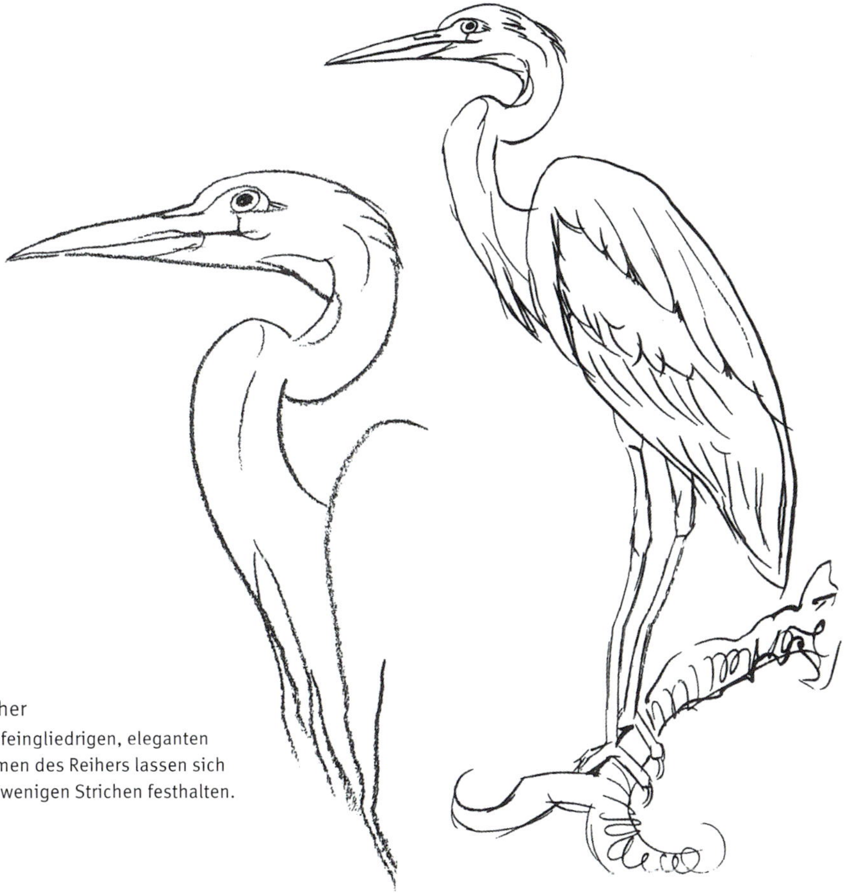

Reiher

Die feingliedrigen, eleganten Formen des Reihers lassen sich mit wenigen Strichen festhalten.

# Spatz

Selbst in der Großstadt lassen sich Tiere beobachten. Wenn Sie ein Futterhäuschen oder ein Vogelbad an Ihrem Fenster anbringen, werden die Piepmätze Sie gerne besuchen, und Sie können sie in aller Ruhe studieren.

Wie alle anderen Motive können Sie auch alle Lebewesen, wie diesen Spatz auf einem Weidenzweig, aus ganz einfachen geometrischen Grundformen entwickeln (siehe Seite 66). Dass später noch einige Details hinzukommen, soll Sie zu Beginn nicht stören. Wichtig ist nur, dass die ersten Konturen, die Sie zu Papier bringen, nicht streng und starr wirken: Je lockerer und natürlicher der Strich wird, umso besser. Zeichnen Sie den Vogel und den Zweig als Einheit – sonst sieht es aus, als hätten Sie den Vogel nachträglich auf den Zweig „montiert“.

1

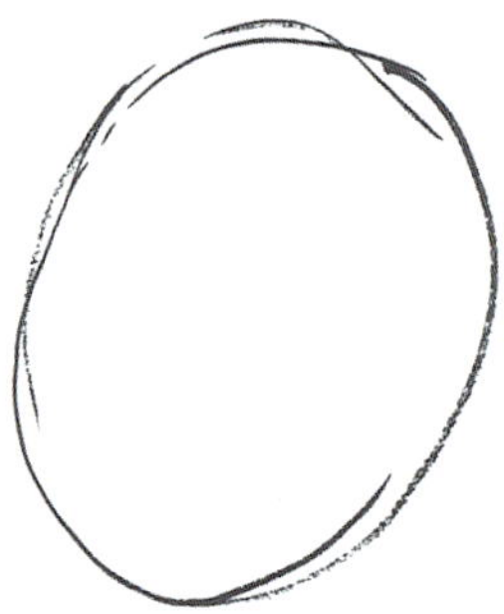

Mit einem weichen Bleistift und lockeren Strichen ein etwas unregelmäßiges und nach rechts geneigtes Oval zeichnen.

2

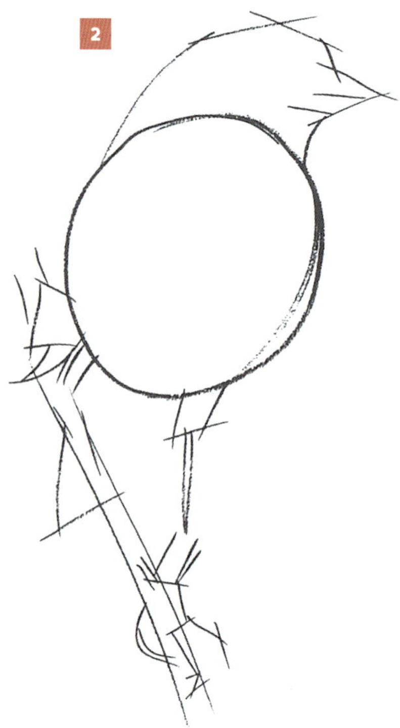

Mit weiteren Hilfslinien die Grundformen grob, aber so skizzieren, dass die Proportionen stimmen und man Zweig und Vogel erkennen kann.

TIPPS

**3**

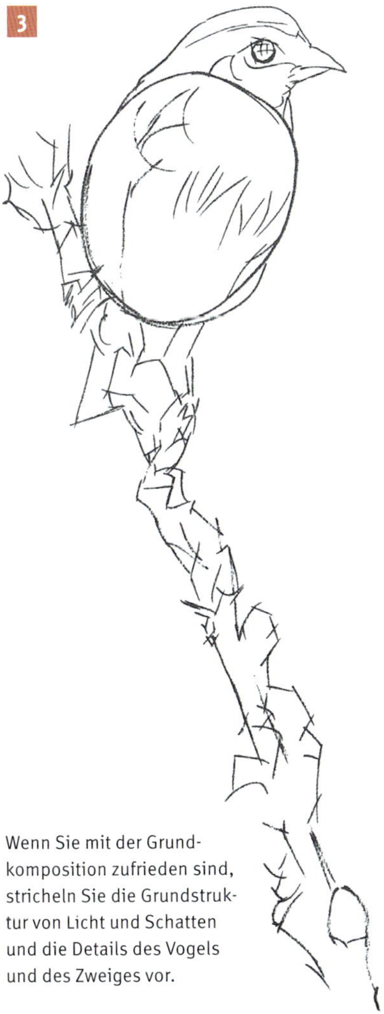

Wenn Sie mit der Grundkomposition zufrieden sind, stricheln Sie die Grundstruktur von Licht und Schatten und die Details des Vogels und des Zweiges vor.

**4**

Im letzten Schritt geht es zunächst darum, das Federkleid des Vogels mit passenden Schraffuren zu gestalten. Betrachten Sie dazu die Vorlage sehr genau und zeichnen Sie feine Striche in der Richtung, in der die Federn wachsen. Drücken Sie dort stärker auf, wo die Federn dunkle Partien bilden. Die Federchen auf der Bauchunterseite können Sie mit der Seite des Stiftes zeichnen.

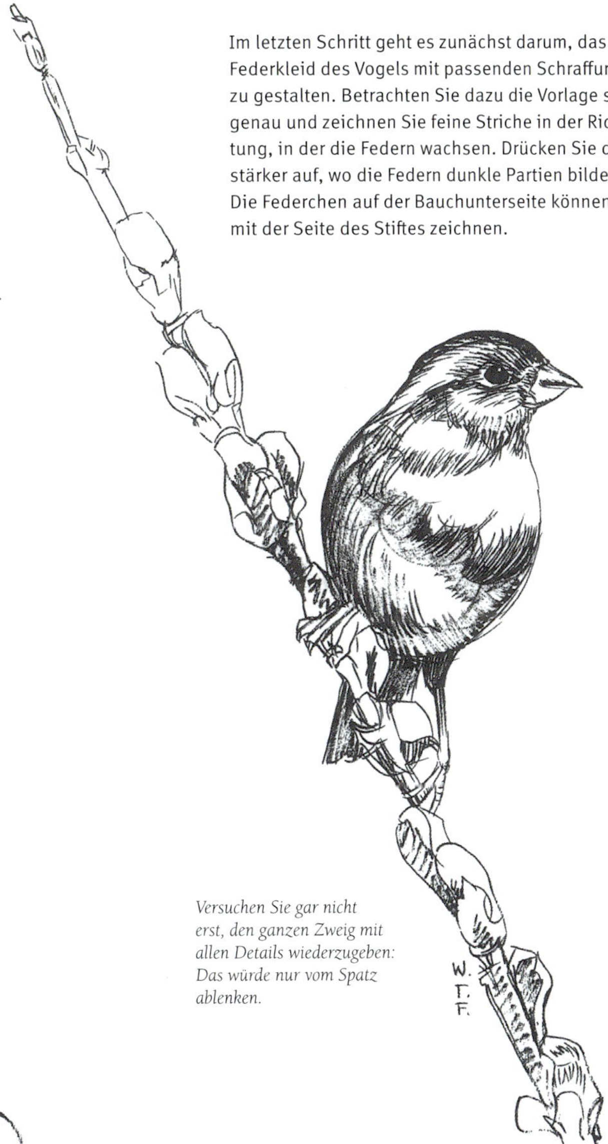


*Versuchen Sie gar nicht erst, den ganzen Zweig mit allen Details wiederzugeben: Das würde nur vom Spatz ablenken.*

15 MIN

Ihr Zeichenstift ist das Medium, um sich einem Vogel zu nähern, um ihn zu beobachten und besser kennenzulernen. Für einen Künstler ist das eine schöne Herausforderung und ein lebenslanger Weg.

TIPPS

# Flamingo

Der majestätische Schreitvogel besitzt eine sehr charakteristische, leicht wiedererkennbare Körperform. Setzen Sie sich zu Beginn gedanklich mit den Grundformen des Flamingos auseinander und bringen Sie diese dann mit lockerem Strich zu Papier.

1

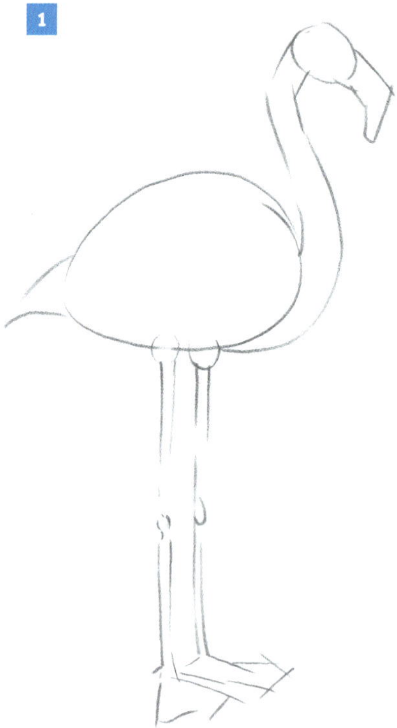

Zeichnen Sie mit einem Bleistift in Härte HB zuerst je ein Oval für Kopf und Körper des Flamingos. Dann folgen der lange S-förmige Hals und der auffallende Schnabel. Es folgen ein Dreieck für den Schwanz, die Striche für die Beine und die Füße – nicht die Ovale für die „Knie" vergessen. Die Beine haben in etwa dieselbe Länge wie der Körper vom Scheitel bis zum Bauch.

2

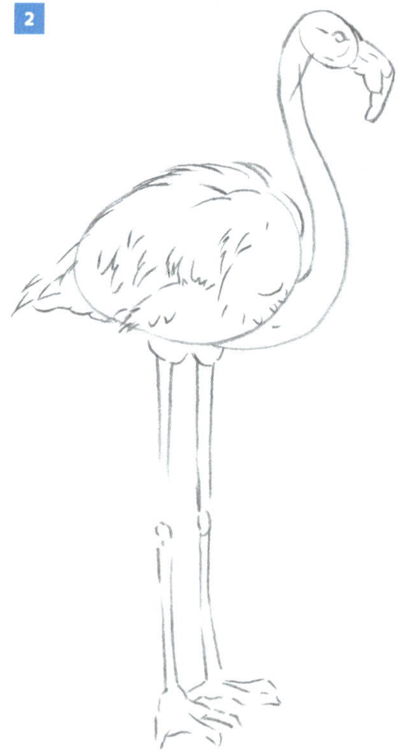

Dem Umriss weichere Konturen geben und dabei auch die auffallendsten Federpartien einzeichnen. Dabei den Kopf und den Schnabel im Detail ausarbeiten – vor allem das Auge, die Gesichtsmuskulatur und das Muster am Schnabel.

3

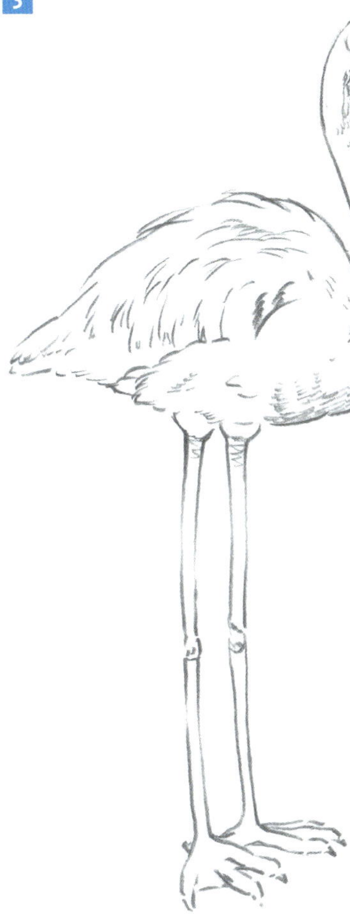

Dann alle Hilfslinien ausradieren, die noch sichtbar sind, und mit den Schraffuren beginnen. Als Erstes die entsprechenden Stellen am Bauch und oben an den Beinen mit kleinen gebogenen Strichen abdunkeln. Dann die ersten Federdetails am Kopf einzeichnen und die Schnabelspitze schwarz färben.

4

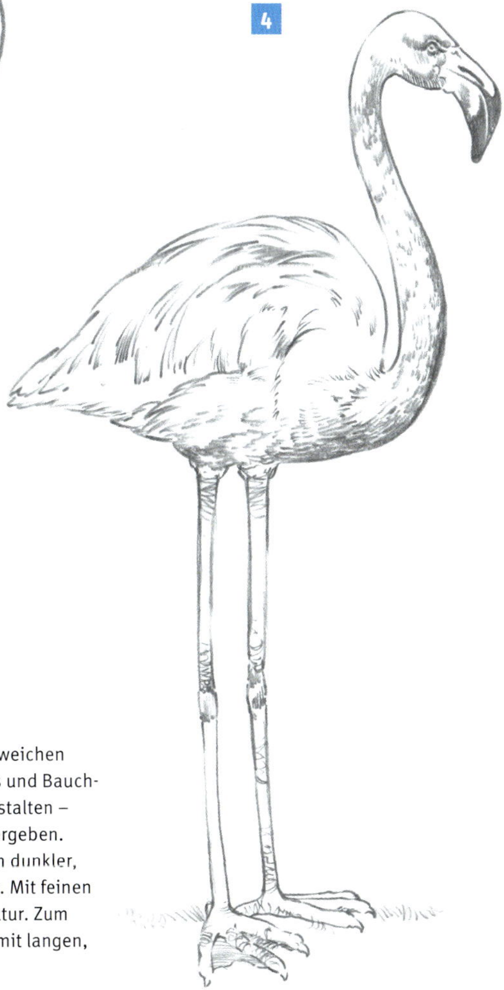

Zum Schluss ist Zeit für die letzten Details: Einen weichen Bleistift im lockeren Schraffurgriff halten und Hals und Bauchseite des Vogels, wie in Schritt 4 zu sehen, ausgestalten – dabei die Wuchsrichtung der Federn richtig wiedergeben. Rechts und auf der Unterseite sind die Schraffuren dunkler, da das Licht von oben links auf den Flamingo fällt. Mit feinen Kritzel-Linien erhalten Beine und Füße mehr Struktur. Zum Schluss die prachtvollen Federn auf dem Rücken mit langen, gebogenen Linien sauber ausgestalten.

15 MIN

Haben Sie keine Angst vor Fehlern. Probieren geht über Studieren! Je vertrauter Sie mit dem Zeichenstift werden, desto mehr Sicherheit werden Sie entwickeln. Das ist die beste Vorbereitung, um Vögel interessant abbilden zu können.

TIPPS

# Tukan

Vögel existieren in einer fast unglaublichen Vielfalt. Für die langen, glatten Federn dieses Tukans brauchen Sie lange, weiche Striche. Und es sind auch weiche Schraffuren nötig, um die glatte Oberfläche des Schnabels richtig zu zeichnen.

1

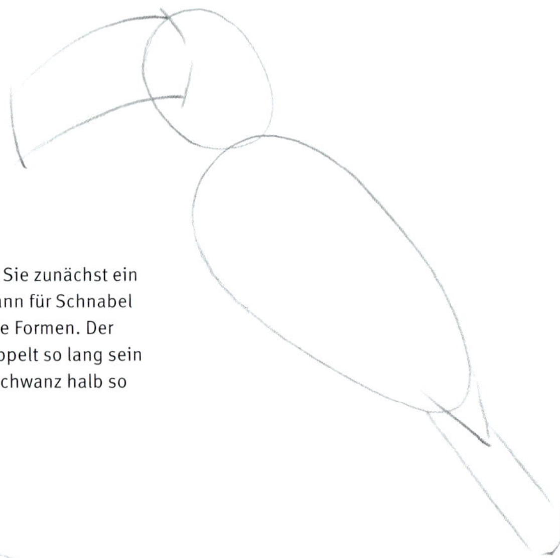

Für den Körper zeichnen Sie zunächst ein lang gezogenes Oval, dann für Schnabel und Schwanz rechteckige Formen. Der Schnabel muss etwa doppelt so lang sein wie der Kopf – und der Schwanz halb so lang wie der Körper.

2

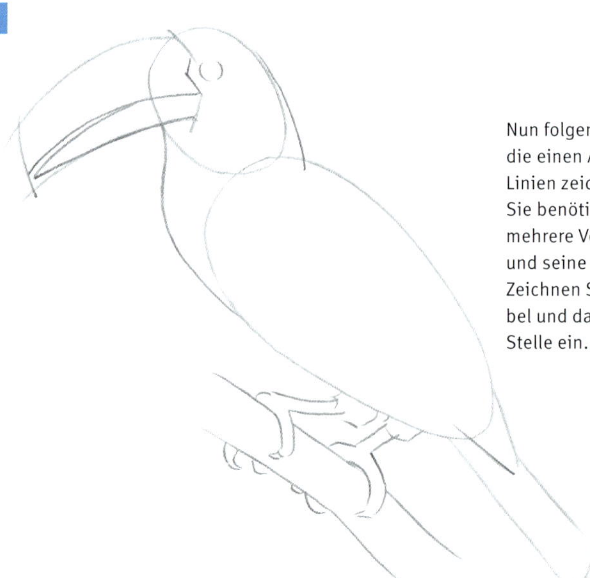

Nun folgen die Beine und die Füße, die einen Ast umklammern. Diese Linien zeichnen Sie ganz leicht, denn Sie benötigen unter Umständen mehrere Versuche, bis der Vogel und seine Beine ausbalanciert sind. Zeichnen Sie die Öffnung im Schnabel und das Auge an der richtigen Stelle ein.

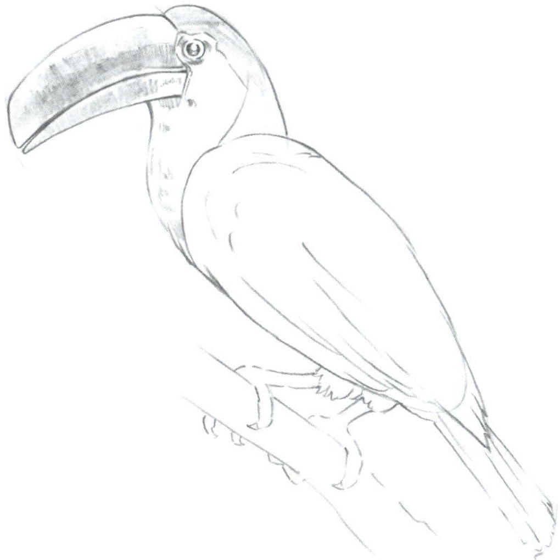

3

Verfeinern Sie nun die Umrisse und radieren Sie alle Hilfslinien aus, die Sie nicht mehr benötigen. Deuten Sie die Federn am Schwanz und an den Flügeln mit einigen Linien an.

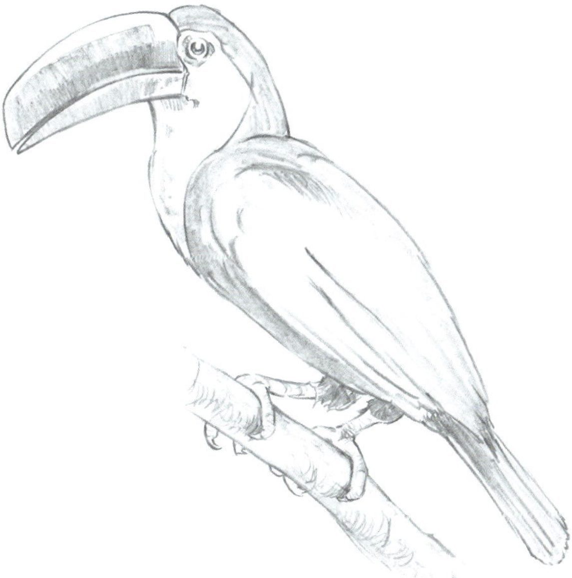

4

Die Schwingen und die Schwanzfedern schraffieren Sie in der Richtung, in der die Federn wachsen, mit der Bleistiftseite. Am dunkelsten soll die Unterseite der Schwingen werden. Mit den Details an den Füßen und am Zweig, deren zylindrische Form Sie schön herausarbeiten, beenden Sie das Bild.

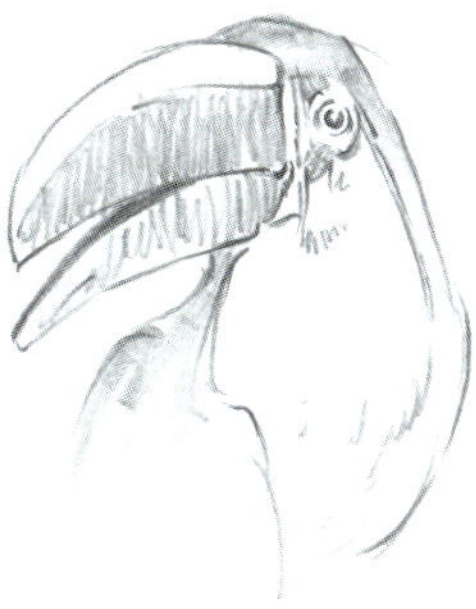

## Ein anderer Blickwinkel

Ein Tukan ist auch als Dreiviertelansicht ein interessantes Motiv. Aus dieser Sicht kann man den eindrucksvollen Schnabel und die breite Brust besser in Szene setzen. Insgesamt entsteht so ein noch spannenderes Porträt.

15 MIN

Gehen Sie bei den Skizzen nicht zu zögerlich vor. Nur Mut zum Strich!

# Waldkauz

Diese Pose des Eulenvogels ist ein Glücksfall, denn sie zeigt das geheimnisvolle Wesen der Eulen. Dieser nächtliche Jäger ist ein Streifenkauz (Strix varia). Er sieht den Betrachter direkt an – sein seitlich geneigter Kopf wirkt, als würde er dabei nachdenken. Anders als in der Fotovorlage hat der Künstler die Eule auf einem Aststumpf platziert, damit kein Hintergrund von ihrer starken Präsenz ablenkt.

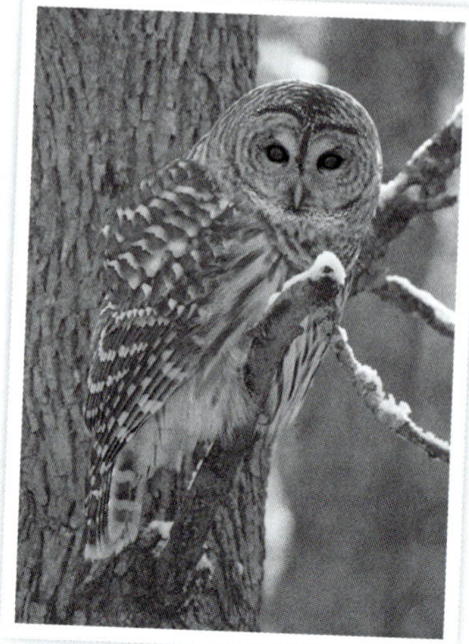

1

Zeichnen Sie als Erstes den Umriss und alle wesentlichen Elemente des Körperbaus und des Gesichts ein. Anschließend alle überflüssigen Linien ausradieren, sodass nur eine leichte Skizze übrig bleibt, der Sie mit einem Bleistift in Stärke H realistischere Konturen verleihen – dabei vor allem die Federn und das kantige Ende des Aststumpfs einfangen. Zeichnen Sie die wie Augenbrauen wirkende obere Umrandung der Augen und den Nasenrücken ein. Dann die kleinen Federn um den Schnabel herum gestalten.

TIPPS

**2**

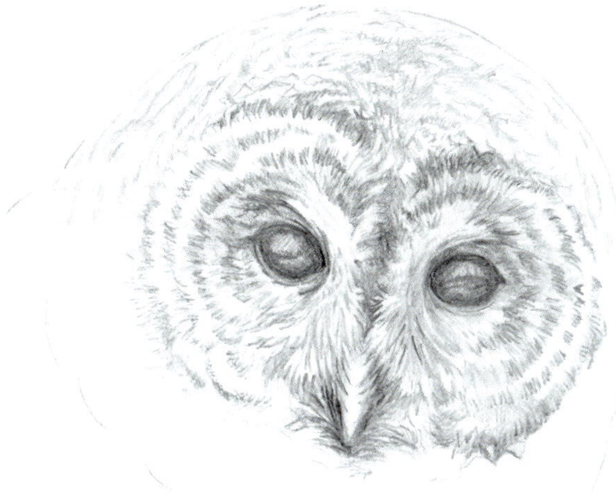

Mit einem 2B-Stift die Augen ausfüllen – dunkelste Stellen liegen am Auge außen. Nach innen heller werden, um die Reflexion des Lichts und die Wölbung der runden Eulenaugen naturgetreu wiederzugeben.
Die Federn oberhalb und unterhalb des Schnabels mit einem HB-Stift und zarten waagerechten Strichen abbilden.
Die Kreise um die Augen und die Brücke zwischen ihnen mit kleinen kurzen Strichen darstellen – die Partien zwischen den Kreisen weiß lassen.
Für die Federn am Schnabel und zwischen den Augen einen helleren 2H-Stift verwenden. Mit ihm auch die Federn am Kopf hell herausarbeiten – immer wieder Stellen weiß stehen lassen. In Richtung Hals nehmen die weißen Stellen zu.

---

**3**

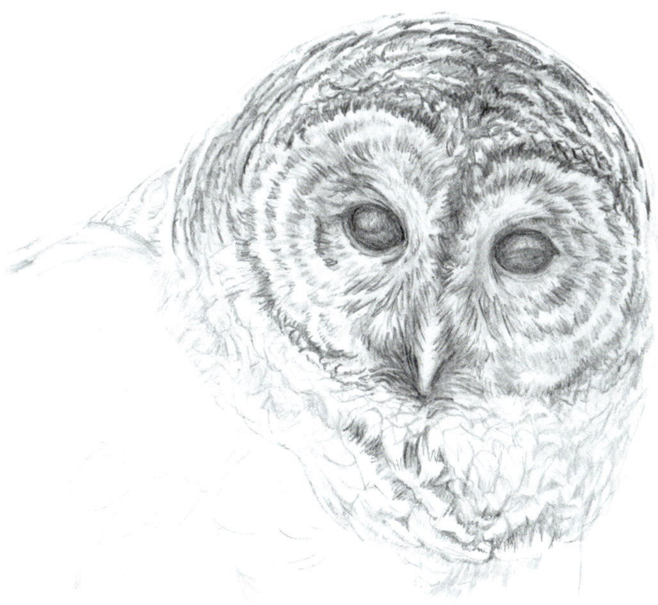

Um die Bereiche der Ringe um die Augen, die noch weiß sind, mit den gezeichneten Federn zu verbinden, nehmen Sie einen Papierwischer zur Hand und reiben das Grau der Federn sachte ins Weiß. Besonders behutsam seitlich der Augen arbeiten. Lassen Sie einige Bereiche weiß stehen – sie betonen damit das Volumen des Kopfes. Mit derselben Technik Grau auf dem Hals verreiben. Mit einem Druckbleistift und einer 2H-Mine die Federn am Kinn sowie auf Hals, Nacken und Schultern zeichnen.
Für die dunkleren Stellen unter Kinn und Schnabel sowie die dunklen Bögen auf der Stirn nehmen Sie einen B-Stift: Mit ihm auch einige andere Federn akzentuieren.

15 MIN

Wählen Sie für Bilder mit vielen verschiedenen Oberflächentexturen und Strukturen Zeichenpapier mit stärkerer Körnung – es lässt Ihre Arbeit plastischer wirken.

TIPPS

## Federn in Perfektion

Solche Federn, die sich wie Dachschindeln überlappen, tragen viele Vögel an Hals, Rücken, Bauch oder Schultern. Sie täuschen ein Volumen vor, das der Vogel sonst nicht hätte. Um sie so zu zeigen, dass sie tatsächlich realistisch wirken, muss man an seinen Zeichenkünsten etwas feilen – vor allem am Zeichnen mit weißen Zwischenräumen.

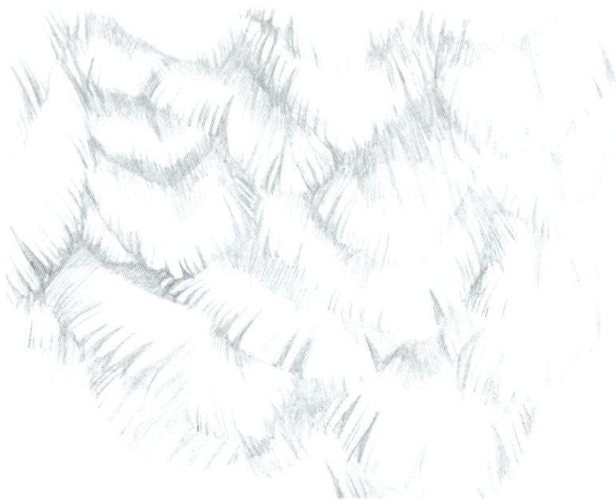

**1** Mit einem H-Stift die dunklen Bereiche zwischen den einzelnen Federn zeichnen: Immer von der Mitte der Feder nach außen schraffieren – stets in Richtung der Adern in den Federn.

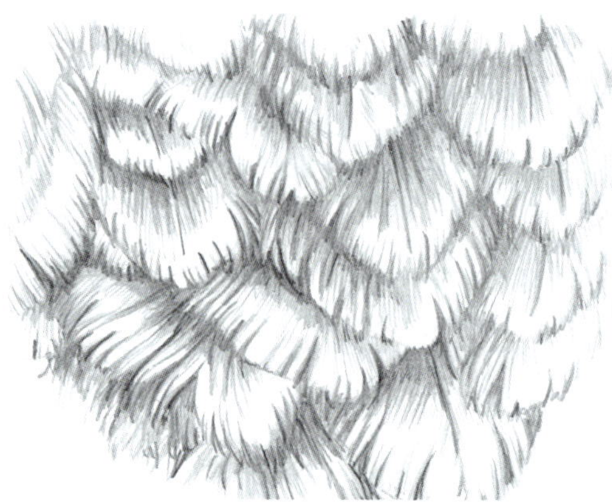

**2** Diese ersten Grundschraffuren mit dem B-Stift dunkler überzeichnen – dort am stärksten aufdrücken, wo die Schatten am tiefsten sind. Licht und hellere Mitteltöne in Grau auf die Federn oben auftragen – dabei die ganze Spanne der Grautöne zwischen Weiß und Schwarz ausnützen. Mit dem gespitzten Bleistift zuletzt den Rand jeder Feder individuell gestalten.

4

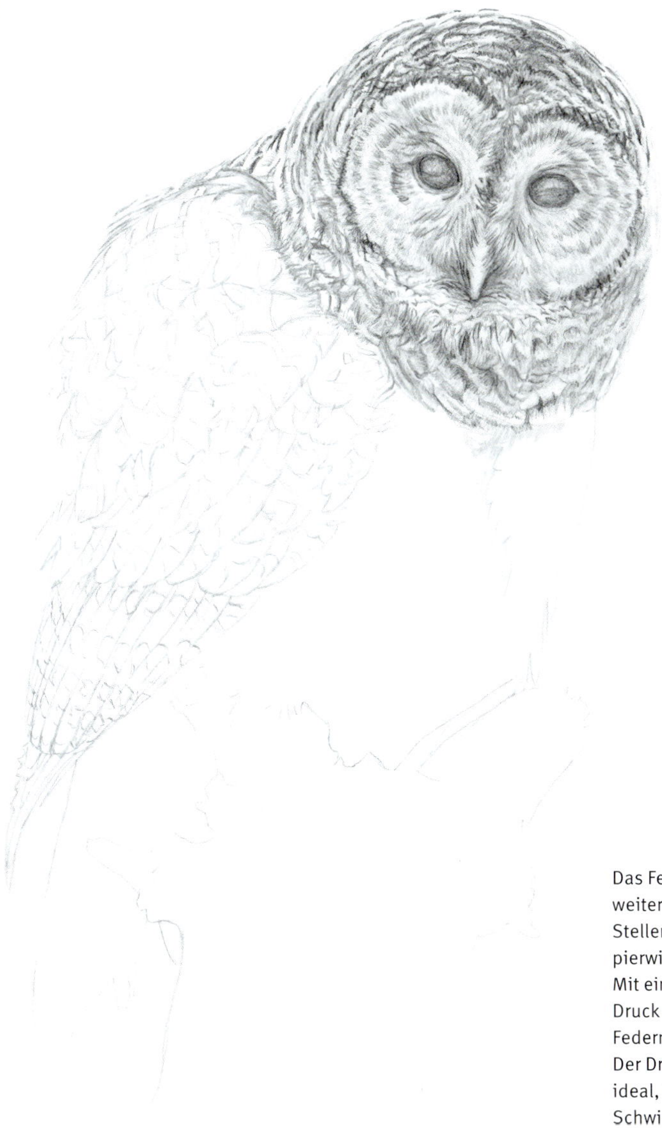

Das Federkleid am Hals mit dem H-Stift weiter verfeinern – dabei auf die weißen Stellen achten. Anschließend mit dem Papierwischer den Strichen die Härte nehmen. Mit einem B-Stift und unterschiedlichem Druck die Bereiche unter und zwischen den Federn lebhaft ausfüllen.
Der Druckbleistift und die 2H-Mine sind ideal, um das Muster der Federn auf der Schwinge und die Schwungfedern unterhalb zu umranden.

15 MIN

Kurze kleine Striche betonen den Kontrast zwischen den dunklen und hellen Partien der Federn, einzelne Striche markieren den Verlauf der Adern.

TIPPS

5

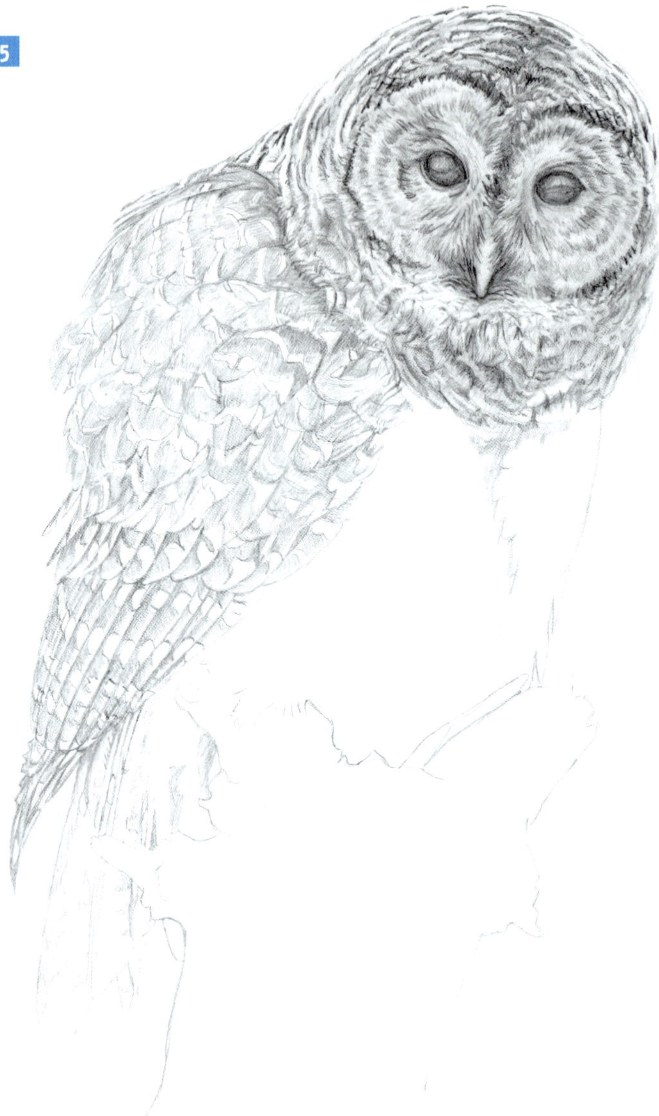

Die dunklen Bereiche um die weißen Stellen der Federn auf den Flügeln mit einem Stift der Stärke H betonen. Auch die Schulter erhält oben rechts weitere dunkle Schraffuren, um die Schulter klarer vom Hals abzuheben. Die Schwanzfedern mit dem 2H-Druckbleistift ganz leicht vorzeichnen. Um Hals und Kopf rechts außen eine hellere, weichere Linie zu geben, nehmen Sie den Knetradiergummi und radieren das Grafit behutsam aus. Für die kleinen weißen Bereiche oben am Kopf nehmen Sie die Ecke des Radiergummis.

6

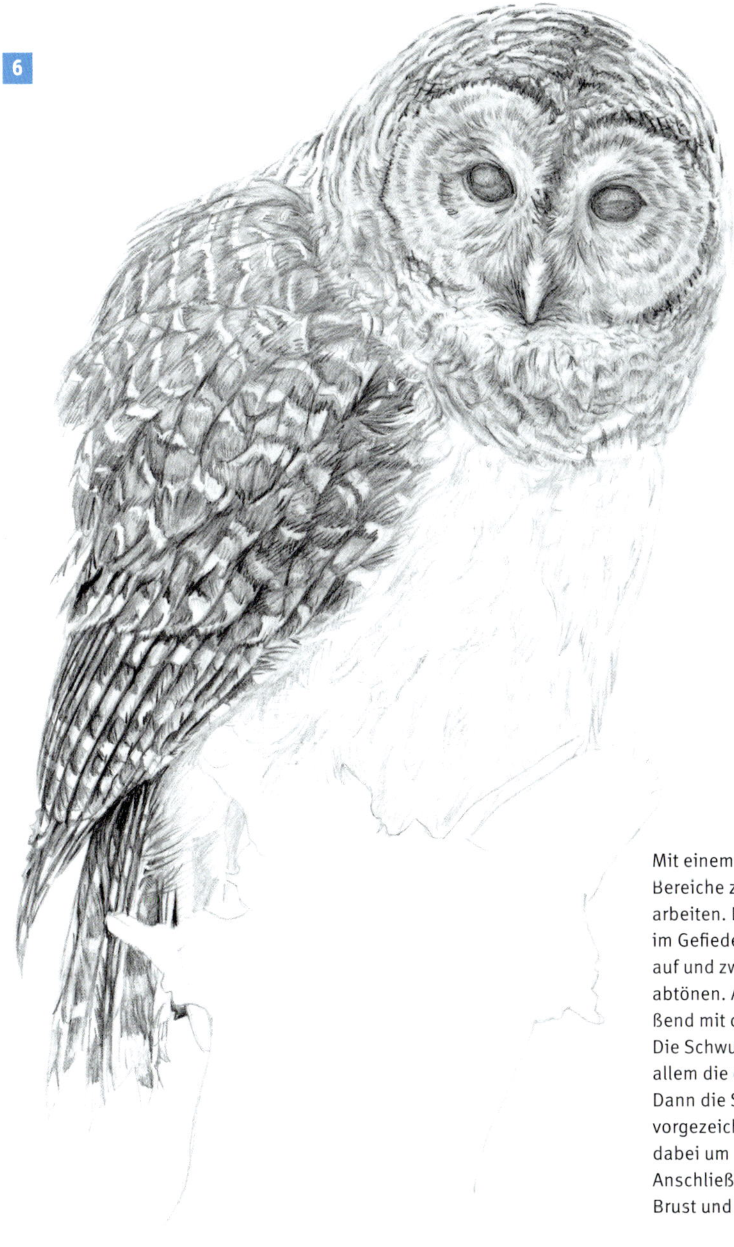

Mit einem 3B-Stift energisch die dunklen Bereiche zwischen den Schwungfedern ausarbeiten. Ebenso die entsprechenden Stellen im Gefieder oberhalb der Schwungfedern, auf und zwischen den Schwungfedern dunkel abtönen. Alle Federn auf dem Flügel anschließend mit dem HB-Stift weiter schraffieren. Die Schwungfedern etwas nacharbeiten – vor allem die dunklen Töne oberhalb.
Dann die Schwanzfedern, die Sie in Schritt 5 vorgezeichnet haben, leicht grundieren – dabei um die weißen Stellen herum zeichnen. Anschließend das gemusterte Gefieder auf Brust und Bauch skizzieren.

15 MIN

Arbeiten Sie die hellen grauen Linien und die Struktur des Baumstumpfes mit seinen kleinen Löchern und Punkten intensiv aus. Auf diese Weise erreichen Sie zusätzliche Tiefe.

7

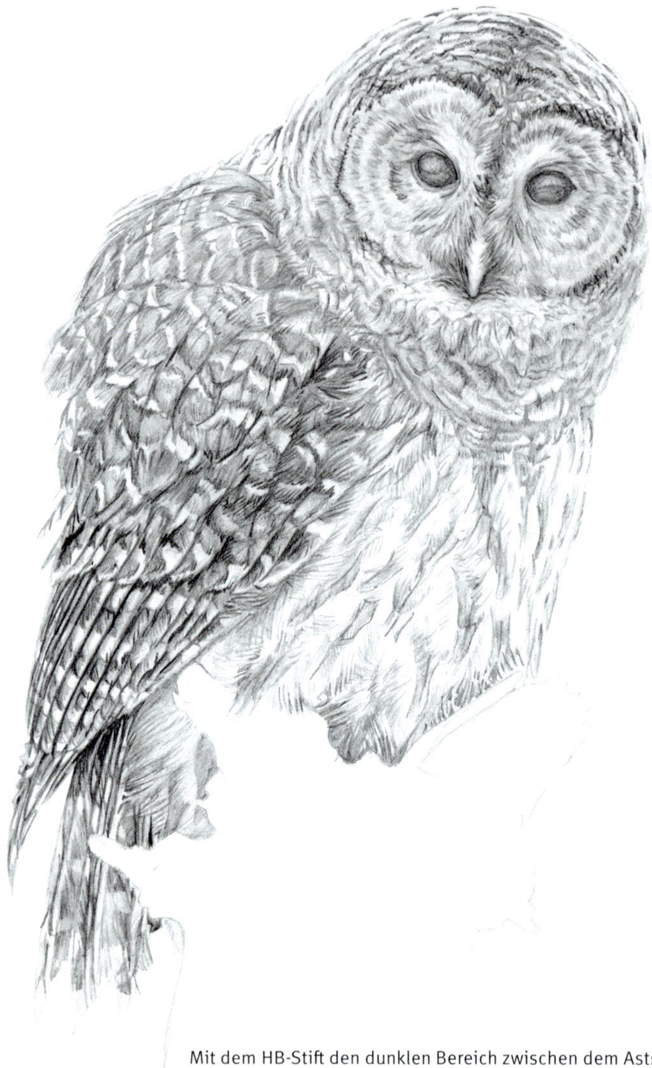

Mit dem HB-Stift den dunklen Bereich zwischen dem Aststumpf und den Bauchfedern schraffieren. Die mähnenartige Federpartie zwischen Hals und Brust zeichnen, die die halbmondförmigen Federn des Halses mit dem Muster des Brustgefieders verbindet. Diese gemusterten Federn einzeln mit dem 2H-Stift ausarbeiten – dazu den hellen, weißen Bereich jeder Feder aussparen. Feine parallele Schraffuren zeigen das gemusterte Ende der weißen Federn unter dem Schwanz, an der Unterseite des Vogels und unterhalb des Flügels am Bauch. Je weiter Sie bei diesem Arbeitsgang nach rechts kommen, desto spärlicher setzen Sie die Striche. Anschließend mit dem HB-Stift auf einzelnen Federn einen Strich für die Ader zeichnen, die durch den Schaft jeder Feder läuft.

TIPPS

8

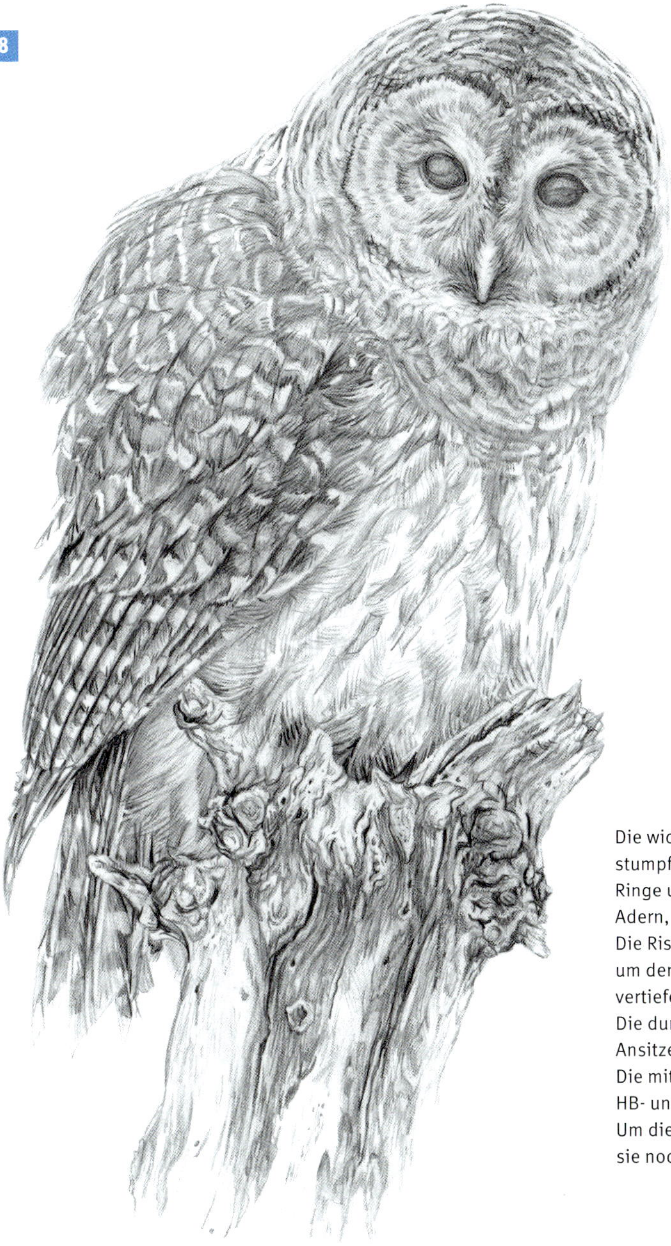

Die wichtigsten Elemente und Formen des Aststumpfs mit dem 2H-Stift festlegen. Die Knoten, Ringe und Beulen im Holz nachbilden sowie zwei Adern, die fast senkrecht durch die Mitte laufen. Die Risse und Spalten im Holz – vor allem rund um den abgerissen Ast – mit dem 3B-Stift dunkel vertiefen.
Die dunklen Federn am Bauch oberhalb des Ansitzes kräftig dunkel abtönen.
Die mittleren Töne im Holz abwechselnd mit dem HB- und dem B-Stift fein ausgestalten.
Um die Strukturen zu betonen, umranden Sie sie noch mit feinen Linien.

# Katze

## Katzengesichter

Wussten Sie, dass Katzen ihre Ohren unabhängig voneinander bewegen können?

TIPPS

Katzen besitzen individuelle Gesichter – und in den Gesichtszügen spiegeln sich außerdem die Merkmale der unterschiedlichen Rassen wider. Gerade bei Katzen ist es ganz wichtig, das Gesicht genau zu studieren und zu kennen, ehe Sie sich an die Zeichnung machen: Achten Sie zunächst auf die Grundform des Kopfes und des Gesichts, dann auf die Proportionen und zum Schluss sehr genau darauf, wie die einzelnen Gesichtsmerkmale – also Nase, Augen, Ohren, Maul, Schnurrbarthaare usw. – geschnitten sind. Aus diesen Elementen setzt sich das einzigartige Gesicht einer Katze zusammen. Es ist ein guter Weg, die einzelnen Elemente zu üben, ehe Sie sich an das Porträt einer bestimmten Katze machen.

### Ohren

Die Ohren skizzieren Sie mit einem Bleistift in Härte HB als Dreiecke vor. Sehen Sie dann die Ohren Ihres „Katzenmodels" genau an und zeichnen Sie die Form möglichst naturgetreu nach. Achten Sie auf die ganz unterschiedlichen Spitzen am linken und am rechten Ohr. Auch der Winkel, in dem die Ohren am Kopf sitzen, ist meist nicht identisch. Wenn Sie mit dem Umriss zufrieden sind, geben Sie den Ohren mit einem weichen Bleistift räumliche Tiefe.

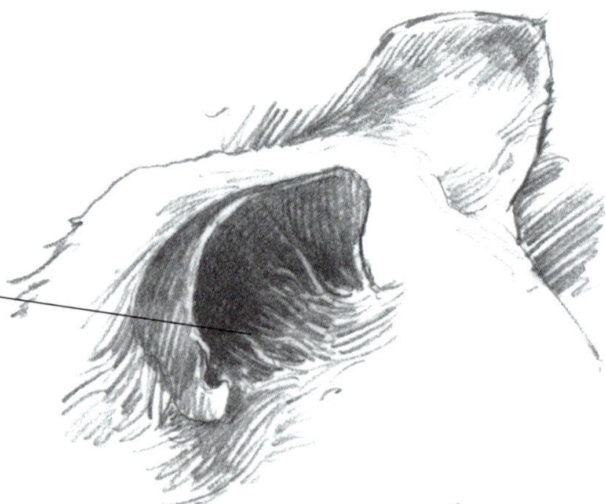

*Das Innere des Ohres gestalten Sie mit sehr dunklen Grautönen.*

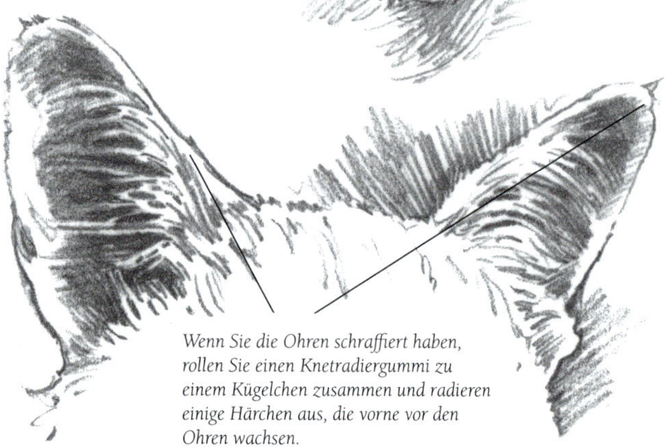

*Wenn Sie die Ohren schraffiert haben, rollen Sie einen Knetradiergummi zu einem Kügelchen zusammen und radieren einige Härchen aus, die vorne vor den Ohren wachsen.*

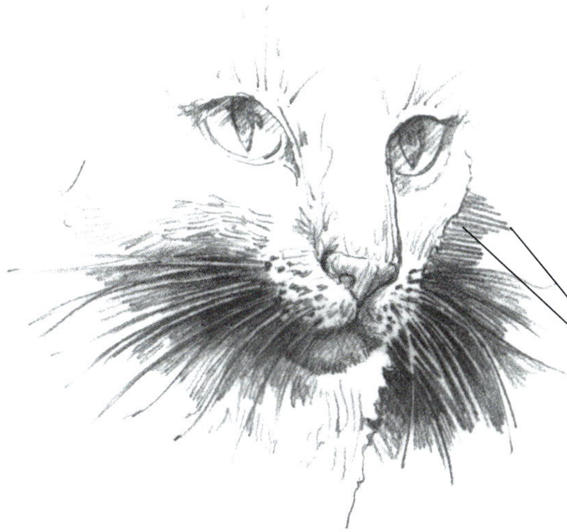

## Schnurrbarthaare

Die Schnurrbarthaare nehmen Berührungen sehr genau wahr. Diese langen, ziemlich steifen Haare zeichnen Sie mit langen, schwungvollen Strichen. Am besten nehmen Sie einen spitzen Bleistift und zeichnen die Haare auf weißem Untergrund. Sie können sie auch mit einem Radiergummi aus dunklem Untergrund herausheben. Nicht die dunklen Punkte (Follikel) am Maul vergessen!

*Setzen Sie helle neben dunkle Stellen – und dunkle neben helle, um Räumlichkeit zu erzielen.*

## Auge

Das Auge zeichnen Sie als Kreis, der am äußeren Augenwinkel etwas nach oben weist. Wenn Sie die Grundform getroffen haben, konzentrieren Sie sich auf den Augapfel, einzelne Haare und das Fell rund ums Auge. Schicht um Schicht tragen Sie mit einem weichen Bleistift die Grautöne auf, bis der Blick ausreichend Tiefe hat. Vergessen Sie aber nicht einen weißen Fleck in oder neben der Pupille, der das Licht reflektiert.

*Haare immer in der natürlichen Wuchsrichtung zeichnen.*

*Die weiße Stelle verleiht dem Blick Leben.*

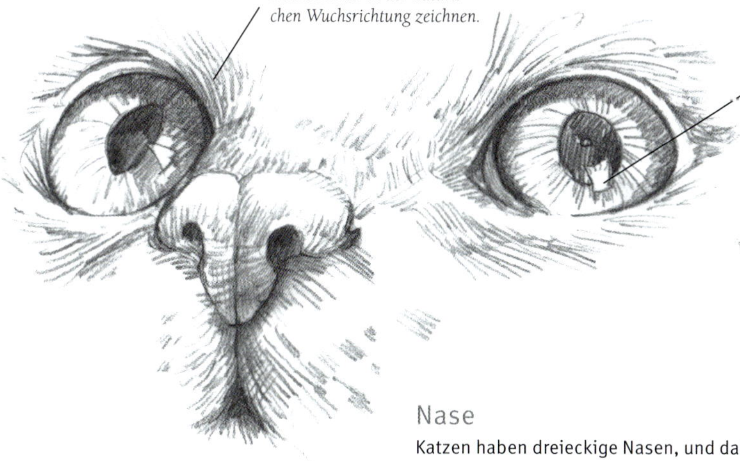

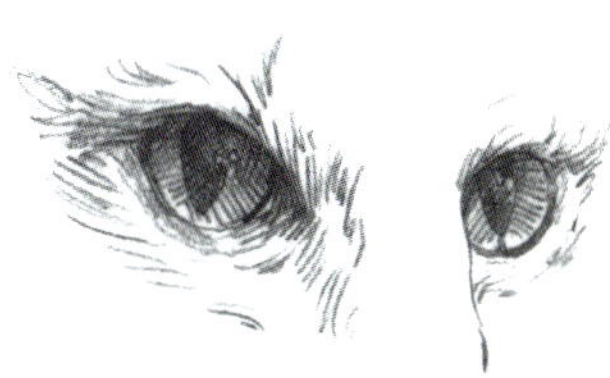

## Nase

Katzen haben dreieckige Nasen, und das geschlossene Maul sieht wie ein umgedrehtes Y aus. Auch die Nase hat eine dritte Dimension – und sie muss sich ganz natürlich ins Gesicht einfügen. Die Nase darf nicht wirken, als hätte man sie nachträglich aufgeklebt. Sehen Sie, wie im Beispiel rechts die unterschiedlichen Schraffuren zusammenspielen, um Tiefe und Form zu schaffen?

# Beim Klettern

Fast alle Katzen wollen hoch hinaus – leider hat sich diese junge Katze beim Klettern in eine recht missliche Lage gebracht. Sehen Sie übrigens, dass kleine Katzen noch einen runden Bauch und einen eher fassartigen Körper haben – während ausgewachsene Tiere schlank sind?

1

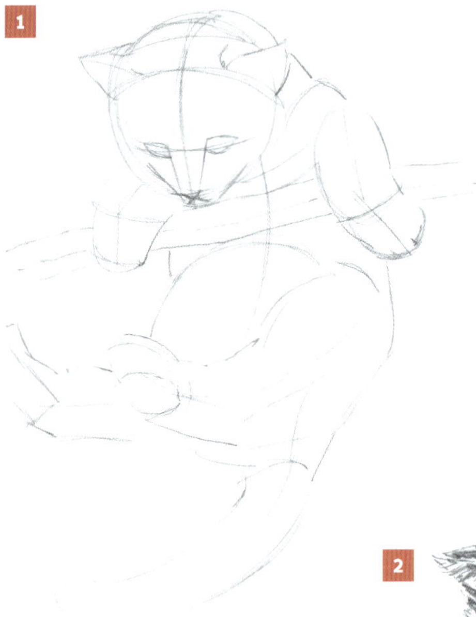

Als Erstes bringen Sie den Ast zu Papier. Er soll etwas geneigt sein. Dann folgt der Katzenkörper, der sich sozusagen um den Ast „wickelt“. Der Bauch soll nicht lang gezogen wirken, sondern eher rundlich. Nehmen Sie einen spitzen Bleistift in Härte HB und deuten Sie auch noch das Gesicht, die Beine und den Schwanz an.

2

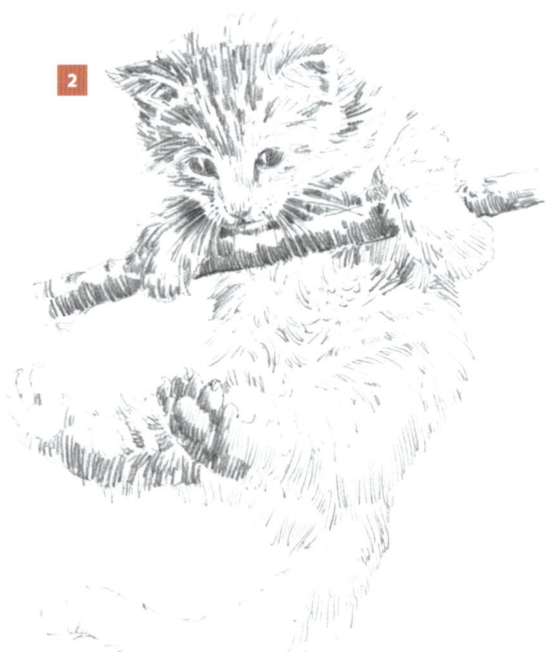

Mit einem weicheren Bleistift gestalten Sie jetzt das Gesicht, das Fell und den Zweig weiter aus. Mit kurzen, möglichst gleichmäßigen Strichen schraffieren Sie die Unterseite des Astes und die Fußsohlen der Katze. Beim Fell verwenden Sie unterschiedliche Schraffuren, damit es lebhaft und naturgetreu wirkt.

Mit einem spitzen Bleistift in Härte HB zeichnen Sie die Krallen, die das Kätzchen ausgefahren hat.

Wenn Sie genau hinsehen, erkennen Sie, dass die kleine Katze keine Angst hat, sondern fest entschlossen ist, sich aus ihrer Lage zu befreien.

TIPPS

3

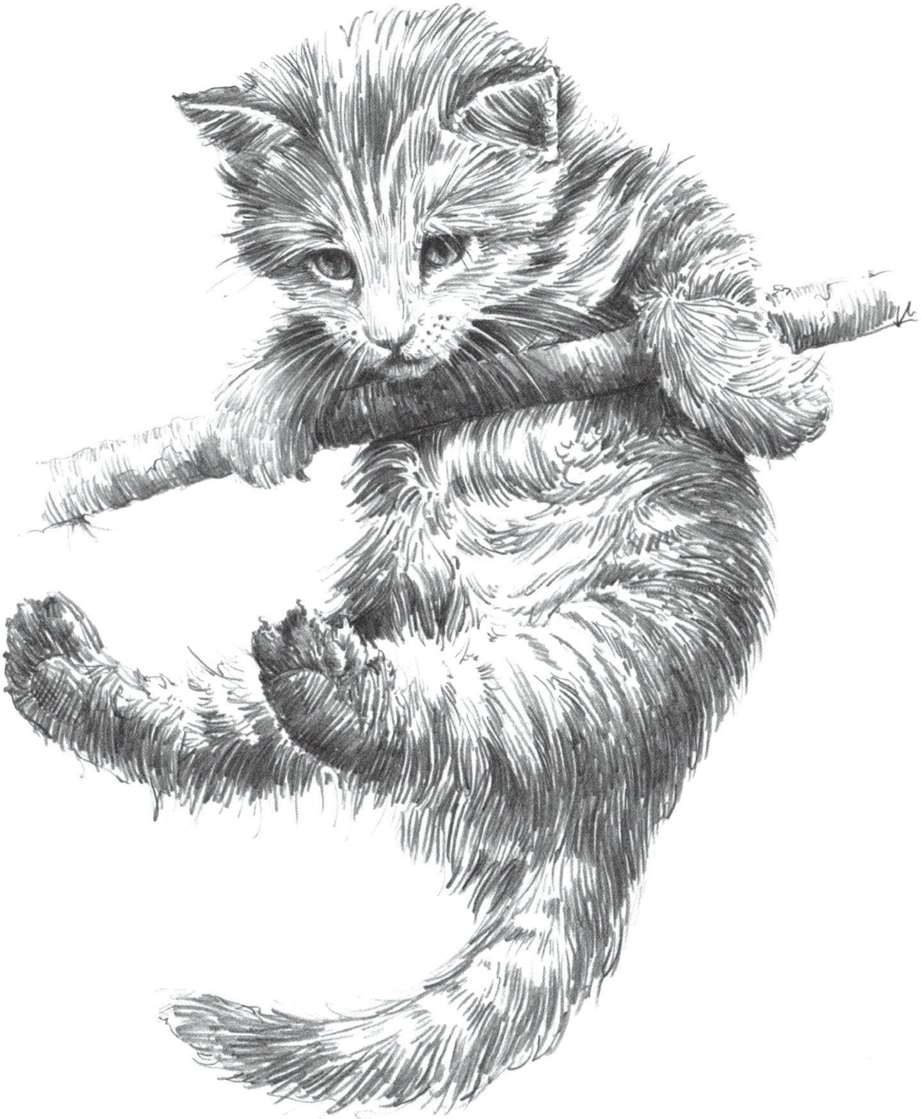

Nun müssen Sie das Bild nur noch fertigstellen. Mit einem Bleistift in Härte HB werden die Wimpern, die feinen Linien über der Nase, die Augen und das Maul besonders schön. Arbeiten Sie am Fell weiter und setzen Sie gezielt unterschiedliche Striche, um die verschiedenen Fellpartien hervorzuheben. Lassen Sie auf dem Blatt weiße Stellen stehen, denn die kleine Katze hat ein getigertes Fell.

# Hund

## Proportionen: Das Wesentliche

Grundformen begegnen Ihnen überall. Wenn Sie einmal damit begonnen haben, einfache Gegenstände, Pflanzen, Tiere und sogar Menschen als ein Puzzle aus ganz einfachen Grundformen zu sehen, können Sie einfach alles zeichnen, was es gibt.

Als Proportionen bezeichnet man die Größenverhältnisse, die zwischen zwei oder mehr Elementen bestehen. Die Proportionen eines ausgewachsenen Hundes, beispielsweise das Größenverhältnis zwischen Kopf und Brustkorb, sind ganz anders als bei einem Welpen. Außerdem unterscheiden sich die Proportionen auch von Rasse zu Rasse. Um Alter und Rasse eines Tiers glaubwürdig darzustellen, ist es also wichtig, die Proportionen korrekt wiederzugeben.

### Ausgewachsenes Tier und Jungtier

Ein typischer Fehler beim Zeichnen von Welpen besteht darin, einfach einen kleinen Hund zu zeichnen. Ein Welpe besitzt zwar die gleichen Merkmale wie ein ausgewachsenes Tier, aber seine Körperproportionen sind ganz anders. Das wird beim Vergleich der Abbildungen auf dieser Seite deutlich.

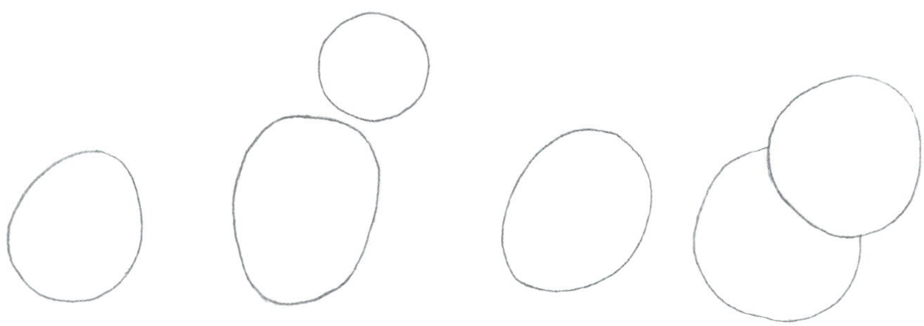

Grundformen

Vergleichen Sie auf der nebenstehenden Seite die Größenverhältnisse von Kopf, Brustkorb und Becken des ausgewachsenen Golden Retrievers (links) mit denen des Welpen (rechts). Der Kopf des Welpen ist im Verhältnis zum Körper wesentlich größer, und die drei genannten Körperteile liegen näher beieinander.

TIPPS

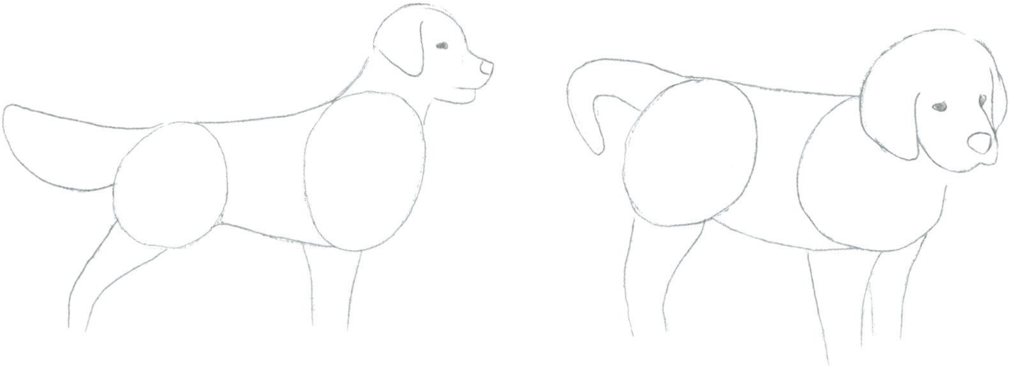

Rumpf und Extremitäten

Die Grundformen miteinander verbinden, dann Beine und Rute anfügen. Jetzt ist gut zu erkennen, dass der erwachsene Hund insgesamt einen schlankeren Körperbau hat. Die Beine sind länger, die Schnauze ist länger und schmaler.

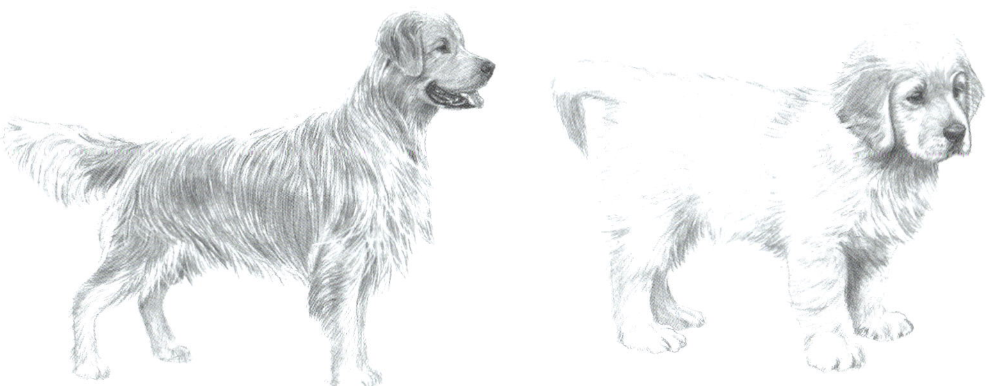

Fell und Gesicht

In den fertigen Zeichnungen sind die Unterschiede zwischen dem Welpen und dem erwachsenen Tier nicht zu übersehen. Augen, Ohren, Nase und Pfoten des Welpen sind im Verhältnis zum Körper viel größer als beim Alttier. Das Fell des Welpen ist weicher und flauschiger.

15 MIN

Hier sehen Sie noch einmal genau, wie durch einfache Grundformen die Proportionen des Hundes und seine Pose festgelegt werden. Nehmen Sie sich ausreichend Zeit, um anschließend die Details richtig zu positionieren.

# Sibirischer Husky-Welpe

Huskys sind kraftvolle Hunde. Schon Welpen haben dichtes Fell, eine breite Brust und einen buschigen Schwanz.

1

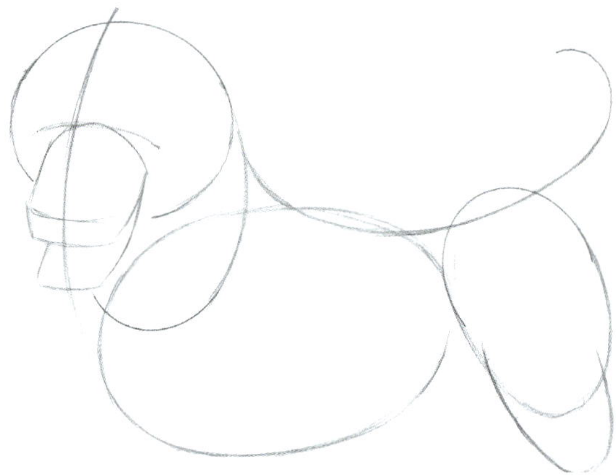

Als Erstes zeichnen Sie eine weiche Hilfslinie für das Rückgrat und den Schwanz. Dann bauen Sie den Körper mit runden Formen für den Kopf, den Bauch und die Hinterläufe auf. Ziehen Sie Hilfslinien fürs Gesicht und skizzieren Sie die Schnauze in groben Umrissen.

2

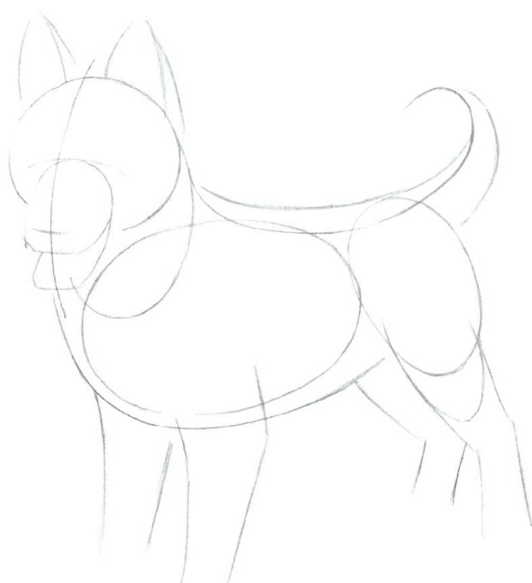

Jetzt folgt der ganze Grundriss, den Sie mit schnellen Linien um die ersten Grundformen herum zeichnen. Es folgen die dreieckigen Augen und die Ansätze seiner vier Beine.

TIPPS

3

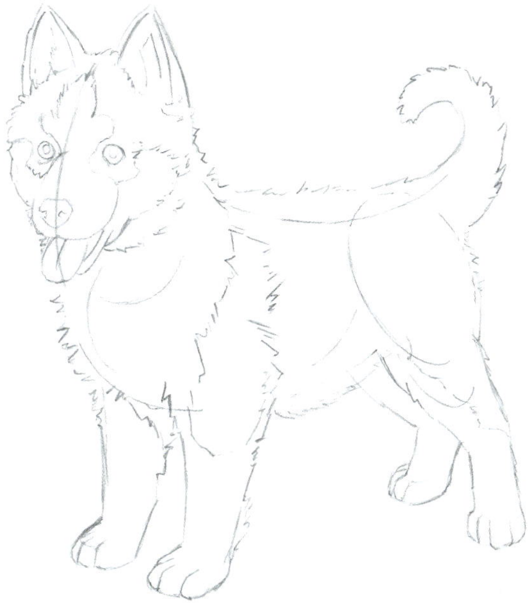

Wenn Sie mit der entstandenen Pose und dem Gesamteindruck zufrieden sind, kommt das Fell dran: Zeichnen Sie rund um den jungen Hund kurze aufrechte Linien – so entsteht der Eindruck eines dicken Pelzes. Mit denselben Strichlein zeichnen Sie Farbflächen ins Fell. Dann folgen schon die Augen, die Nase, die Zunge und die erste Arbeit an den Pfoten.

4

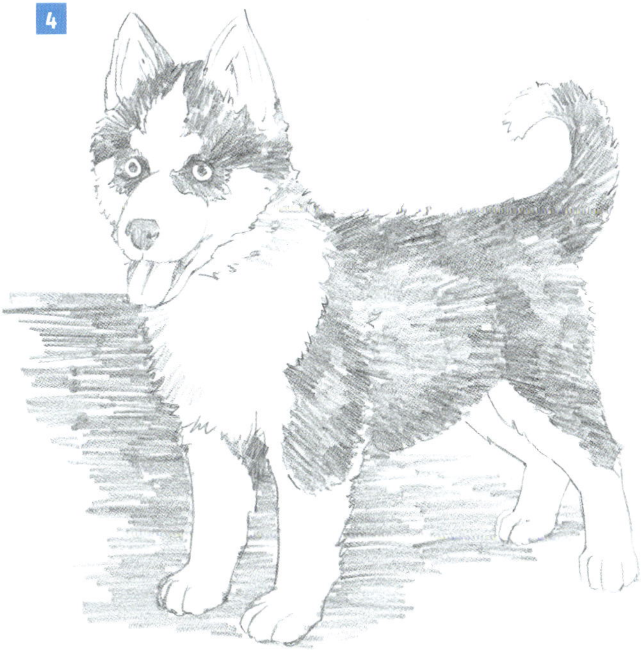

Radieren Sie nun alle überflüssigen Hilfslinien aus und gestalten Sie mit der breiten Seite des Bleistifts die dunklen Partien des Fells. Setzen Sie gerade, kurze Striche in der natürlichen Wuchsrichtung, die wie ein Strahlenkranz vom Gesicht und von der Brust ausgehen. Dann schraffieren Sie die Nase und die Pupillen. Für den Hintergrund, vor dem die weißen Stellen im Fell des Huskys besser zur Geltung kommen, verwenden Sie dicke, breite Striche, die Sie horizontal mit der breiten Seite des Bleistifts anlegen.

15 MIN

Mit unterschiedlichen Schraffuren geben Sie dem Tierkörper mehr Volumen. Die Schraffuren des Hintergrunds binden den Hund in eine Gesamtkomposition ein und erzeugen Räumlichkeit.

5

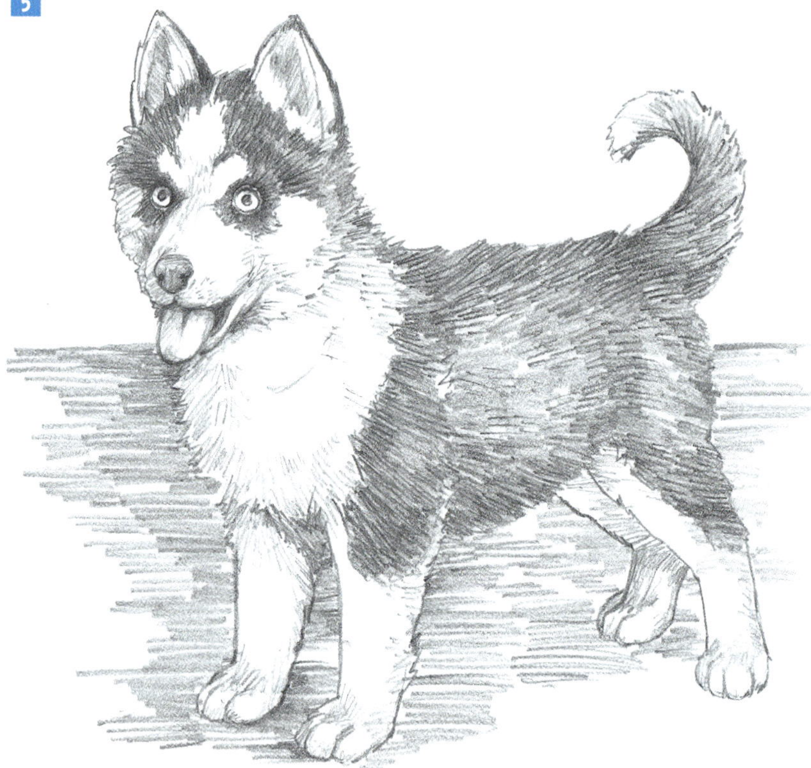

Mit einigen leichten Strichen am Rand der weißen Fellpartien geben Sie dem Körper Volumen. Auch die linke Wange und das hintere rechte Bein erhalten leichte Schraffuren. Dann nehmen Sie einen weicheren Bleistift und überziehen die dunklen Fellpartien mit weichen Strichen – vor allem außen am Rücken, unten am Bauch, im Gesicht und an den Beinen, um die rundliche Gestalt des Welpen zu betonen. Nun noch die Nase, das Maul, die Augen und das Innere der Ohren ausarbeiten – und das Porträt ist fertig.

## Vergleichen Sie: ausgewachsener Hund und Welpe

Ausgewachsene Hunde und Welpen haben zwar den gleichen Körper, doch die Proportionen sind ganz verschieden. Als Proportion bezeichnet man das Verhältnis, in dem ein Teil zu einem anderen steht. Nur wenn die Proportionen eines Motivs stimmen, entsteht eine Ähnlichkeit mit dem Vorbild. Ein Welpe ist nicht einfach ein Hund im Kleinen. Welpen sind viel kompakter. Ihre Augen, Ohren und vor allem ihre Pfoten erscheinen im Verhältnis zum Körper zu groß. Ausgewachsene Hunde sind im Vergleich mit dem Welpen länger, schmaler und größer. Die Schnauze ist auffallend lang und die Zähne sind groß. Wenn Sie beim Zeichnen an diese Unterschiede denken und darauf achten, wird das Hunde-Porträt nicht nur lebendiger. Es wirkt auch gekonnter.

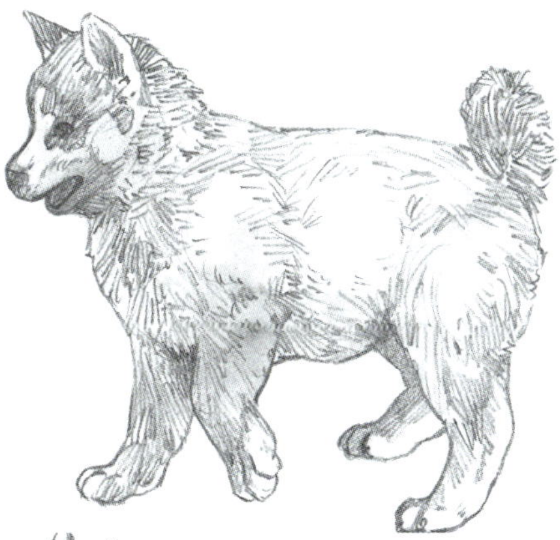

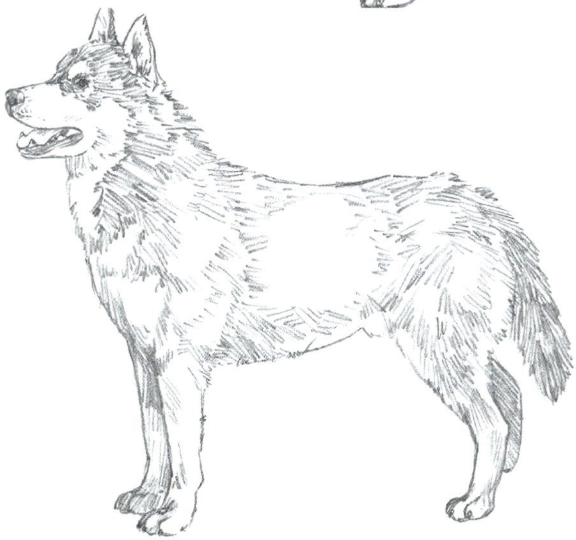

# Kaninchen

15 MIN

Die Bleistiftstriche, mit denen Sie das Fell zeichnen, folgen der Wuchsrichtung und sind am Bauch des Kaninchens etwas länger.

Kaninchen sind fast auf der ganzen Welt zuhause. Sie werden oft mit Hasen verwechselt, sind aber viel zierlicher und vom Körperbau eher rund. Auch haben sie kürzere Ohren, die immer aufrecht stehen und am oberen Rand schwarz sind.

1

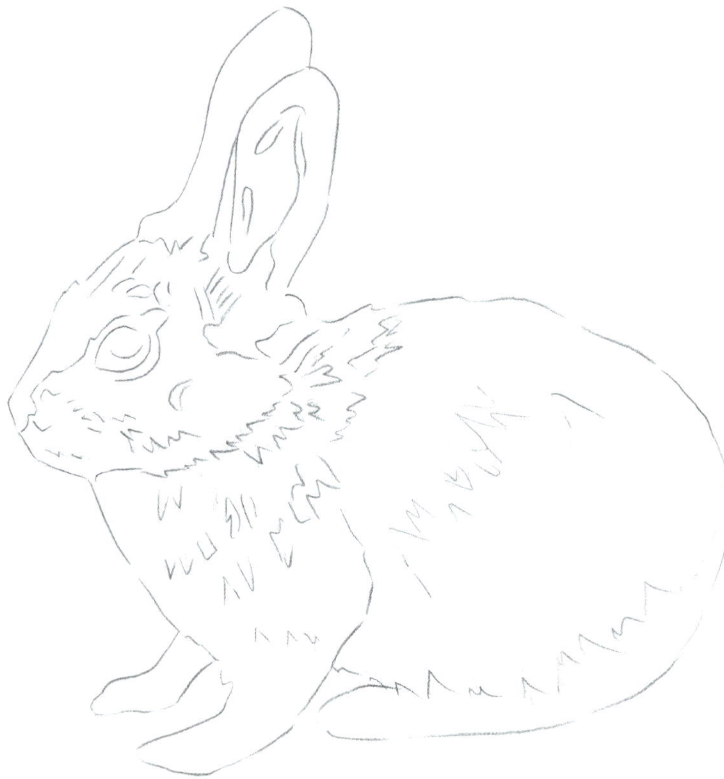

Die Kontur des Kaninchens aus freier Hand mit einem Bleistift HB zeichnen. Das ist nicht schwierig, denn Kopf und Körper sind einfache, gerundete Formen. Danach die Umrisse der dunkelsten Fellbereiche andeuten.

2

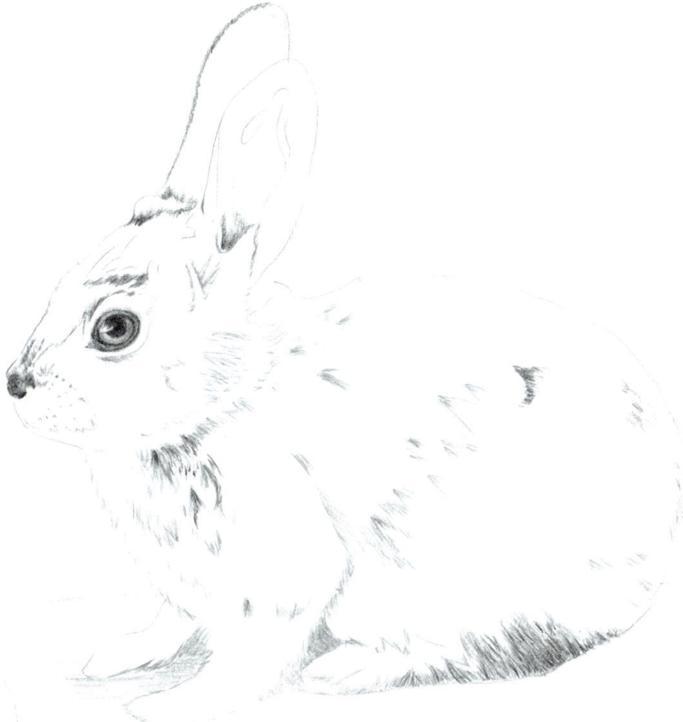

Mit dem Bleistift 2B die Augen, die Nase und die Ohren etwas deutlicher zeichnen. Mit einem Bleistift H die Barthaare und deren Ansätze hinzufügen. Mit demselben Bleistift mit kurzen Strichen die dunkelsten Bereiche schraffieren und den Schatten unter dem Kaninchen andeuten.

3

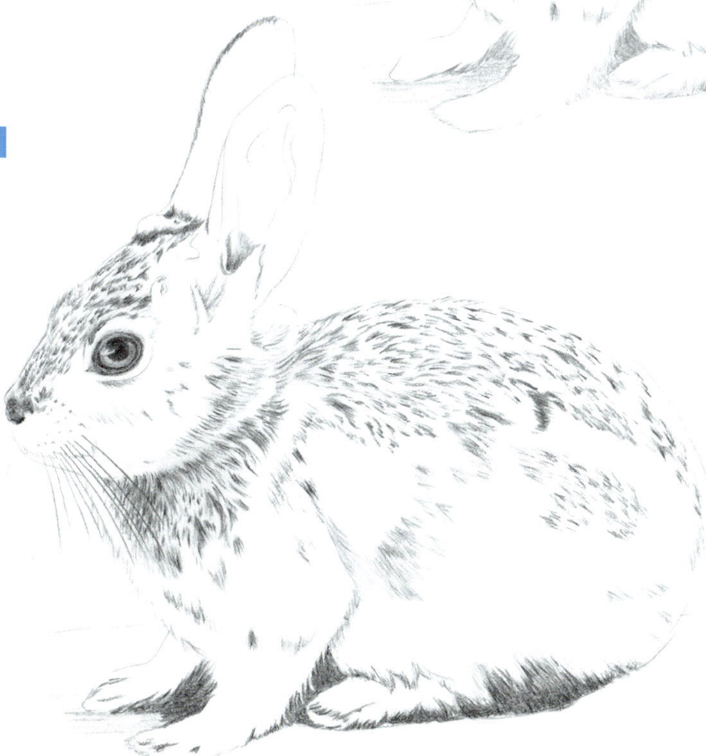

Mit einem Bleistift 4B die dunkelsten Fellbereiche mit raschen, kurzen Strichen in Wuchsrichtung andeuten. Dazwischen Lücken für helle und mittlere Grautöne lassen. Für das Fell am Bauch müssen die Striche etwas länger sein, aber auch der Wuchsrichtung folgen. Die Striche des weichen Bleistifts mit einem großen Borstenpinsel leicht verwischen, um Mitteltöne und fließende Übergänge zu erhalten. Die Barthaare abdunkeln. Für die helleren einen Bleistift 2H verwenden, für die dunklen einen Bleistift H.

15 MIN

Ein Knetradiergummi leistet Ihnen immer wieder gute Dienste. Sie können ihn zur Kugel formen und damit überschüssiges Grafitpulver „abrollen“, oder wie hier eine Spitze bilden und einzelne, schärfer umrissene Stellen hell herausarbeiten.

**4**

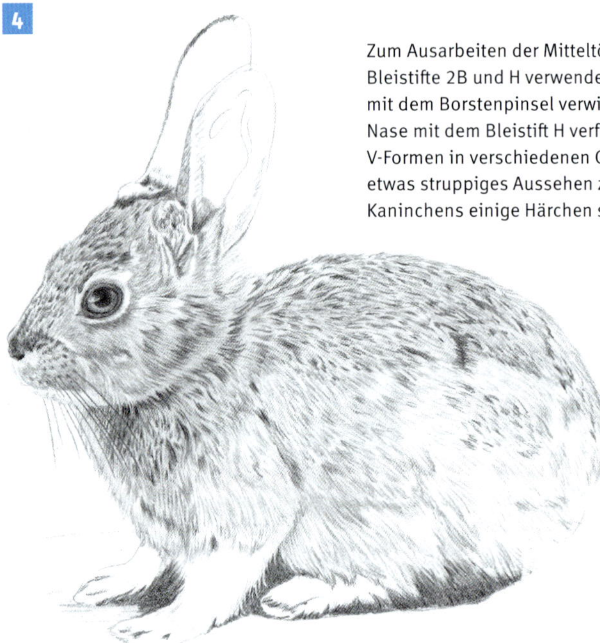

Zum Ausarbeiten der Mitteltöne auf Kopf und Körper Bleistifte 2B und H verwenden. Zwischendurch die Striche mit dem Borstenpinsel verwischen. Den Bereich um die Nase mit dem Bleistift H verfeinern. Überall auf dem Fell V-Formen in verschiedenen Größen andeuten, um ihm ein etwas struppiges Aussehen zu geben. Am linken Ohr des Kaninchens einige Härchen stricheln.

**5**

Dunkle Graustufen und Mitteltöne auf Füßen und Ohren weiter ausarbeiten. Die Striche auf der weichen, fleischigen Innenseite der Ohren mit einem Papierwischer verwischen. Danach alle Schatten und Formen mit dem Bleistift nochmals deutlicher ausarbeiten. Anschließend mit einem spitz geformten Knetradiergummi die hellsten Härchen „zeichnen“ und einzelne Fellpartien an Bauch, Brust und um die Augen aufhellen.

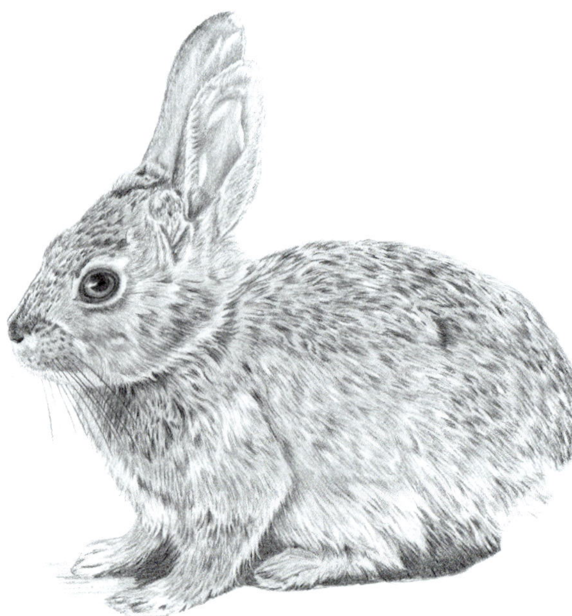

TIPPS

6

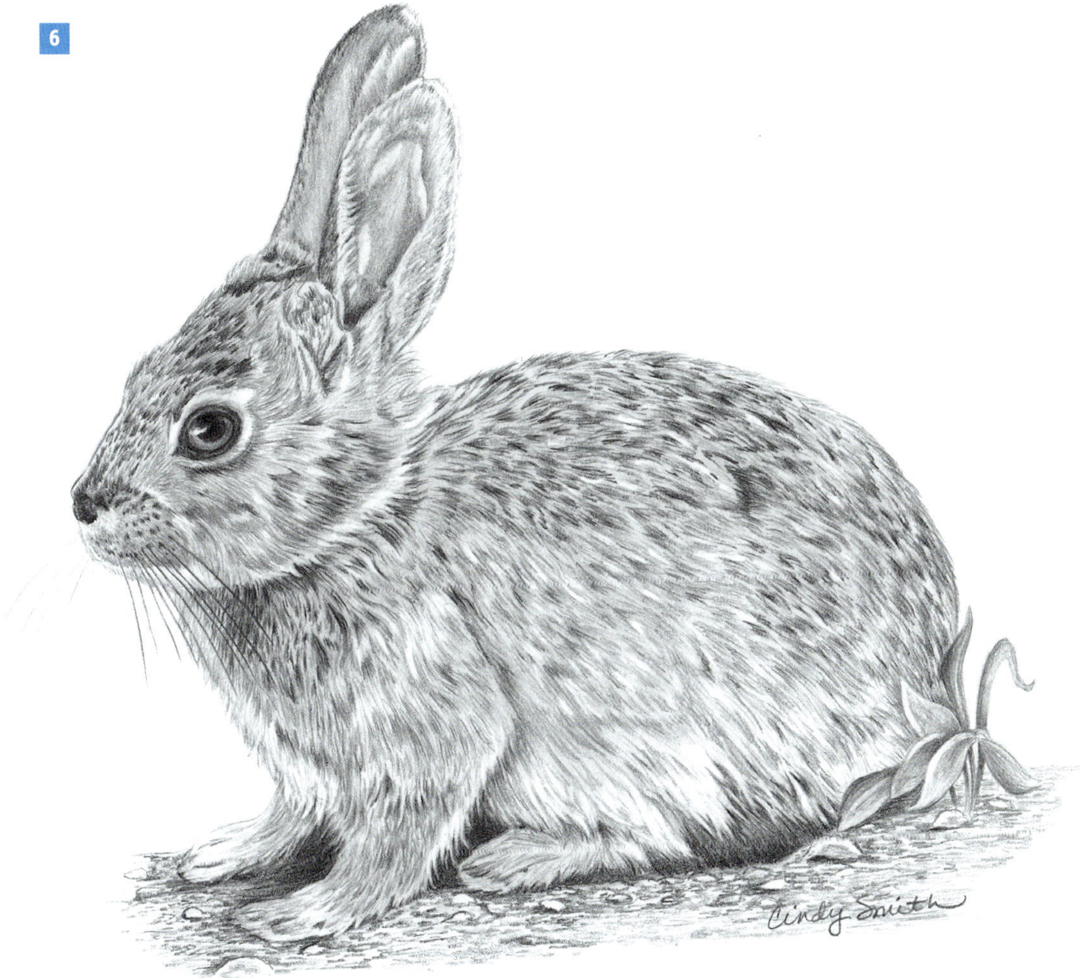


Um den Kontrast zu verstärken, werden die hellsten und dunkelsten Bereiche des Fells nochmals überarbeitet. Zuletzt auf dem Boden um das Kaninchen herum einige Pflanzen und Kiesel zeichnen, mit einem Bleistift 4B plastisch ausarbeiten und die Striche mit einem Papierwischer bearbeiten. Für die Lichter einen spitz geformten Knetradiergummi verwenden.

Achten Sie bei den Hilfslinien auf die richtige Reihenfolge, damit die Proportionen stimmen, und darauf, ob Sie Rechts- oder Linkshänder sind.

Sie können noch einige Partien schraffieren, damit man die Formen besser sieht.

TIPPS

# Pferdeköpfe für Einsteiger

Der Kopf des Fohlens auf dieser Seite hat andere Proportionen als der Kopf des ausgewachsenen Pferdes auf der nächsten Doppelseite. Außerdem zeichnen Sie den Kopf des Fohlens in einer Dreiviertelansicht.

## Für Rechtshänder

**1**

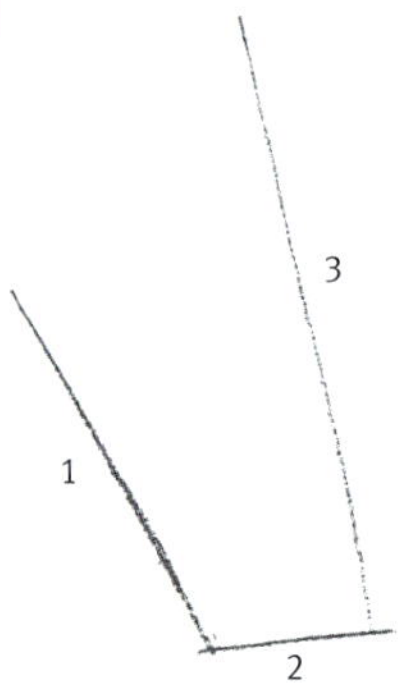


Mit drei Hilfslinien legen Sie Größe und Form des Kopfes fest.

**2**

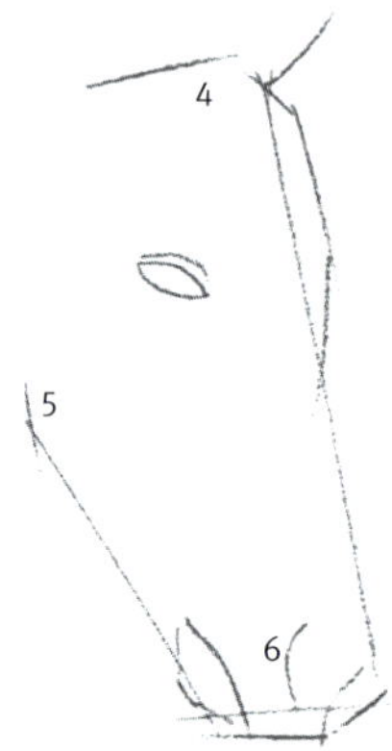


**3**

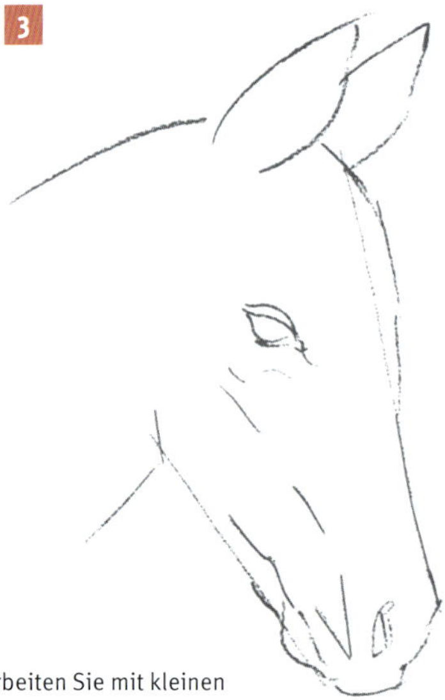

Arbeiten Sie mit kleinen Linien weiter, bis Sie eine Ähnlichkeit mit dem Vorbild erreicht haben.

**4**

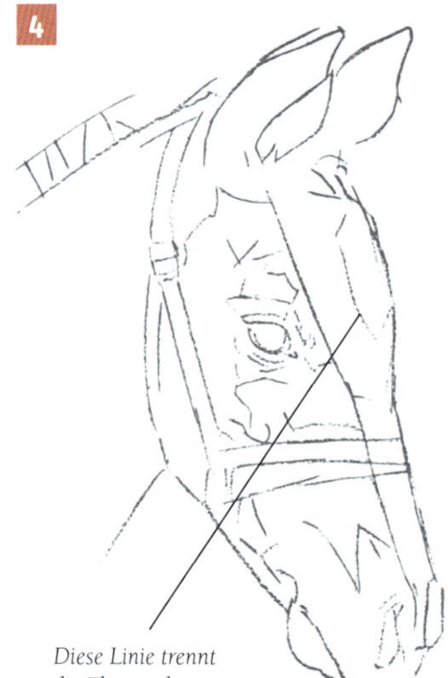

*Diese Linie trennt die Ebenen des Gesichts.*

Erst wenn die Grundformen stimmen, beginnen Sie mit der weiteren Ausarbeitung des Kopfes wie in Schritt 3 und 4. Sehen Sie die Linie, die in Schritt 4 das Gesicht längs teilt?

## Für Linkshänder

1

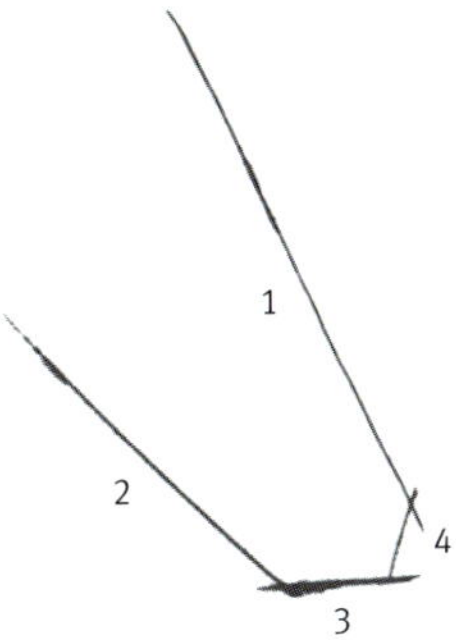


2

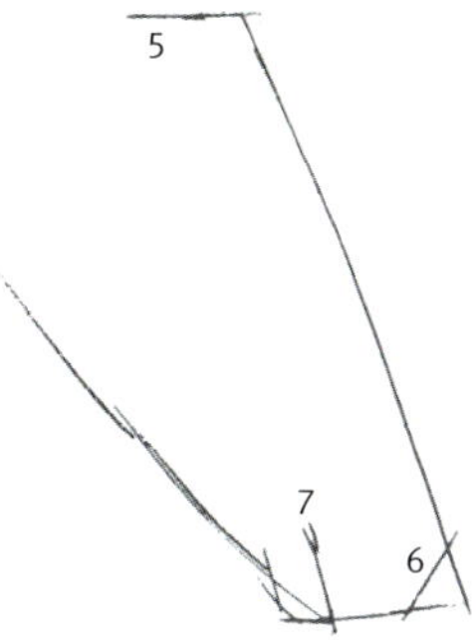


3

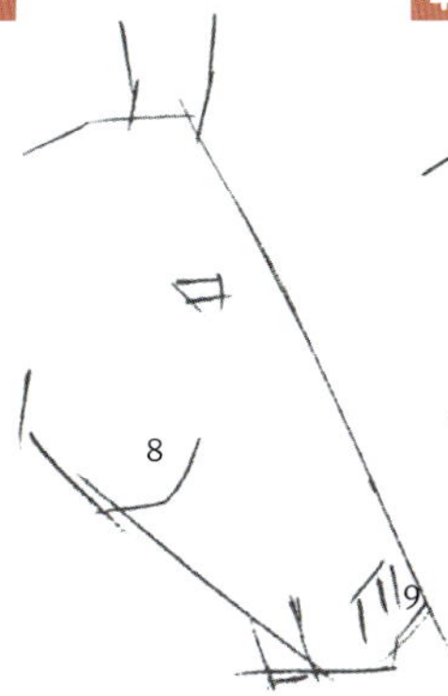


4

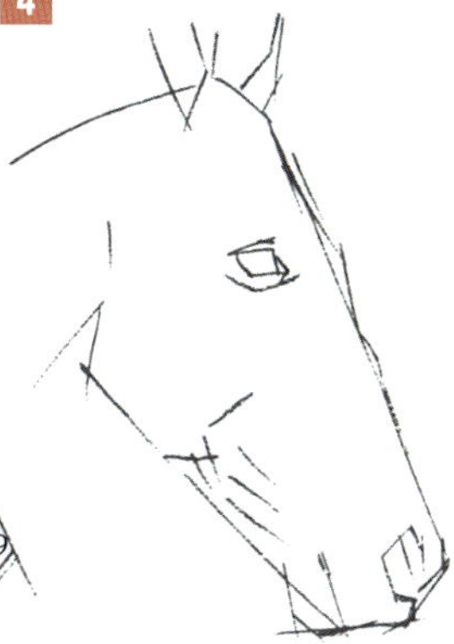

5

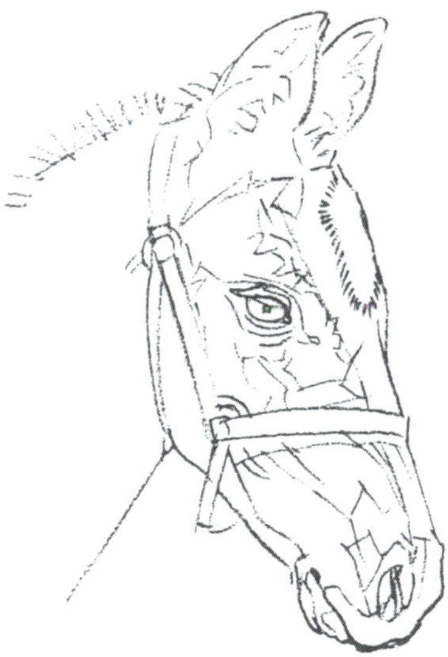

6

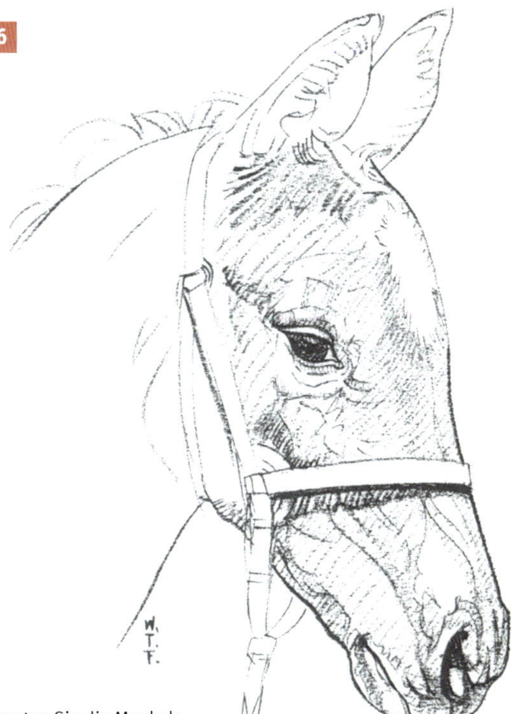


Deuten Sie die Muskeln, die unter der Haut liegen, nur leicht an.

# Ausdrucksstarkes Profil

Auch dieses beeindruckende Profil beginnen Sie mit einer Reihe gerader Hilfslinien für den Umriss. Daraus entwickeln Sie nach und nach sorgfältig die Gestalt des Kopfes wie in Schritt 2 und 3. Vergewissern Sie sich immer wieder, dass Sie dabei die Ähnlichkeit mit dem Modell treffen.

1

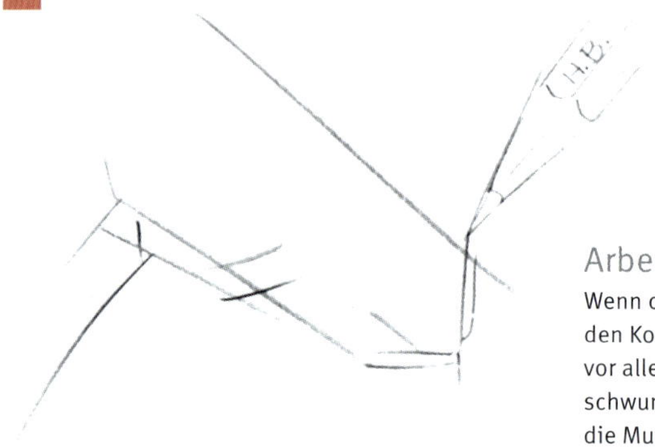

### Arbeiten mit Hilfslinien

Wenn die Umrisse stehen, gehen Sie daran, den Kopf weiter auszuarbeiten. Achten Sie vor allem auf die Lippe und den graziös geschwungenen Hals. Markieren Sie in Schritt 2 die Muskelstränge ums Auge, an der Wange und am Maul. Daran orientieren Sie sich in Schritt 3, wenn Sie den Kopf mit der Seite eines weichen Bleistiftes schraffieren.

2

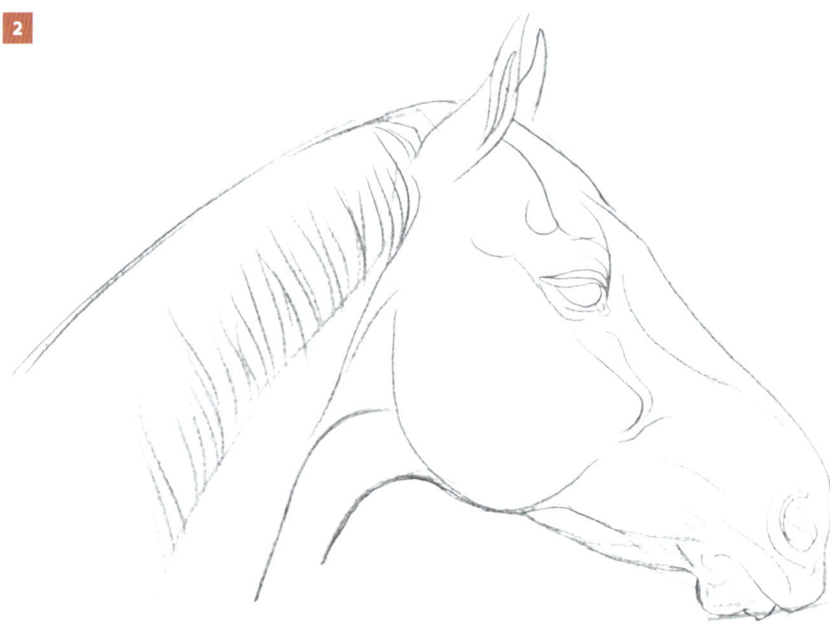

TIPPS

Mit leichten kurzen Strichen arbeiten Sie im Gesicht und am Nacken. Breitere senkrechte Schraffuren betonen die Muskeln am Kiefer und am Auge. Sie können einige Partien leicht mit dem Papierwischer etwas verreiben – das macht diese Stellen weicher.

3

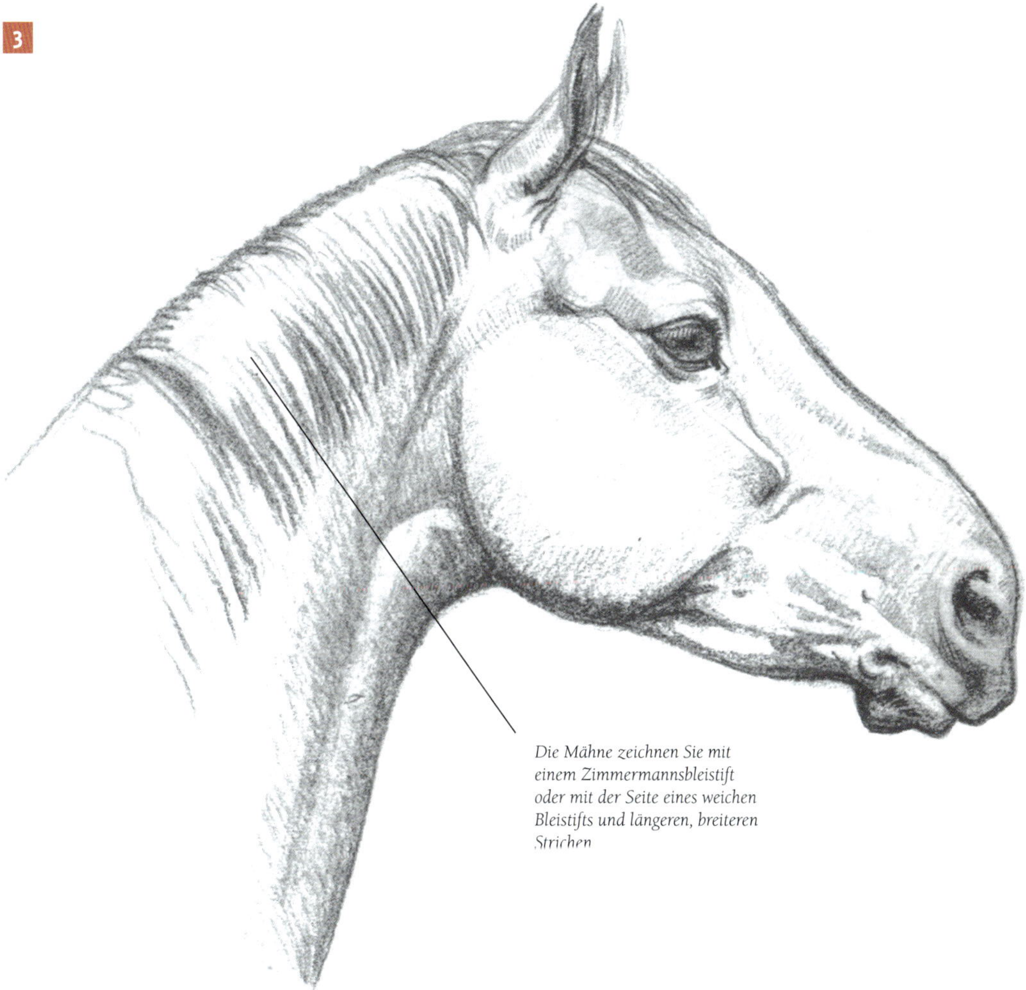


## Aus freier Hand

Das Zeichnen aus freier Hand ist eine Fähigkeit, die jeder Künstler üben muss, denn sie hilft dabei, Form und Aufbau eines Motivs zu erkennen und zu analysieren. Nur durch viel Übung gewinnen Sie Sicherheit. Wenn Sie aus freier Hand zeichnen wollen, sollten Sie Ihr Modell zuerst ganz genau ansehen. Dann lösen Sie das Motiv in vereinfachte Formen und Hilfslinien auf.

Wählen Sie in erster Linie Motive, die Ihnen am Herzen liegen. Nur dann haben Sie ganz selbstverständlich die Liebe und Geduld, um so lange an einem Bild zu arbeiten, bis es wirklich fertig und gut gelungen ist.

TIPPS

# Pony

Ponys sind eine eigene Tiergattung und nicht nur „kleine Pferde". Sie besitzen mehr Trittsicherheit und einen besseren Selbsterhaltungstrieb.

**1**

Mit einem Bleistift in Härte HB zeichnen Sie die Grundelemente der Körperformen vor: Ovale für Brust, Körper, Schultern und Hinterhand. Dann noch sanfte Linien für den Hals und kurze, gerade Hilfslinien für den Kopf und zwei Ovale für Maul und Kiefer.

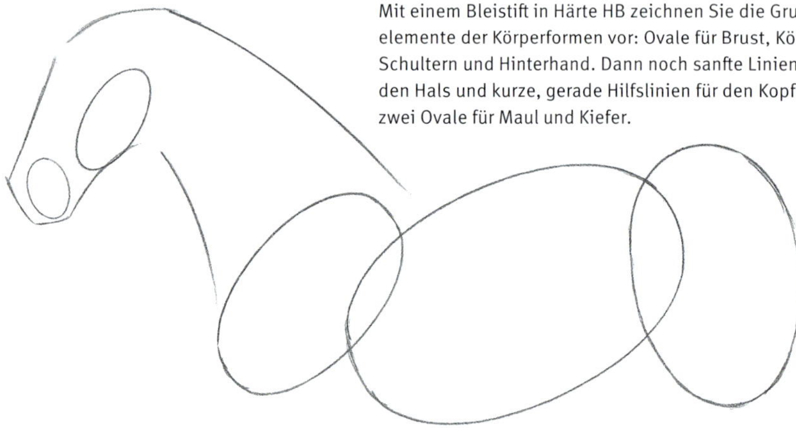

**2**

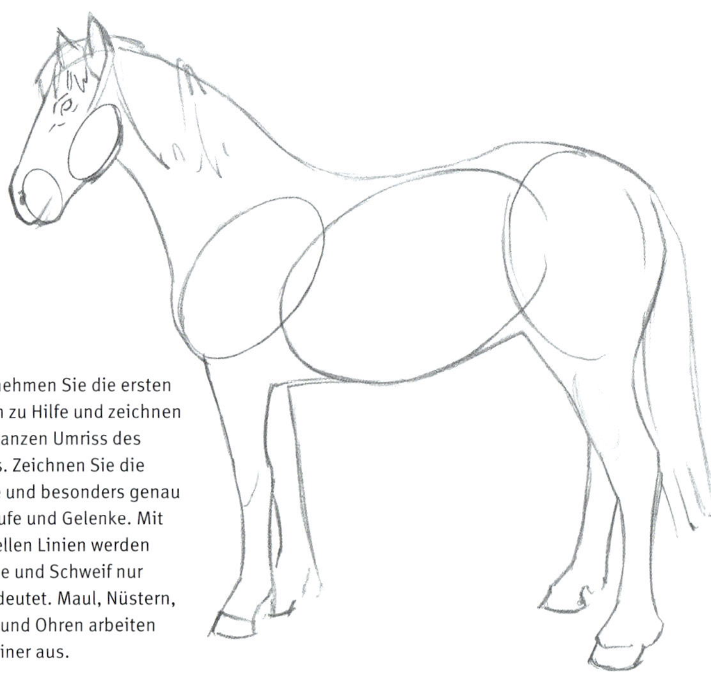

Nun nehmen Sie die ersten Linien zu Hilfe und zeichnen den ganzen Umriss des Ponys. Zeichnen Sie die Beine und besonders genau die Hufe und Gelenke. Mit schnellen Linien werden Mähne und Schweif nur angedeutet. Maul, Nüstern, Auge und Ohren arbeiten Sie feiner aus.

3

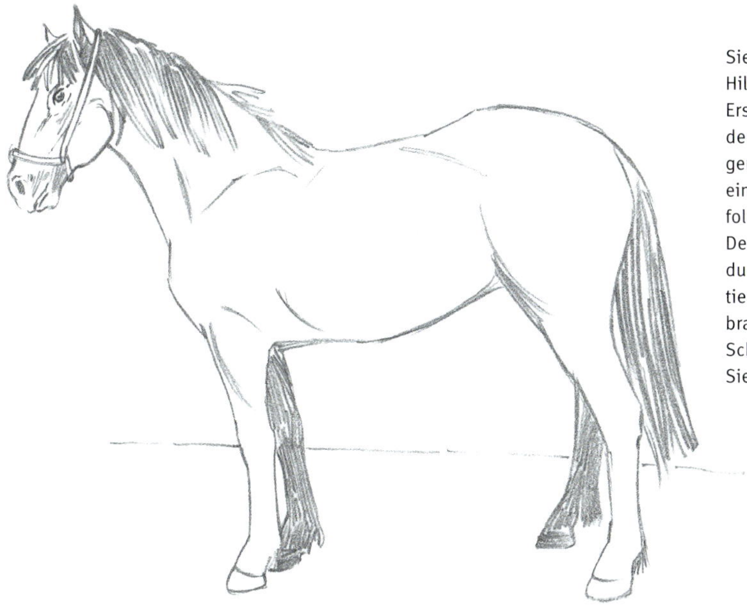

Sie entfernen nun alle Hilfslinien und arbeiten als Erstes die Beine im Vordergrund aus. Mit langen geraden Strichen, die an einzelne Strähnen erinnern, folgen Mähne und Schweif. Dem Körper geben Sie durch kräftige Muskelpartien Gestalt. Fürs Gesicht brauchen Sie nur wenige Schraffuren. Dann zeichnen Sie das Halfter ein.

4

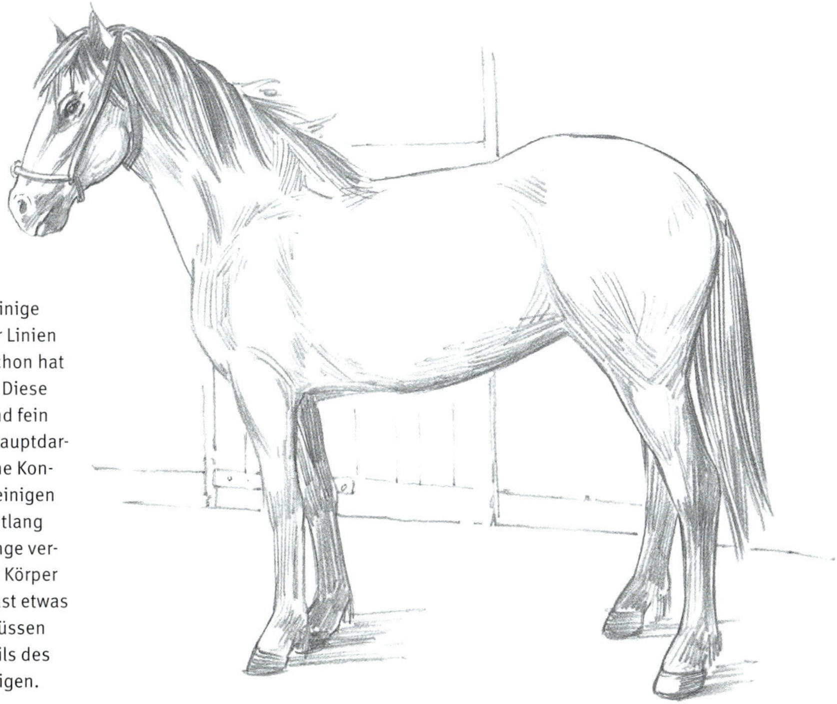

Es braucht nur noch einige Schatten und ein paar Linien für die Stalltür, und schon hat Ihr Pferd Halt im Bild. Diese Linien sollen leicht und fein sein, damit sie dem Hauptdarsteller des Bildes keine Konkurrenz machen. Mit einigen Parallelschraffuren entlang der Hauptmuskelstränge vervollständigen Sie den Körper des Ponys, der jetzt fast etwas stilisiert wirkt. Nun müssen Sie nur noch die Details des Gesichts vervollständigen.

# Stämmiges Pony

15 MIN

Wenn Sie mit der Anatomie gut vertraut sind, wird Ihnen das Zeichnen leichter fallen, weil Sie wissen, wo sich bestimmte Knochen, Sehnen und Muskeln befinden müssen.

TIPPS

Auch dieses Pony ist zeichnerisch eine Herausforderung. Es hat etwas Übergewicht und eine ungleichmäßige Fellzeichnung. Durch die Körperfülle sind die Strukturen von Skelett und Muskeln nicht zu erkennen. Dadurch wird es schwierig, die Körperform durch Veränderungen der Lichtreflexion zeichnerisch darzustellen.

**1**

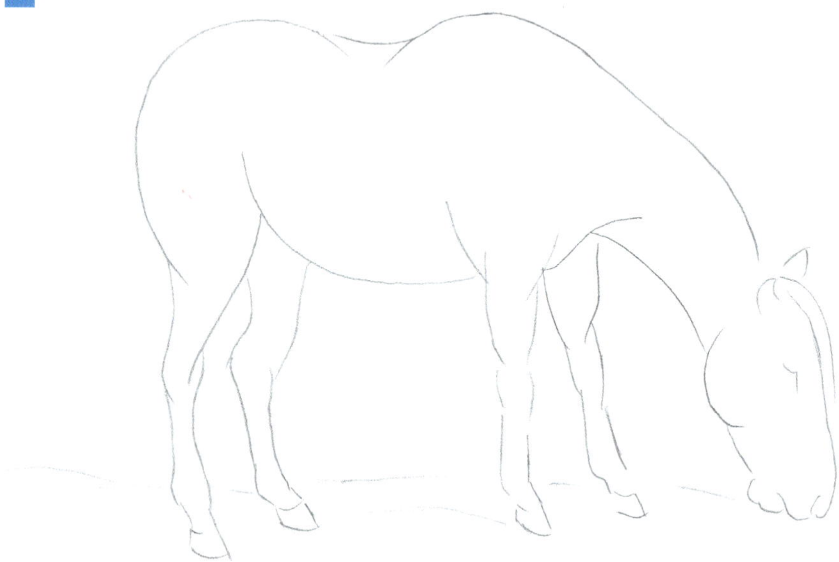

Zeichnen Sie die Grundformen von Körper, Beinen und Kopf vor. Auch die _Krümmung des Halses muss gezeichnet werden. Obwohl sie später von der Mähne verdeckt wird, ist es wichtig, sich in der Anfangsphase die Anatomie genau vor Augen zu führen. Auch die Hufe werden schon vorgezeichnet. Da selbst geübte Zeichner mit ihnen oft Schwierigkeiten haben, lohnt es sich, sie zur Übung aus verschiedenen Blickwinkeln zu zeichnen. Es ist nicht einfach, nach dem lebenden Modell zu zeichnen, aber nur so kann man die Anatomie genau studieren. Auf Fotos erscheinen die Motive oft flach und es ist nicht leicht zu entscheiden, wie einzelne Elemente aussehen müssen.

2

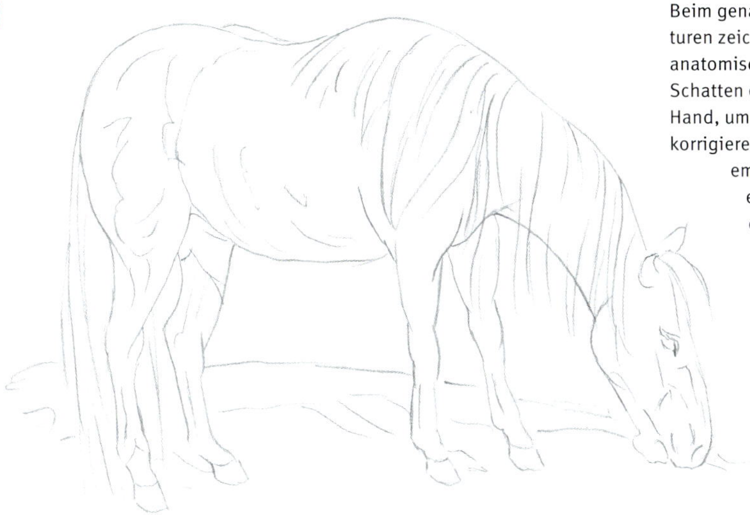

Beim genaueren Ausarbeiten der Konturen zeichnen Sie auch die Positionen anatomischer Details, Lichtreflexe und Schatten ein. Zeichnen Sie mit leichter Hand, um die Striche später noch korrigieren zu können. Grundsätzlich empfiehlt sich, zum Vorzeichnen einen Bleistift HB zu verwenden. Harte Bleistifte eignen sich für helle Bereiche, weiche Bleistifte für dunkle Schatten. Ein Bleistift 3B ist ideal für die Mitteltöne.

3

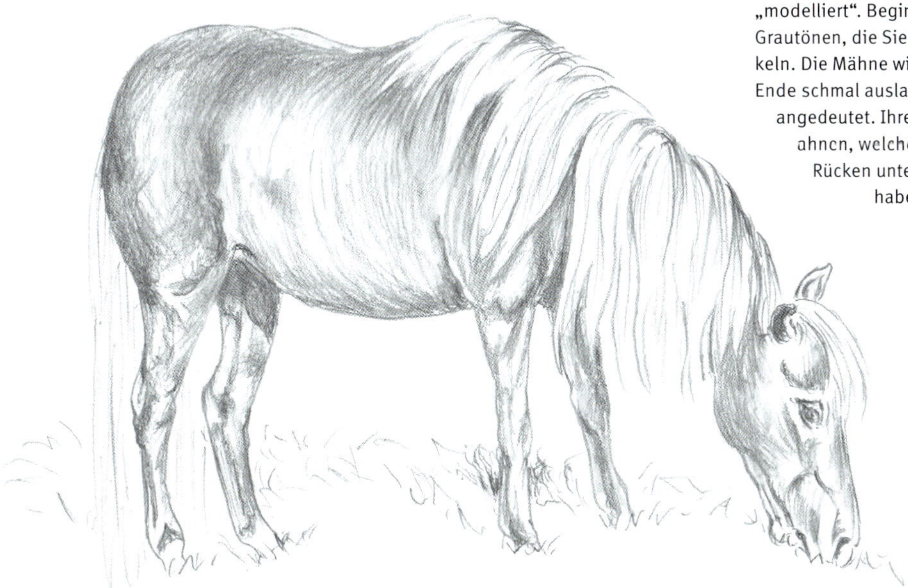

Durch Schatten wird das Tier nun „modelliert“. Beginnen Sie mit hellen Grautönen, die Sie allmählich abdunkeln. Die Mähne wird mit langen, zum Ende schmal auslaufenden Strichen angedeutet. Ihre Krümmung lässt ahnen, welche Form Hals und Rücken unter den Haaren haben.

# In Bewegung

## Körper- und Beinhaltung

Da das Motiv nicht ganz alltäglich ist, sollten Sie sich schon beim Skizzieren genügend Zeit lassen: Sehen Sie sich zunächst alle Partien des Körpers an, verinnerlichen Sie nicht nur die Form, sondern auch die Größe und Proportionen.

Gestalten Sie zwischen den hellen und dunklen Körperpartien einen deutlichen Kontrast – so betonen Sie die schönen Muskeln dieses Pferdes noch.

TIPPS

Viele Traber haben eine extreme Kniearbeit. Um ein solches Pferd richtig zu zeichnen, müssen Sie Körper- und Beinhaltung genau treffen. Beginnen Sie mit einem Oval für den Körper und fügen Sie kreisförmige Partien für Rumpf und Brust hinzu. Dann werden der Kopf, die Beine und der Schweif skizziert sowie die auffallendsten Muskelpartien wie in Schritt 1.

1

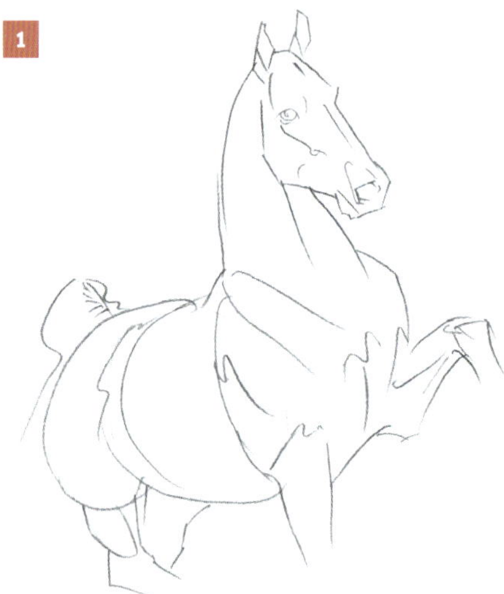

2

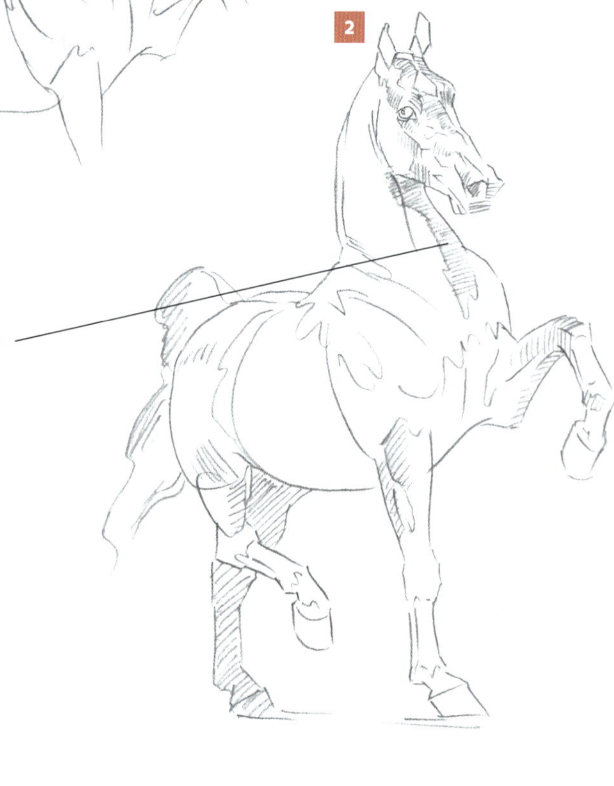

3

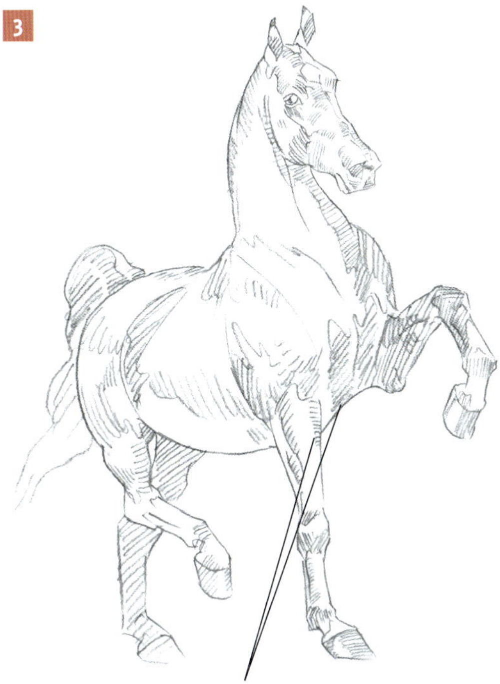

In Schritt 2 und 3 schraffieren Sie den Verlauf der kraftvollen Muskeln auf dem Körper und im Gesicht des Pferdes. Mit dem Papierwischer verreiben Sie einige der mittleren und der dunkelsten Stellen. Zum Schluss überarbeiten Sie mit einem spitzen Bleistift in Härte 2B den Umriss und einige der Schraffuren.

*Durch das Variieren der Schraffuren gewinnt der Körper sein Volumen.*

4

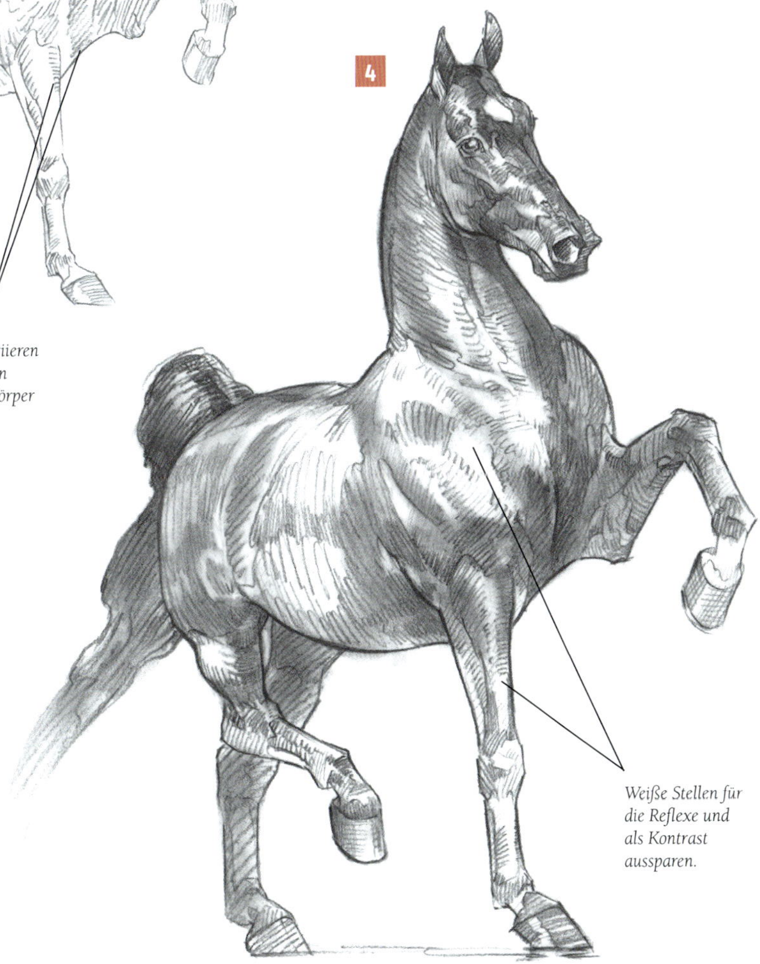

*Weiße Stellen für die Reflexe und als Kontrast aussparen.*

15 MIN

Für dunkle Schatten in Schritt 3 Schicht für Schicht mehr Grafit auftragen und nach oben und außen in die helleren Bereiche verwischen. Bei einem weißen oder hellgrauen Pferd können Sie reinweiße Bereiche erzeugen, indem Sie Grafit mit dem Knetradierer wieder abnehmen. Selbst weiße Pferde müssen aber schattiert werden, damit sie plastisch wirken und sich gegen den weißen Hintergrund abheben.

TIPPS

# Andalusier

Andalusier zählen zu den ältesten Pferderassen der Welt. Sie wurden schon vor etwa 25 000 Jahren in Höhlenzeichnungen dargestellt. Sie stammen von der Iberischen Halbinsel, die heute Andorra, Portugal, Spanien und Gibraltar umfasst. Als Soldatenpferde wurden sie in der Antike von Griechen und Römern hoch geschätzt und schon damals in Baetica (dem heutigen Andalusien) gezüchtet. Die Andalusier unserer Zeit sind nicht nur schön, sondern wegen ihrer natürlichen Wendigkeit und Grazie auch ideale Reitpferde.

**1**

Zeichnen Sie zuerst die Umrisse des Pferdes mit einem Bleistift HB vor. Erfassen Sie dabei die Grundform, die wichtigsten Gelenke und Muskeln.

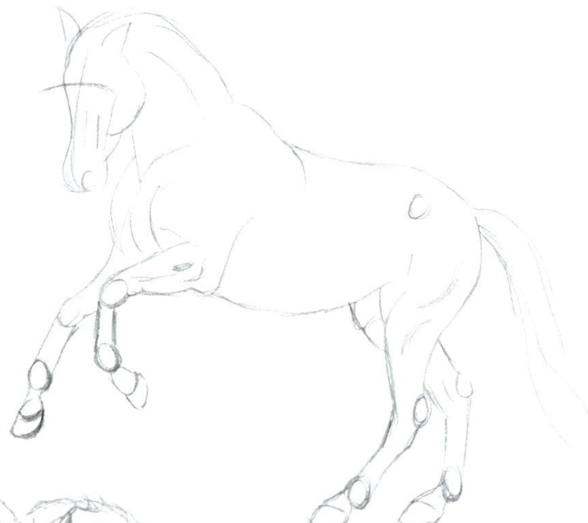

**2**

Mit demselben Stift arbeiten Sie den Körperbau genauer aus und glätten die Konturen der Beine, falls sie im vorigen Schritt allzu locker gezeichnet werden. Deuten Sie Gesichtszüge und andere Details an.

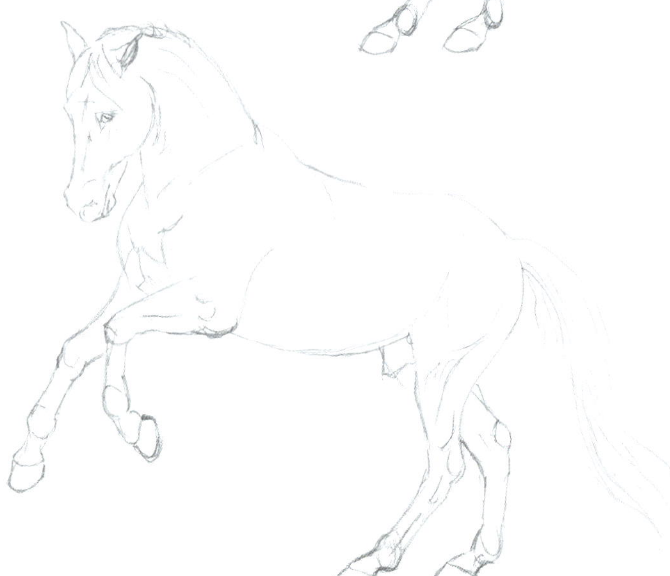

3

Übertragen Sie die Skizze auf ein neues Blatt Papier. Dann können Sie die hellen und dunklen Bereiche konturieren. So wird es einfacher, im nächsten Schritt Schatten und Lichtreflexe einzuzeichnen.

4

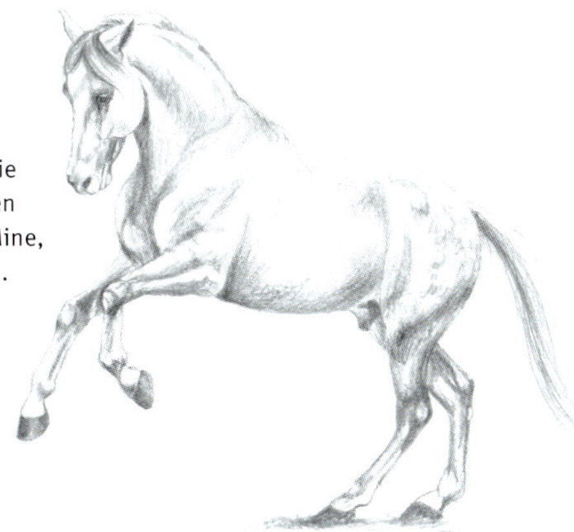

Fügen Sie mit dem Bleistift 3B die Schatten ein – zuerst mit leichten Strichen mit der Breitseite der Mine, um weiche Grautöne zu erhalten.

5

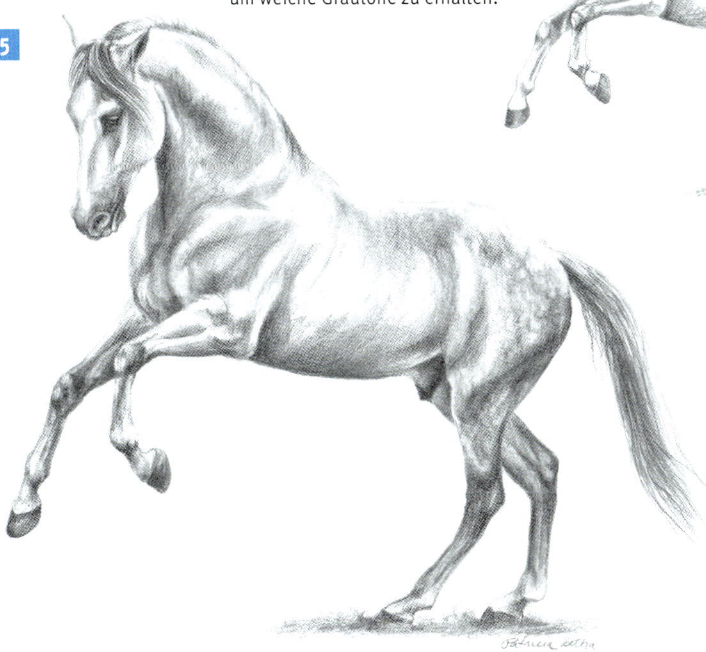

Mit dem Bleistift 6B werden die Grautöne weiter ausgearbeitet. Versuchen Sie, weiche Übergänge zu erreichen, indem Sie Grafit mit dem Papierwischer von dunklen zu helleren Bereichen verwischen. Bei diesem Pferd sind Vorderbeine, Hals und Kopf stärker ausgearbeitet, um die Vorwärtsbewegung zum Ausdruck zu bringen. Da möchte man doch aufsteigen!

15
MIN

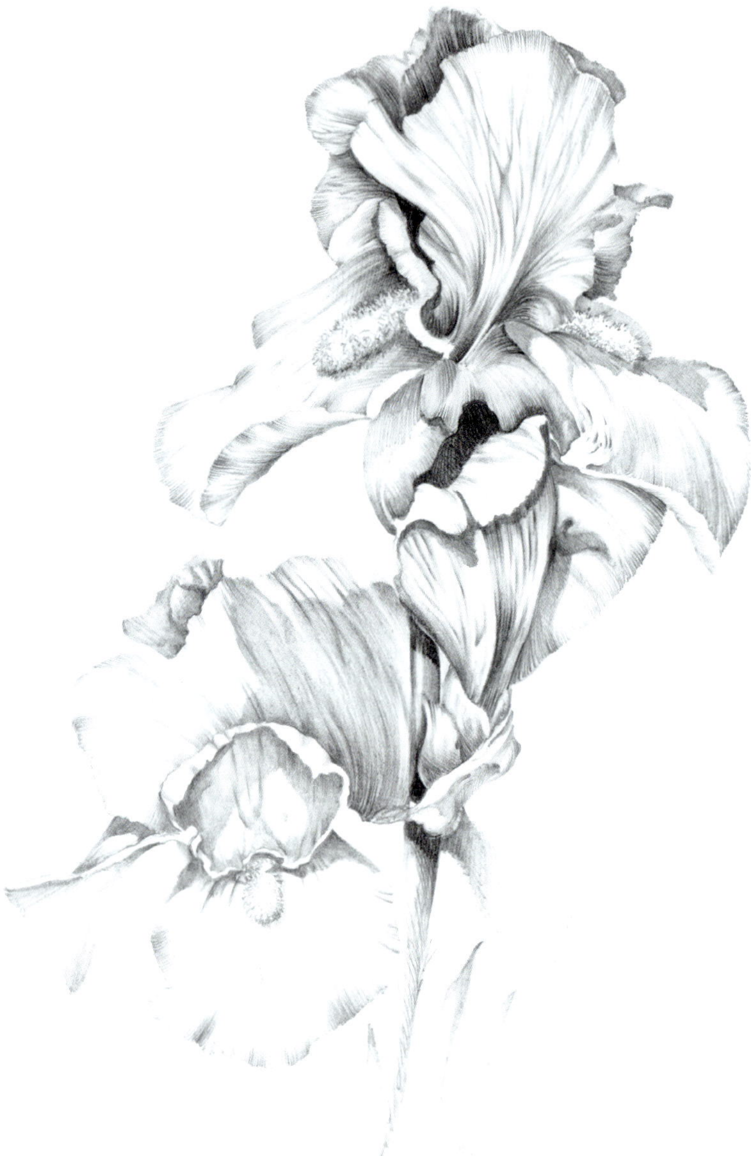

# Blumen

Wer die Welt der Blumen einmal entdeckt hat, dem kann es passieren, dass ihn diese zarten Lebewesen nie mehr loslassen. Auch ohne botanische Kenntnisse ist es möglich, nur mit dem Zeichenstift einprägsame Porträts von Blumen zu erschaffen. Wie Sie Blüten Schritt für Schritt gestalten, das zeigen Ihnen die vielen unterschiedlichen Motive in diesem Buch. Wer sich zunehmend mehr mit der Vielfalt der Blumen beschäftigen will, findet im Freien ebenso Anregungen wie in Bildbänden.

# Schraffuren von Blüten und Blättern

Zeichnen hat viel mit richtigem Sehen zu tun. Wenn Sie eine Blume wie hier die Strelitzie oder die Rose richtig sehen, haben Sie schon das Wichtigste überhaupt – der Rest ist Technik und Übung. Üben Sie daher so oft wie möglich das Zeichnen der Grundformen und der Körper – auch mit einfachen Schraffuren.

Um ein gelungenes Blumenporträt schwebt immer so etwas wie Magie. Besonders wenn das Bild eine Bleistiftzeichnung ist, zwingt die Abwesenheit der Farbe dazu, die zarten Formen und die vielen Nuancen der Töne genau wahrzunehmen. Das ist wie bei Schwarz-Weiß-Fotos, die es uns erlauben, alles Wesentliche besser zu erkennen als bei Farbfotos, bei denen man sich automatisch auf hervorstechende, aber unwichtige Details konzentriert. Beim Zeichnen von Blumen gehen Sie ebenso schrittweise vor wie bei allen anderen Motiven auch: Zuerst wird die Grundform skizziert, dann erhalten die Linien mehr Präzision und zum Schluss entsteht durchs Schraffieren die Gestalt.

## Schraffuren

Blüten und Blätter schraffiert man am besten mit einer speziellen Methode, den Fächerschraffuren. Dabei werden einfache lockere Striche nebeneinandergesetzt wie bei einem Fächer. Je dunkler die Stellen sind, die man zeichnen will, desto enger werden die Striche gesetzt. Sollen die Stellen hell sein, lässt man Luft und Platz dazwischen. Auf diese Weise sehen Blumen lebendig und leicht aus. Nur für eher formale Arrangements und wenn Sie Blumen präzise und mit vielen genauen Details zeigen wollen, sollten Sie kontrollierte, sehr eben wirkende Schraffuren verwenden.

### Fächerschraffuren

Fangen Sie mit einem Bleistift in Härte H oder HB an und tragen Sie gefächerte, leichte Striche auf. Entsprechend der Gestalt der Blüte oder des Blattes verdichten Sie entsprechende Flächen. Nur für die dunkelsten Stellen nehmen Sie zusätzlich die Seite und die Spitze eines 2B-Stifts.

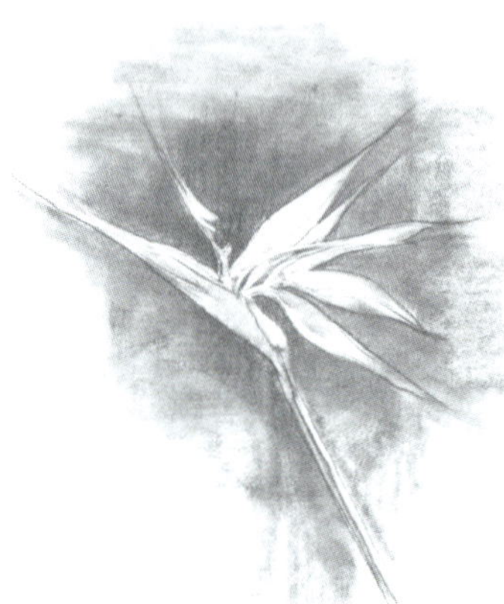

### Weiche Schatten

Für solche weichen Hintergründe arbeiten Sie am besten aus dem Handgelenk und ziehen mit dem Stift ganz leicht gerade und senkrechte Streifen. Verändern Sie den Druck, um unterschiedliche Helligkeit zu gestalten. Dunklere Stellen erhalten Sie durch mehrere, übereinanderliegende Schichten. Zum Schluss nehmen Sie die Seite eines gespitzten Bleistifts und zeichnen die Zwischenräume zwischen den einzelnen Blütenblättern dunkel.

TIPPS

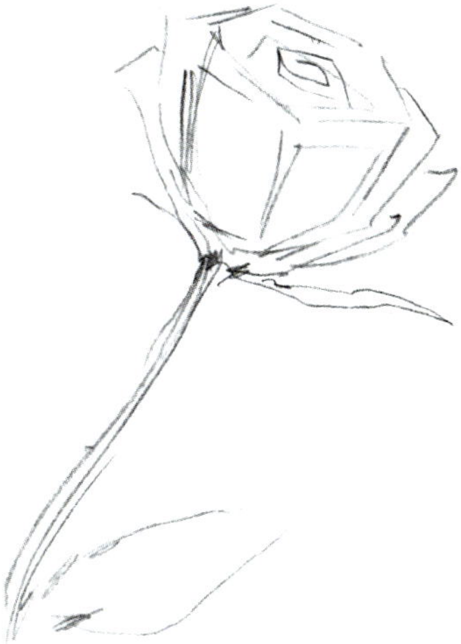

Vorzeichnen

Zeichnen Sie die Rose zunächst mit wenigen, lockeren Strichen vor, um die Blüte, den Stängel und die Blätter im Großen und Ganzen zu erfassen.

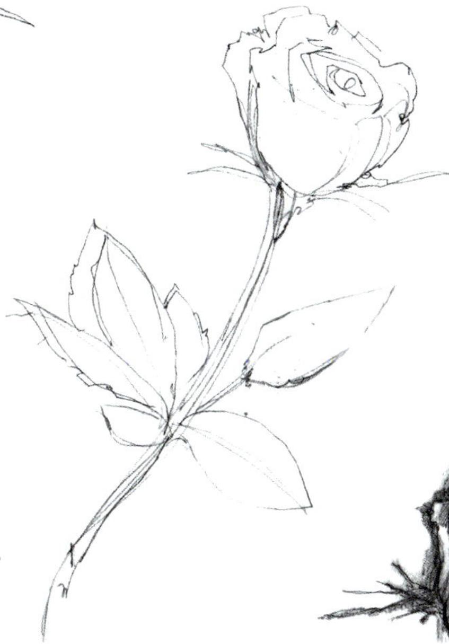

Verfeinern

Als Nächstes zeichnen Sie die Umrisse und Hauptadern der Blätter. Dann folgen die Blütenblätter, wobei Sie die Hilfslinien ausradieren, die Sie nicht mehr brauchen.

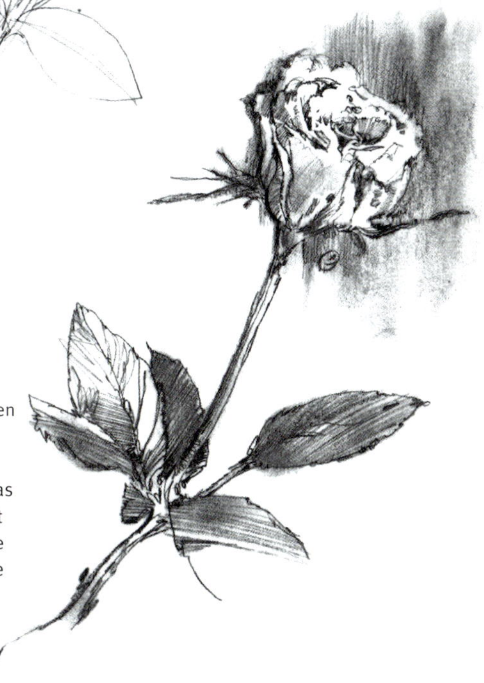

Ausarbeiten

Für die letzten Schraffuren verwenden Sie die Seite und die Spitze eines 2B-Stifts. Mit ihm setzen Sie dunkle Stellen an die äußeren Enden von Blättern und Blütenblättern, denn so lassen sie sich besser voneinander unterscheiden. Damit das natürlicher aussieht, verreiben Sie die Kanten mit einem Papierwischer. Zum Schluss deuten Sie die Struktur der Blätter ganz leicht an, damit auch sie lebendiger wirken.

# Blüten gestalten

## Blütenformen

Es ist noch kein Meister vom Himmel gefallen! Also nutzen Sie jede Gelegenheit, um zu üben. Denn Üben ist mehr als Talent.

Wie man hier sehr gut erkennen kann, lassen sich selbst die komplexesten Blüten aus ganz einfachen Grundformen entwickeln. Sobald Sie sich dafür entschieden haben, eine bestimmte Blüte zu zeichnen, betrachten Sie sie eine ganze Weile genau und versuchen Sie den Umriss zu erfassen. Zeichnen Sie diesen Grundriss zuerst, und suchen Sie dann nach den weiteren Strukturen. Diese skizzieren Sie nach und nach und achten dabei auch auf die kleinen Details wie Blütenblätter oder Staubgefäße. Wenn das gelungen ist, arbeiten Sie die Linien aus und beginnen anschließend mit den Schraffuren.

1

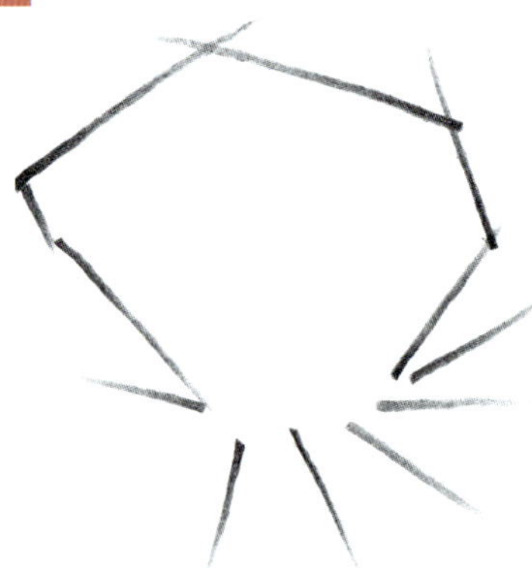

Den Umriss skizzieren.

2

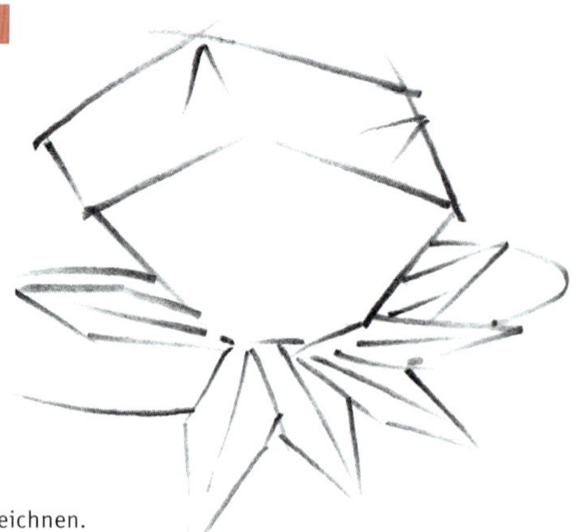

Die Struktur einzeichnen.

TIPPS

3

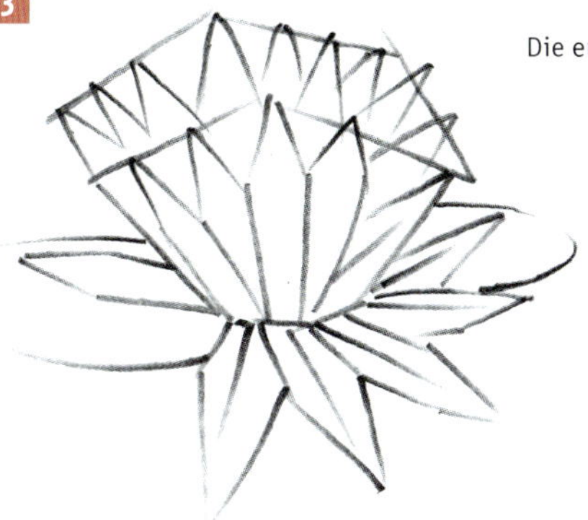

Die ersten Details eintragen.

4

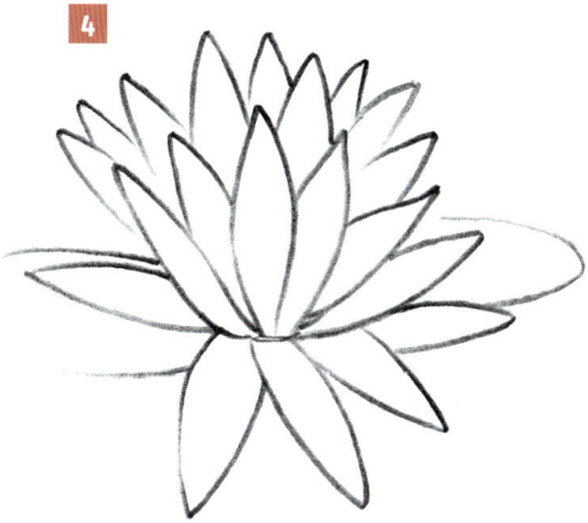

Die Linien ausarbeiten.

5

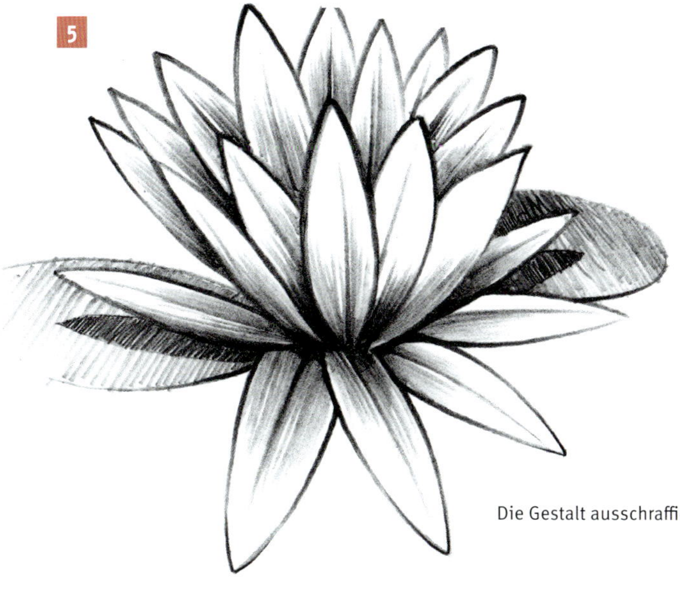

Die Gestalt ausschraffieren.

Denken Sie beim Zeichnen daran, dass jede Übung Ihre Handschrift lockert und sie gleichzeitig präziser werden lässt.

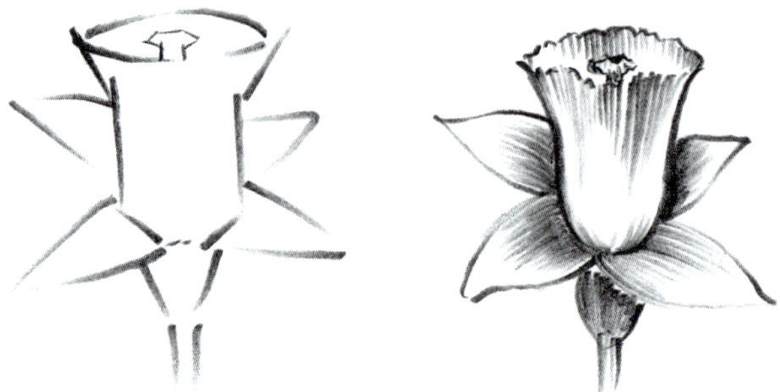

Mit einem HB wird zunächst der kelchförmige Grundriss skizziert; es folgen anschließend die Blütenblätter, der Blattansatz und der Stiel. Dann wird die Blüte behutsam mit Blick auf die Details ausschraffiert.

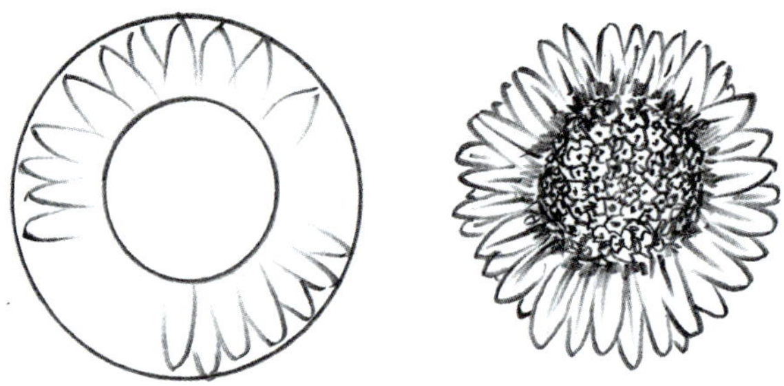

Mit einem Zirkel wird der Grundriss einer runden Blüte vorgezeichnet. Die Größe bestimmen Sie mit einem größeren Kreis, dann zeichnen Sie einen kleineren in die Mitte. Mit diesen Hilfslinien können Sie die Details schraffieren.

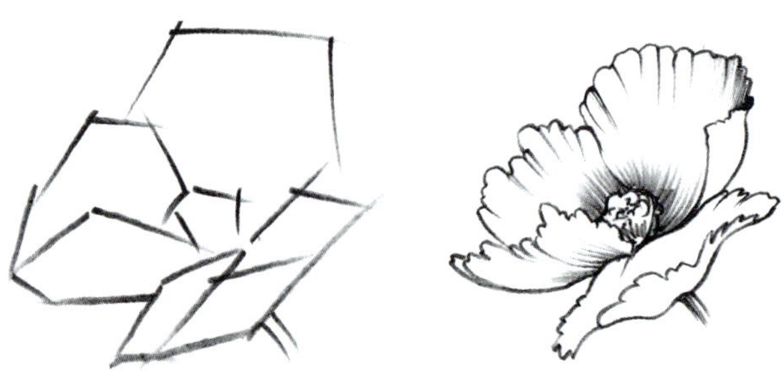

Diese Dreiviertelansicht sieht kompliziert aus. Gehen Sie auch hier wieder Schritt für Schritt vor und skizzieren Sie zunächst den Grundriss und die Struktur. Zeichnen Sie jedes Blütenblatt mit kurzen Strichen vor; achten Sie auf die Perspektive.

TIPPS

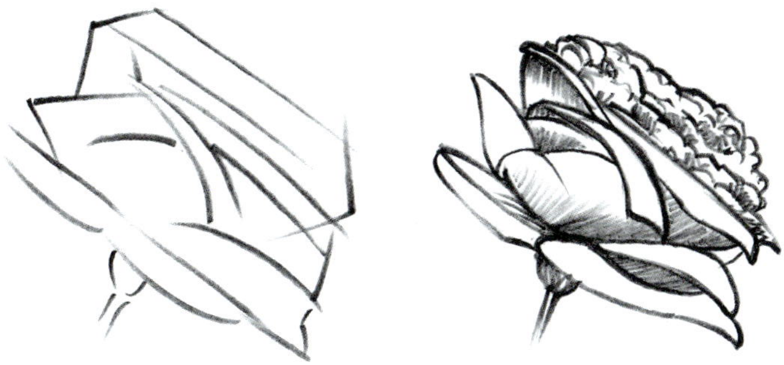

Bei so einer gefüllten Blüte mit vielen überlappenden Blütenblättern brauchen Sie etwas Geduld. Sobald die ersten Grundformen stehen, geht das Zeichnen genauso einfach weiter wie bei allen anderen Blüten auch.

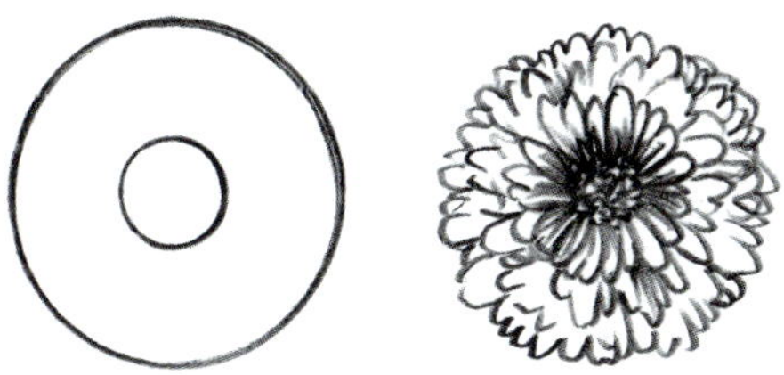

Ansicht von oben

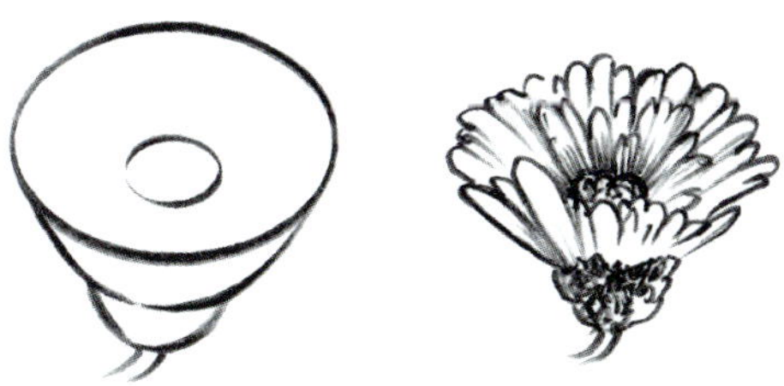

Dreiviertelansicht

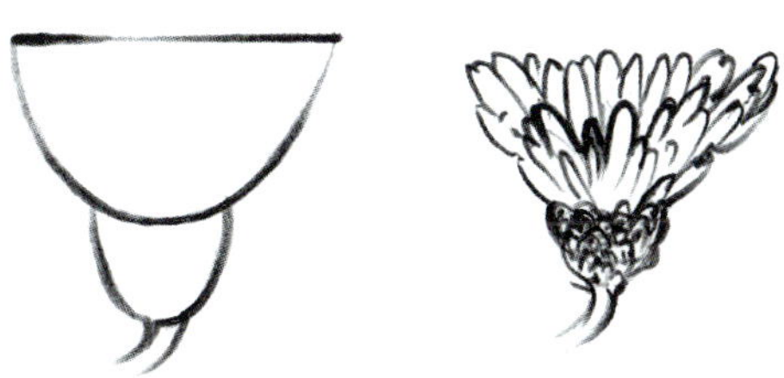

Seitenansicht

# Blumen zeichnen für Einsteiger

Stehen die Grundformen, beginnen Sie entweder mit den ersten Schraffuren – oder Sie benötigen noch weitere Details.

Das Wichtigste, wenn man mit dem Zeichnen von Blumen beginnt, sind zwei Dinge: Sie müssen lernen, eine Blume genau zu betrachten, und Sie müssen lernen, wie man sie so schraffiert, dass Sie ihre Gestalt optimal wiedergeben. Für diese einfachen Beispiele brauchen Sie nur zwei Schraffurtechniken, klassische Schraffuren und Kreuzschraffuren (Seite 17).

## Ackerwinde

1

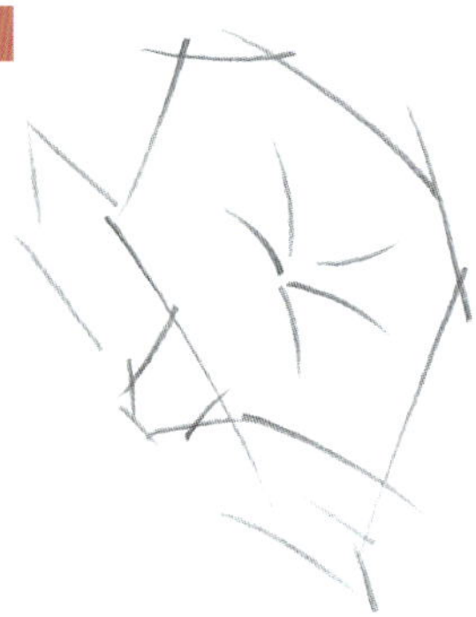

Sehen Sie sich diese Blüte einer Ackerwinde ganz genau an. Dann zeichnen Sie mit leichten Strichen und einem spitzen HB Hilfslinien in Form eines Vielecks (Polygon). In dieser Dreiviertelansicht kann man die Blütenblätter gut sehen. Zeichnen Sie also auch die fünf Hauptadern ein, die im Zentrum der Blüte entspringen. Dann fehlen nur noch die Blätter und der Stielansatz.

2

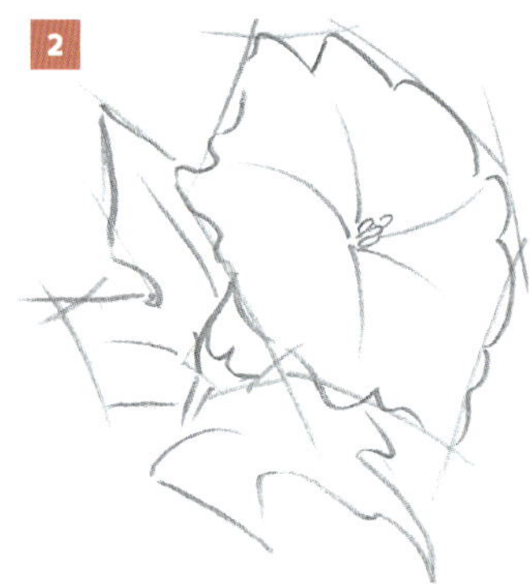

Zeichnen Sie dann mit geschwungenen Linien die Umrisse der Blüte und der Blätter. Dabei können Sie durch den Druck auf den Stift die Stärke der Striche und Linien nach eigenem Geschmack gestalten. Zeichnen Sie zum Schluss die Staubgefäße in der Mitte der Blüte ein.

3

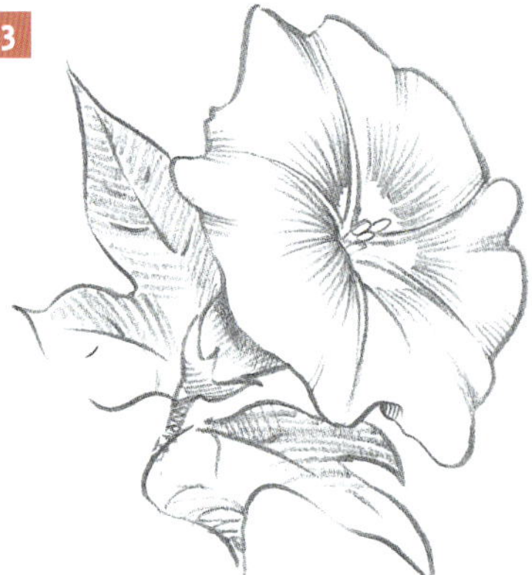

Jetzt können Sie mit den Schraffuren beginnen. Runden Sie die Spitze Ihres Stiftes etwas ab und zeichnen Sie saubere parallele Schraffuren, die den Formen der Blüte und der Blätter folgen. Stellen, die eher im Schatten liegen, schraffieren Sie dunkler, durch das Setzen engerer Linien mit einem dickeren Stift (2B).

TIPPS

## Gardenie

1

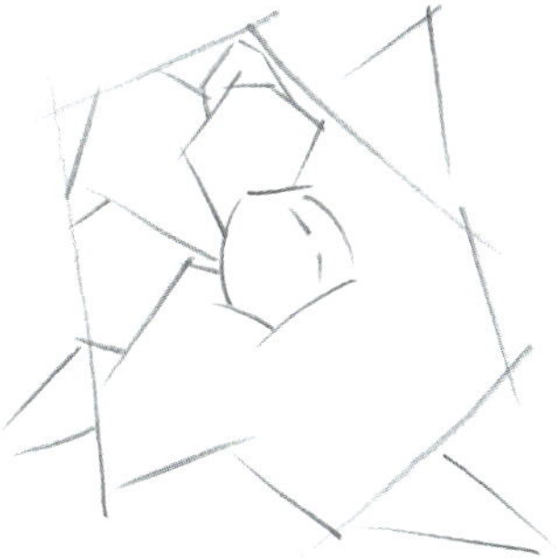

Gardenien sind etwas schwieriger zu zeichnen als Ackerwinden, doch der Anfang ist ähnlich. Sie beginnen mit einem Polygon (Vieleck). Daraus entwickeln Sie von der Mitte aus die Umrisse jedes Blütenblatts und ergänzen einige Dreiecke für die Blätter.

2

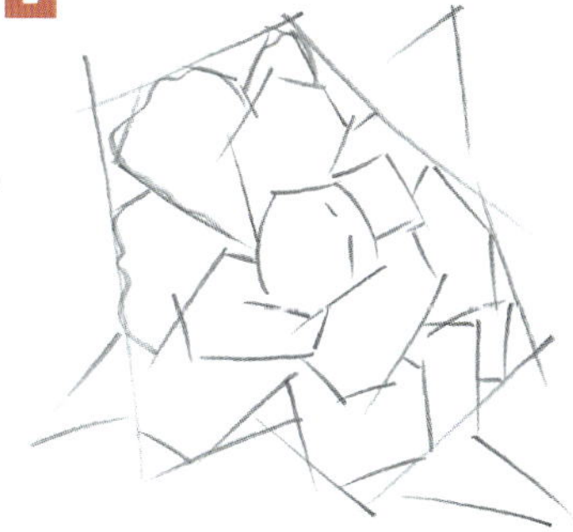

Achten Sie bei den Blütenblättern genau auf die Proportionen und darauf, wo sie sich überlappen. Versuchen Sie auch die unterschiedlichen Größen richtig zu treffen. Das Zusammenspiel der Blütenblätter ist der Schlüssel zu jeder gelungen Blumenzeichnung. Erst wenn alle Umrisse stimmen, schraffieren Sie.

3

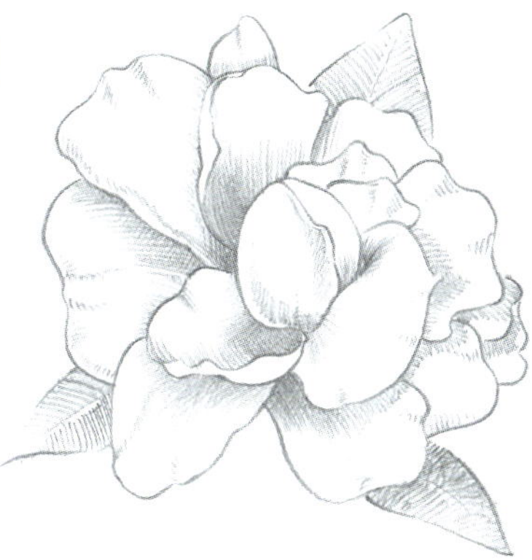

Mit der Seite und der abgerundeten Spitze eines Bleistifts in Härte HB legen Sie die ersten Grautöne an. Folgen Sie dabei den vorhandenen Linien. An den Kanten heben Sie den Stift vom Papier, damit die Striche luftig enden. Tiefere Schatten zeichnen Sie mit einem Bleistift in Härte 2B und Kreuzschraffuren (Seite 17) darüber.

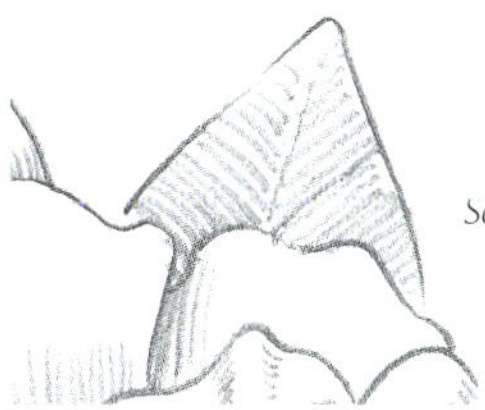

*Schraffieren*

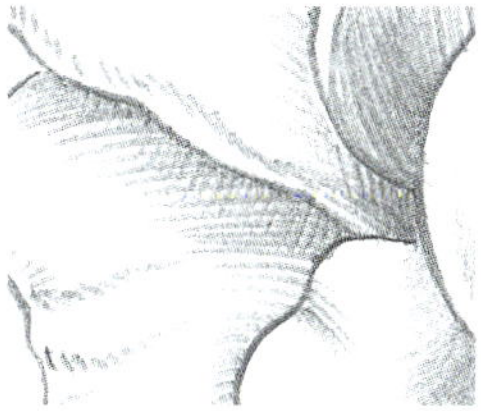

*Kreuzschraffuren*

Ihre Beobachtungsgabe können Sie ganz einfach testen: Betrachten Sie einmal einige Minuten lang eine beliebige Blume. Zeichnen Sie diese dann nur aus der Erinnerung heraus, indem Sie Ihre Hand dem inneren Bild folgen lassen.

TIPPS

# Zwei Tulpen

Es gibt viele unterschiedliche Tulpensorten und sehr verschiedene Blütenformen. Die Blüte auf dieser Seite ist eine sogenannte Papageientulpe und wesentlich komplexer gebaut als die Tulpe rechts.

## Eine Papageientulpe zeichnen

Ziehen Sie zuerst einfache Striche zwischen den äußersten Punkten der Blüte, um den Gesamteindruck festzuhalten. Dann skizzieren Sie den Stand der einzelnen Blütenblätter, zeichnen anschließend die Blätter und schraffieren sie leicht.

1

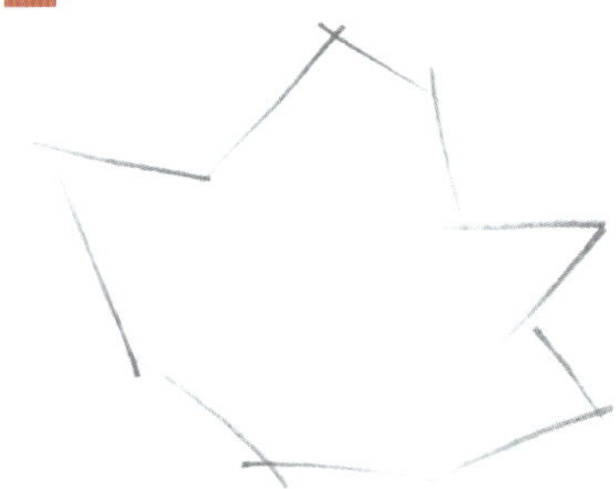

2

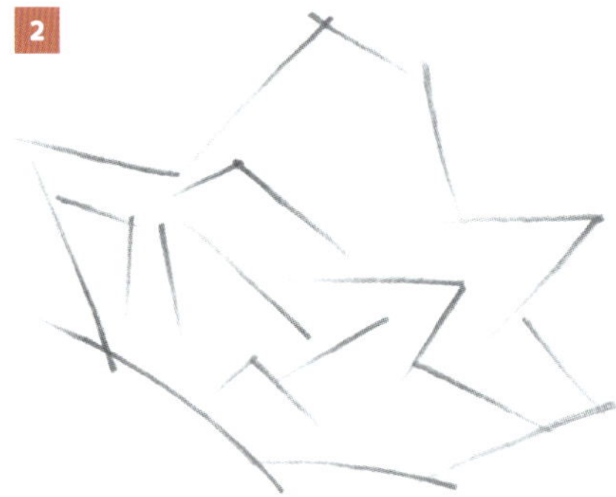

3

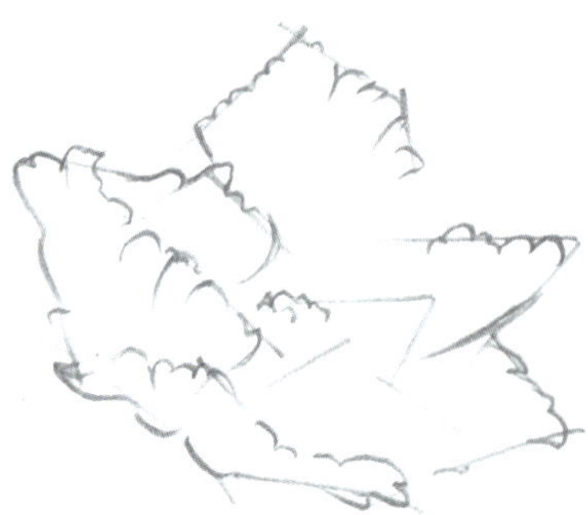

4

## Eine einfache Gartentulpe zeichnen

**Bei dieser Tulpe fällt der harmonische Fluss der Linien ins Auge. Ziehen Sie wie in 1 zuerst drei Linien für die Wuchsrichtung. Schritt 2 zeigt, wie Sie mit wenigen Linien die Grundform finden und festlegen. In Schritt 3 nimmt die zarte Blume Gestalt an. In Schritt 4 zeichnen Sie die ersten Details und Schraffuren.**

1

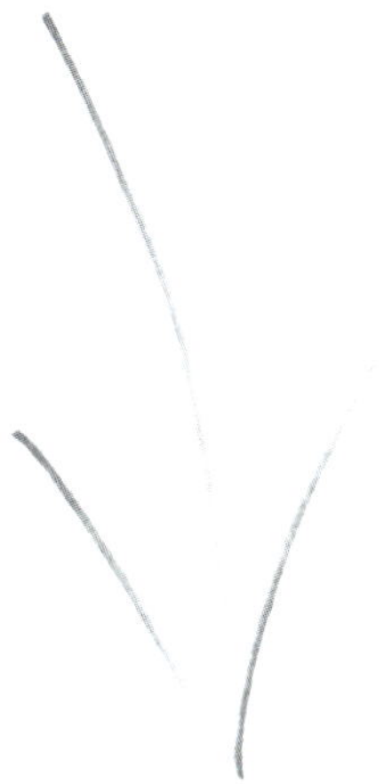

2

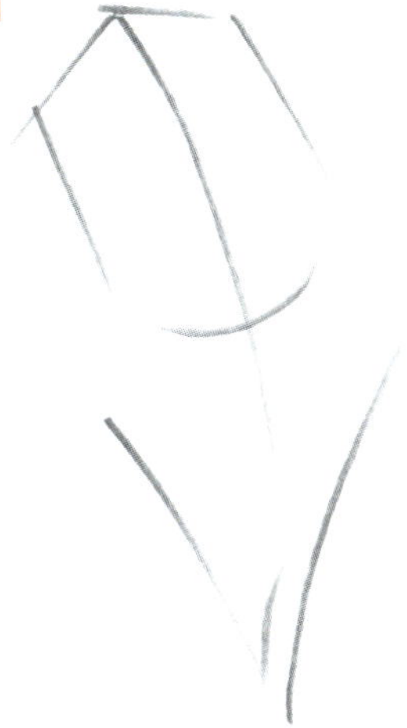

3

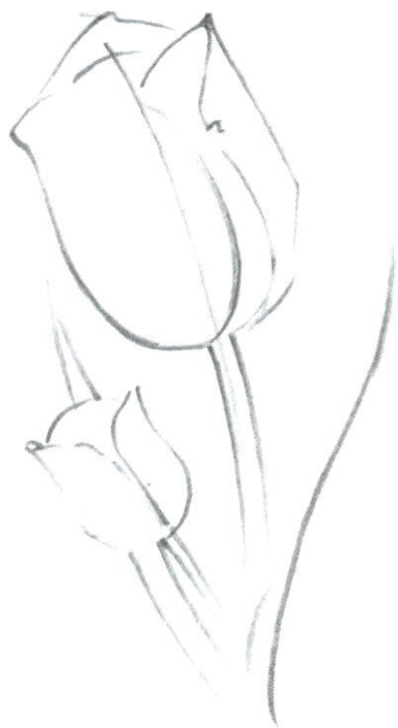

4

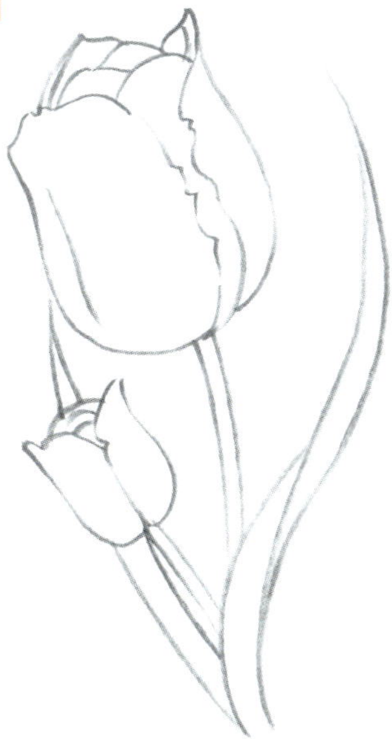

5

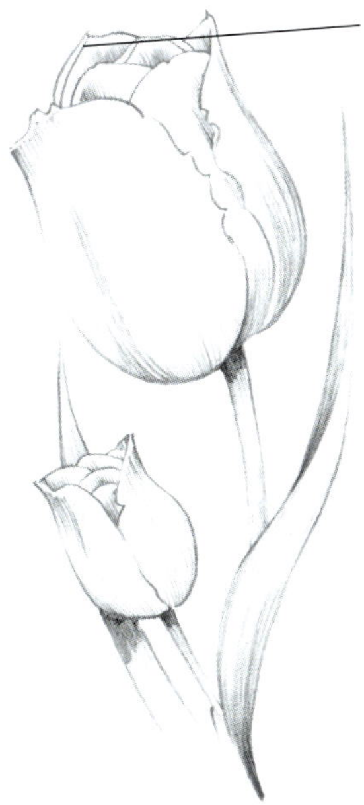

*Mit wenigen Strichen entsteht hier ein Schatten, der zeigt, dass sich die Blütenblätter überlappen.*

# Keine Angst vor Rosen

Wenn Ihnen eine Zeichnung durch zu starke Schraffierung zu dunkel erscheint, formen Sie aus einem Knetradiergummi eine Kugel und rollen Sie den Grafitüberschuss einfach ab.

Viele Einsteiger schrecken vor dem Zeichnen von Rosen und ähnlich komplexen Blüten zurück. Zu Unrecht. Selbst eine gefüllte Blüte ist nicht schwieriger zu zeichnen als jedes andere Motiv auch. Sie müssen sich nur Schritt für Schritt vortasten.

1

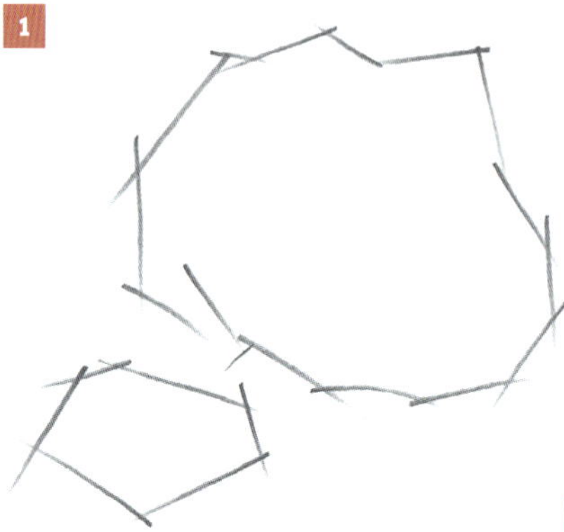

In Schritt 1 zeichnen Sie zunächst nur die groben Umrisse der Blüte und des einzelnen Blattes vor. Nehmen Sie einen HB und machen Sie zarte Striche, die Sie jederzeit ausradieren oder überzeichnen können.

2

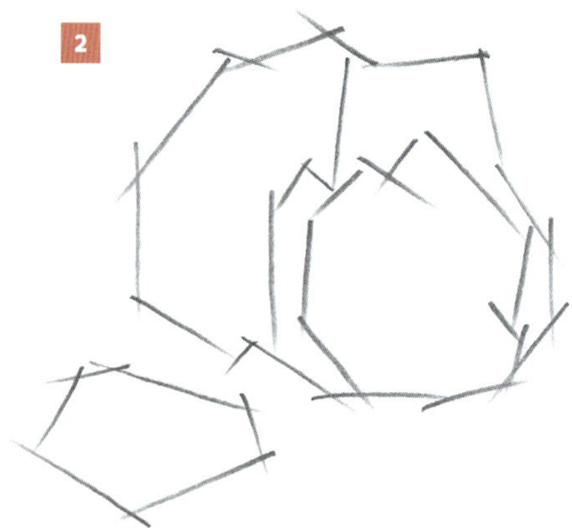

3

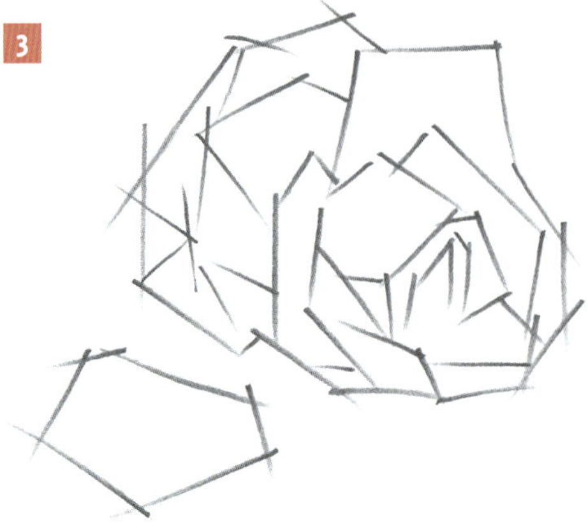

In Schritt 2 und 3 zeichnen Sie mit weiteren Hilfslinien das Innere der Blüte und konzentrieren sich dabei auf die Winkel der Blütenblätter.

TIPPS

**4**

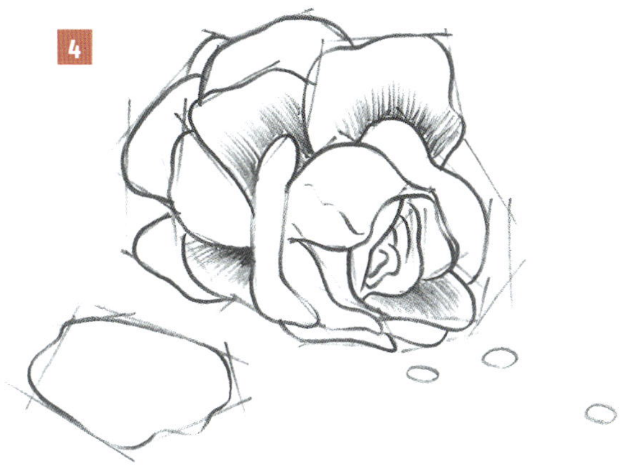

Starten Sie in Schritt 4 mit den ersten Schraffuren: Zeichnen Sie dabei von innen nach außen.

**5**

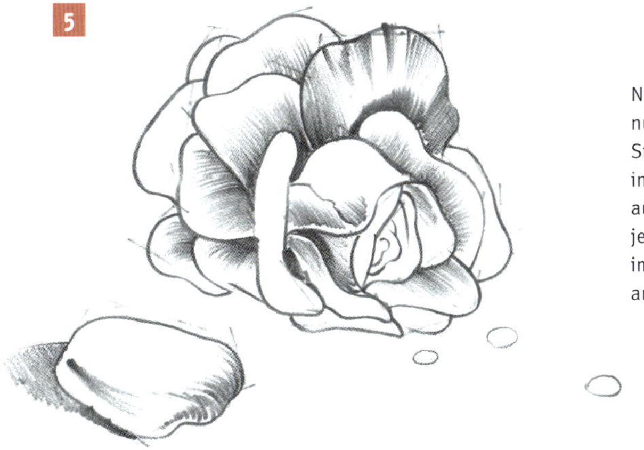

Nun kommt der letzte Schritt: Sie schraffieren nun jedes einzelne Blütenblatt und verwenden Striche, die diesmal vom Rand des Blattes nach innen laufen und sich dort mit den Schraffuren aus Schritt 4 treffen. Zusätzlich achten Sie bei jedem Strich darauf, mit Druck anzusetzen, immer weniger stark anzudrücken und den Stift am Ende sogar abzuheben.

**6**

*Der Schatten der Rosenblüte soll die dunkelste Partie des Bildes sein.*

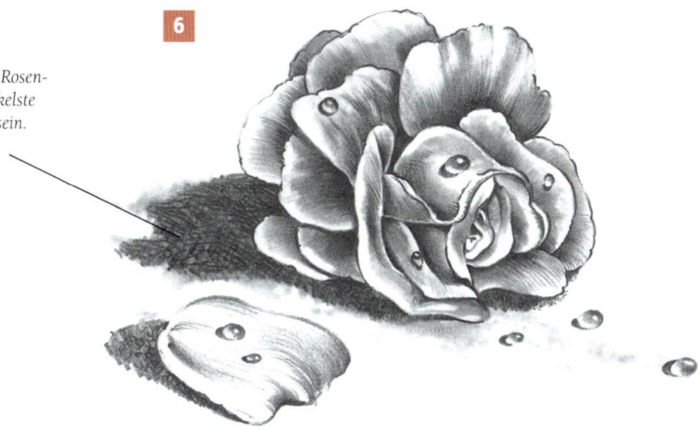

15 MIN

Bewahren Sie Ihre Arbeiten möglichst in Mappen auf und vertrauen Sie nicht auf die Lichtechtheit des Papiers!

# Wald-Akelei

Ihren Namen verdankt die mit den Hahnenfußgewächsen verwandte Akelei wahrscheinlich ihrem Aussehen, denn ihre langen vorstehenden Sporne erinnern an Schnabel und Krallen eines Adlers (lat. aquila). Sie ist eine wichtige Pflanze für Schmetterlinge und Bienen, denn jedes der fünf Nektarblätter hält einen Tropfen reinen Blütennektar für sie bereit.

1

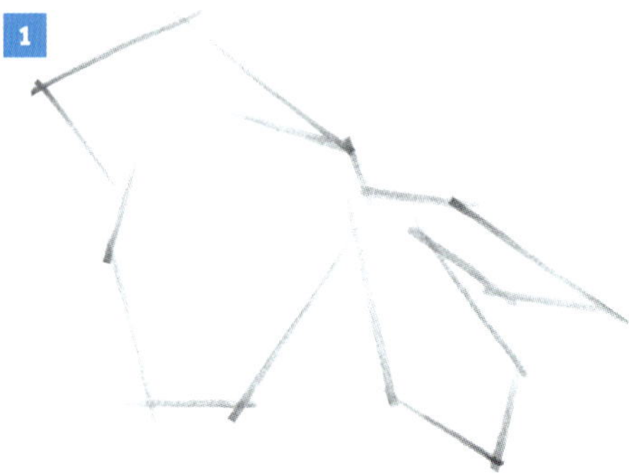

Blüten, Blätter und Stängel zunächst vorzeichnen, wie hier am Beispiel der Blätter zu sehen: Die Kanten und Ecken wirken scharf und klar, um Ihnen gute Orientierung zu geben.

2

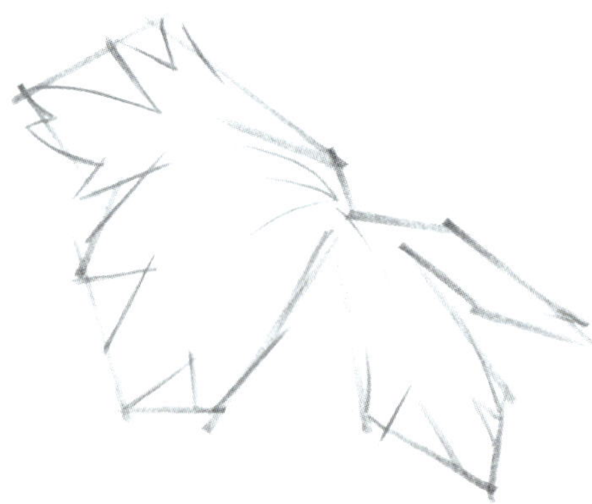

In den gefundenen Rahmen der Hilfslinien die Details der Blätter und Blüten einzeichnen.

3

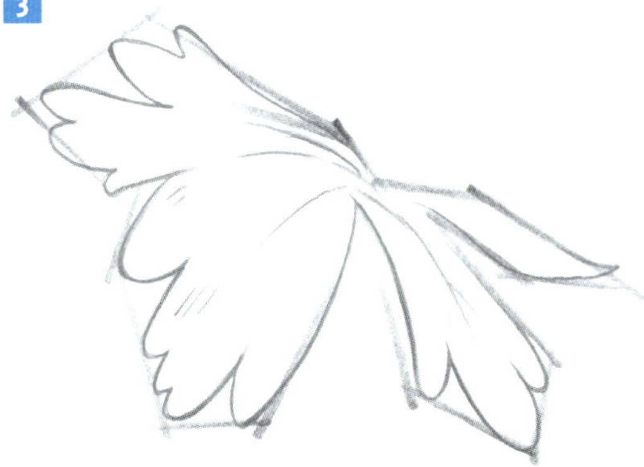

Die Formen und Konturen stärker an das Vorbild oder – wenn Sie draußen im Freien zeichnen – an die reale Pflanze annähern.

TIPPS

**4**

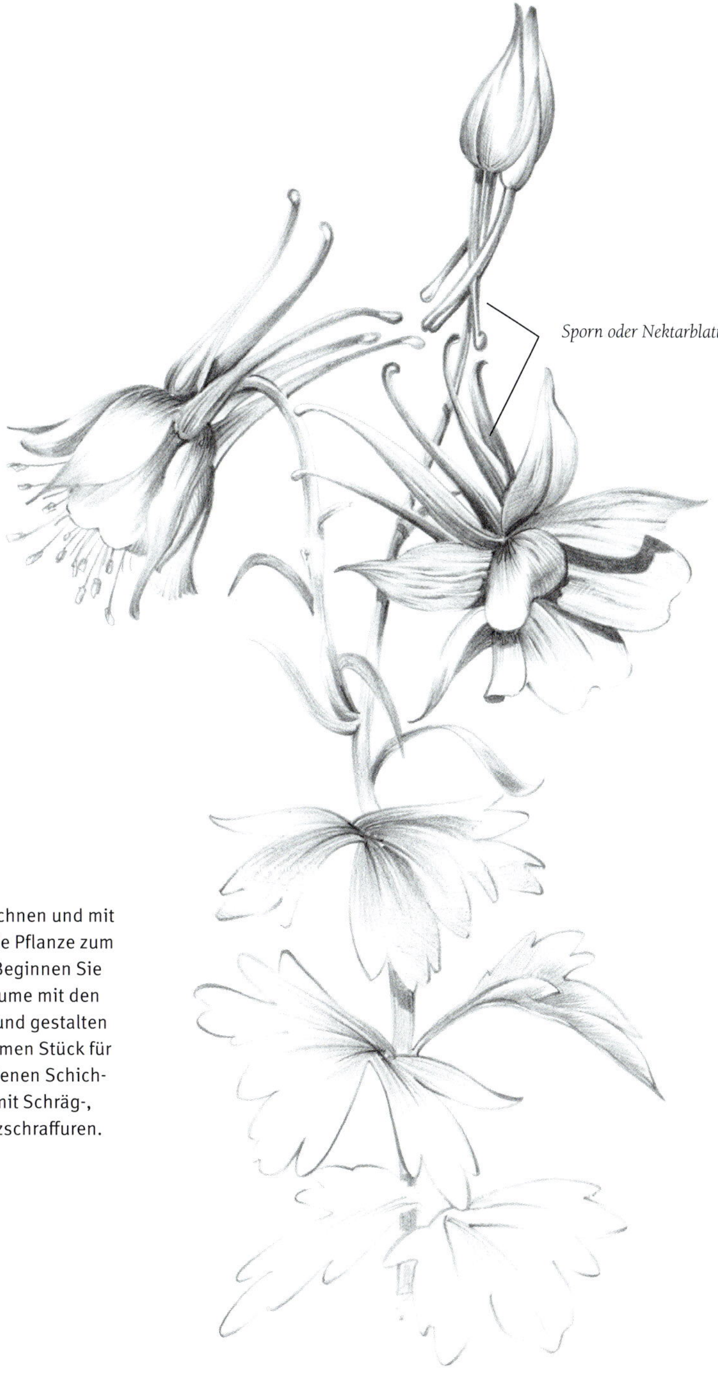


Alle Details vorzeichnen und mit den Schraffuren die Pflanze zum Leben erwecken: Beginnen Sie auch bei dieser Blume mit den tiefsten Schatten und gestalten Sie die runden Formen Stück für Stück in verschiedenen Schichten der Grautöne mit Schräg-, Parallel- und Kreuzschraffuren.

15 MIN

Kneten Sie einen Knetradiergummi zu einer Kugel zusammen und radieren Sie zum Schluss die Lichtreflexe an den Blatträndern aus.

TIPPS

# Edelrose

Edelrosen gehören zu den variantenreichsten Gartenpflanzen. Es gibt sie in einer Fülle von Farben, und jährlich werden es mehr! Wenn Sie daran denken, wo jedes einzelne Blütenblatt im Gesamtbild steht, hilft Ihnen dies, jedes einzelne im Blütenkelch richtig zu zeichnen. Nehmen Sie einen Bleistift in Härte HB und arbeiten Sie mit leichten Strichen auf einem hochweißen beschichteten Karton (Bristolkarton).

## Entscheidungen treffen

**Die ersten Schritte, mit denen Sie den Grundriss und die Grundstruktur der Blüte zeichnen, sind immer dieselben. Dann aber müssen Sie sich entscheiden, ob Sie das Blumenporträt lieber angedeutet lassen oder ob Sie es vollständig schraffieren. Schraffieren Sie mit einem Bleistift in Härte 2B und einem Papierwischer.**

1

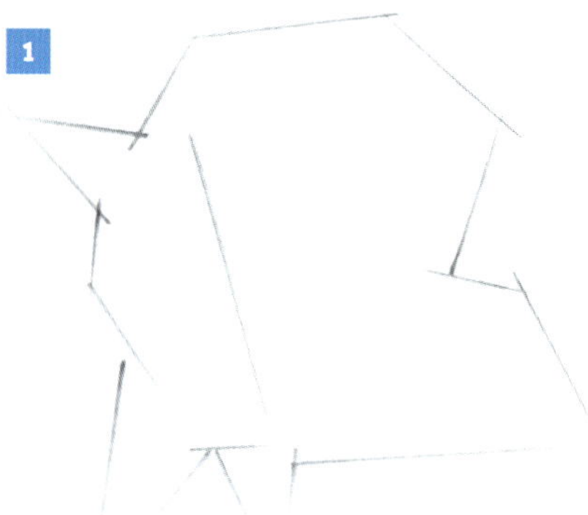

2

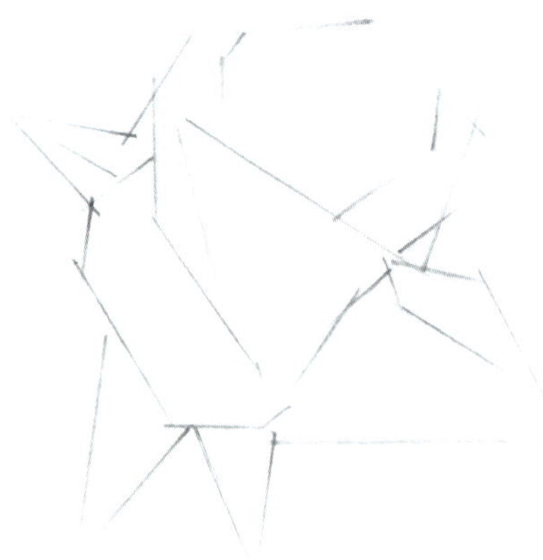

3

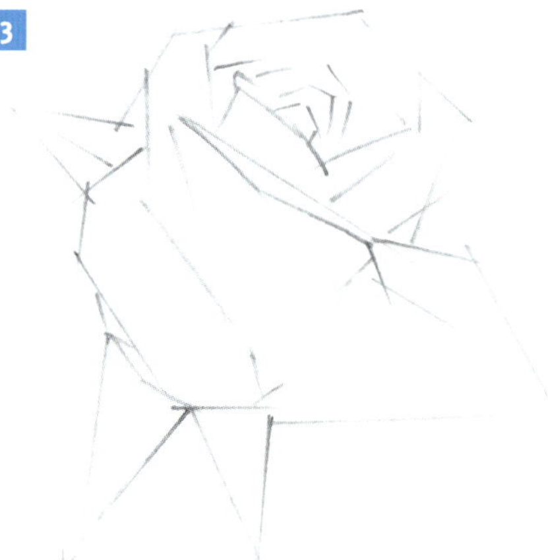

4

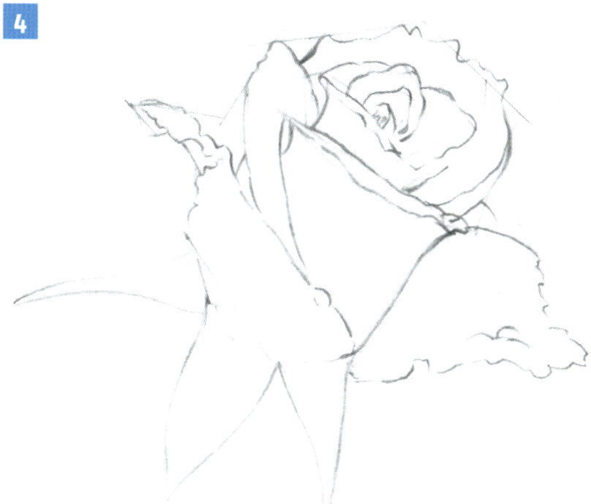

5

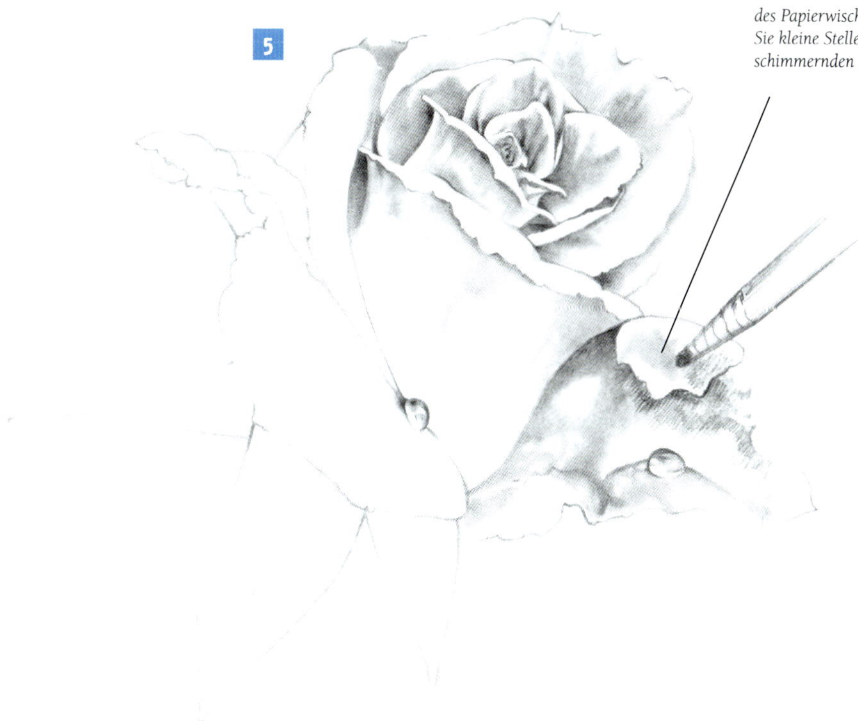

*Mit kleinen Drehbewegungen des Papierwischers verreiben Sie kleine Stellen zu einer schimmernden Fläche.*

15 MIN

Für den lebhaft wirkenden Hintergrund der Orchidee nehmen Sie einen Stift mit stumpfer Spitze und schraffieren mit häufigem Strichwechsel.

TIPPS

# Orchidee

Dendrobium ist eine typische Orchideensorte für tropische Gefilde. Ihre schlanken Stängel können bis zu 60 Zentimetern hoch werden. An ihnen wachsen Blüten von bis zu 9 Zentimetern Durchmesser. Die Farben reichen von Mauve mit dunkleren Adern bis zu Weinrot und hellem Lila.

1

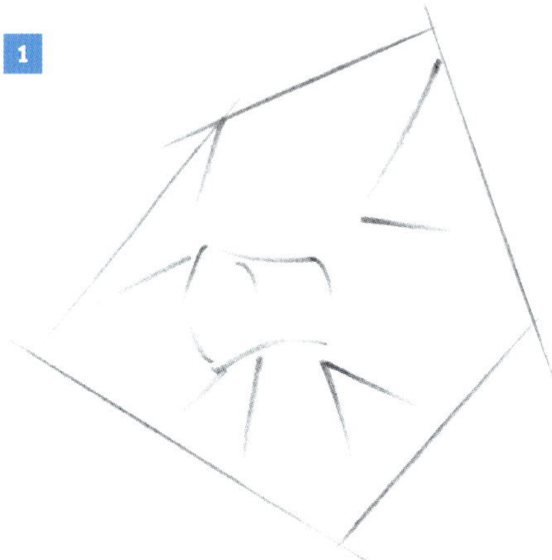

2

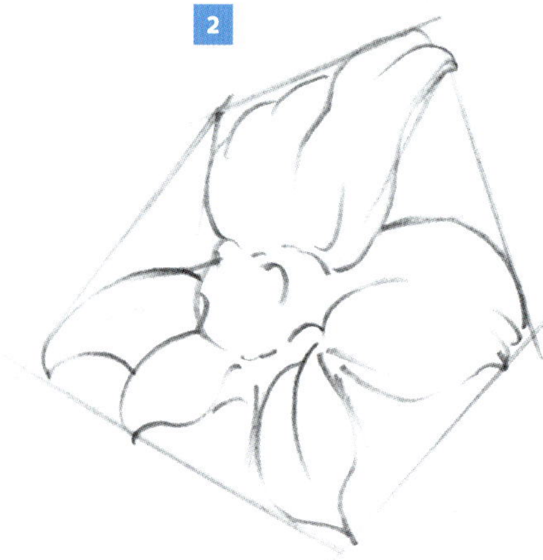

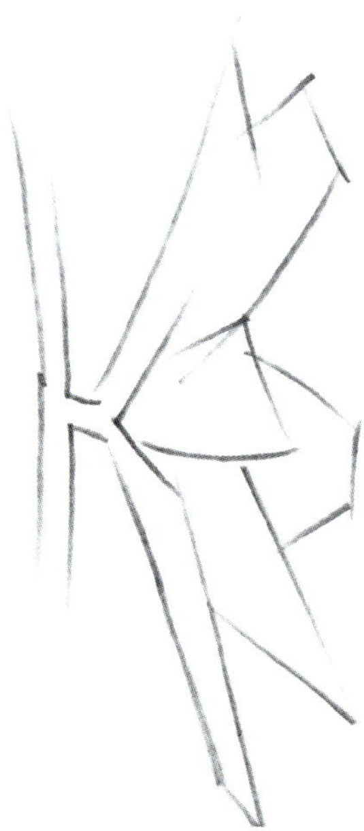

Seitenansicht

Der Einfachheit halber schraffieren Sie in diesem Bild nur das wirklich Notwendige. Sie vertiefen die künstlerische Arbeit, wenn Sie an einigen Stellen noch einen Hintergrund einfügen.

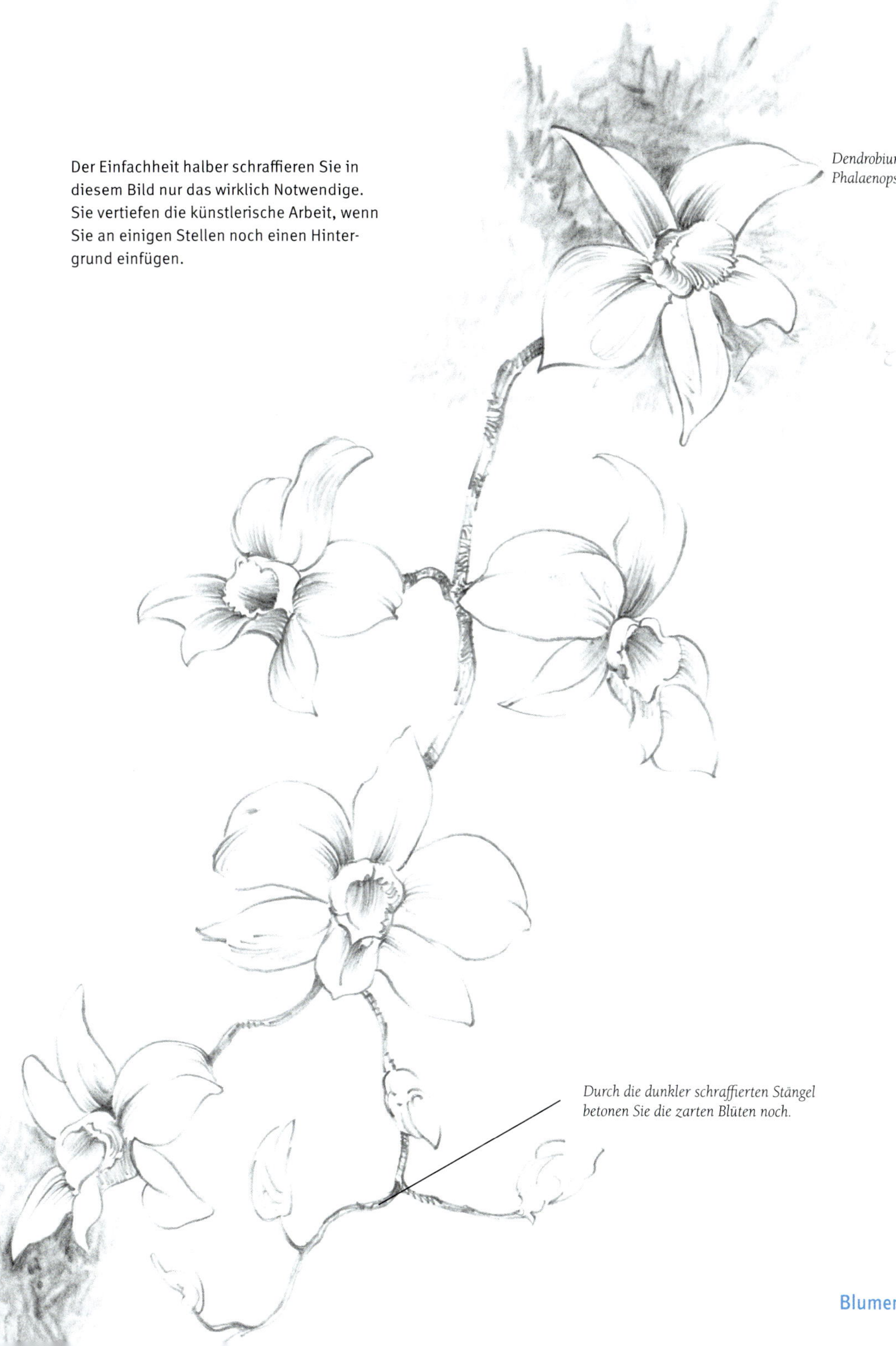

*Dendrobium Phalaenopsis*

*Durch die dunkler schraffierten Stängel betonen Sie die zarten Blüten noch.*

# Primeln

Primeln erfreuen uns im Frühjahr durch ihre bunten Farben und sie sind ein wunderbares Beispiel für Blumen, die mehrere Blüten tragen. Lassen Sie sich beim Zeichnen Zeit.

1

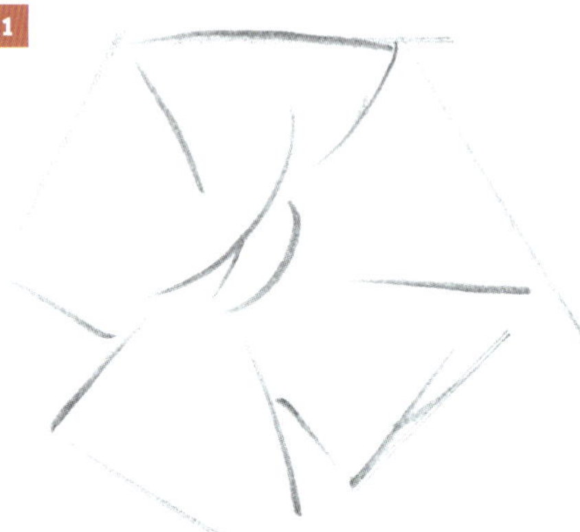

2

3

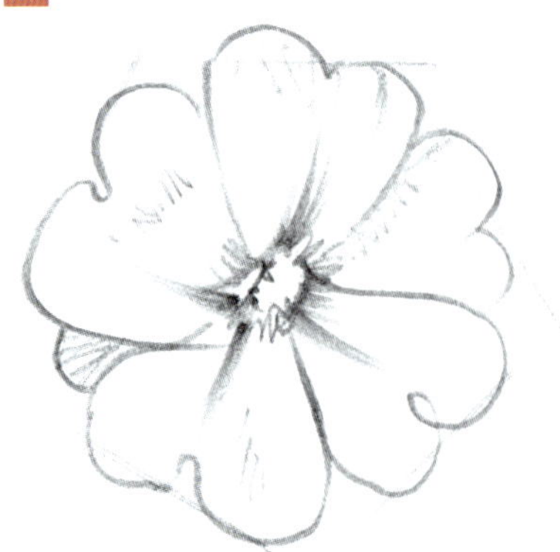

Zeichnen hat große Ähnlichkeit mit dem Sprung in einen Swimmingpool. Wenn man sich entschieden hat, hineinzuhüpfen, macht es einen Riesenspaß. Versuchen Sie es einmal.

TIPPS

## Eine Primel zeichnen

Sie zeichnen als Erstes den großen Stängel in der Mitte, aus dem mehrere kleine herauswachsen, die in unterschiedliche Richtungen weisen.

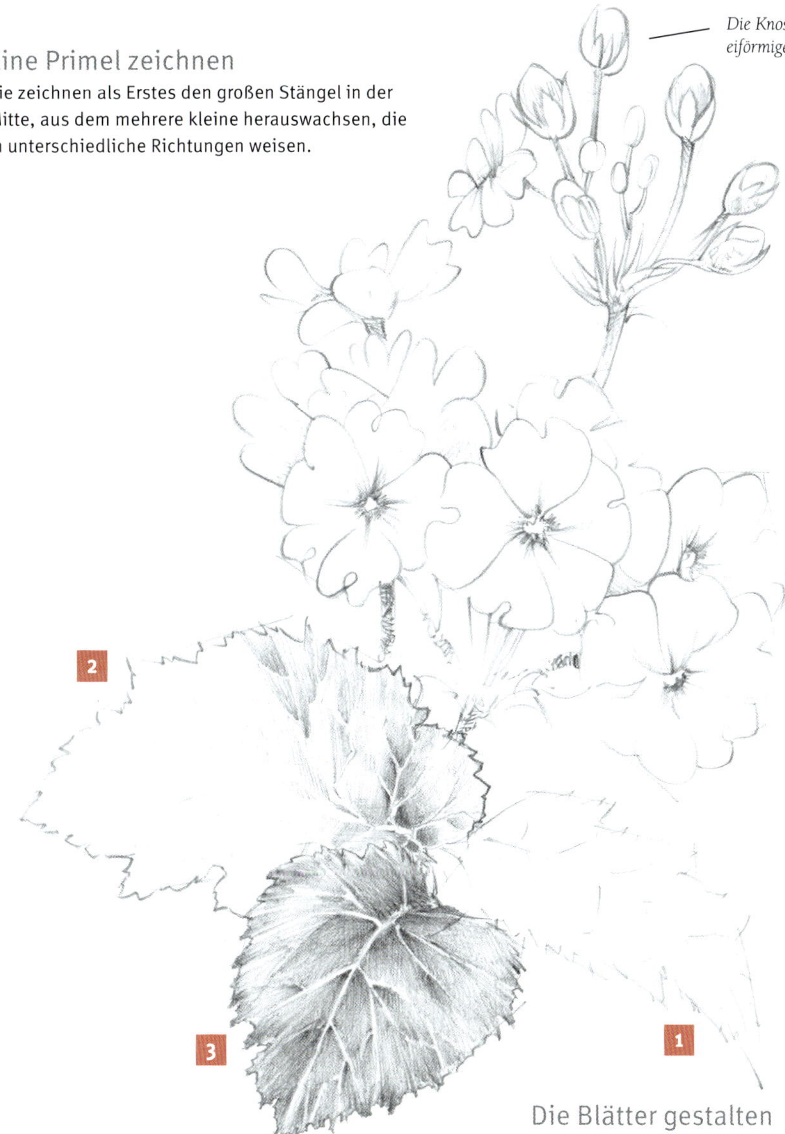


*Die Knospen haben eine eiförmige Grundform.*

## Die Blätter gestalten

In den Schritten 1 bis 3 sehen Sie, wie die Blätter entstehen. Rechts unten (Schritt 1) zeigt die groben Umrisse und Hauptadern des Blattes. Anschließend wird Stück für Stück die Blattstruktur schraffiert. Die kleinen Adern bleiben weiß. So geht es weiter bis zum Endstadium (Schritt 3), in dem dunkle Stellen entlang der Hauptader des Blattes noch mehr Form und Lebendigkeit bringen.

15 MIN

In den dunkelsten Bereichen des Hintergrundes am Rand der Blüte Kreuzschraffuren mit einem spitzen 2B-Stift so setzen, dass sie die hellen Partien der Blätter optimal unterstreichen. Zum Rand des Motivs heller werden. Anschließend mit dem Knetradiergummi nochmals die hellen Stellen der Lichtreflexe auf der Blüte herausradieren.

TIPPS

# Gladiolen

Die Gladiole stammt ursprünglich aus Afrika. Dort kann sie in freier Natur bis über 1,50 m hoch werden. Ihre prachtvollen, farbenfrohen Blüten sind heute beliebt und auch in europäischen und nordamerikanischen Gärten zu finden.

**1**

Mit der Seite eines Bleistifts in Stärke HB die äußeren Konturen der Blüte grob vorzeichnen.

**2**

Mit demselben Stift die innere Struktur der Blüte anlegen. Lassen Sie sich Zeit und geben Sie die Lage der einzelnen Blütenblätter und ihre Größe und Ausrichtung realistisch wieder.

**3**

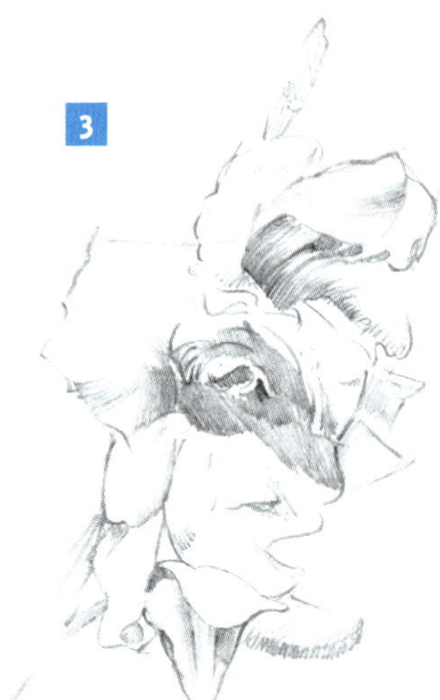

Für die ersten Parallelschraffuren einen HB-Stift verwenden – die Striche enger an den dunklen Stellen setzen und darauf achten, wie sich das Blatt wellt: Die Schraffuren sollen der natürlichen Wuchsrichtung folgen. Lassen Sie genügend weiße Fläche stehen.

4

Die ganze Blüte mit den Blütenblättern und gebogenen Staubgefäßen sorgfältig ausarbeiten, dann die Schraffuren mit dem Papierwischer weich verreiben.

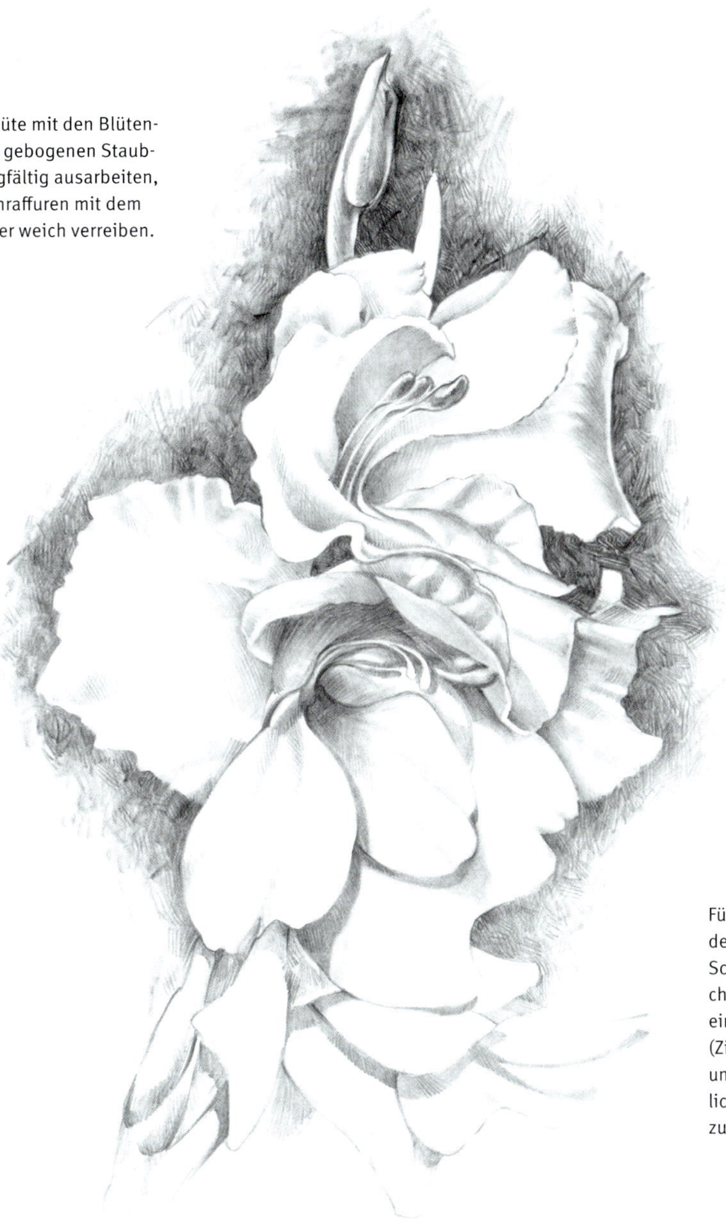

Für den Hintergrund, den Sie wie einen dunklen Schein um die Blüte zeichnen, verwenden Sie einen Stift mit breiter Mine (Zimmermannsbleistift) und machen unterschiedliche Striche, die wie zufällig wirken.

15 MIN

Mit einem Knetradiergummi setzen Sie zum Schluss Lichtreflexe.

TIPPS

# Floribundarosen

Gefüllte Rosen sind oft alte Sorten, die herrlich duften. Ihre Blüten sehen auf den ersten Blick so aus, als ob sie überhaupt keine Struktur hätten. Doch auf den zweiten Blick erkennen Sie in der Unregelmäßigkeit die Ordnung.

## Die Rose Schritt für Schritt

Nehmen Sie einen Bleistift in Härte HB mit stumpfer Spitze auf hochweißem glattem Zeichenkarton (Bristolkarton). Zeichnen Sie den groben Umriss wie in Schritt 1. In Schritt 2 werden Sie etwas konkreter, in Schritt 3 zeichnen Sie die äußersten Blütenblätter vor. Mit der Breitseite setzen Sie in Schritt 5 die ersten Schraffuren, lassen aber die Wassertropfen aus. Sie werden zum Schluss gesondert ausgearbeitet.

1

2

3

4

5

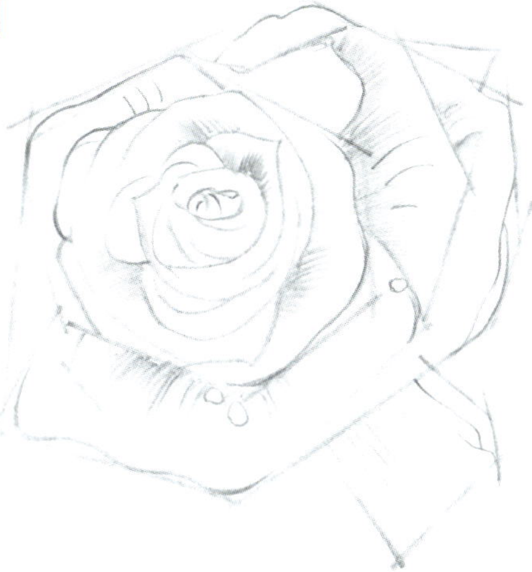

6

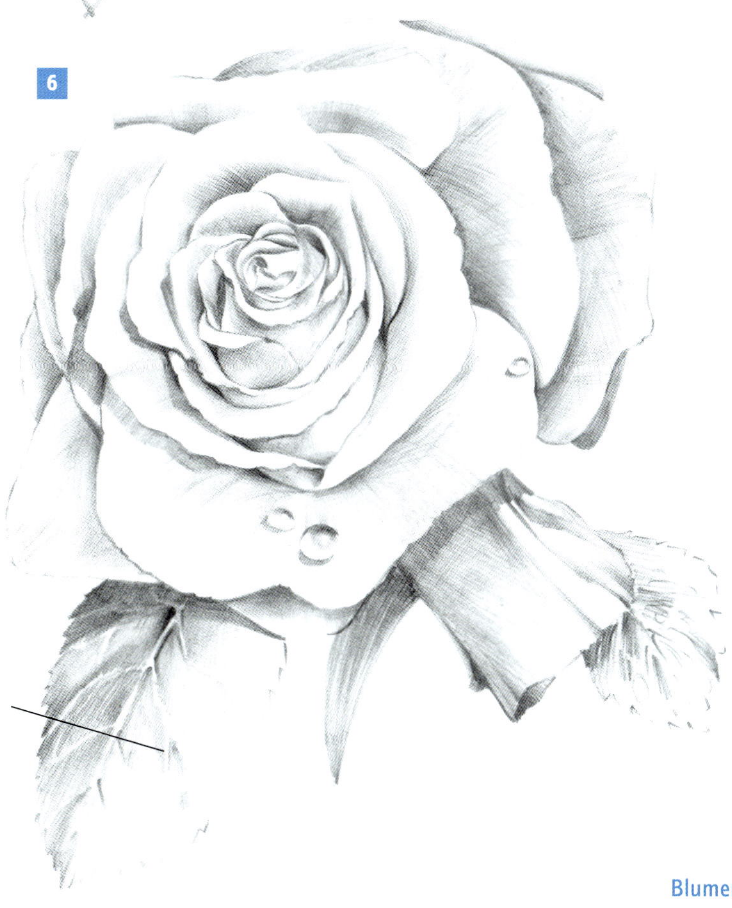

*Die Schraffuren folgen der Wuchsrichtung des Blattes und sollen so aussehen, als wären kleine Adern im Blatt.*

15 MIN

Für den Hintergrund und die Blätter halten Sie den Bleistift möglichst flach. Tragen Sie die Striche wie zufällig auf – wie eine natürlich entstandene Fläche. Die Blätter dagegen schraffieren Sie in der natürlichen Wuchsrichtung. Verändern Sie durch mehr oder weniger starken Druck das Licht.

TIPPS

# Narzissen

Diese Narzisse mit dem regelmäßigen offenen Kelch ist eine besonders schöne Sorte. Beginnen Sie mit Schritt 1 und zeichnen Sie den Kelch. In den Schritten 2 und 3 deuten Sie die äußeren Blütenblätter als Kreise an, die sich um den Kelch herum gruppieren. Fügen Sie zu den Kreisen Dreiecke hinzu wie in Schritt 4. Auf diese Weise lassen sich viele Blütenkelche zeichnen.

1

2

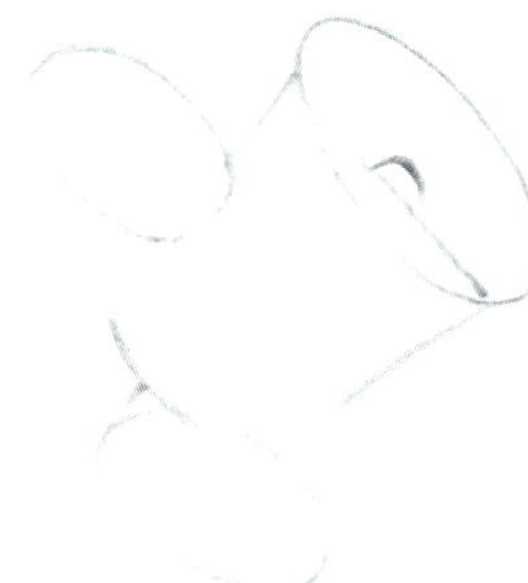

3

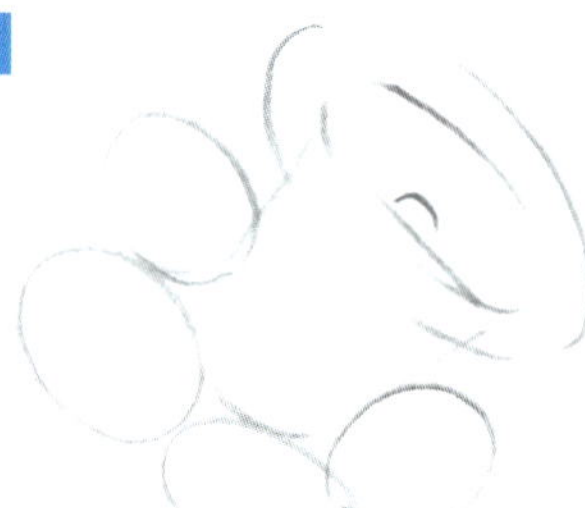

4

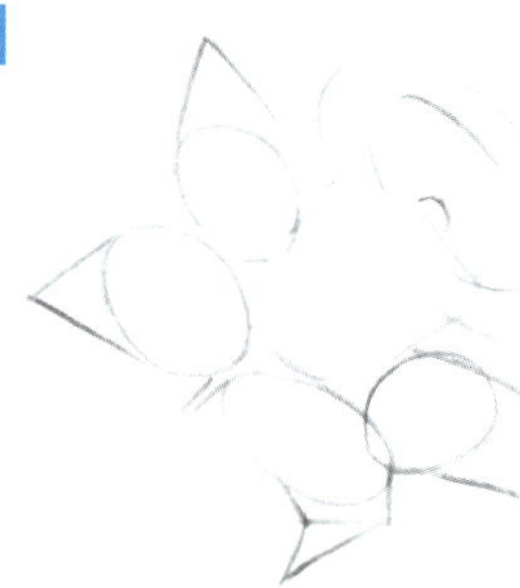

5

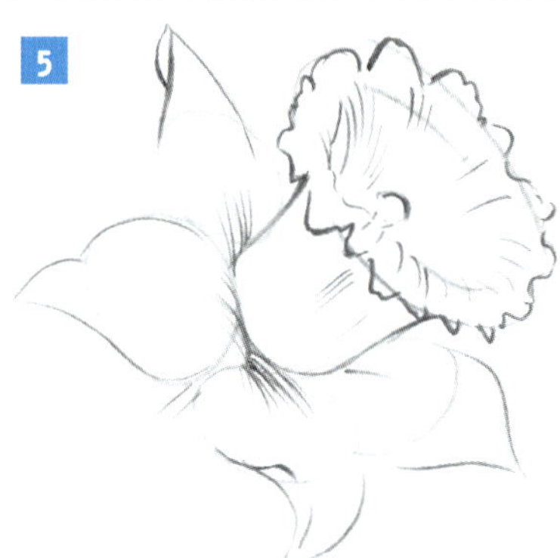

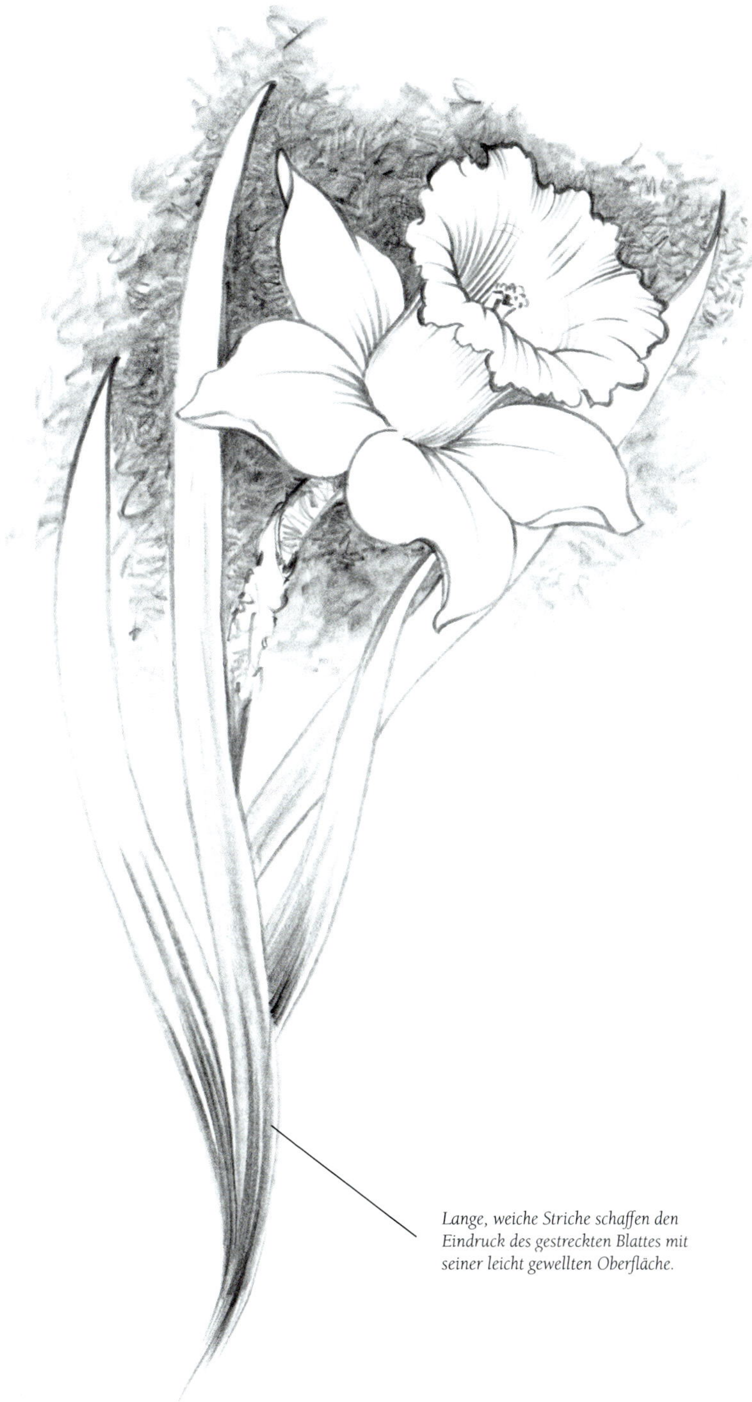

*Lange, weiche Striche schaffen den Eindruck des gestreckten Blattes mit seiner leicht gewellten Oberfläche.*

# Komposition

## Blumenschale

Es hat sich als praktisch erwiesen, ein Bild nach der Fertigstellung ein paar Tage ruhen zu lassen und dann letzte Verbesserungen vorzunehmen.

Obwohl gerade Stillleben dazu verleiten, perfekte Bilder anzufertigen, die bis ins letzte Detail ausgearbeitet sind, kommt das dem Bild nicht immer zugute. Um Ihnen das zu zeigen, wurde dieses Bild recht locker gestaltet. Nehmen Sie zunächst einen Bleistift in Härte HB und zeichnen Sie die groben Umrisse mit feinen Hilfslinien vor. Für diese Zeichnung wurde eine lockere, eher skizzenhafte Arbeitsweise gewählt. Sie macht das fertige Bild besonders leicht und ansprechend.

1

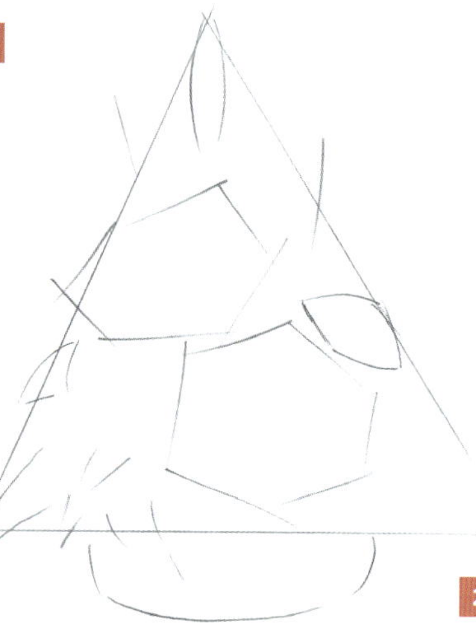

2

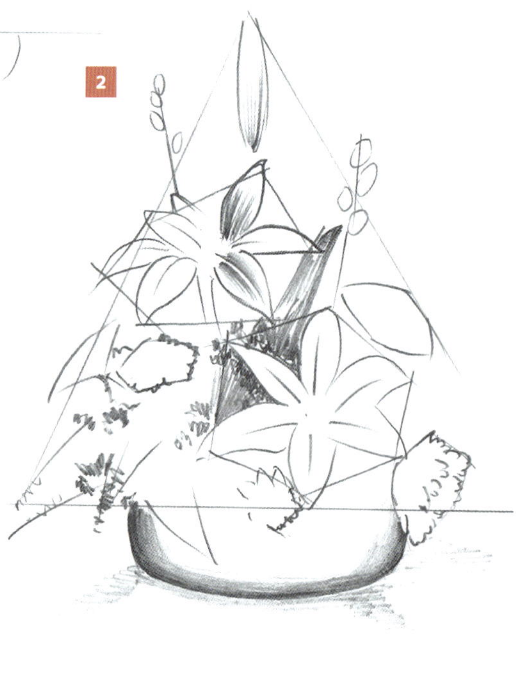

TIPPS

3

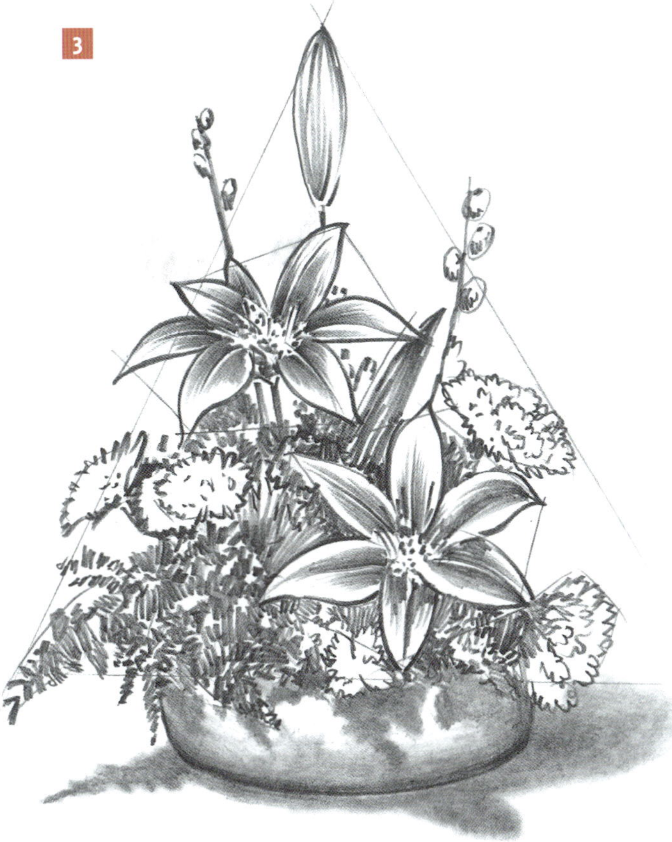

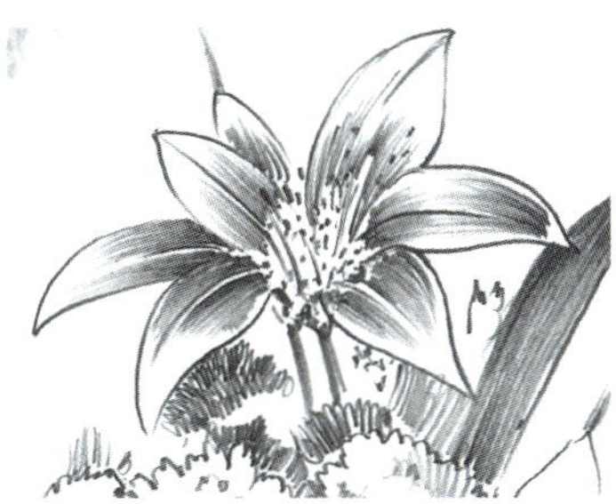

Dieser Ausschnitt zeigt, wie die Blütenblätter und Blätter schraffiert wurden. Gehen Sie hier noch nicht zu sehr ins Detail.

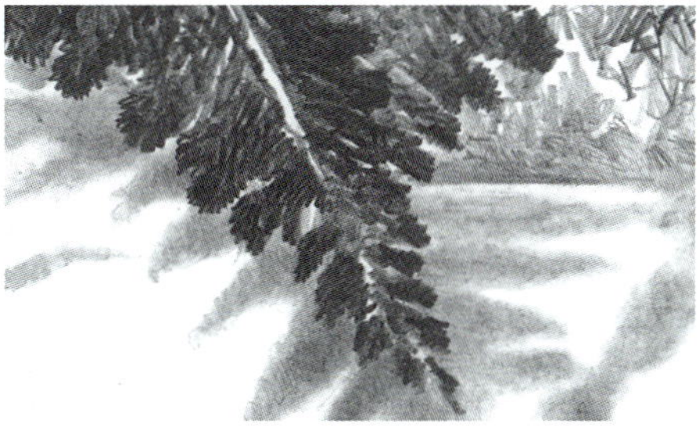

In dieser Vergrößerung können Sie gut erkennen, wie die Schatten durch gekonntes Verreiben entstehen. Zeichnen Sie die Schatten mit der Breitseite eines Bleistifts in Härte HB vor, verreiben Sie die Partien dann behutsam mit einem Papierwischer.

15 MIN

Halten Sie gegen Ende der Arbeit am Bild Fixierspray bereit, um das fertige Werk perfekt konservieren zu können.

TIPPS

# Margerite im Glas

Dieses Stillleben braucht etwas mehr Planung. Sie nehmen am besten einen Zeichenkarton mit einer Beschichtung, einen Bleistift in Härte HB sowie einen in Härte 2B für die tiefsten Schatten. Außerdem ist ein Zimmermannsbleistift gut für den Hintergrund geeignet.

1

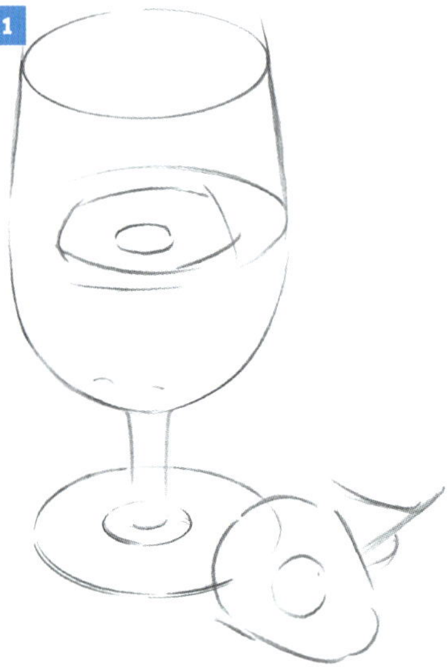

Zeichnen Sie zunächst mit einigen wenigen Strichen die Grundform des Glases, das Wasser und die beiden Blüten wie in Schritt 1. In Schritt 2 fügen Sie einige Details hinzu und setzen erste Schraffuren am Glas und im Wasser. Lassen Sie sich Zeit und arbeiten Sie möglichst sauber.

2

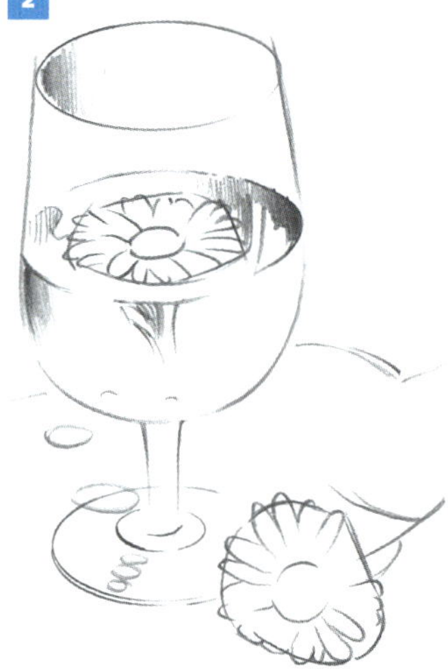

3

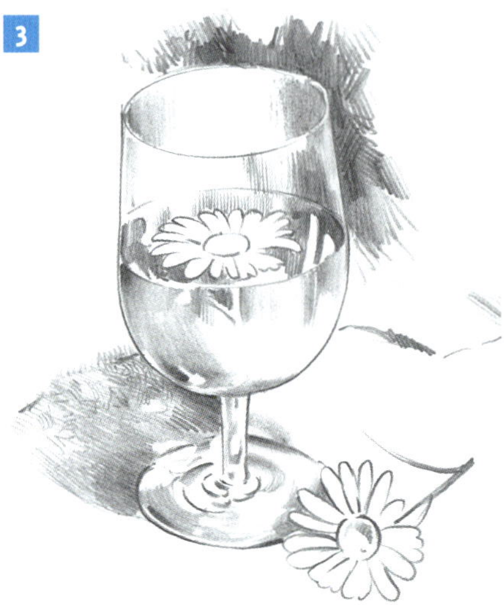

Mit dem Zimmermannsbleistift schraffieren Sie den Hintergrund kräftig. Er soll dunkler sein als der Schlagschatten des Glases. Im Schlagschatten sind viele helle Stellen – nicht übersehen!

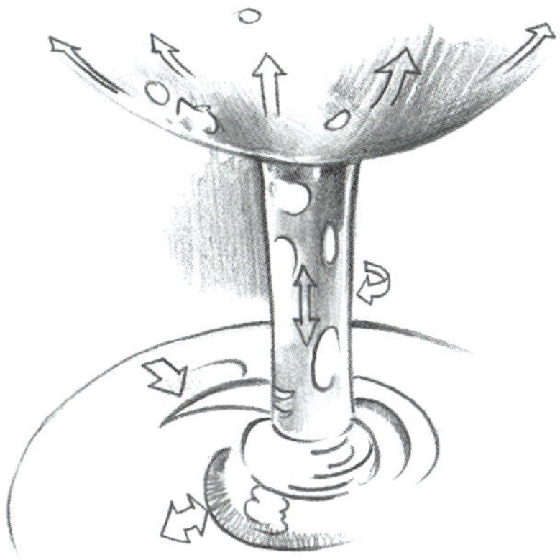

Die Pfeile in der Abbildung zeigen Ihnen, wie Sie den Stiel, den Teller und den Boden des Glases am besten schraffieren. Lassen Sie die Stellen, an denen sich das Licht bricht, weiß. Sie sind bei Glas besonders wichtig, denn sie lassen es transparent erscheinen.

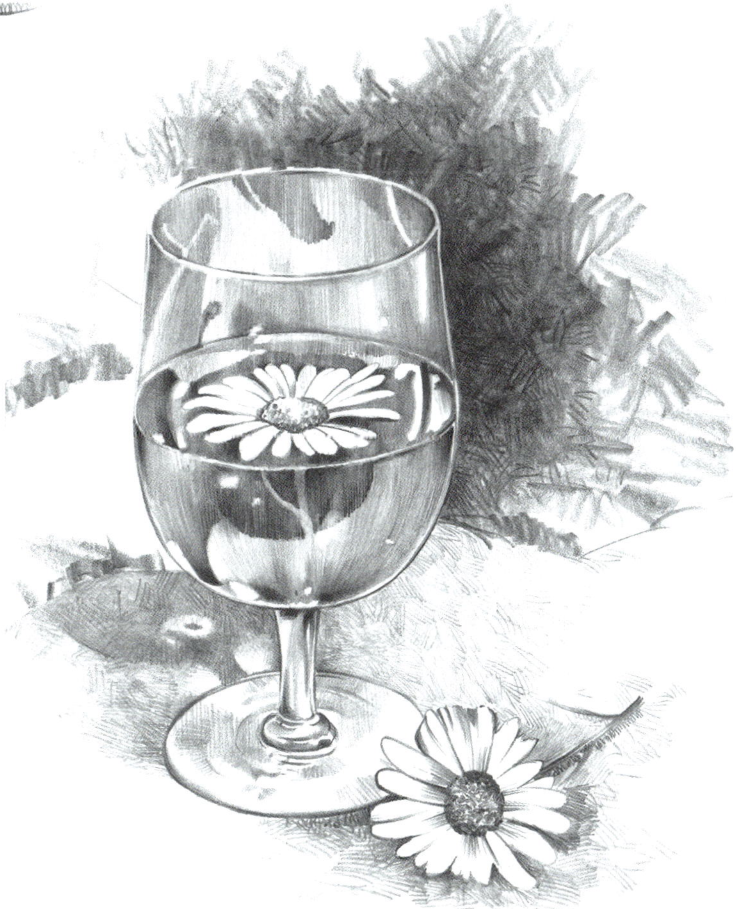

Halten Sie sich bei den letzten Feinarbeiten an die fertige Zeichnung – hier können Sie Licht und Schatten in Ruhe studieren. Wenn Bleistift in die weißen Stellen auf dem Blatt kommt, radieren Sie ihn gleich aus. Zum Schluss spitzen Sie Ihre Bleistifte Härte HB und 2B und fügen die letzten Details hinzu.

15 MIN

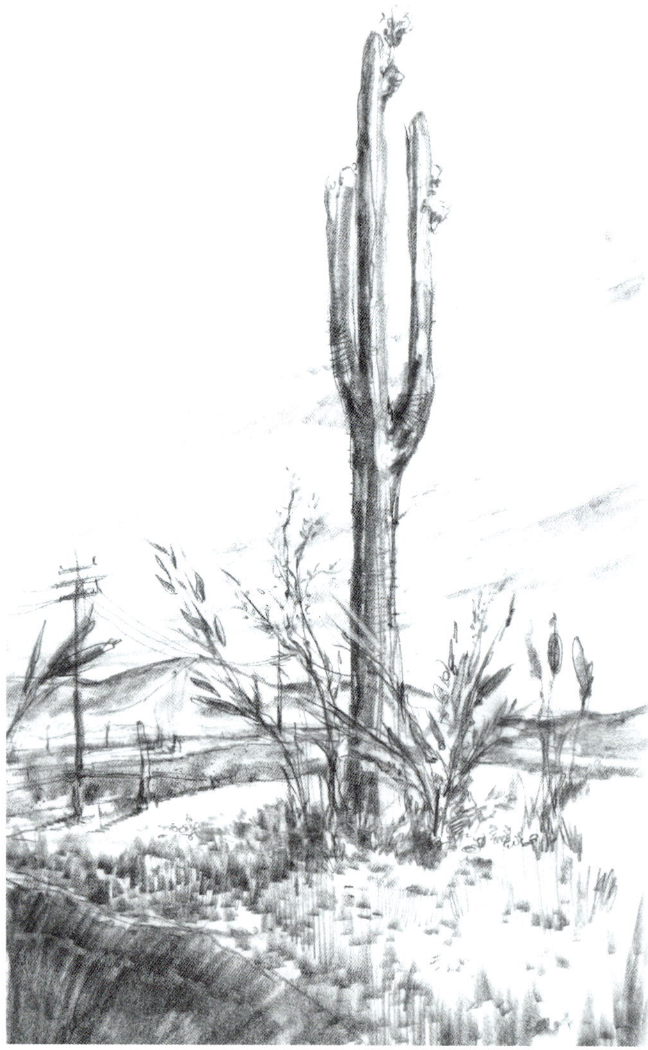

# Landschaften

Die Welt um uns herum ist von einer natürlichen Vielfalt, die alle Findigkeit des Menschen bis heute nicht annähernd erreicht hat. Die Fülle, aber auch die Besonderheiten einzelner Landschaften mit dem Zeichenstift zu erkunden und festzuhalten, ist ein Abenteuer, das für den Künstler nie endet.
Landschaften sind faszinierende Motive, und eine Zeichnung kann oftmals auch als Vorlage für ein Gemälde dienen. Wenn Sie aber eine Landschaft für immer in einer voll ausgearbeiteten Zeichnung festhalten möchten, dann gehen Sie am besten in Schritten vor. Suchen Sie in der Landschaft, die Sie vor sich sehen, den schönsten Ausschnitt – Sie können auch ein wenig nachhelfen.
Arbeiten Sie dann in Schritten. Bei Landschaften kommen auch sehr interessante Zeichentechniken ins Spiel, mit denen Sie z. B. Entfernungen ganz bewusst betonen können.

Wenn Sie einmal einen Tag lang mit Ihrem Skizzenbuch in der freien Natur sind und möglichst viele unterschiedliche Bäume und Sträucher zeichnen, haben Sie einen Formenschatz, auf den Sie jederzeit zurückgreifen können, wenn Sie einmal einen Baum für eine Zeichnung brauchen.

TIPPS

# Skizzieren

Skizzen sind die beste Methode, um sich einen schnellen Eindruck vom Motiv zu machen oder um es überhaupt erst einmal auf Papier festzuhalten. Mit dem richtigen Härtegrad des Bleistifts und der gewählten Technik können Sie in Minutenschnelle die unterschiedlichsten Formen, Oberflächen, Stimmungen und Bewegungen einfangen. Mit schnellen, kräftigen Strichen erhält die Skizze Kraft und Dynamik. Mit leichten, kurzen Strichen wirkt ein Motiv zarter – lange, schwungvolle Linien drücken Bewegung aus. Viele Künstler zeichnen mehrere Skizzen eines Motivs, ehe sie es sorgfältig ausarbeiten. Doch Skizzen sind vor allem eine wunderbare Methode, um Zeichnen zu üben. Sie werden sehen, dass Ihre Hand von Skizze zu Skizze immer sicherer wird.

## Eindrücke festhalten

Diese vier Seiten geben einen guten Eindruck von einem Skizzenbuch wieder. Außer den vielen interessanten Dingen, die Sie sehen, halten Sie in Ihrem Büchlein auch Informationen fest wie die verwendete Methode, Licht und Schatten, Stimmungen und Tageszeit. Notieren Sie alles, was Ihnen später beim Ausarbeiten des Motivs helfen kann. Nehmen Sie doch einfach immer Ihr Skizzenbuch und einen Stift mit.

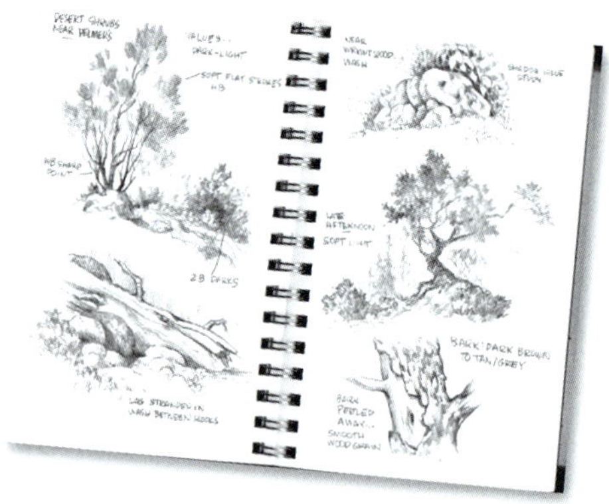

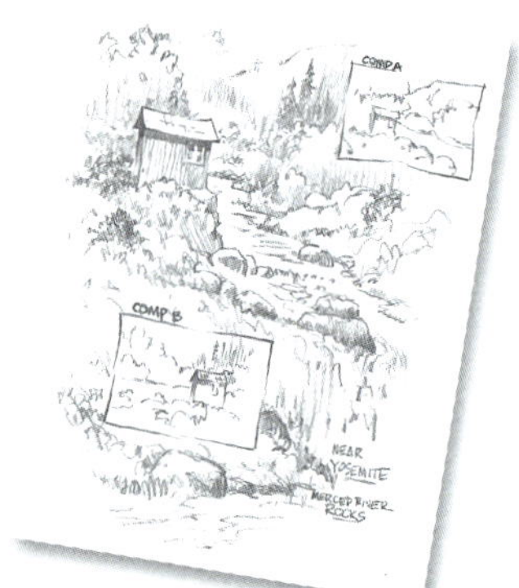


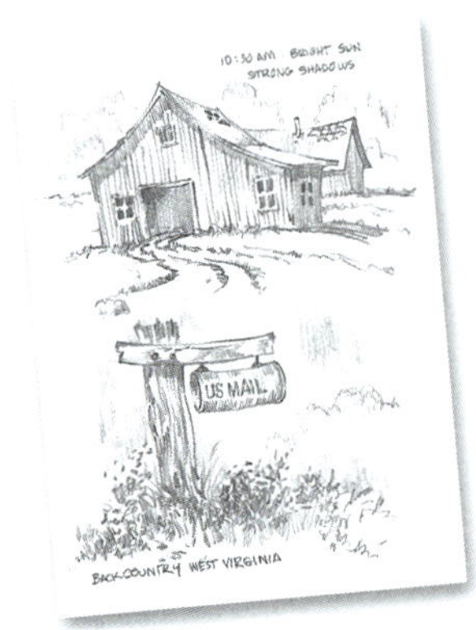

## Gekritzelt

Freie, rasch hingekritzelte Linien sind ideal, um Wolken, Baumwipfel oder Steine zu skizzieren. Für Wolken nehmen Sie am besten einen weichen Bleistift der Härte B mit einer gerundeten Spitze. Deuten Sie dunklere Stellen nur an – dabei den Stift kaum vom Papier heben. Sehen Sie, wie mit dieser Technik solche Sommerwölkchen mit weichem, luftigem Charakter entstehen?

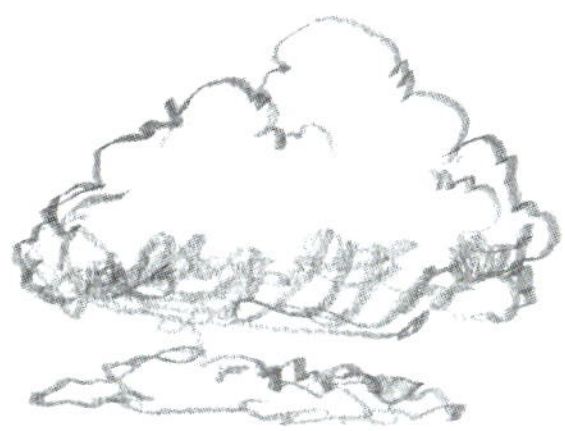

## Wilde, starke Striche

Mit dieser Technik lassen sich raue Oberflächen oder tiefe Schatten bestens darstellen. Sie ist besonders gut geeignet für Laub, Haar und Baumrinde. Für den Busch nehmen Sie einen Bleistift der Härte 2B, verändern den Druck und den Winkel, mit dem Sie zeichnen. So entstehen wie von selbst helle und dunkle Bereiche und unterschiedliche Strichstärken.

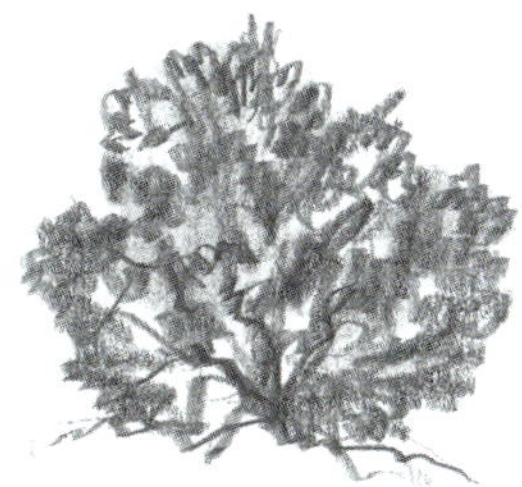

## Bewegung vortäuschen

Wenn Sie Bewegungen zeichnen wollen, müssen Sie das menschliche Auge täuschen und so tun, als würde sich das Objekt nach oben, unten oder zur Seite bewegen. Im Beispiel unten weisen die Pfeile in die Richtung der Bewegung. Mit Ihrem Bleistift aber machen Sie Striche genau in die entgegengesetzte Richtung! Drücken Sie bei jedem Strich zuerst fest auf, geben Sie dann weniger Druck und heben Sie am Ende des Strichs den Stift vom Papier ab.

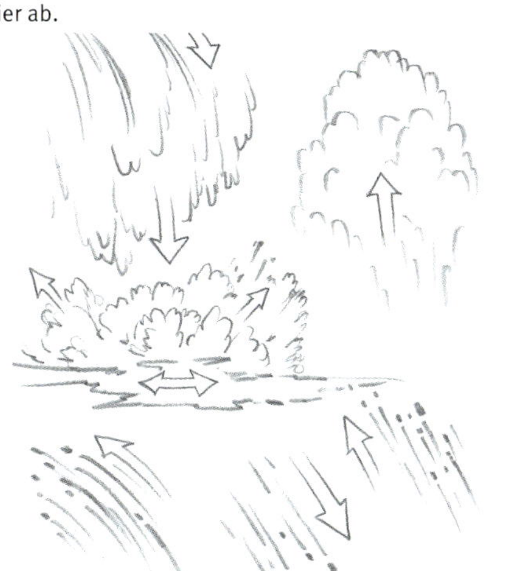

## Wellen

Wellen skizzieren Sie mit schnellen, weichen Strichen, die den Bogen des Wassers beschreiben. Die Gischt der sich brechenden Woge stellen Sie in gekritzelten Bögen dar. Wie im Beispiel links wählen Sie auch hier Striche, die in die entgegengesetzte Richtung der Fließbewegung des Wassers weisen. Mit einigen wenigen wandernden Strichen zeigen Sie im Vordergrund das Wasser, das zurückfließt.

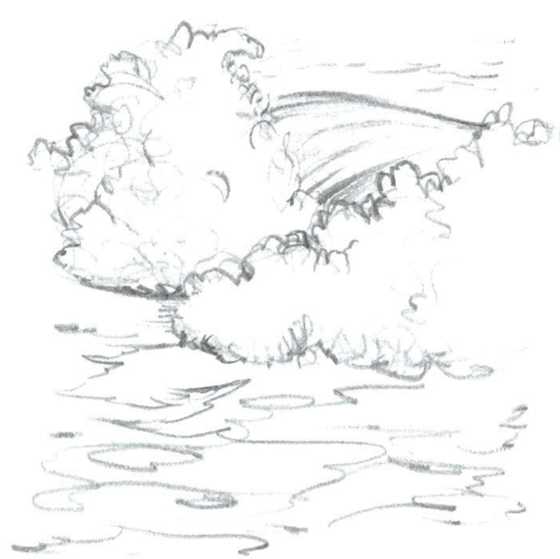

# Bäume

## Skizzen und Notizen

Haben Sie keine Angst vor Fehlern. Probieren geht über Studieren!

Wenn die Spitze des Papierwischers schrumpft, ziehen Sie eine Büroklammer auseinander, schieben sie in den Hohlraum und drücken die Spitze nach vorn.

TIPPS

Skizzieren Sie nicht nur die ganze Landschaft. Gerade einzelne Elemente helfen Ihnen später, die Szenerie packend zu zeichnen: Die durchschnittliche Höhe der Bäume in einem Gebiet ist eine wichtige Information, die genaue Farbe eines besonderen Baumstamms sowie einfach alles, was Ihnen in einer bestimmten Landschaft auffällt, sollten Sie festhalten – all diese Informationen werden in Ihr Bild einfließen und es realistischer und authentischer machen.
Orientieren Sie sich an den Stichworten auf dieser Seite, um ein paar Anhaltspunkte zu bekommen.

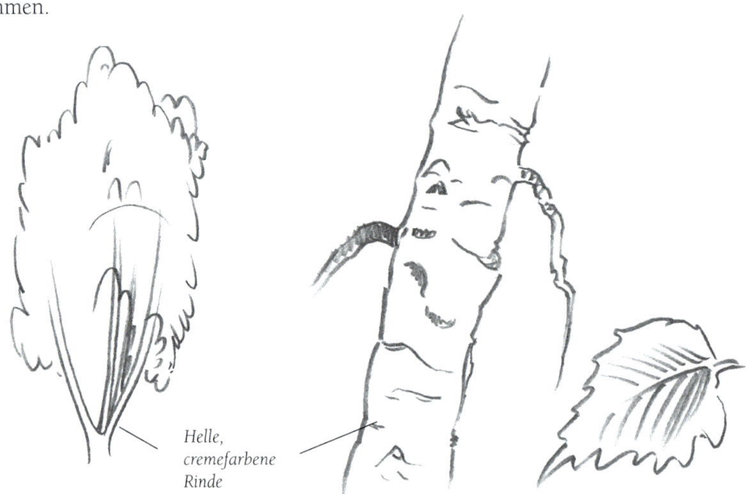


*Birke*

*Blätter mit weicher Oberfläche*

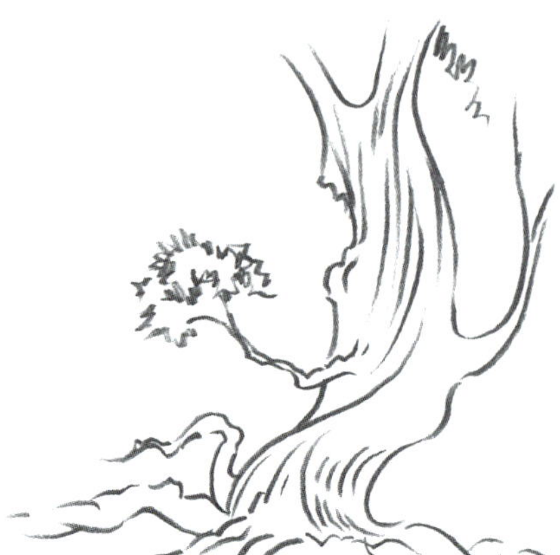

*Stumpf einer Kiefer*

Diese Skizzen entstanden an unterschiedlichen Orten, aber solche Stichworte und kurzen Notizen helfen, sich wieder genau zu erinnern, und diese Erinnerung ist der beste Boden für lebendig und unverwechselbar wirkende Bilder.

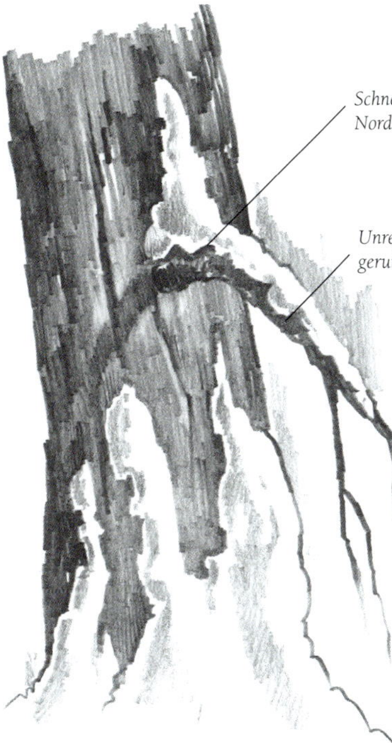


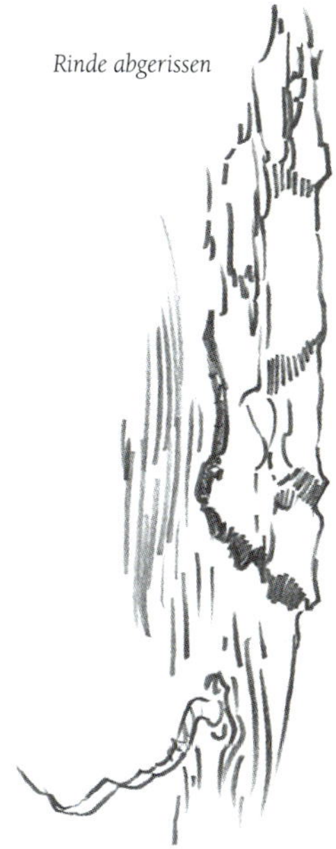


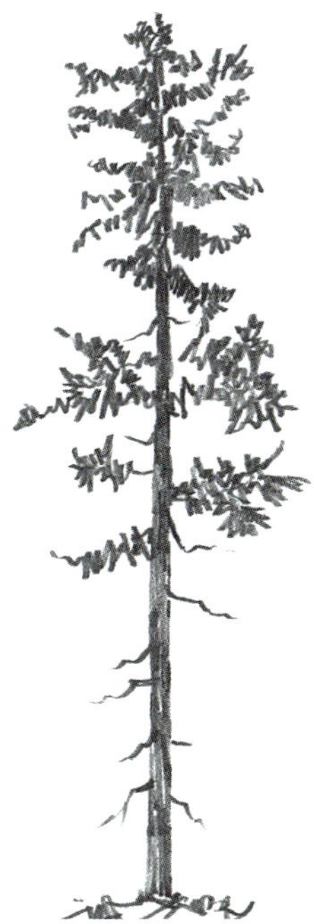

Kiefer 28–30 Meter

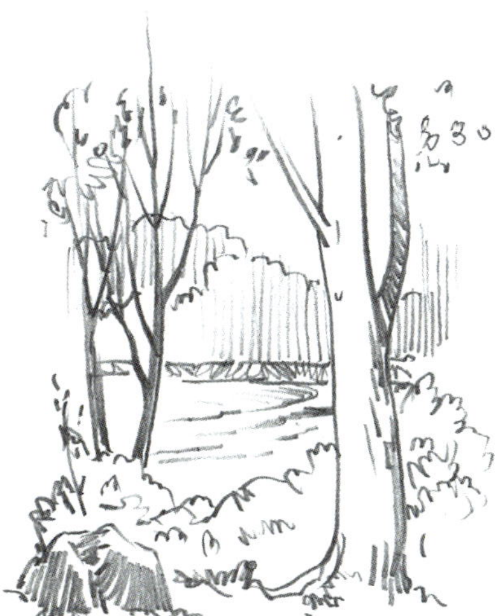

Nördliche Gabelung des Bishop Creek, Kalifornien

Dichter Laubteppich

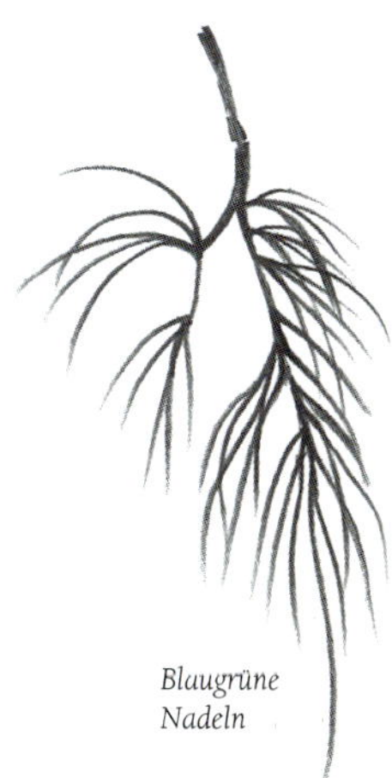

Blaugrüne Nadeln

# Baumstämme und Baumrinde

Ein Baumstamm ist zunächst nichts anderes als ein langer Zylinder (Seite 66). Die Äste sind sehr lange zylindrische Formen, die vom Stamm abgehen. Zeichnen Sie Ellipsen an den strategisch wichtigen Stellen, an denen sich die Wuchsrichtung des Stammes ändert.

Die Borke ist wie eine Landschaft im Kleinen – lassen Sie sich einfach genug Zeit, sie zu ergründen.

Wenn Sie beim Arbeiten ein Gefühl dafür entwickeln, dass die Risse der Rinde ein Muster bilden, das sich wie die Verästelungen eines Flusslaufs über den Baum zieht, sind Sie auf dem richtigen Weg.

TIPPS

1

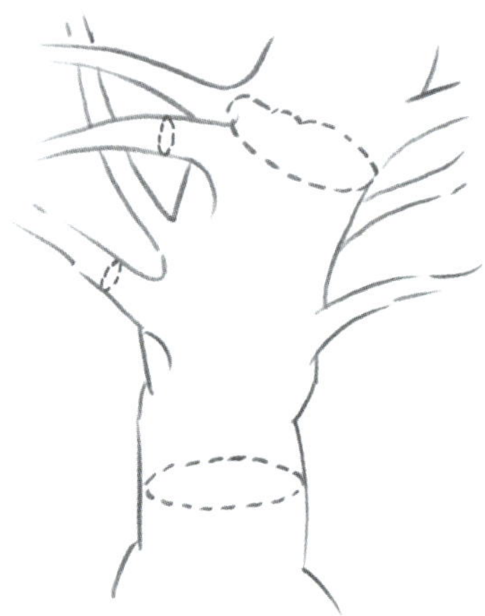

2

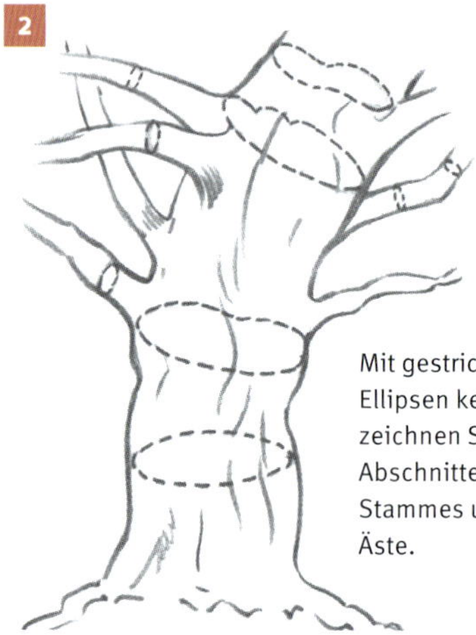

Mit gestrichelten Ellipsen kennzeichnen Sie die Abschnitte des Stammes und der Äste.

3

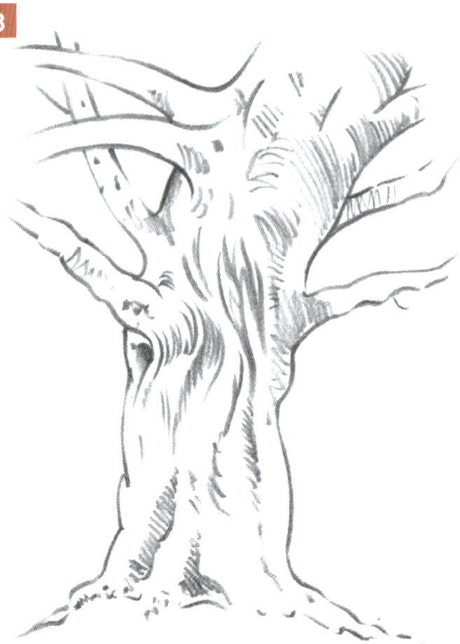

Üben Sie das Zeichnen von Baumstämmen anhand der Beispiele auf dieser Seite. Für Schritt 1 verwenden Sie einen Bleistift in Härte HB und skizzieren nur ganz leicht die Grundformen und die Ellipsen. In Schritt 2 werden weitere Ellipsen eingezeichnet und einige gebogene Linien für die ersten Anzeichen der Baumrinde. In Schritt 3 nehmen Sie die breite Seite des Stiftes und beginnen mit den Schraffuren. Geben Sie sich Mühe mit der Rinde. Mit der abgeflachten Spitze eines 2B-Bleistifts arbeiten Sie die dunkelsten Partien aus.

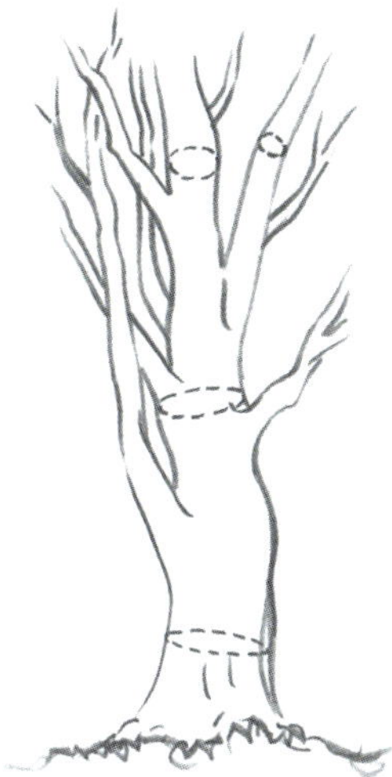

Dieser Stamm hat eine schlanke Gestalt und Äste, die nach oben wachsen.

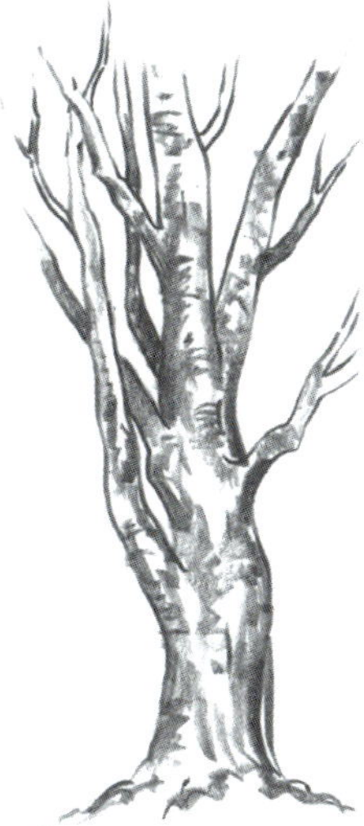

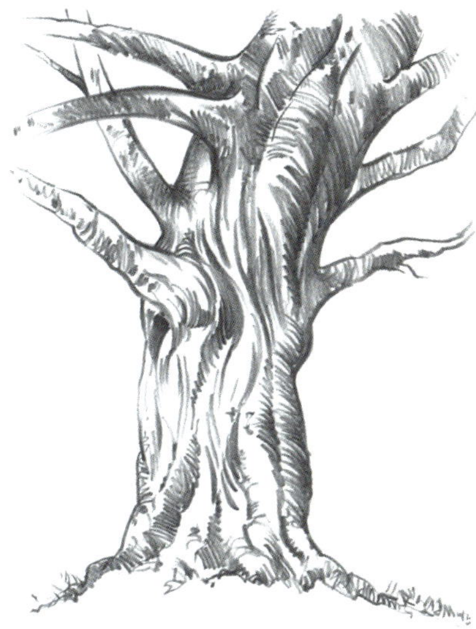

Mit kräftigen Strichen arbeiten Sie die kraftvolle Präsenz des Baumes heraus.

## Baumrinde in Perfektion

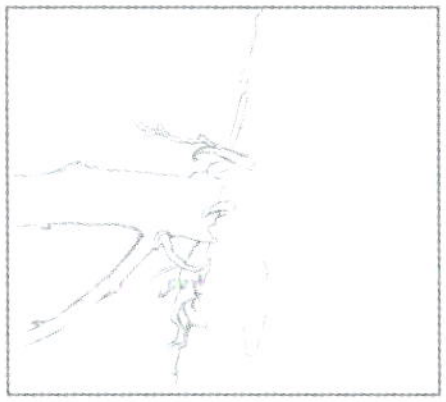

1 Mit einem H-Bleistift zunächst nur die Umrisse grob skizzieren. So legen Sie auch fest, in welchem Winkel der Ast aus dem Stamm wächst.

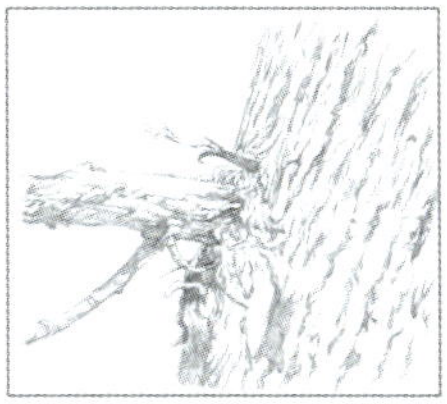

2 Nehmen Sie den H-Bleistift und legen Sie die Schatten mit kleinen, eng beieinander liegenden Strichen an. Ziehen Sie die Schatten als Adern und Risse über den Stamm und den Ast.

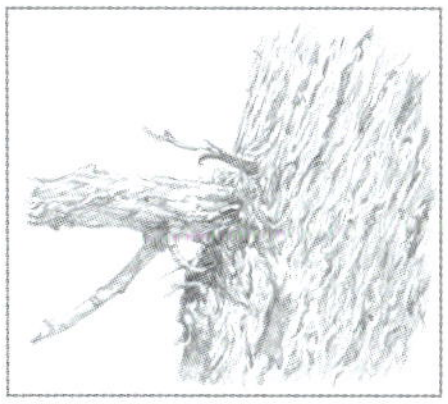

3 Die bisher weißen Zwischenräume mit leichten, hellgrauen Schraffuren füllen. Langgezogene Bereiche, in denen sich die Borke schält, gestalten Sie mit langen, weichen Strichen, um die Sie helle graue Flächen aus kleinen Schraffuren legen.

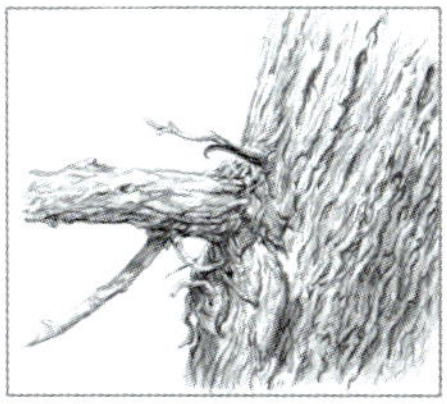

4 Die Kanten der Schatten mit dem 2B- und 4B-Stift akzentuieren. Die Unterseite des kleinen Astes und die Borke insgesamt stärker dunkelgrau eintönen.

# Wurzeln

Für manche Zeichnungen reicht es, wenn die Umgebung nur leicht angedeutet wird.

Wurzeln verankern den Baum im Boden. Sie weisen deshalb vom Baum weg und in den Boden hinein. Wurzeln wachsen sehr unregelmäßig und sind interessante Zeichenobjekte. Natürlich ist das Wurzelwerk eines alten Baumes spannender zu zeichnen als das eines jungen, aber alle Wurzeln lassen sich aus einfachen Grundformen aufbauen. Beschäftigen Sie sich mit diesen Wurzeln eines ausgewachsenen Laubbaums.

Skizzieren Sie zunächst die Umrisse und Grundformen ganz leicht mit einem HB wie in Schritt 1. Verfeinern Sie die Formen in Schritt 2, und formen Sie die Wurzeln mit kleinen gebogenen Linien wie in Schritt 3 aus. Wenn Sie stark aufdrücken, werden diese Partien dunkler, mit weniger Druck schaffen Sie hellere Stellen und geben so den Wurzeln ihre Gestalt. Mit solchen Schraffuren arbeiten Sie die Wurzeln aus. Zeichnen Sie mit der Seite eines Bleistifts Härte 2B einige der gebogenen Linien nach, damit die Wurzeln noch runder aussehen.

1

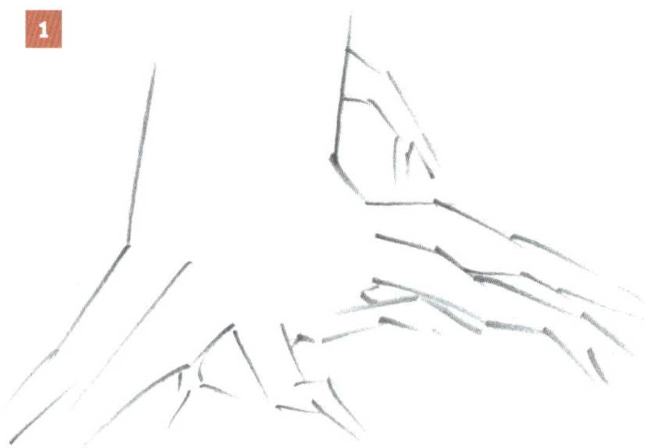

2

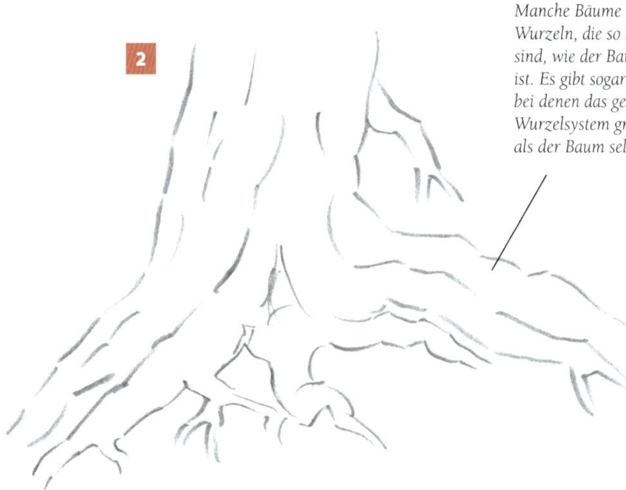

*Manche Bäume haben Wurzeln, die so lang sind, wie der Baum hoch ist. Es gibt sogar Bäume, bei denen das gesamte Wurzelsystem größer ist als der Baum selbst!*

TIPPS

3

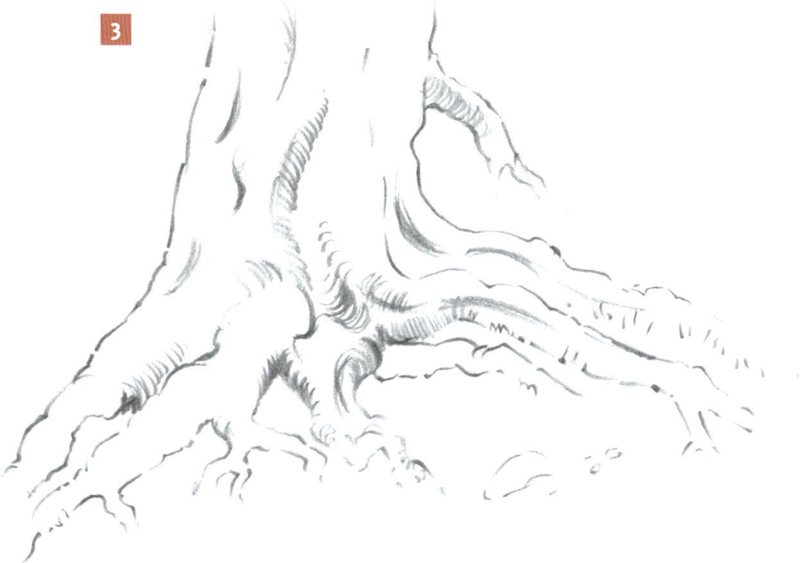

4

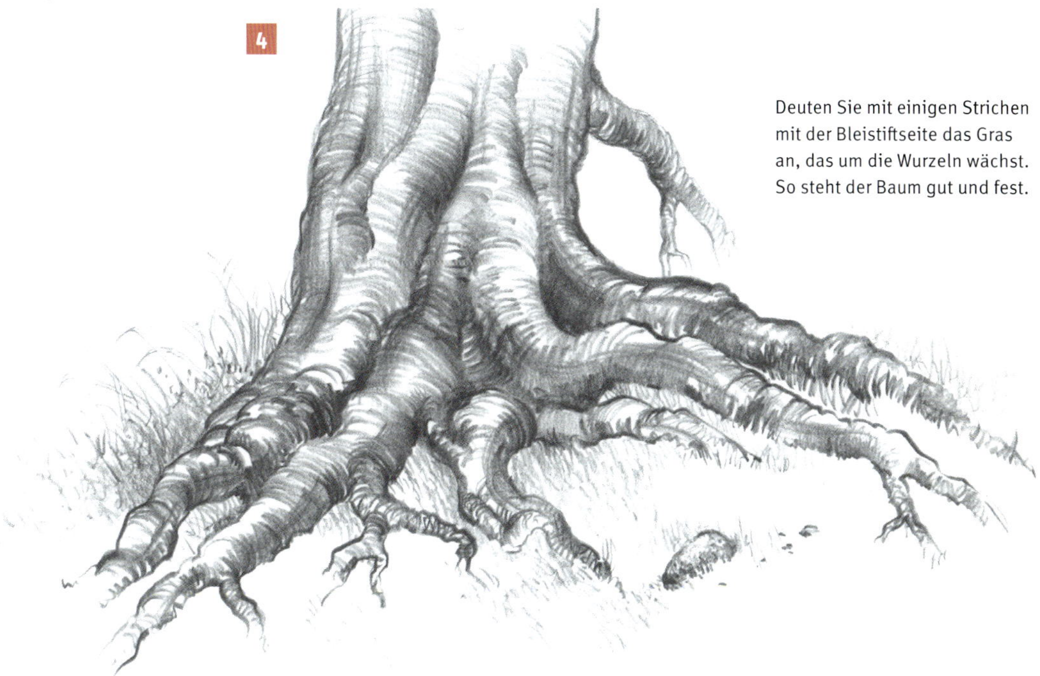

Deuten Sie mit einigen Strichen mit der Bleistiftseite das Gras an, das um die Wurzeln wächst. So steht der Baum gut und fest.

# Zweige und Äste

Wenn Ihnen eine Zeichnung durch zu starke Schraffuren zu dunkel erscheint, formen Sie aus einem Knetradiergummi eine Kugel und rollen Sie den Grafitüberschuss einfach ab.

Wenn Bäume wachsen, nehmen sie an Umfang und Höhe zu. Jeder Baum wächst dabei auf seine eigene typische Weise.
Bei Bäumen mit großen Blättern verzweigt sich der Stamm in viele knorrige Äste. Nadelbäume wie die Fichte wachsen eher in regelmäßigen Intervallen.
In Schritt 1 zeichnen Sie eine grobe Skizze des Astes, in der Sie vor allem die Änderungen in der Wuchsrichtung festhalten. An dieser Skizze orientieren Sie sich, wenn Sie nun die Umrisse des Astes zeichnen wie in Schritt 2. Schließen Sie die Arbeit mit den Schraffuren ab, die aus dem Ast einen räumlichen Gegenstand machen. Arbeiten Sie mit unterbrochenen und unregelmäßigen Strichen, damit der Ast natürlich aussieht.

1

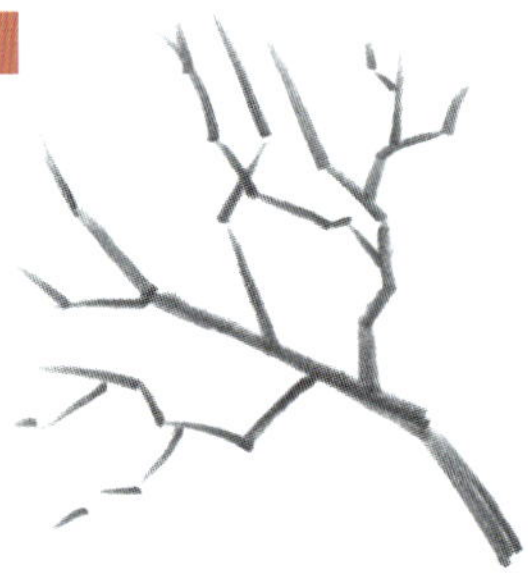

2

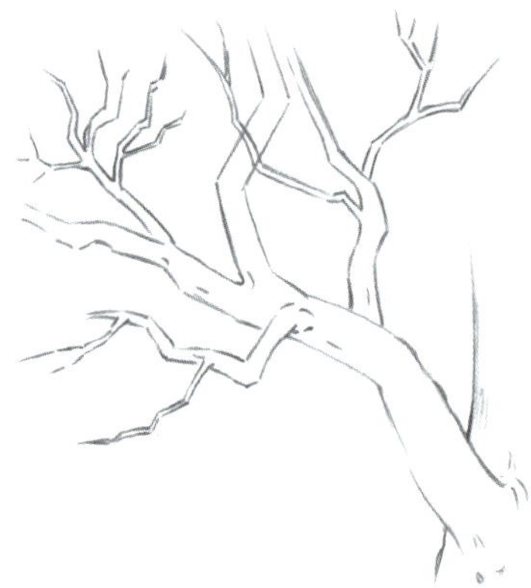

3

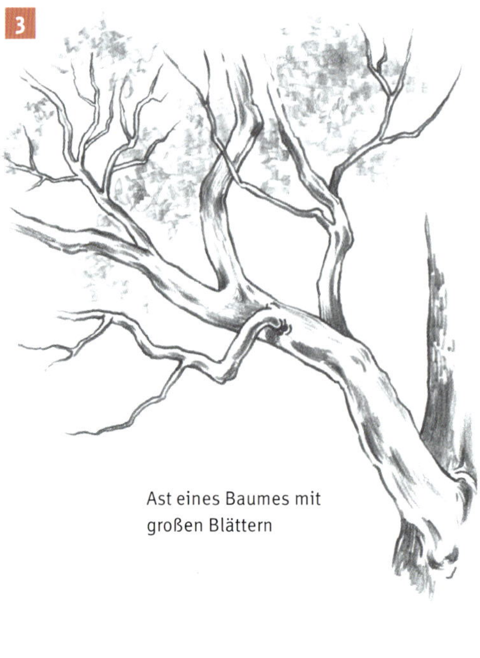

Ast eines Baumes mit großen Blättern

TIPPS

*Kiefer*

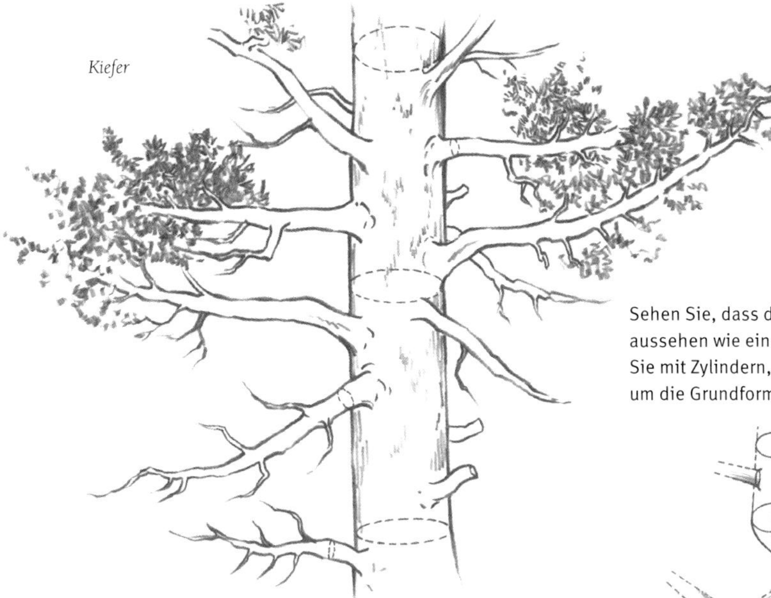

Sehen Sie, dass die Zweige ähnlich aussehen wie ein Rohrsystem? Arbeiten Sie mit Zylindern, Kreisen und Ellipsen, um die Grundform zu treffen.

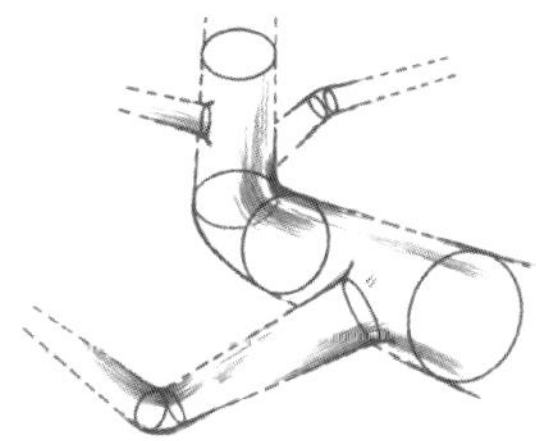

## Kiefernast in Perfektion

Meist ist es weniger aufwendig, den Ast eines Nadelbaums zu zeichnen als den Ast eines Laubbaums. Wenn Sie die Umrisse skizziert haben, brauchen Sie nur noch gerade Striche und Linien in unterschiedlicher Stärke und Länge.

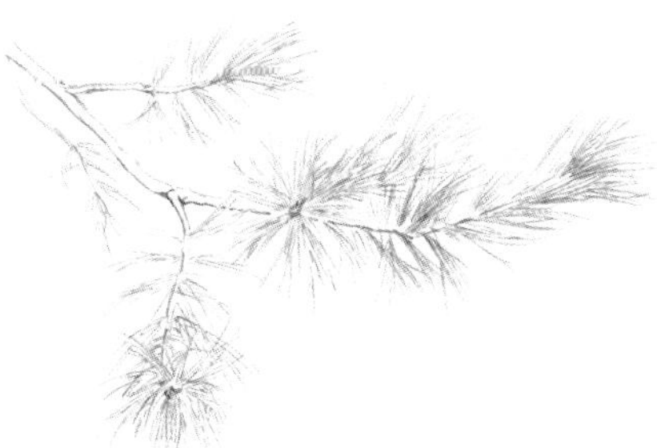

1 Den Bogen des Astes mit einem HB-Stift skizzieren und – damit es natürlich aussieht – in unregelmäßigen Abständen für die Nadeln Strichbündel unterschiedlicher Länge, Stärke und Anzahl dazugeben: Darauf achten, dass nicht alle Nadeln gleich aussehen.

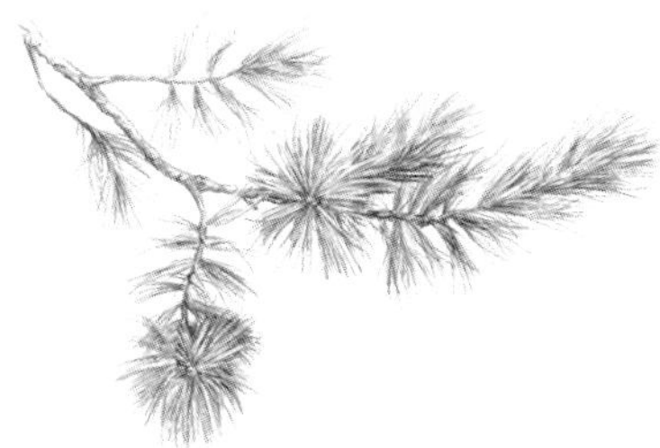

2 Weitere Nadeln zeichnen und mit Schraffuren die kleinen Risse und Unregelmäßigkeiten der Borke zeigen. Den Nadelansatz mit kräftigem Druck eines 2B-Stiftes dunkler gestalten. Schaffen Sie dunkle Partien auf dem Ast – so erhalten die Stellen im Licht mehr Aufmerksamkeit.

Lassen Sie die entsprechenden Partien in Schritt 4 weiß stehen, damit das Bild Spannung erhält.

# Alter Baumriese

Bäume fallen irgendwann meist Pilzen oder Insekten zum Opfer und in den Wäldern, die sich selbst überlassen sind, liegen diese Riesen als Totholz in der Wildnis. Dieser alte Baum hat zwar keine Rinde mehr, ist jedoch fest in die Umgebung eingebettet. Solche Bäume sind sehr spannende Motive.

1

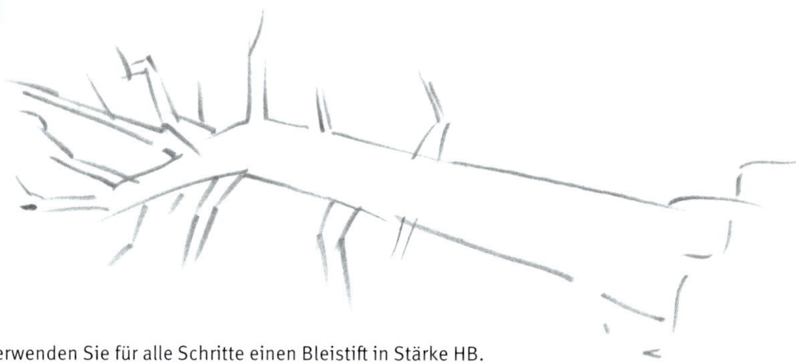

Verwenden Sie für alle Schritte einen Bleistift in Stärke HB. Zeichnen Sie zunächst mit der Seite der Mine die Hilfslinien, die in diesem Fall den Baum in seiner Lage und mit den Proportionen exakt wiedergeben sollten.

2

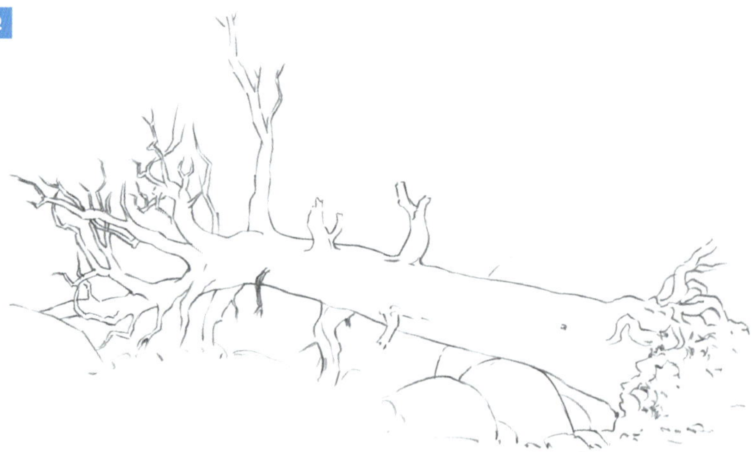

Jetzt suchen Sie nach den wichtigen Details und ergänzen die kleinen angebrochenen Äste, die Wurzeln, die Zweige und den Waldboden.

TIPPS

3

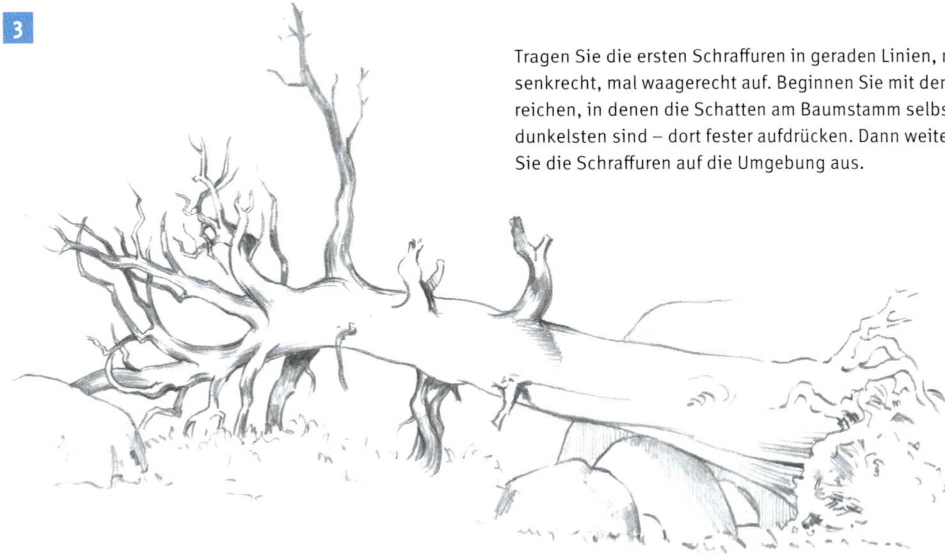

Tragen Sie die ersten Schraffuren in geraden Linien, mal senkrecht, mal waagerecht auf. Beginnen Sie mit den Bereichen, in denen die Schatten am Baumstamm selbst am dunkelsten sind – dort fester aufdrücken. Dann weiten Sie die Schraffuren auf die Umgebung aus.

4

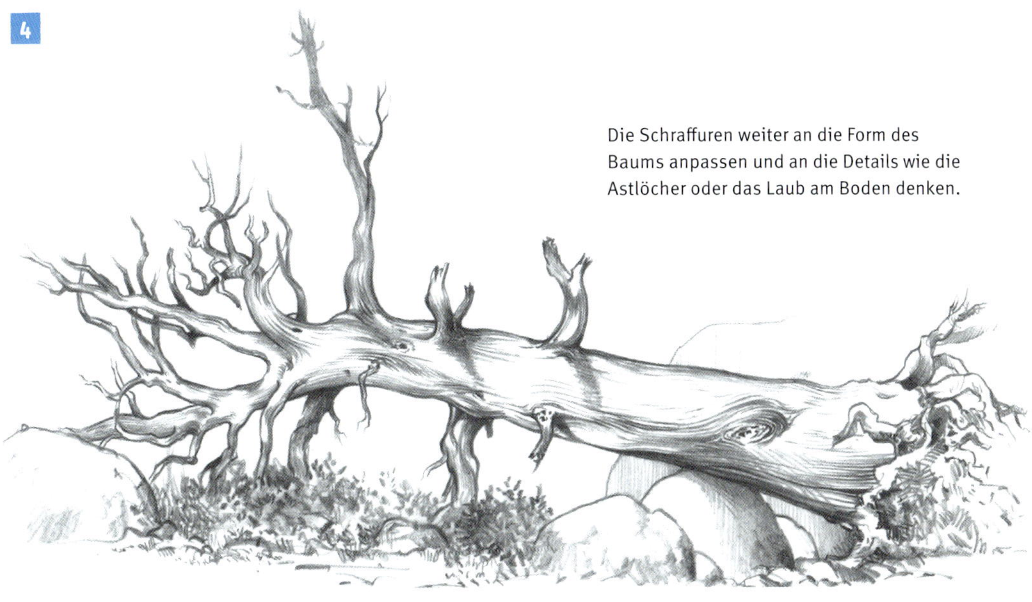

Die Schraffuren weiter an die Form des Baums anpassen und an die Details wie die Astlöcher oder das Laub am Boden denken.

Mit einer schnellen Studie können Sie unterschiedliche Bäume und Sträucher besser kennenlernen. Konzentrieren Sie sich auf die Form der Blätter, auf das Muster der Blattadern und die Art und Weise, wie sie am Zweig angewachsen sind.

TIPPS

# Bäume richtig sehen und zeichnen

Wahrscheinlich haben Sie Ihre ersten Bäume schon im Kindergartenalter gezeichnet. Aber wenn Ihre Bäume immer noch wie „Strichbäumchen" ausschauen, sollten Sie einmal genauer hinsehen: Es gibt ganz unterschiedliche Bäume. Schärfen Sie Ihr Auge dafür, ob Sie einen Laub- oder Nadelbaum und welche Sorte oder Art Sie vor sich haben. Wenn Sie dann noch die hier vorgestellten Techniken anwenden, werden Ihre Bäume immer eindrucksvoller und lebendiger.

## Bäume vereinfachen

Sie brauchen einen Baum nicht Ast für Ast und Blatt für Blatt zu zeichnen! Wie im Kasten rechts gezeigt, halten Sie zunächst den groben Umriss mit ein paar Strichen fest. Auffallende Äste zeichnen Sie ein, dichtes Laub stellen Sie als „Büschel" dar, und halten Sie Ausschau nach den „Luftlöchern" – kaum ein Baum ist so dicht belaubt, dass er wie eine Wand aussieht.

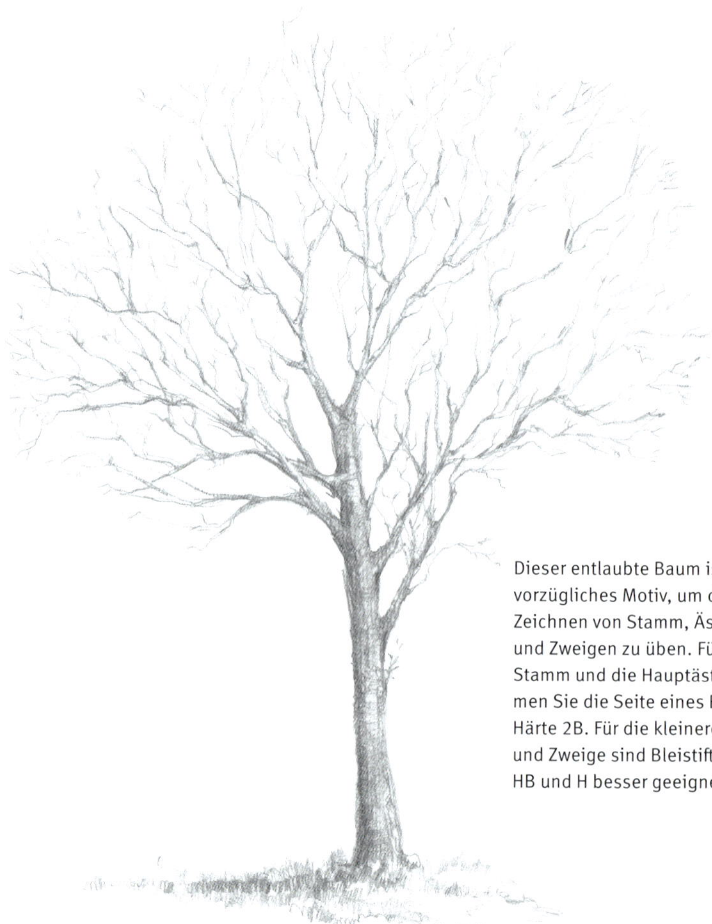

Dieser entlaubte Baum ist ein vorzügliches Motiv, um das Zeichnen von Stamm, Ästen und Zweigen zu üben. Für den Stamm und die Hauptäste nehmen Sie die Seite eines Bleistifts Härte 2B. Für die kleineren Äste und Zweige sind Bleistifte Härte HB und H besser geeignet.

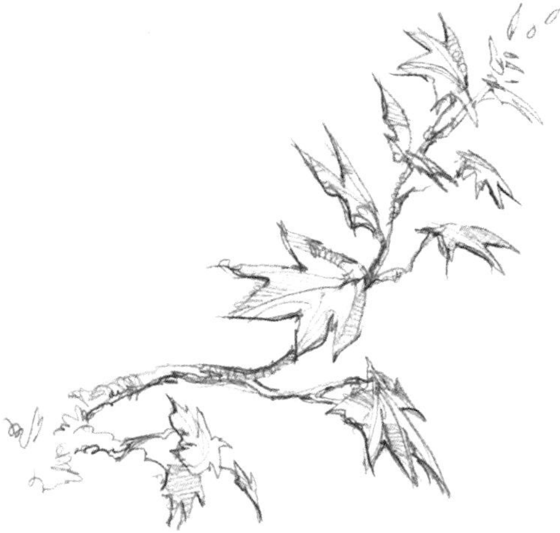

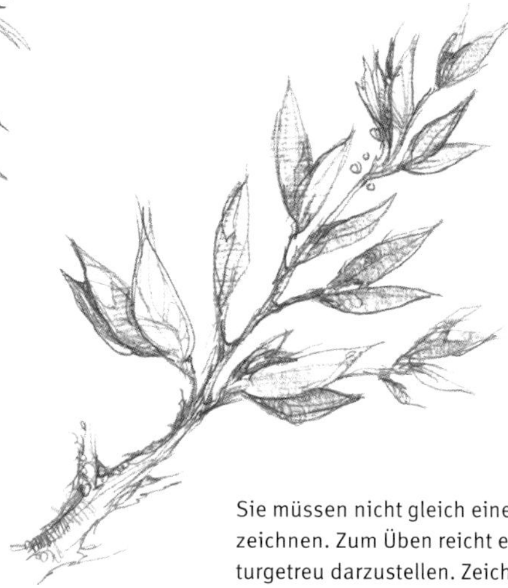

Sie müssen nicht gleich einen ganzen Baum zeichnen. Zum Üben reicht es, einen Zweig naturgetreu darzustellen. Zeichnen Sie zunächst den Ast, dann die Blätter. Achten Sie darauf, dass, wie beim Baumstamm, der Ast unten dicker ist als am Ende.

## Unterschiedliche Bäume

Wenn Sie einmal einen Tag lang mit Ihrem Skizzenbuch in der freien Natur sind und möglichst viele unterschiedliche Bäume und Sträucher zeichnen, haben Sie einen Formenschatz, auf den Sie jederzeit zurückgreifen können, wenn Sie einmal einen Baum für eine Zeichnung brauchen.

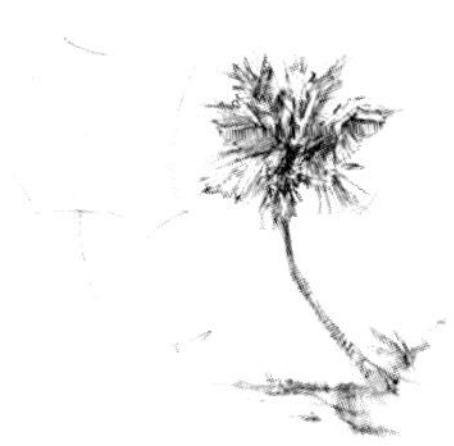

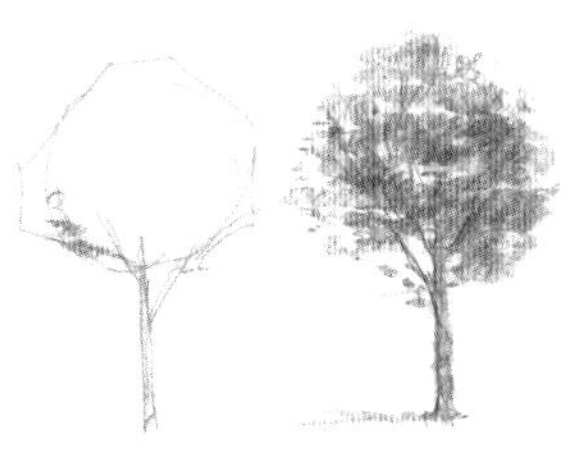

### Palme

Mit einem Bleistift in Härte HB das Vieleck der Grundform zeichnen. Dann mit einem Bleistift in Härte 2B und Meißel-Spitze die Palmwedel von innen nach außen gestalten – am Ende den Stift jeweils vom Papier abheben.

### Ahorn

Mit einem Bleistift in Härte HB den Kreis für die Krone zeichnen. Dann mit der Seite der Mine das Laub schraffieren – dabei unterschiedlichen Druck verwenden. Details zum Schluss mit einem spitzen Stift einzeichnen.

### Fichte

Mit einem Bleistift in Härte HB die dreieckige Grundform zeichnen. Dann mit einem Bleistift in Härte 2B und runder Spitze die Zweige mit kurzen horizontalen Strichen anbringen. Details mit einem spitzen Stift Härte HB einzeichnen.

# Grundformen herausarbeiten

Die meisten Künstler verwenden nur zwei Grifftechniken. Mit der Schreibhaltung lassen sich sehr detaillierte Zeichnungen anfertigen, da Sie so den Stift optimal kontrollieren können. Freiere Striche erlaubt dagegen der lockere Schraffurgriff, bei dem Sie auch den Arm einsetzen und eine Bewegung wie beim Malen machen.

Wenn Sie einen Baum zeichnen wollen, sei es einen aus diesem Buch oder einen draußen in der Natur, dann beginnen Sie mit einfachen Linien und den Grundformen. Sehen Sie sich an, wie im Beispiel unten in Schritt 1 der Baumstamm und die Hauptäste zunächst mit einigen geraden Strichen zu Papier gebracht wurden. Anschließend werden mit wenigen runden Linien die großen Laubpartien skizziert.

**1**

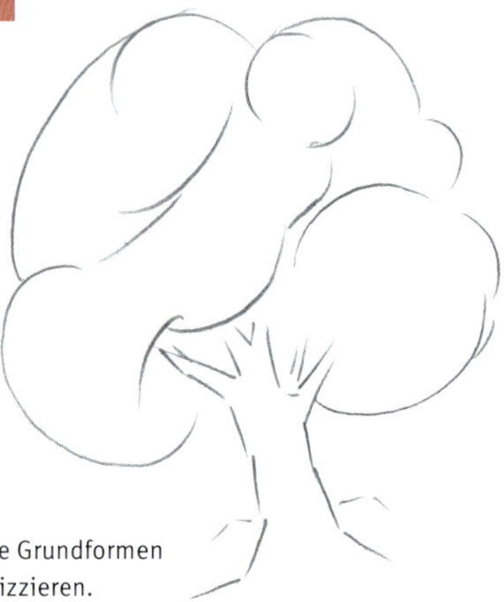

Die Grundformen skizzieren.

**2**

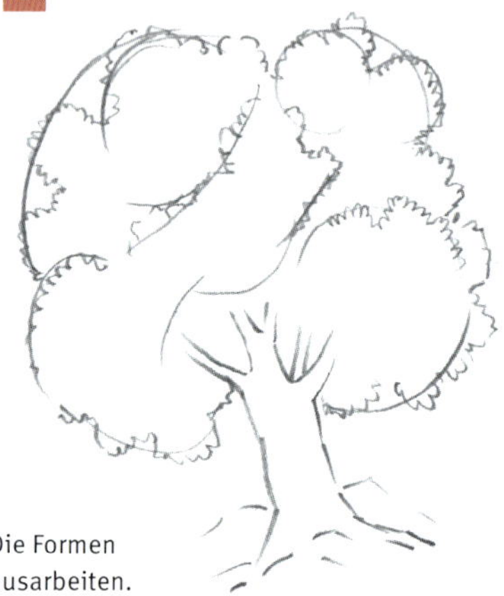

Die Formen ausarbeiten.

**3**

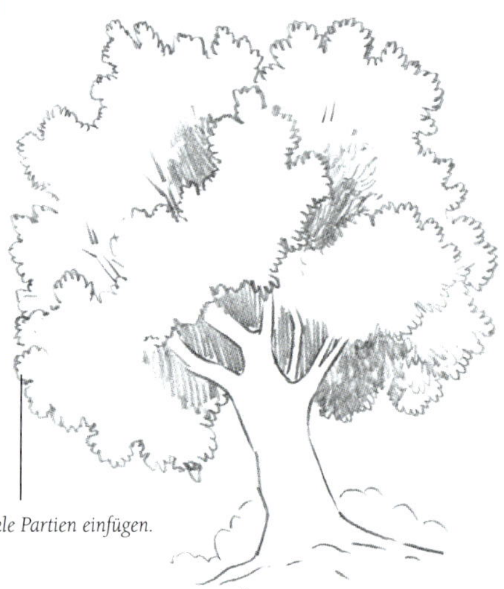

*Dunkle Partien einfügen.*

Für die Skizze in Schritt 1 verwenden Sie die Spitze eines HB. In Schritt 2 werden die ersten Formen eingearbeitet. Schritt 3 zeigt, wie Sie mit einem 2B die dunklen Stellen hinter den Ästen einzeichnen, die dem Baum räumliche Gestalt geben. Erst in Schritt 4 fangen Sie an, die Blätter zu zeichnen. Wie wichtig es ist, dabei mit unterschiedlichen Grautönen zu arbeiten, zeigt das fertige Bild rechts. Zeichnen Sie zum Schluss noch einige Details am Fuß des Baumes.

TIPPS

4

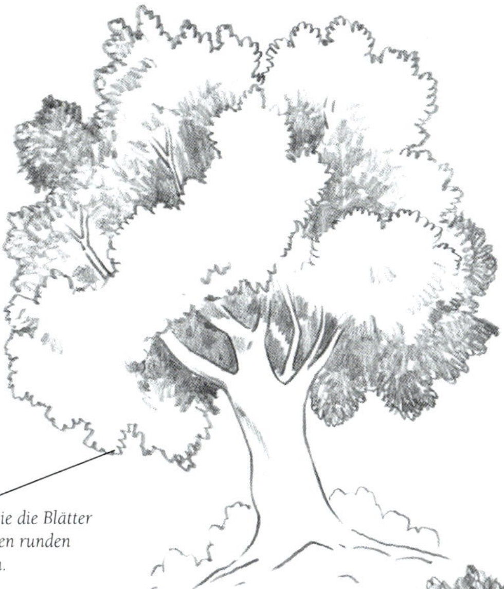

*Deuten Sie die Blätter mit kleinen runden Linien an.*

5

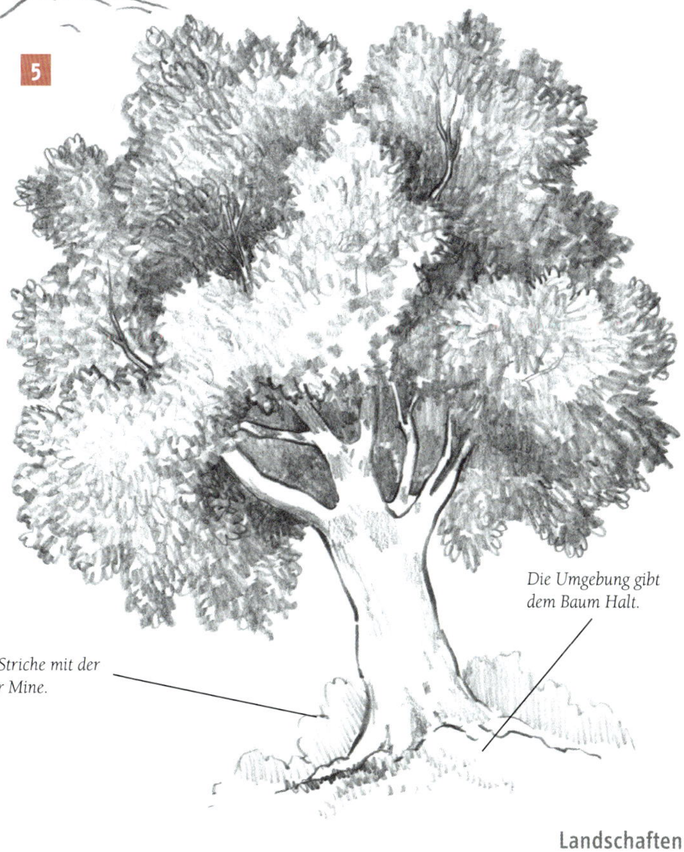

*Die Umgebung gibt dem Baum Halt.*

*Leichte Striche mit der Seite der Mine.*

15 MIN

Wahrscheinlich sind die auffallende Größe, die Kraft und die lange Lebensdauer der Bäume der Grund dafür, dass sie in vielen Religionen als heilig gelten.

# Eiche

Das Zeichnen von Bäumen ist die beste Gelegenheit, um mit Schatten zu experimentieren. Bedenken Sie dabei aber: 1. Schatten passen sich der Form des Untergrundes an, auf den sie fallen; 2. Schatten sind oft nicht „einfarbig", sondern voller Zwischentöne; 3. manchmal sind sogar Oberflächen und andere Details im Schatten zu erkennen; 4. gerade bei Bäumen haben Schatten oft hellere Stellen, wenn Licht durchs Laub fällt.
Für eine genaue Zeichnung müssen Sie immer wissen, woher das Licht kommt und wie es sich aufs Motiv auswirkt. Bei dieser Eiche scheint die Sonne durch die Lücken im Laub und zeichnet einen entsprechenden Schatten auf den Boden.

Fangen Sie mit einer lockeren Skizze der Umrisse an, die Sie immer weiter verfeinern wie in den Schritten 1 bis 3. Dann schraffieren Sie den Stamm mit der Breitseite eines Bleistifts Härte HB und legen die kleineren Äste mit der Spitze an. Schließen Sie das Blätterdach nicht ganz, damit die Sonne durch die Lücken scheinen kann. Beginnen Sie mit den ersten Strukturen des Schattens, den der Baum auf das Gras des sanften Abhangs wirft.

1

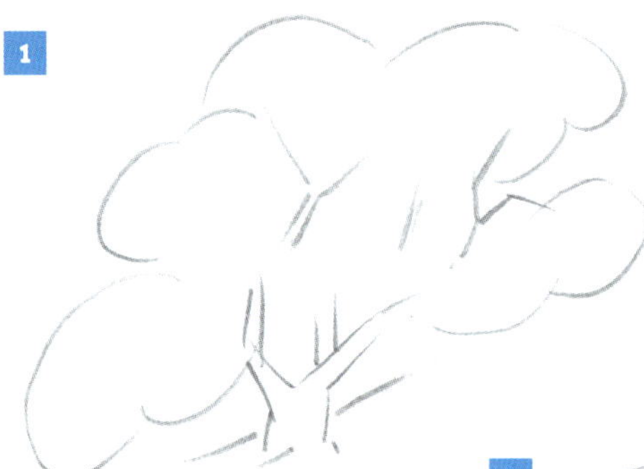

2

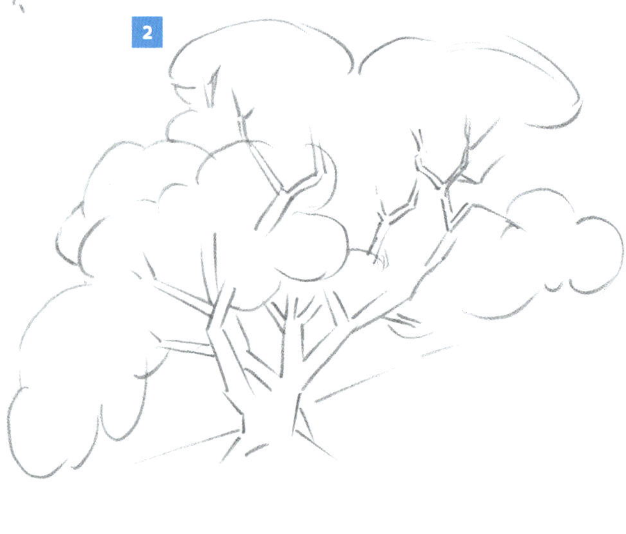

TIPPS

3

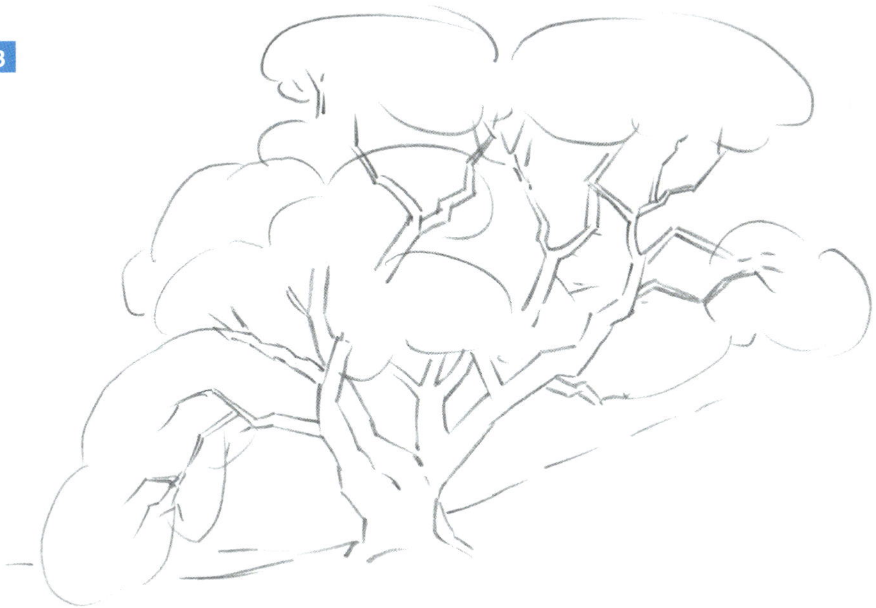

4

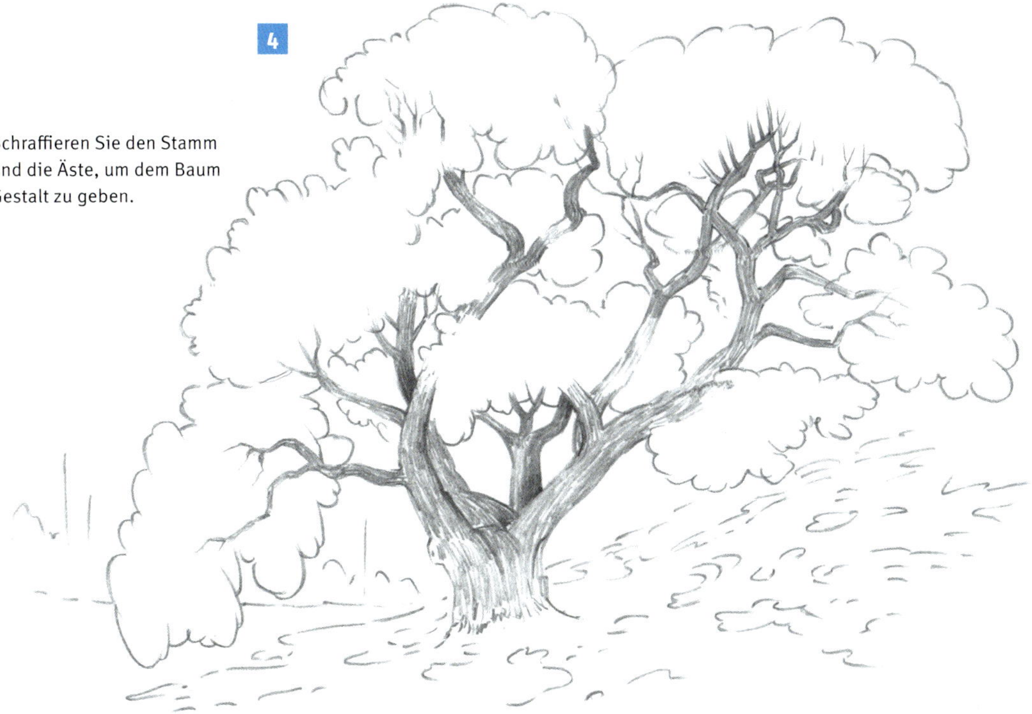

Schraffieren Sie den Stamm und die Äste, um dem Baum Gestalt zu geben.

15 MIN

Bewahren Sie Ihre Arbeiten möglichst in Mappen auf und vertrauen Sie nicht auf die Lichtechtheit des Papiers!

TIPPS

5

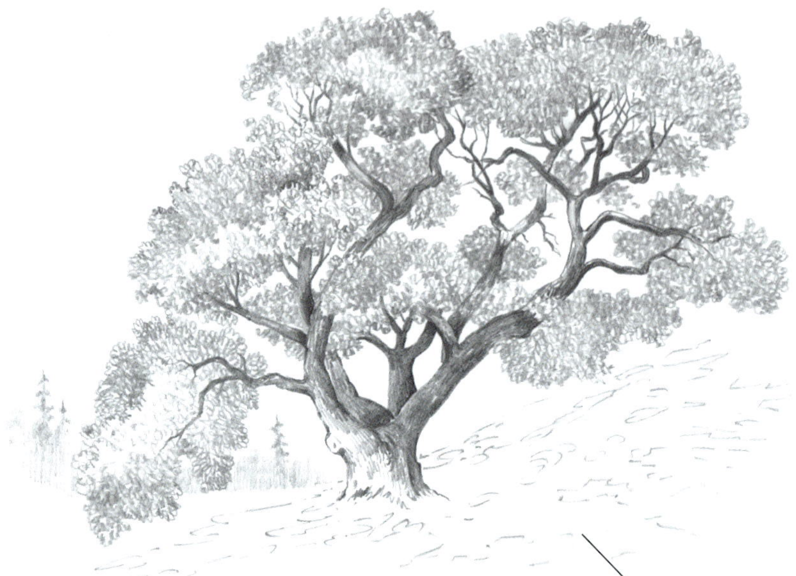

*Lassen Sie helle Sonnenflecken frei.*

Zeichnen Sie die Bäume im Hintergrund mit einem Bleistift in Härte HB ganz leicht ein. Dann schraffieren Sie den Stamm. Versuchen Sie beim Laub gar nicht erst, jedes Blatt zu zeichnen; deuten Sie die Blätter nur an – mit regelmäßigen elliptischen Formen.
Für den Schatten, den Sie zum Schluss zeichnen, verwenden Sie die feine Spitze eines Bleistifts Härte HB. Mit kurzen aufrechten Strichen zeigen Sie das Gras. Achten Sie darauf, dass der Schatten in der Mitte am dunkelsten ist und zu den Rändern hin heller wird. Zeichnen Sie einige waagrechte Striche ein, die herabgefallenes Laub darstellen sollen. Mit einem spitzen Bleistift in Härte 2B betonen Sie zum Schluss die dunkelsten Stellen des Bildes.

6

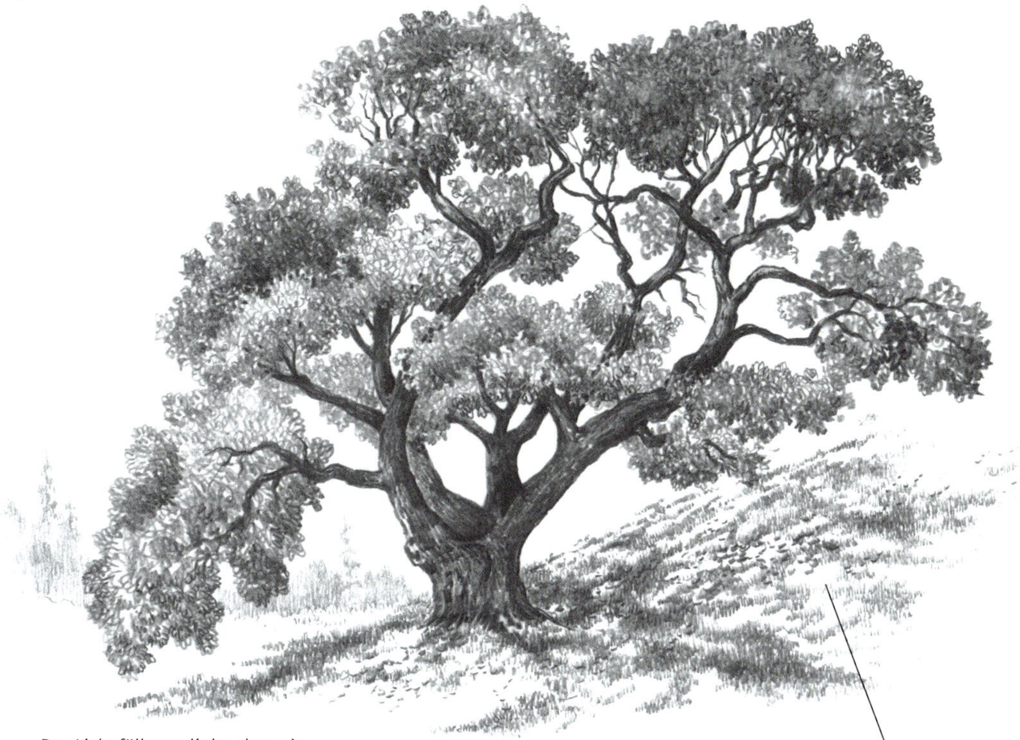

Das Licht fällt von links oben ein. Der Baum versperrt dem Licht den Weg und wirft Schatten auf den Boden.

*Herabgefallenes Laub und Zweige deuten Sie mit kurzen, unregelmäßigen Strichen an.*

# Wolken

## Wie von Meisterhand

Wenn Sie bei sehr komplexen Motiven von vornherein sehr viel Zeit einplanen, dann haben Sie auch die erforderliche Geduld.

TIPPS

Wolken sollten in keinem Landschaftsbild fehlen, da sie die Stimmung sehr stark beeinflussen: Manche wirken unglaublich dramatisch, andere verbreiten Stille und Harmonie.

### Wolkenformationen vorzeichnen

Mit wenig Druck und einem weichen Bleistift (2B) zeichnen Sie die Umrisse der Wolke(n) vor. Dann schraffieren Sie den Bereich des Himmels um die Wolke mit der Breitseite des Bleistifts. So erscheinen die Wolken voll und weich.

1

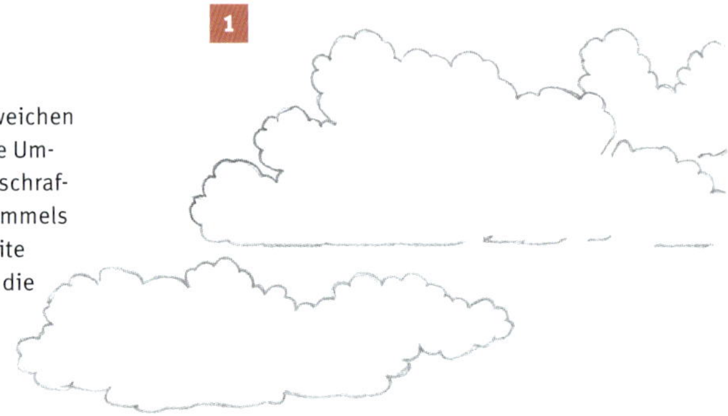

2

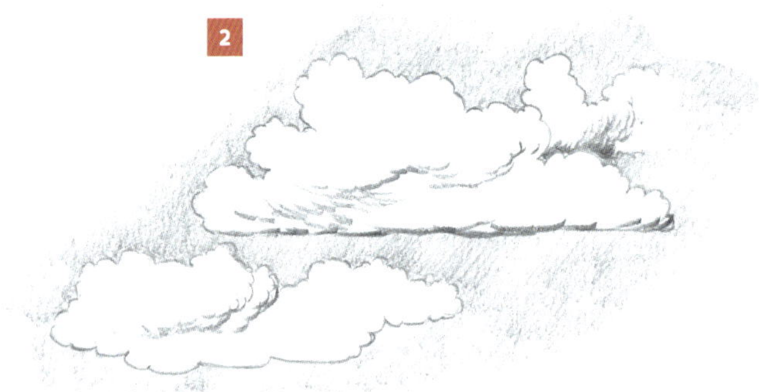

3

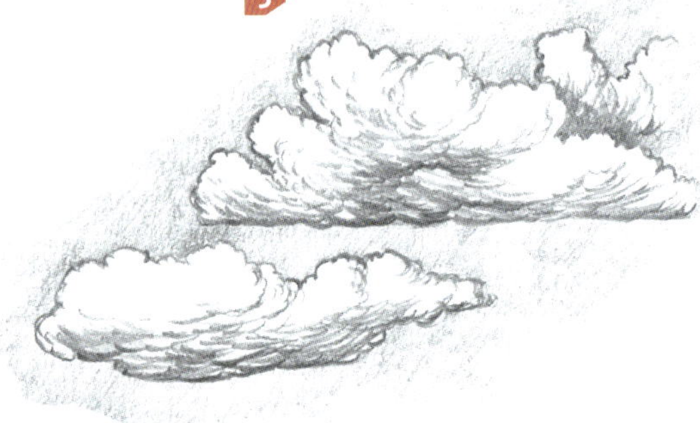

Sehen Sie sich die unterschiedlichen Wolkentypen auf dieser Seite genau an und üben Sie, sie zu zeichnen. Versuchen Sie weiche, leicht wirkende Wölkchen und Wolken ebenso gut zu gestalten wie lang gestreckte, dünne, graue. Halten Sie auch am Himmel Ausschau nach besonderen Wolken und zeichnen Sie sie.

## Cirrus fibratus

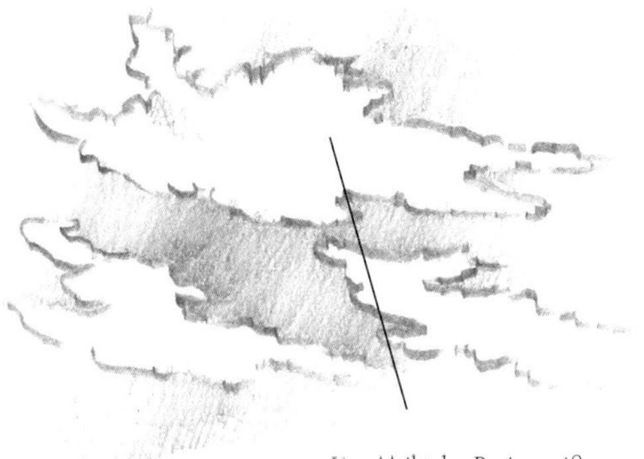

*Hier bleibt das Papier weiß, was die Wolke dünn und flach aussehen lässt.*

## Cumulus fractus

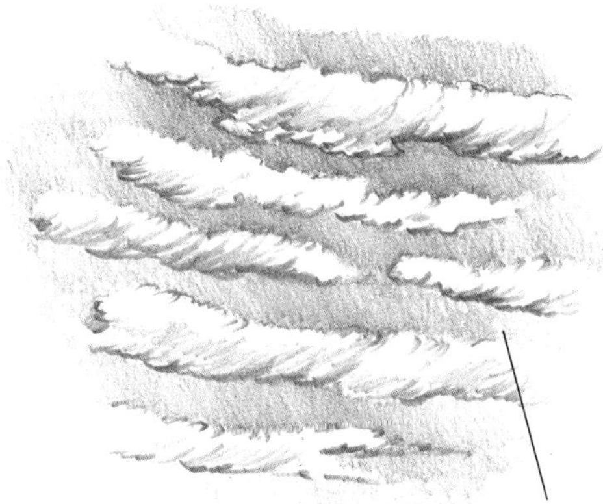

*Mit der abgerundeten Spitze eines weichen Bleistifts geben Sie Wolken etwas Volumen.*

## Cumulonimbus

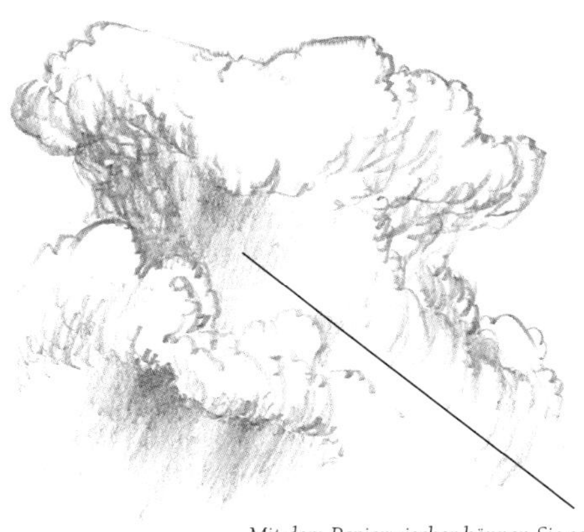

*Mit dem Papierwischer können Sie solche Zwischentöne am besten gestalten.*

## Altocumulus

*Mit gleichmäßigen Schraffuren rund um die Wolke gestalten Sie den Himmel.*

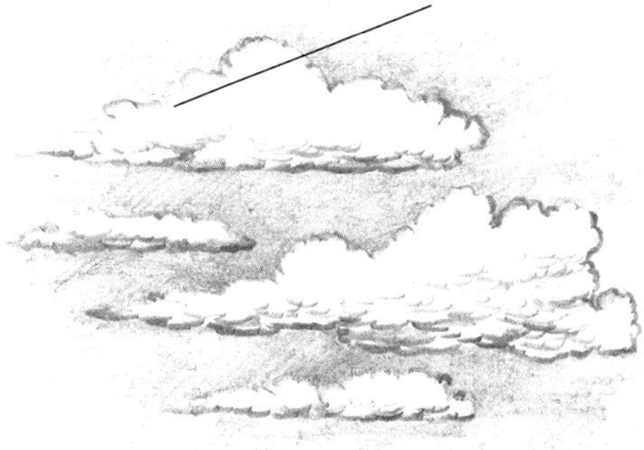

# Steine und Felsen

## Lichteinfall – Lichtquelle

Die Schatten sind kurz, wenn die Lichtquelle hoch oben ist. Je tiefer die Lichtquelle, desto länger die Schatten.

Ein elementarer Faktor ist Licht: Halten Sie in Ihren Skizzen auch fest, aus welcher Richtung das Licht auf die Szenerie fällt: Mit dieser Information ist es leichter, Licht und Schatten im Bild an die richtigen Stellen zu setzen. So werden nicht nur Felsen oder Bäume, sondern auch kleinere Objekte wie Äste, Tannenzapfen, Blumen oder Pilze auf dem Boden immer natürlich und realistisch aussehen.

### Natürliche Formen schraffieren

Wichtig beim Schraffieren ist es, die Striche nicht kreuz und quer aufs Blatt zu zeichnen, sondern mit der Schraffur die natürliche Form dessen, was Sie zeichnen, herauszuarbeiten. In diesem Beispiel zeigt Schritt 1 nicht nur an, woher das Licht kommt: Die Pfeile auf den Felsen zeigen an, in welche Richtung die Schatten fallen.
In Schritt 2 ist zusätzlich die Richtung vermerkt, in die jeder Wasserarm fließt.

1

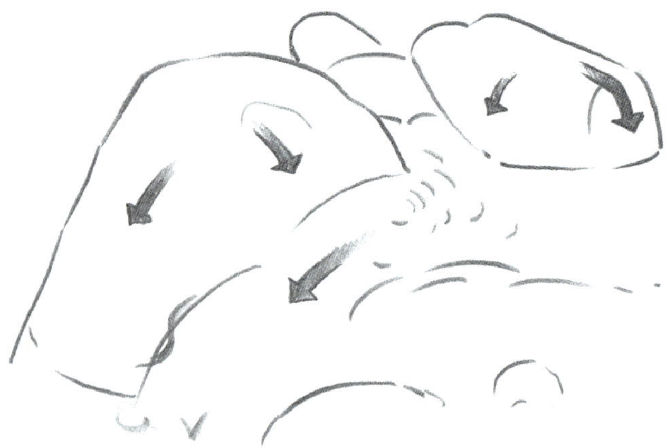

*Je genauer Sie die Natur auch im Detail beobachten, desto realistischer werden Ihre Zeichnungen.*

TIPPS

2

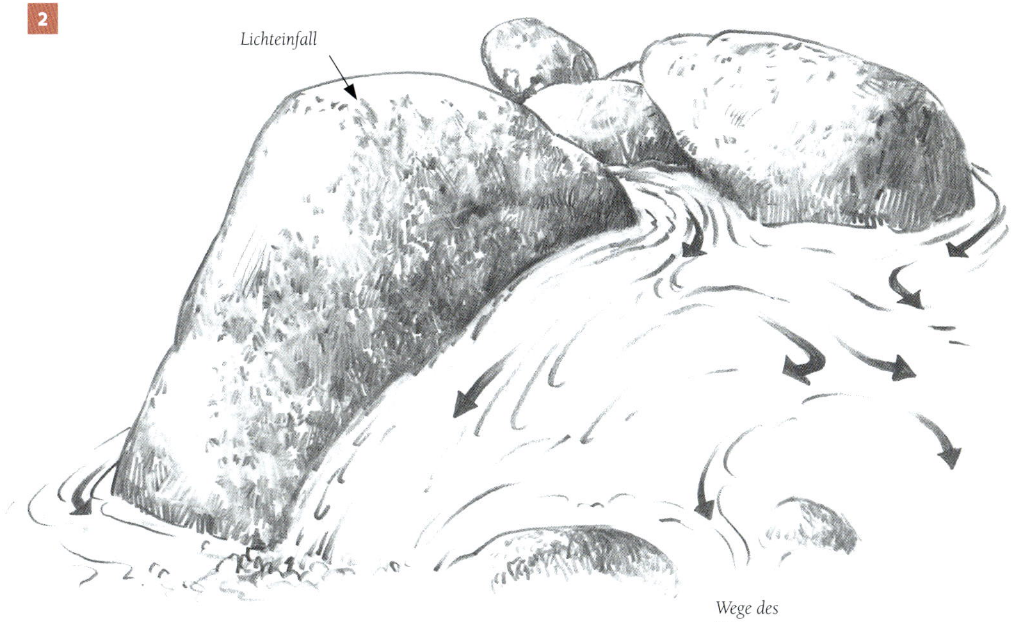


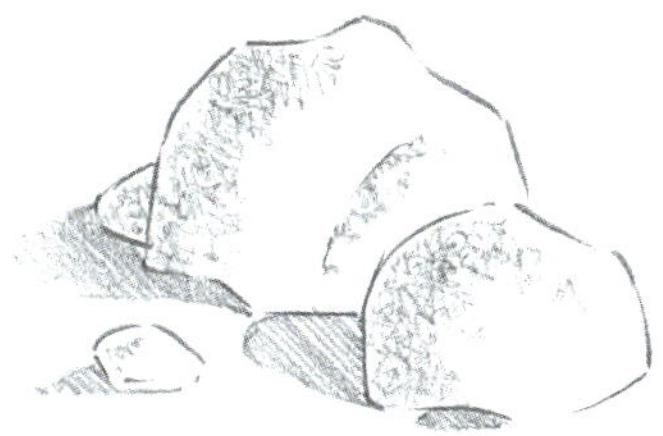

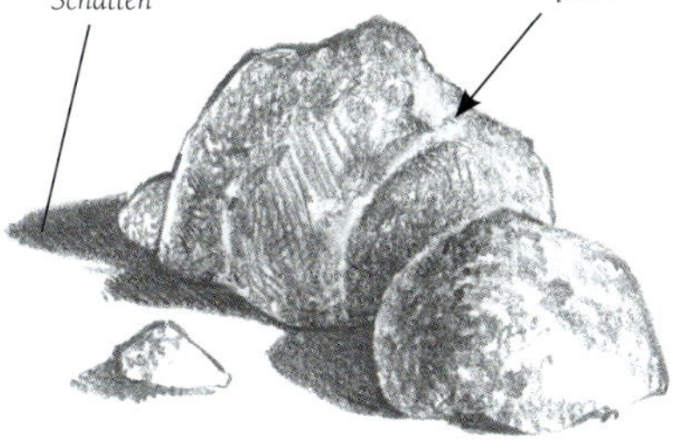


Um solche Steinformationen zu gestalten, zeichnen Sie zunächst die groben Umrisse. Dann folgen Schraffuren in unterschiedlicher Stärke und Richtung, mit denen Sie die Rundungen und die rauen Oberflächen darstellen. Die Steine werfen Schatten, die immer die dunkelste Stelle im Bild sind.

# In der Sonne

Kneifen Sie die Augen zusammen – dann können Sie helle, dunkle und mittlere Grautöne besser erkennen.

Damit Steine so aussehen, als würde die Sonne auf sie scheinen, gehen Sie an sich in denselben Schritten vor wie auf Seite 166/167. Radieren Sie dann für helle Stellen die Schraffuren wieder aus, oder lassen Sie die Stellen gleich weiß.

1

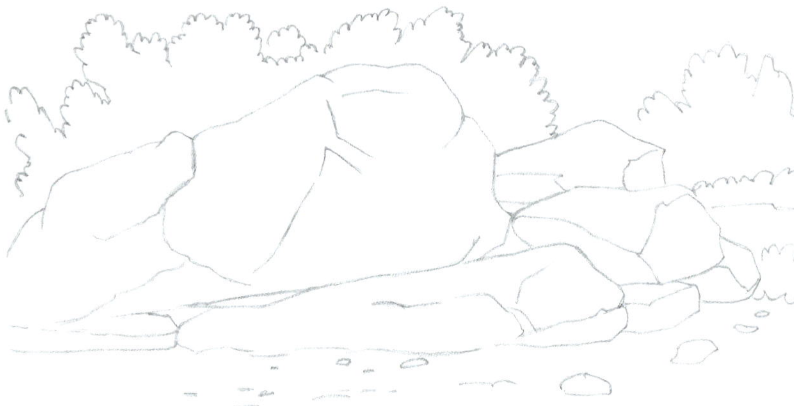

2

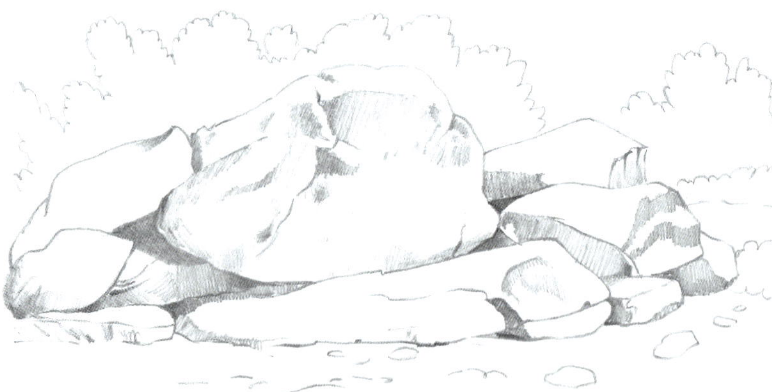

TIPPS

3

*Dunkle Schattenstellen wie dieser kleine Abbruch sind wichtig für eine Gesteinsformation.*

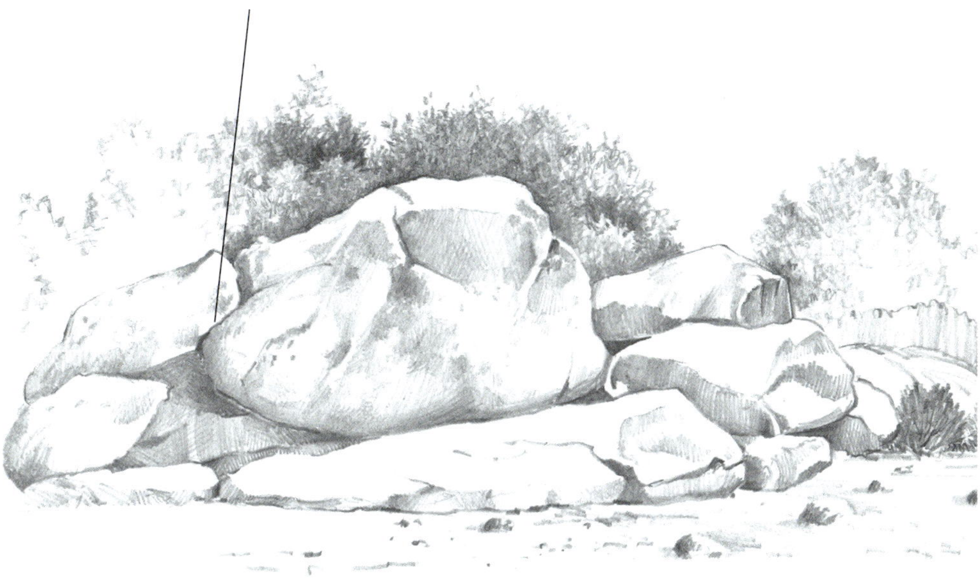

Laub ist ein idealer Hintergrund für Steine, da die lebhafte Struktur der Blätter in schönem Kontrast zu den glatten Steinen steht. Zeichnen Sie die Umrisse der Büsche von Anfang an mit und gestalten Sie dann das Laub mit unterschiedlichen Schraffuren nicht zu detailliert.

15 MIN

Denken Sie beim Zeichnen daran, dass jede Übung Ihre Handschrift lockert und sie gleichzeitig präziser werden lässt.

# Der Bach

Eine Landschaft mit einem Bach und Steinen zu zeichnen, ist eine schöne Aufgabe für einen Künstler, denn hierbei können Sie die Gestaltung und die Wirkung unterschiedlicher Oberflächen üben. Wichtig ist, dass der Grundaufbau der Szene stimmt, dass die Objekte sich im richtigen Maß überlappen, dass die Perspektiven stimmen und dass alle Bildelemente ausgewogen sind. Ist alles harmonisch, ersparen Sie sich viele mühsame Korrekturen.

1

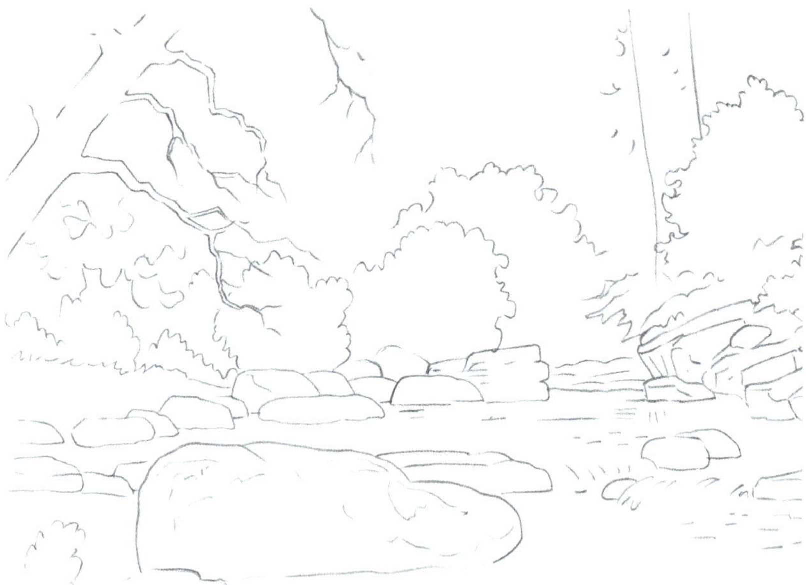

TIPPS

2

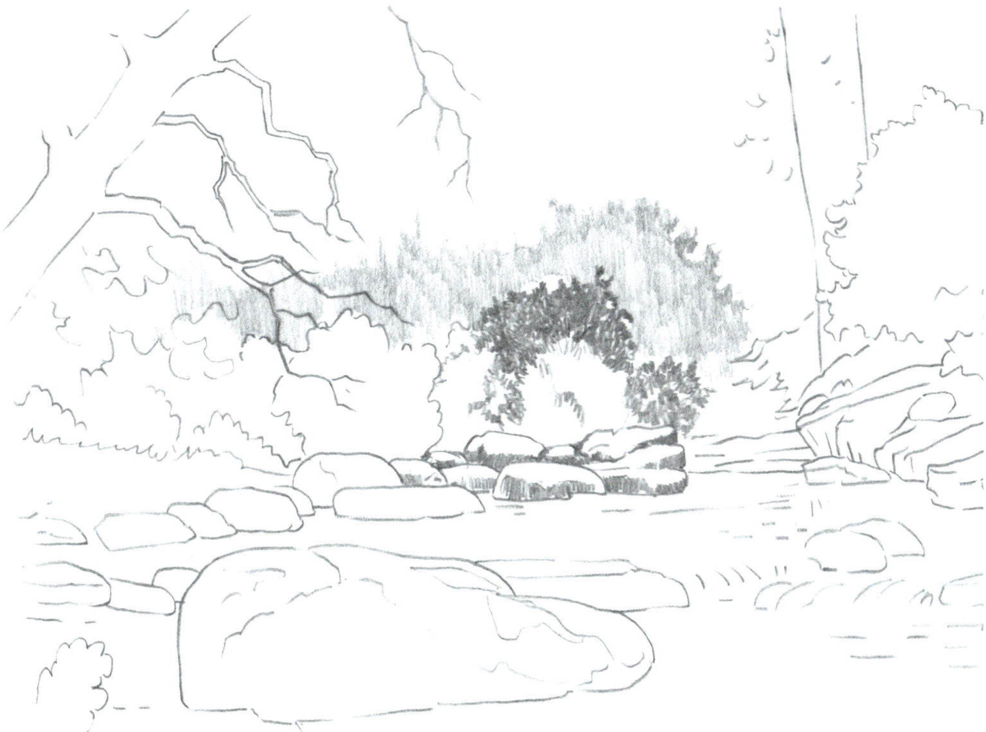

## Die Szene anlegen

Sie beginnen bei einer so komplexen Szene am besten mit den Bäumen im Hintergrund. Dann folgen die Bildelemente in der Mitte und im Vordergrund. Zeichnen Sie Umriss für Umriss und behalten Sie das große Zusammenspiel im Auge. Wenn Sie anschließend mit den Schraffuren beginnen, halten Sie sich nicht zu sehr an einem Objekt auf. Das ganze Bild soll später einen einheitlichen und harmonischen Eindruck vermitteln.

15 MIN

Die meisten Landschaften bestehen aus drei Räumen: dem Hintergrund, der Mitte und dem Vordergrund. Im Hintergrund befinden sich die Bereiche, die am weitesten vom Betrachter entfernt sind; der Vordergrund ist dem Betrachter am nächsten. Vordergrund, Motiv und Hintergrund brauchen im Bild nicht gleich viel Platz.

TIPPS

3

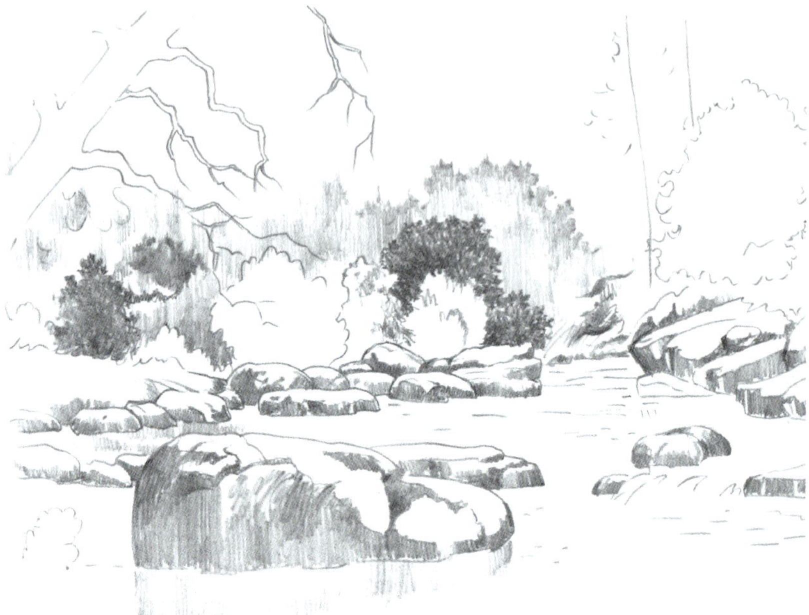

Mit der Seite des Bleistifts (HB) und sehr gleichmäßigen Strichen schraffieren Sie die Spiegelungen der Steine und Bäume im Wasser. Denken Sie aber daran, die Silhouetten in bewegtem Wasser etwas zu verzerren wie bei den Steinen an der kleinen Stromschnelle. Achten Sie bei einem Landschaftsbild auf alle Details und hier vor allem auf die Steine: Stimmt die Richtung der Schraffuren, haben Sie an die tiefen Schatten bei Kuhlen und Rissen gedacht und an den hellen Sonnenschein auf der Oberfläche?

4

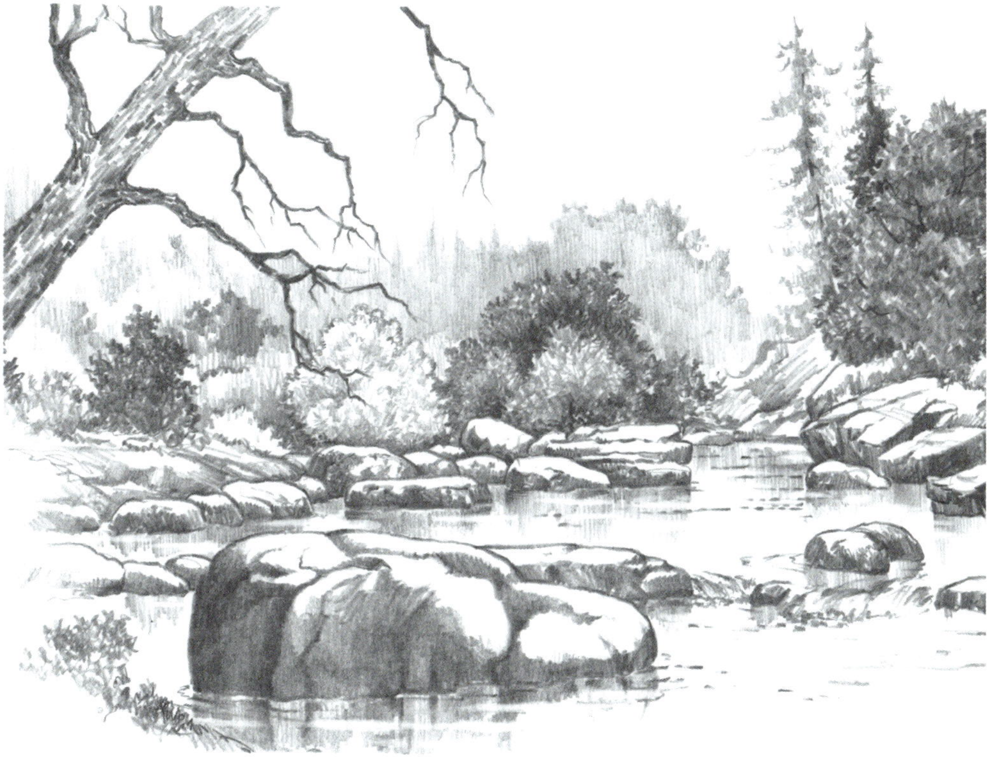

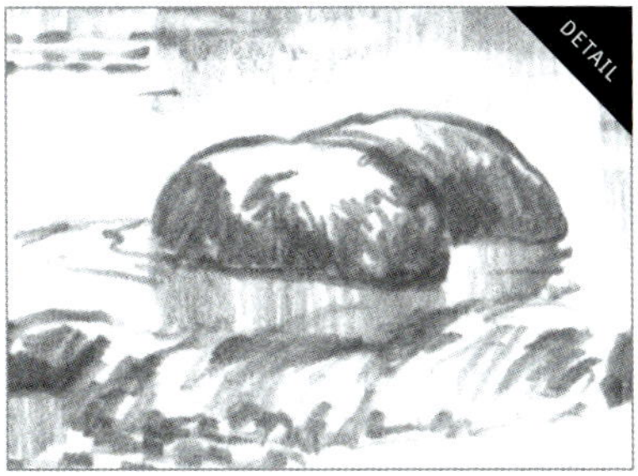


Steine im Bild rechts

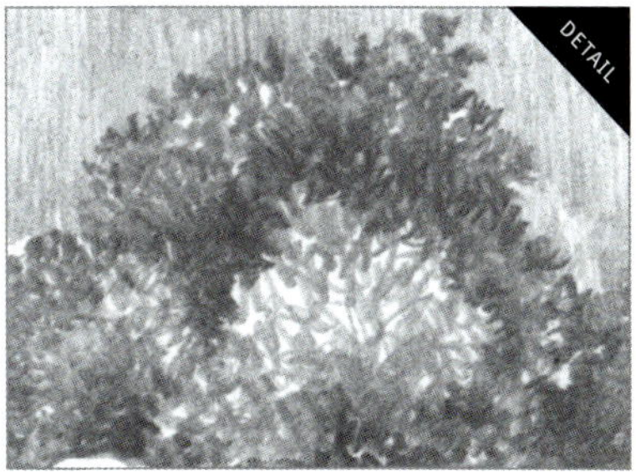


Gebüsch im Hintergrund

# Berge

## Imposante Bergwelt

Hier sehen Sie, wie man eine solche große Naturlandschaft zeichnerisch plant und langsam zum Leben erweckt.

Im Lauf Ihrer Entwicklung als Zeichner erkennen Sie immer schneller, wann ein Bild fertig ist: Nicht überzeichnen!

1

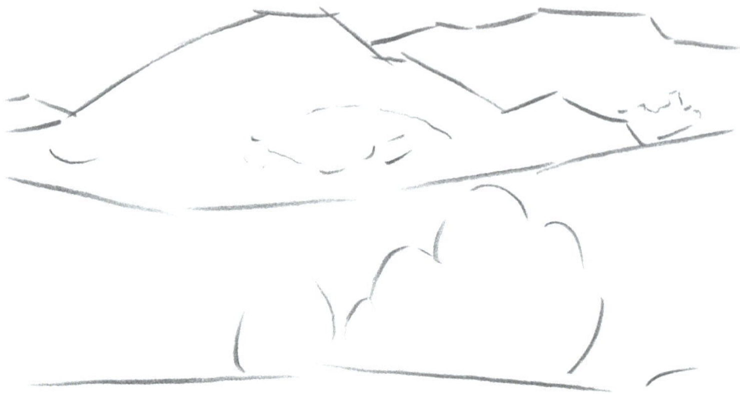

Diese imposante Bergwelt begann ihr Leben auf dem Blatt als einfache Skizze – gezeichnet mit wenigen Linien.

2

In Schritt 2 wurde mit senkrecht oder diagonal gesetzten Schraffuren das Relief der Felsen angedeutet.

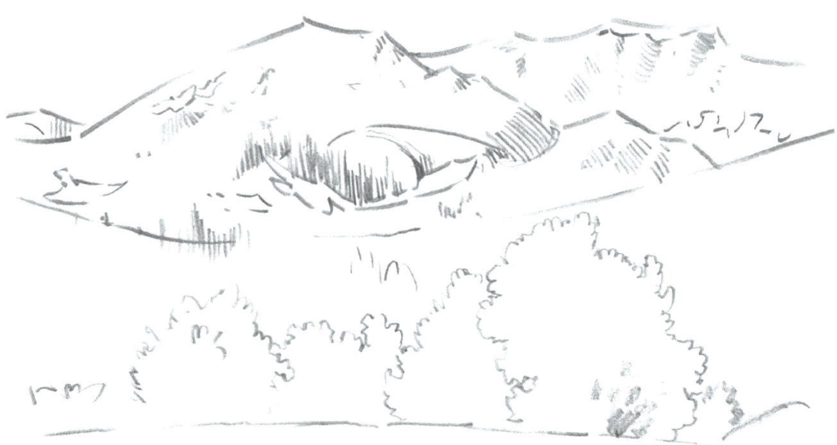

3

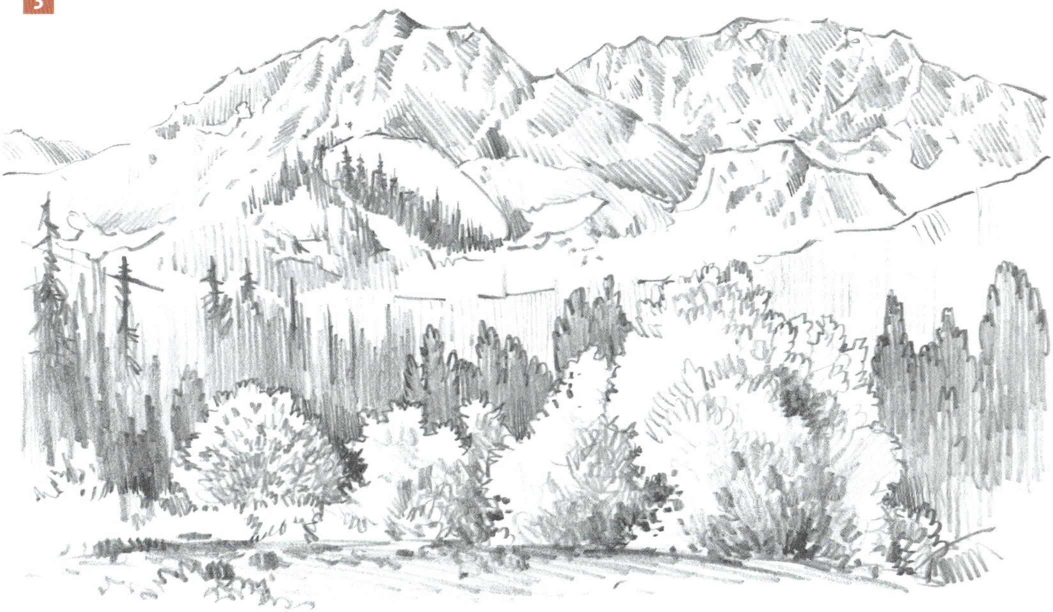

Das Schlussbild zeigt, wie mit einfachen Strichvarianten das Panorama dieses kleinen, an einem Fluss gelegenen Bergmassivs mit seiner Bewaldung Gestalt annimmt. Die feinen senkrechten Striche halten den Verlauf der Baumreihen fest und die lebhafteren Striche definieren die Masse des Buschwerks, während man das Felsrelief mit gleichförmigen, gewinkelten Strichen anlegt.

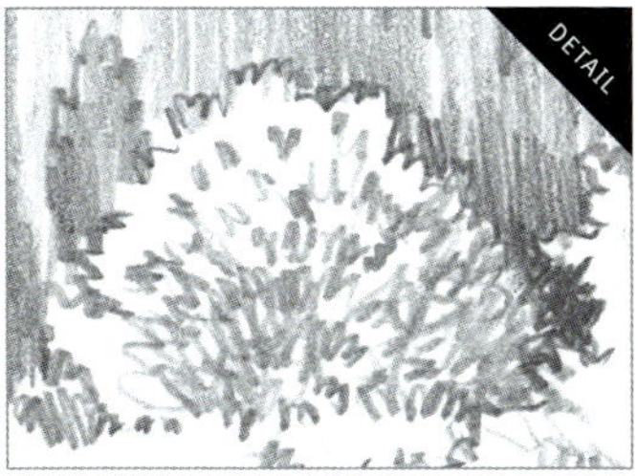


Gebüsch im Vordergrund

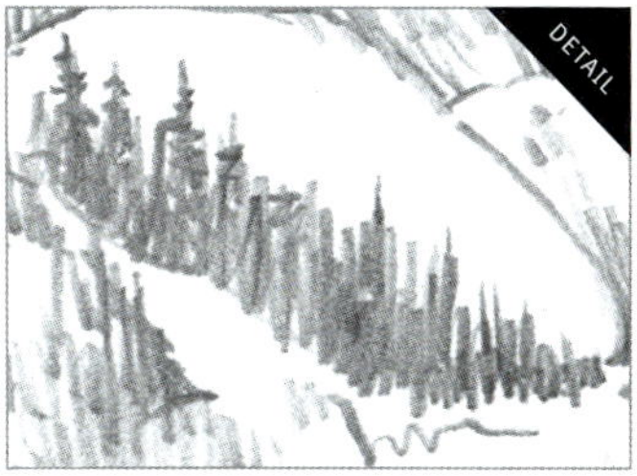


Tannen im Hintergrund

# Tiefe und Entfernungen

Der häufigste Fall angewandter Perspektive ist eine weite Landschaft. Sehr schön kann man das Prinzip an diesem Motiv studieren, das einen Blick in eine Halbwüste zeigt. Das Bild ist auch ein interessanter Fall einer Skizze, die der Künstler erst vor Ort angefertigt hat, um sie anschließend im heimischen Atelier nach einem Foto und den Stichworten, die er im Skizzenblock festgehalten hatte, fertig auszuarbeiten. So wusste er z. B. noch, dass der „Baum" vorne im Bild, der dem Auge Halt gibt, ein Indigobusch ist. Solche Feinheiten geben dem kleinen, schnell zu realisierenden Motiv eine überraschende Lebendigkeit.

1

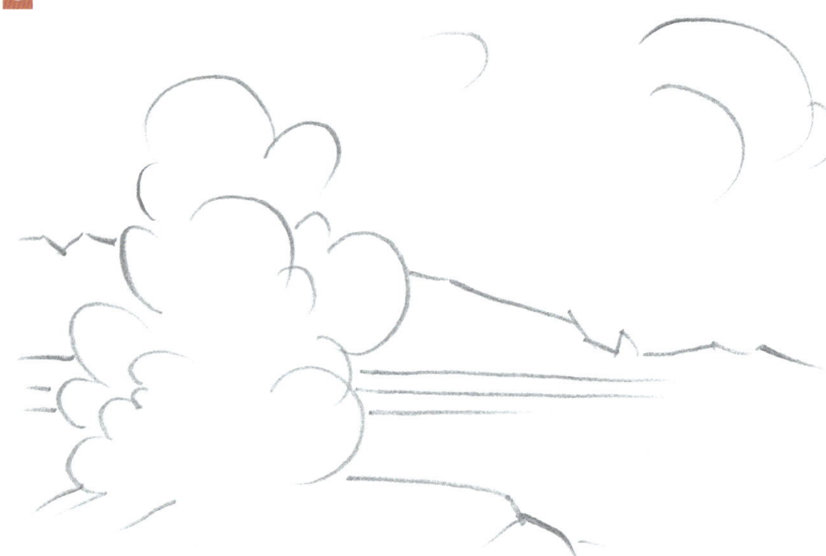

Halten Sie zunächst nur die wenigen Elemente in ihren Grundformen fest, die für den Aufbau der Perspektive wichtig sind: den Busch vorne links, die Bergkette, die Struktur der Wolken am Himmel.

Viele große Künstler hatten einen so eigenen Stil, dass man ihre Werke bis heute am Strich erkennt. Van Goghs Bilder sind ein Fest der Kalligraphie, Seurat ist geradezu der Erfinder des Pointillismus und Giacomettis Skizzen sind unerreicht. Aber auch Sie können einen ganz eigenen Strich entwickeln.

TIPPS

2

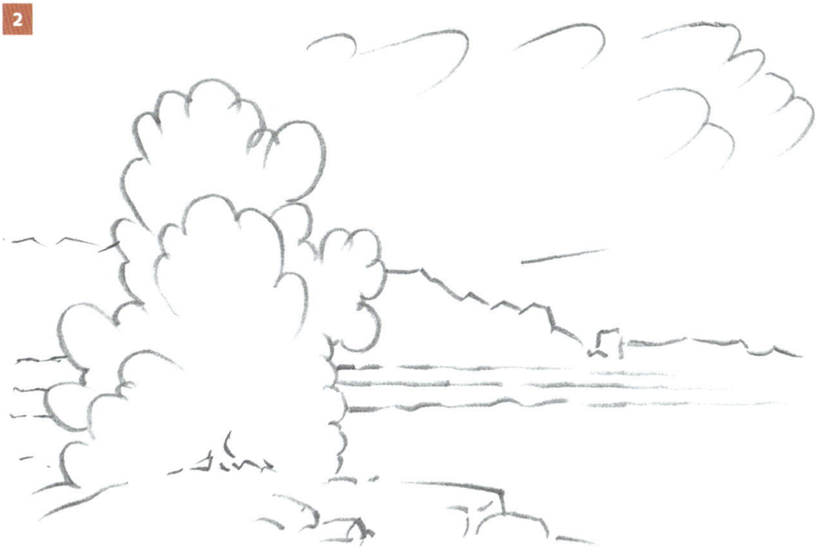

Diese Grundrisse arbeiten Sie anschließend naturnah aus, wobei Sie vor allem die langen Striche aufbrechen und als Hilfslinien ausradieren, die Sie nicht mehr brauchen.

3

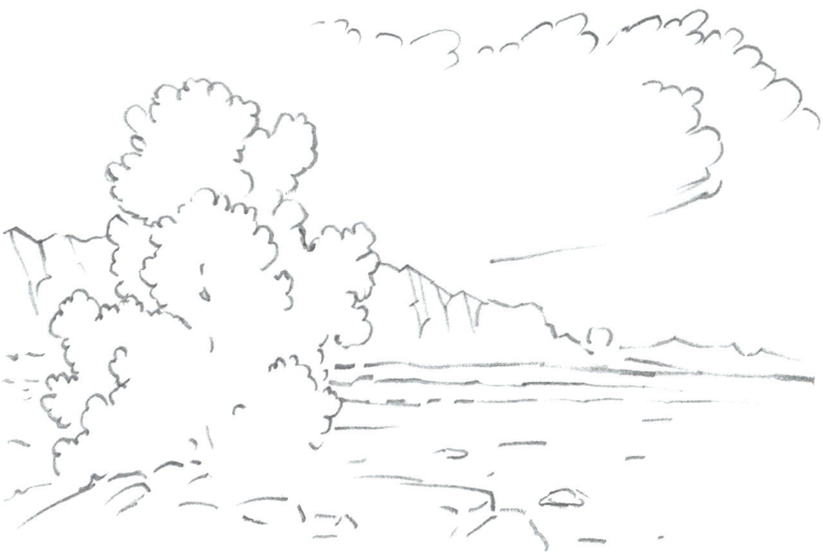

Die wichtigsten Details gestalten: das Laub des Busches, die Klippenstruktur der Berge, die ausgefransten Wolkenränder und die Grundstruktur der Ebene.

Versuchen Sie den skizzenhaften Charakter der Vorlage einzufangen. Er ist besonders charmant.

**4**

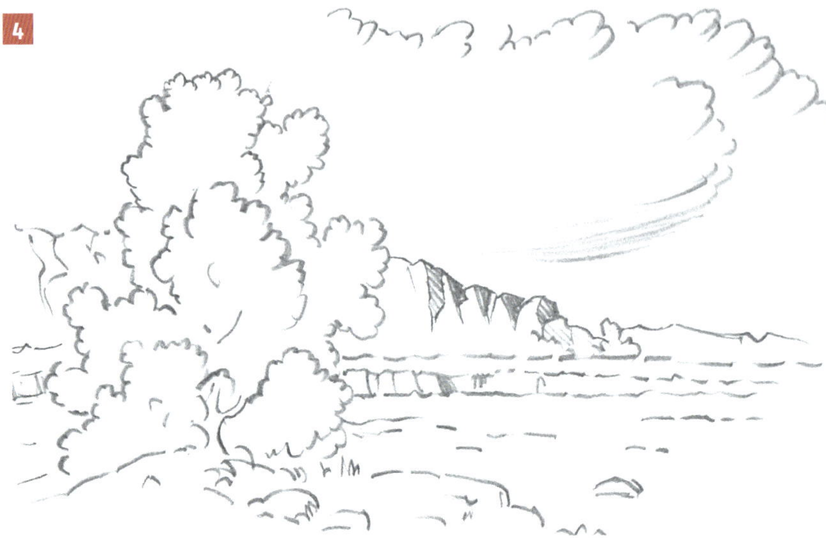

Mit den ersten Schraffuren Licht und Schatten ins Spiel bringen und die Formen zum Leben erwecken.

**5**

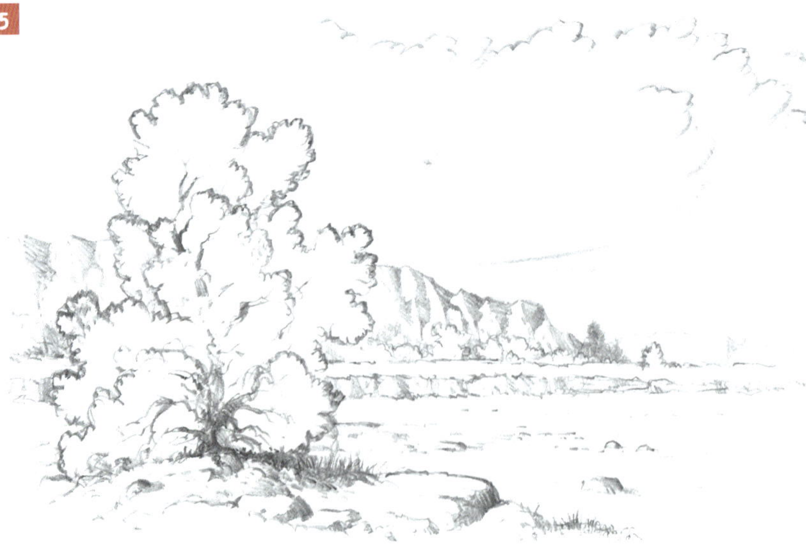

Dieses Motiv lebt von der Klarheit des Aufbaus. Schraffieren Sie deshalb nicht zu stark ins Detail: Hier soll das Auge die Weite der Landschaft genießen können, und nicht von Detail zu Detail springen.

## Geschachtelte Landschaften

Wie einfach es ist, die Illusion von Tiefe zu erzeugen, sehen Sie sehr gut am Beispiel unten: Der Weg wird schmaler, je weiter er sich in der Ferne verliert, und die Hügel und Berge sind ineinander- und übereinandergeschoben. Damit diese auffallenden Linien nicht zu schroff wirken, zieht rechts vorne in der Mitte das kleine Haus den Blick auf sich.

Üben Sie diese Art des Bildaufbaus mit solchen einfachen Landschaften. Experimentieren Sie auch mit unterschiedlichen Büschen und Bäumen – dies verändert eine Landschaft enorm. Wege zeichnen Sie immer als zwei einfache Linien, die sich mehr oder wenig schnell annähern.

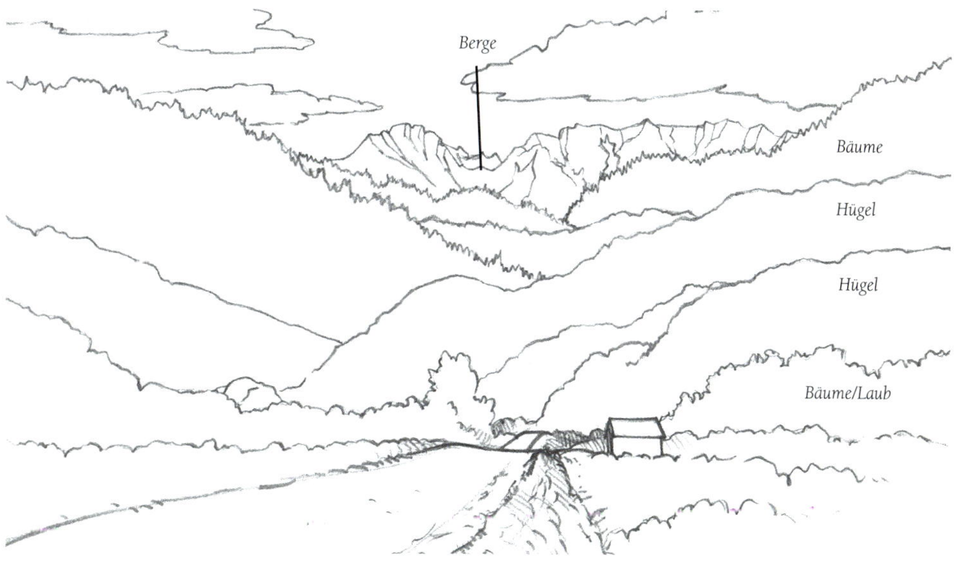

# Perspektiven richtig anwenden

Die Perspektive muss stimmen! Deshalb lohnt es sich, dafür Zeit einzuplanen.

Um die räumliche Tiefe dreidimensionaler Objekte optisch richtig auf einem Blatt Papier darzustellen, verwenden Zeichner die sogenannte Perspektive. Die Gesetze der Perspektive beruhen darauf, dass man verschiedene Elemente so ins Verhältnis zueinander setzt, dass sie zusammen den Eindruck einer Staffelung im Raum ergeben.
Sie sehen hier die wichtigsten Regeln und Gesetze der Ein- und Zweipunkt-Perspektive.

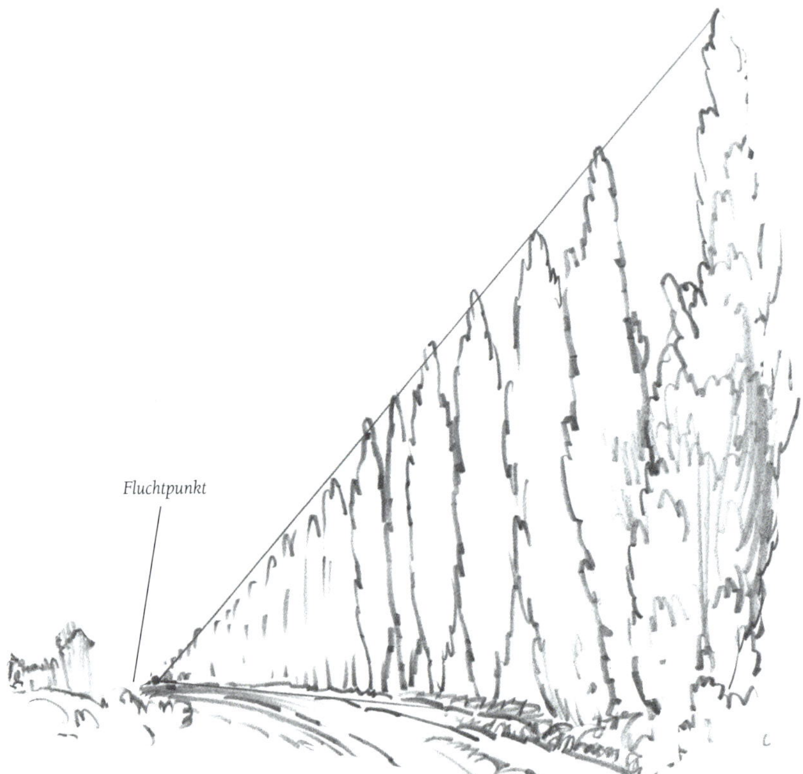


TIPPS

In der Natur wirken Objekte, wie Bäume, immer kleiner, je näher sie am Horizont stehen. Um dieses Phänomen im Bild wiederzugeben, zeichnen Sie, wie in der Abbildung unten, als Erstes eine Linie für den Horizont ein.
Ziehen Sie dann zwei Hilfslinien zu einem Punkt auf der Horizontlinie: eine Linie vom Wipfel und eine vom Fuß des Baums. Der Punkt, an dem sich die Linien treffen, ist Ihr Fluchtpunkt. Sie können nun im Zwischenraum der beiden Linien so viele Bäume, Büsche, Häuser etc. zeichnen, wie Sie wollen – all diese Elemente werden perspektivisch richtig sein.
Wenn Sie wollen, können Sie nach diesem Prinzip auch zwei Fluchtpunkte auf die Horizontlinie zeichnen und so eine ganze Landschaft, wie diese Ebene mit unterschiedlichen Bäumen, darstellen. In diesem Fall entsteht eine Zweipunkt-Perspektive.

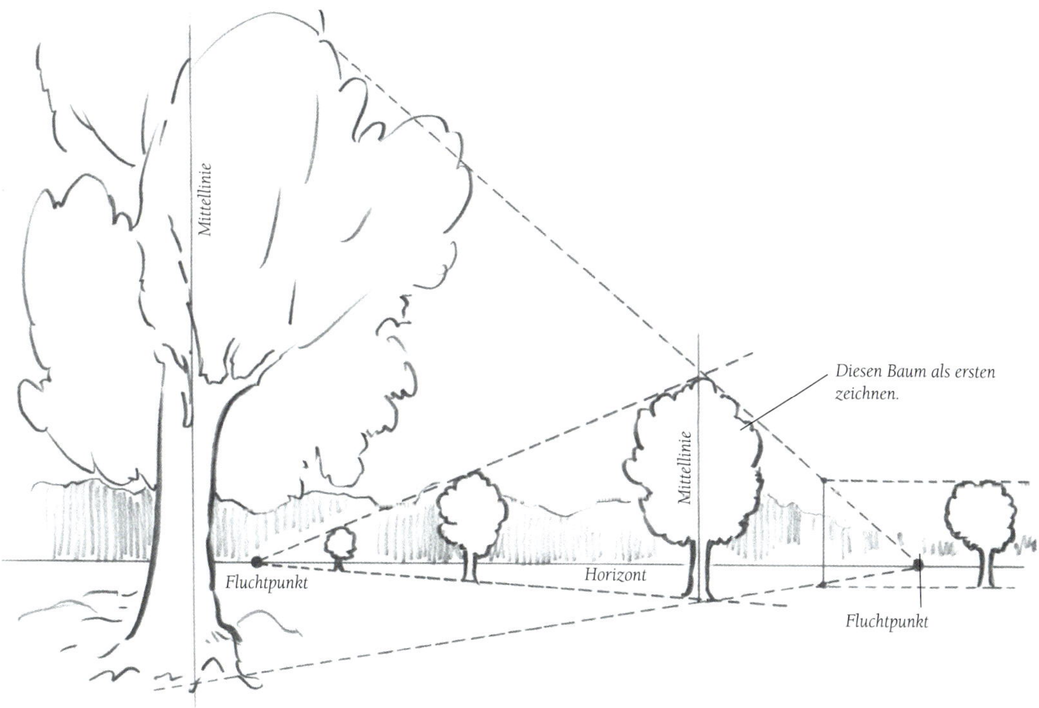


Durch die Gesetze der Perspektive stehen alle Elemente des Bildes zueinander in den richtigen Proportionen.

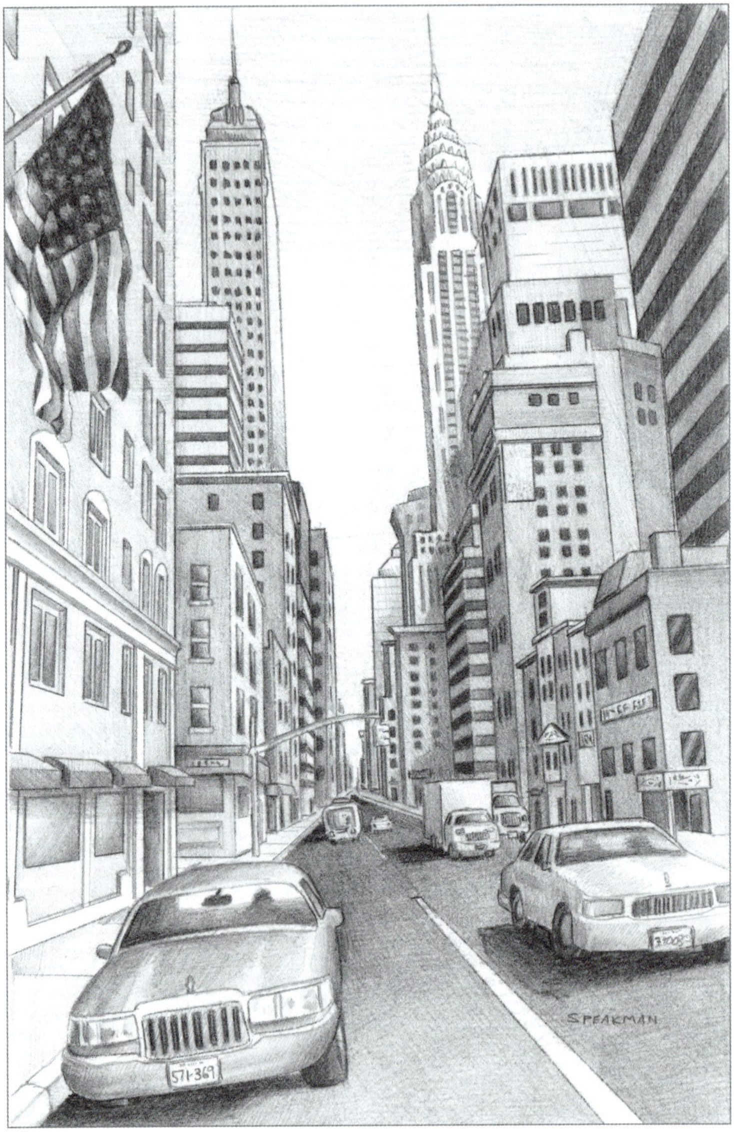
571-369
SPEAKMAN

# Architektur

Wer Architekturzeichnungen lernen möchte, braucht keine teure und umfangreiche Ausrüstung – mit wenigen Stiften und ein paar Blättern Papier können Sie überall und jederzeit loslegen. Für spannende Motive müssen Sie nicht verreisen, Städte und Dörfer in Ihrer Umgebung bieten eine Fülle von Motiven. Bummeln Sie einfach eine Straße entlang und Sie werden jede Menge Formen und Muster entdecken, die sich für eine Zeichenstudie eignen.

Sie werden staunen, wie schnell sich sichtbare Fortschritte einstellen, wenn Sie die Grundtechniken des Zeichnens von Architektur beherrschen.

# Körper formen mit Schraffuren

Durch das Zeichnen unterschiedlicher Schraffuren verwandeln Künstler Linien und Striche auf dem Papier u. a. in räumliche Gegenstände. Unterschiedliche Grautöne entstehen durch das mehr oder weniger starke Verteilen heller und dunkler Striche mit dem Bleistift. Mithilfe der Grautöne nehmen Gegenstände und Lebewesen mehr Form an als durch ihren Umriss.

TIPPS

Zeichnen hat viel mit richtigem Sehen zu tun. Wenn Sie einen Gegenstand oder ein Lebewesen richtig sehen, haben Sie schon das Wichtigste überhaupt – der Rest ist Technik und Übung. Üben Sie daher so oft wie möglich das Zeichnen der Grundformen und der Körper – auch mit einfachen Schraffuren. Am besten holen Sie einige Gegenstände aus Ihrer Wohnung zusammen oder Sie zeichnen Formen von dieser Seite. Wenn Ihnen das noch zu schwer ist, dann legen Sie Pauspapier über die hier abgebildeten Formen und zeichnen sie durch. Das ist kein Betrug – das ist der Anfang.

## Locker beginnen

Am besten halten Sie den Bleistift aus dem Handgelenk (Seite 16). Dann zeichnen Sie eine Reihe lockerer Kreise und arbeiten dabei nicht nur aus dem Handgelenk, sondern mit dem ganzen Arm. Wichtig bei diesen Übungen ist es, wirklich mit dem ganzen Arm aus der Schulter heraus zu zeichnen. Halten Sie auch den Bleistift nicht krampfhaft fest, sonst ermüdet die Hand schnell. Und nun fangen Sie einfach an. Nichts muss perfekt werden – Sie können alle Gegenstände später immer noch feiner ausarbeiten.

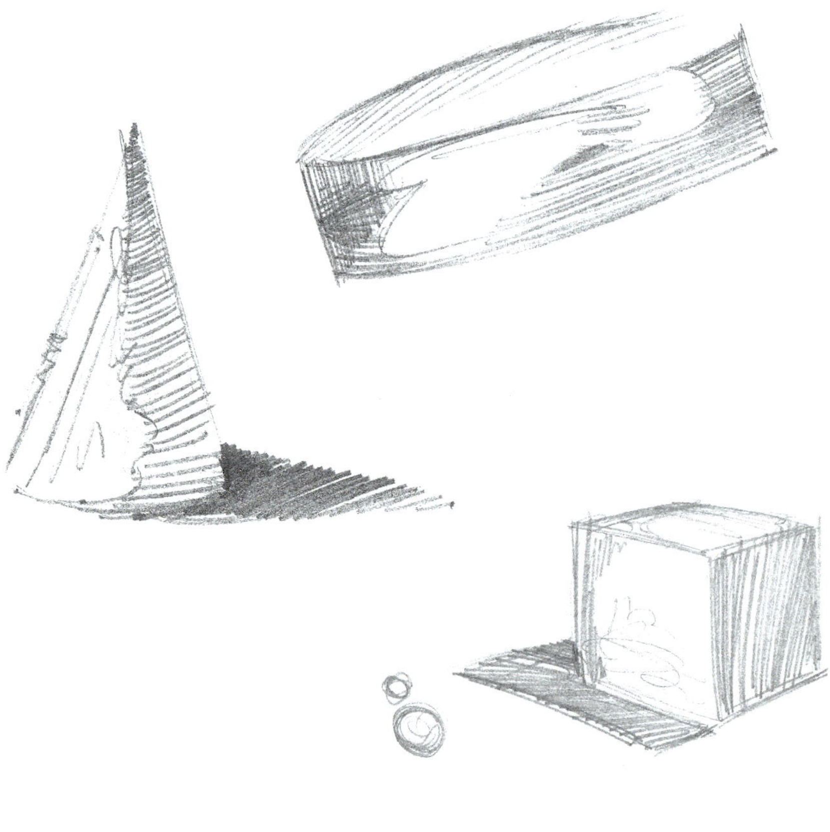

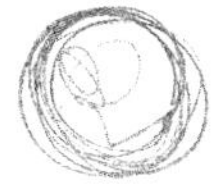

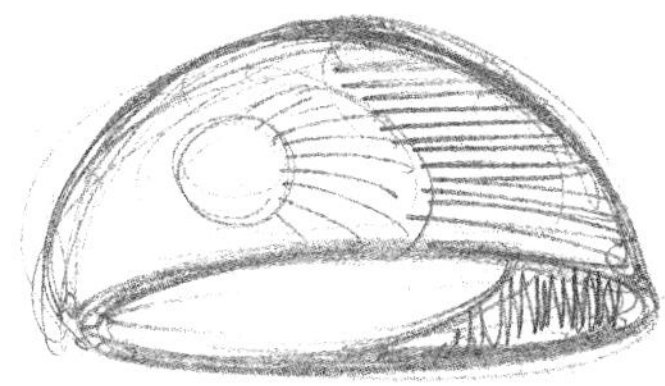

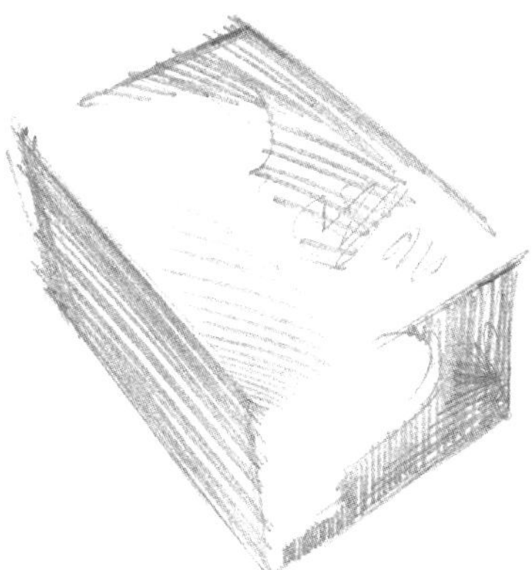

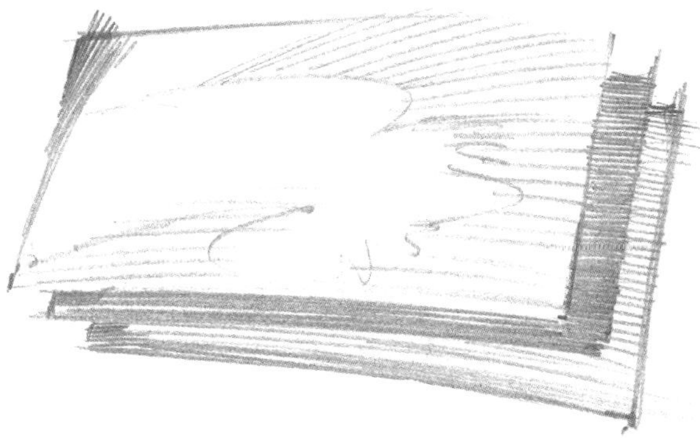

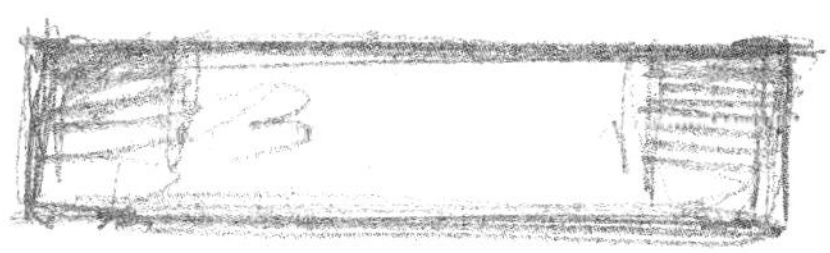

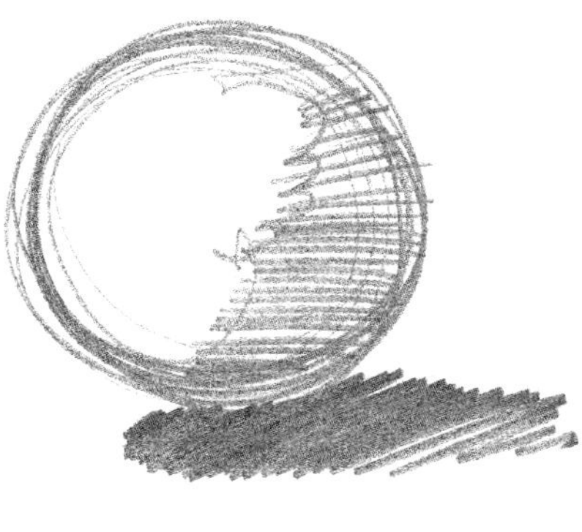

Skizzieren

Skizzieren Sie die Objekte nur ganz locker aufs Papier. Deuten Sie dabei die dunklen Stellen ganz leicht an. Zeichnen Sie auch die Schatten und denken Sie daran, hier die dunkelsten Bereiche zu schaffen. Probieren Sie auch Bleistifte mit verschiedenen Härtegraden aus und experimentieren Sie mit unterschiedlich starkem Druck, um ein Gefühl dafür zu bekommen.

# Einfache Motive

## Der Waldweg

Es gehört zu den Phänomenen unserer Spezies, dass wir Menschen jedes Anzeichen menschlichen Lebens sofort wahrnehmen und mit großer Aufmerksamkeit beobachten. Auch hier auf diesem Waldweg sprang die kleine Hütte am Wegrand dem Künstler ins Auge und wurde zum Mittelpunkt der idyllischen kleinen Szene.
Ein einfaches Mittel unterstreicht die Dominanz der Hütte: Die Vegetation umhüllt mit ihren gebogenen Linien die Hütte, die nur aus geraden Strichen besteht.

Wenn Sie einmal einen Tag lang mit Ihrem Skizzenbuch in der freien Natur sind und möglichst viele unterschiedliche Bäume und Sträucher zeichnen, haben Sie einen Formenschatz, auf den Sie jederzeit zurückgreifen können, wenn Sie einmal einen Baum für eine Zeichnung brauchen.

TIPPS

1

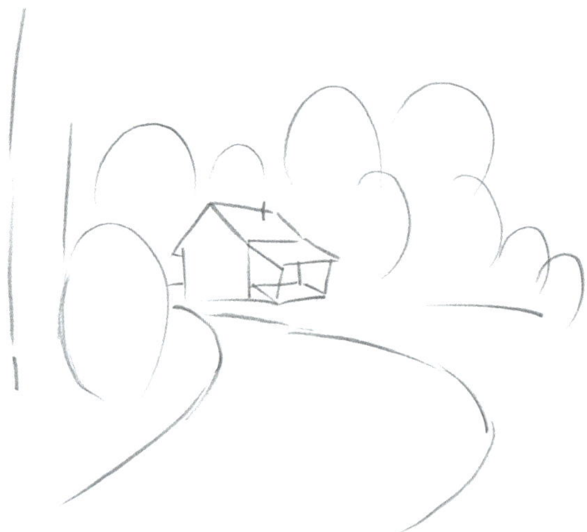

Halten Sie mit wenigen Linien die wichtigsten Elemente der Natur und der Hütte fest. Achten Sie wie immer vor allem auf die Proportionen der Elemente zueinander und darauf, dass die Perspektive stimmt.

2

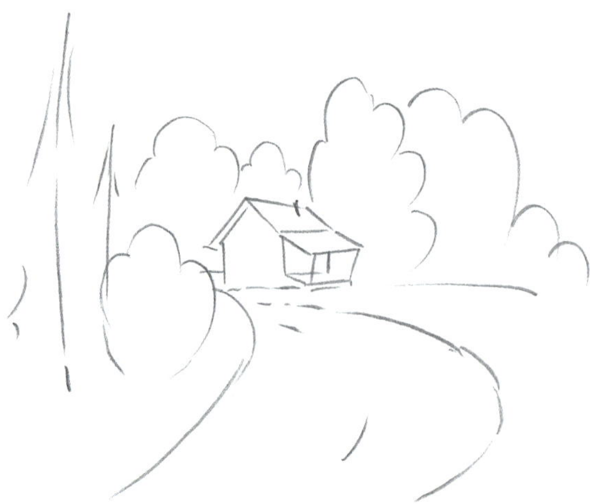

Tasten Sie sich mit runden Linien näher an die natürlichen Formen der Bäume heran und geben Sie der Hütte erkennbare Holzstrukturen.

3

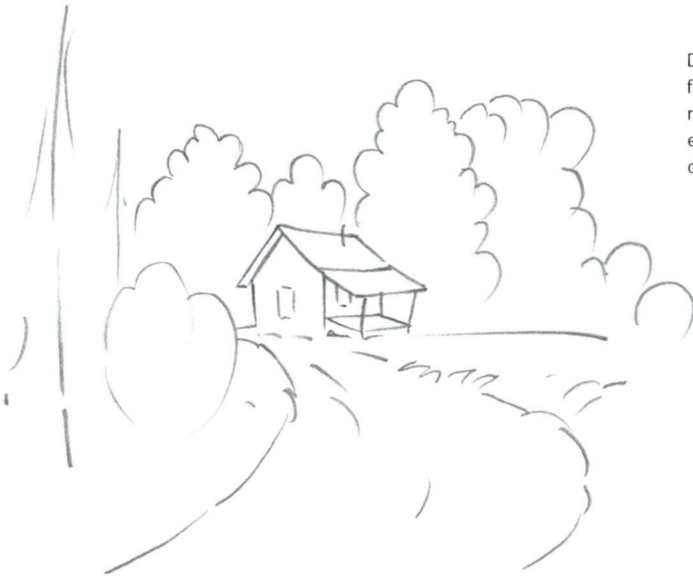

Das Laub der Bäume duftiger fassen und das Gras am Wegrand einzeichnen. Die Hütte erhält Fenster und den Bau der Veranda.

4

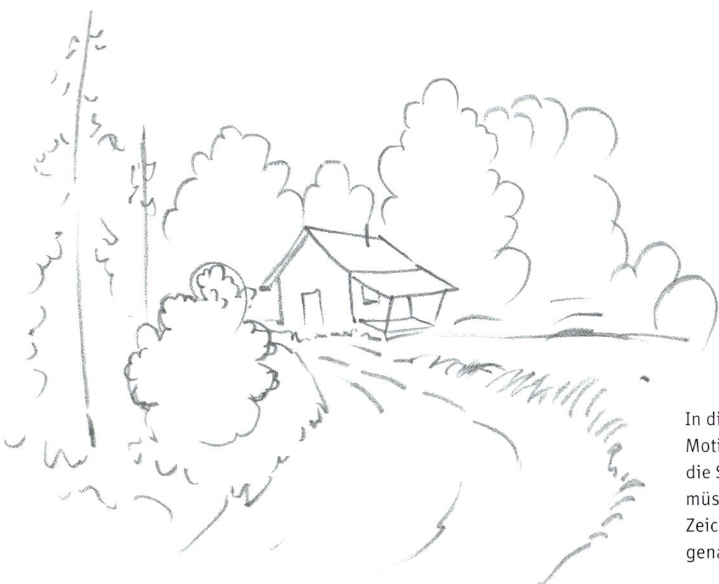

In diesem Schritt sollte das Motiv mit Linien „stehen“, die Sie nur noch ausfüllen müssen. Vergleichen Sie Ihre Zeichnung auf dem Papier genau mit Schritt 4.

Bewahren Sie Ihre Arbeiten möglichst in Mappen auf und vertrauen Sie nicht auf die Lichtechtheit des Papiers!

5

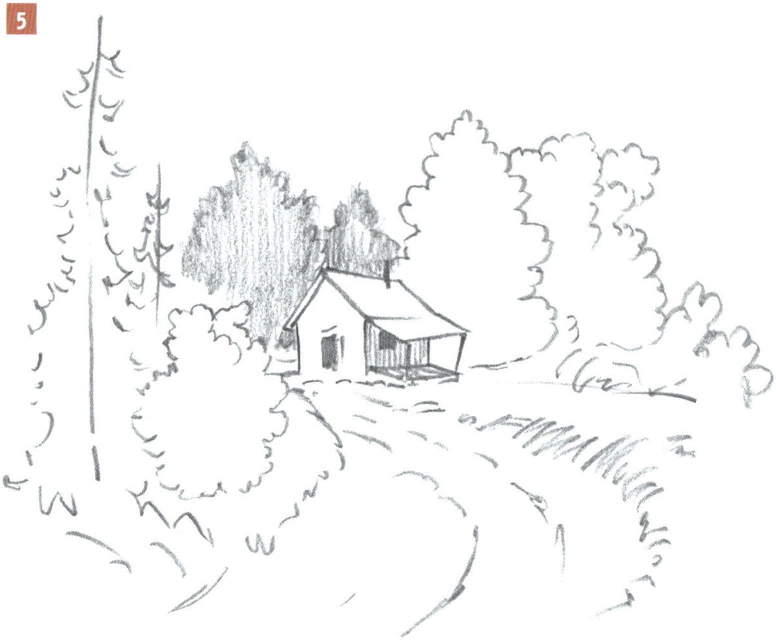

Grundieren Sie nun zuerst die Bäume im Schatten und die Wand im Schatten unter der Veranda.

TIPPS

6

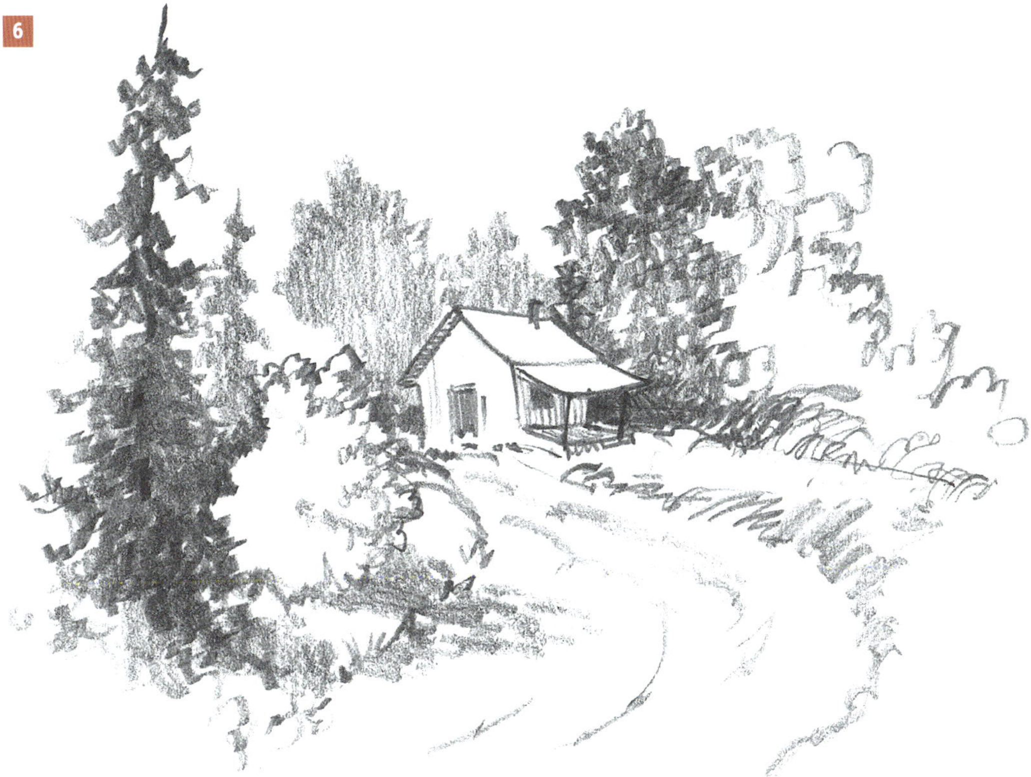

Arbeiten Sie sich mit unterschiedlichen Schraffuren voran, und achten Sie darauf, dass das Bild insgesamt einen harmonischen Eindruck macht, obwohl die Hütte im Mittelpunkt des Interesses steht.

15 MIN

Viele Künstler empfehlen als Grundausstattung den Kauf von zwölf Bleistiften mit Holzummantelung – die Klassiker. Sie sind die beste Wahl, wenn es darum geht, den Charakter der einzelnen Bleistifte kennenzulernen und deren Ausdruckskraft und Einsatzmöglichkeiten zu erkunden. Die Stifte, die Sie am häufigsten in der Hand halten, sind der HB und der 2B – auch je einen 4B und 6B sollten Sie immer griffbereit haben.

TIPPS

# Im Waldmühltal

Häufig findet man in Tälern, die heute vom Menschen verlassen sind, solche alten Mühlen. Die meisten verfallen mit der Zeit – andere werden von Liebhabern oder im Zuge historischer Erneuerung wieder saniert und in Stand gesetzt. Solche halb verfallenen Orte üben einen starken Reiz aus und sind auch für den Zeichner interessant. Hier verstärkt das Miteinander der gegensätzlichen Linien die Präsenz des Ortes: Die Latten und Balken der Holzkonstruktion heben sich klar vom dunklen, wolkig wirkenden Laub ab. Beachten Sie diesen Kontrast, arbeiten Sie ihn bewusst heraus: Er wird aus dem kleinen Motiv ein spannend anzusehendes Bild machen.

1

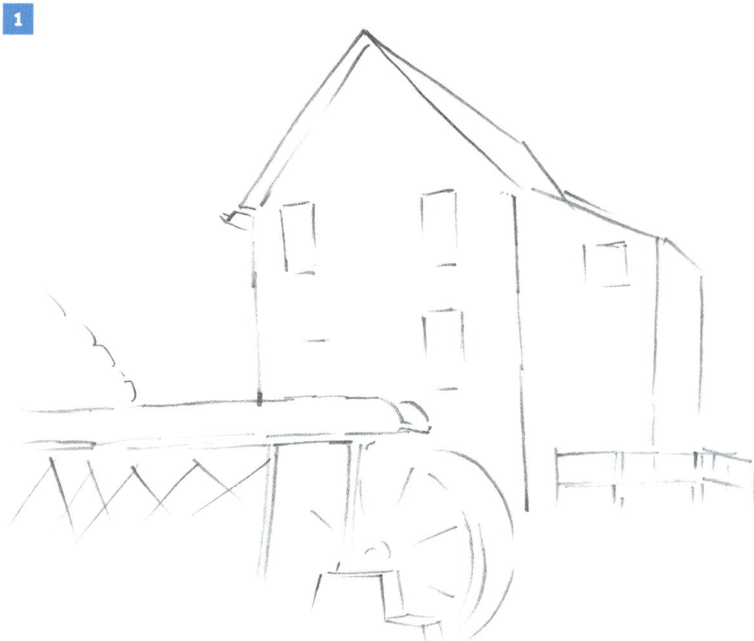

In diesem Bild ist das Gebäude im Vordergrund – daher muss es groß und prominent im Bild zu sehen sein. In Schritt 1 zeichnen Sie nur die wichtigsten Umrisse und Grundformen – je weniger Striche Sie verwenden, umso besser. Prüfen Sie genau, ob die Perspektiven stimmen, ehe Sie weiterarbeiten.

2

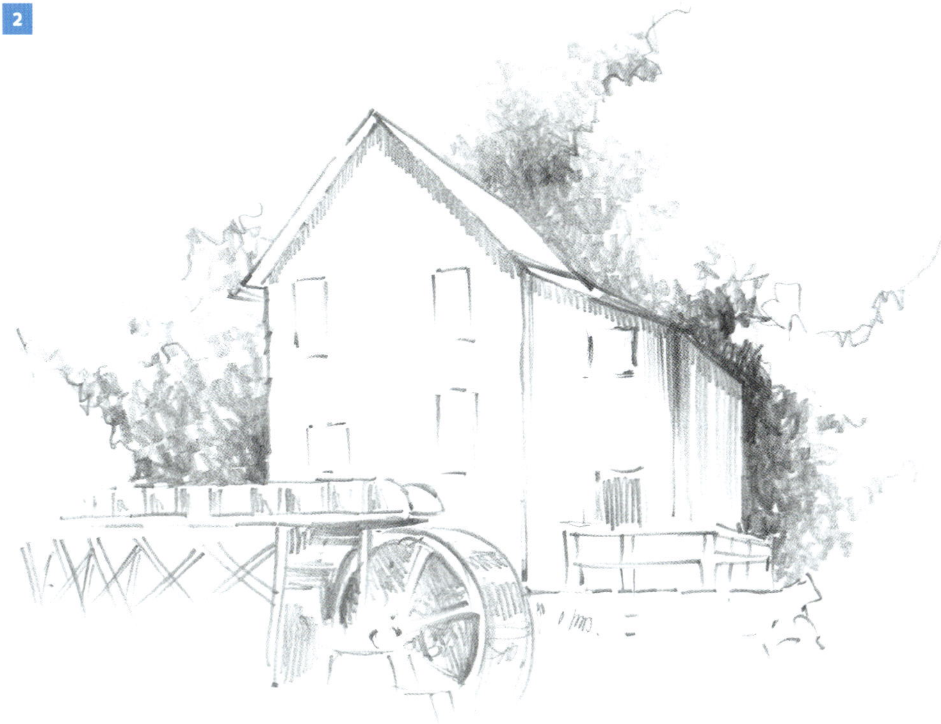

Fangen Sie mit dem Schraffieren des Hintergrundes an (Bleistift in Härte 2B). Zeichnen Sie Striche in unterschiedlicher Richtung – achten Sie dabei auch auf kleinste Unterschiede in den Grautönen. Arbeiten Sie mit senkrechten Strichen an den Mauern, um einen Kontrast zur umliegenden Natur zu schaffen. Füllen Sie dann die Zwischenräume beim Wasserrad und beginnen Sie mit der Wasserleitung.

15 MIN

Wenn etwas, das Sie zeichnen wollen, sehr komplex und schwierig ist oder wenn Sie das Objekt nicht wirklich „sehen“, dann konzentrieren Sie sich auf das, was Sie sehen (engl. negative space).

Vor allem, wenn Sie die Augen zusammenkneifen, können Sie die dunklen Bereiche – wie hier beim alten Rad der kleinen Mühle – gut erkennen. Wenn Sie diese schraffieren, erhalten Sie automatisch die Umrisse des Objektes.

Probieren Sie die Technik aus und erleben Sie, wie fast durch Zauberei das, was Sie zeichnen wollen, aus den Schatten auftaucht.

## Der Trick mit den Zwischenräumen

Konzentration auf die Leere

Diesen weißen Lattenzaun zeichnen Sie, indem Sie zunächst den Raum zwischen den Latten mit der Breitseite der Bleistiftmine füllen. Sobald der Zaun Gestalt angenommen hat, setzen Sie rechts noch einige Schraffuren auf den oberen Holm. So wird das Spiel von Licht und Schatten noch intensiver.

3

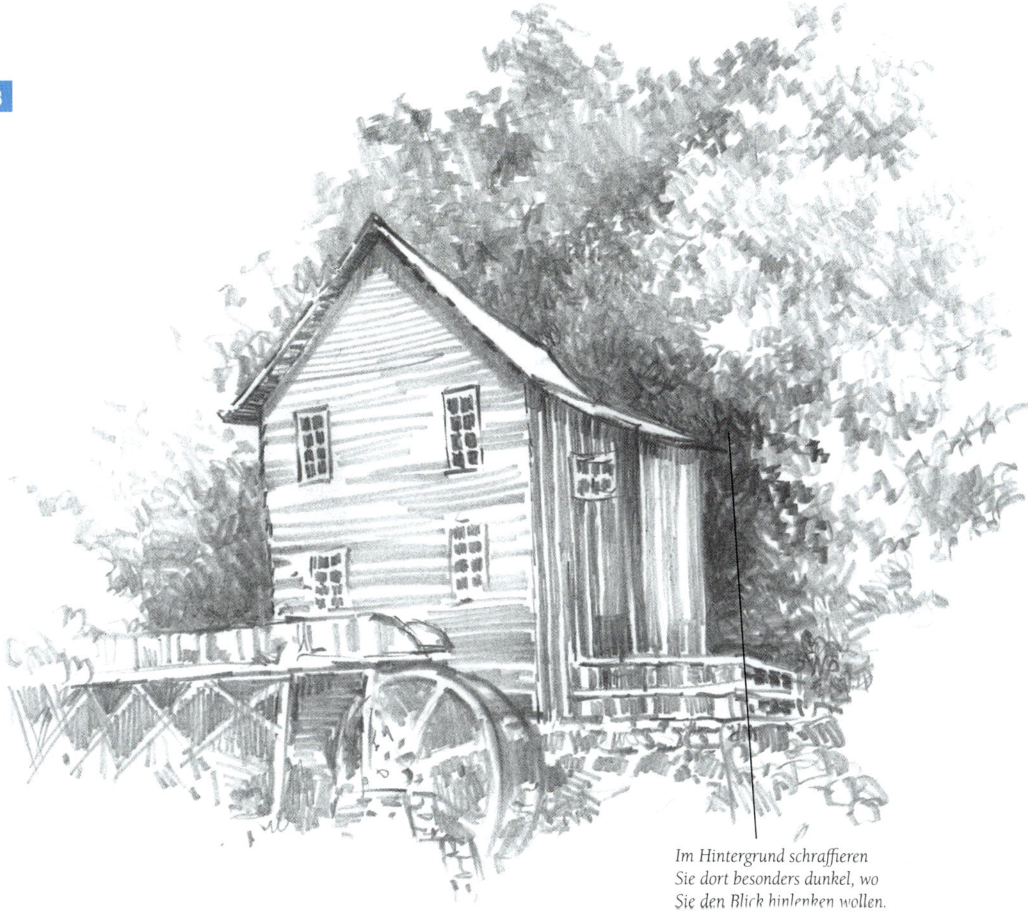

*Im Hintergrund schraffieren Sie dort besonders dunkel, wo Sie den Blick hinlenken wollen.*

An einigen Stellen wirkt die Zeichnung unfertig, so als sei hier etwas nur schnell skizziert worden. Das macht das Bild sehr anziehend. Denken Sie an dieses Phänomen, wenn Sie an eigenen Landschaften arbeiten – nicht zu sehr im Detail ausarbeiten! Unfertige Stellen in Zeichnungen machen eine Zeichnung sehr lebendig.

# Kirchlein am Wegesrand

15 MIN

Lassen Sie die entsprechenden Partien wie das Dach weiß stehen, damit das Bild Spannung erhält.

Wie in einem Nest liegt diese kleine Kirche in den Hügeln. Interessant an diesem unspektakulären, aber sehr charmanten Motiv ist, dass das Auge trotz der vielen landschaftlichen Elemente, den Fokus, also das Kirchlein, rasch ausmacht. Das liegt am Aufbau und am Entstehungsprozess des Bildes: Der Zeichner setzte die Kirche in den Mittelpunkt aller anderen Komponenten – aber er stellte nur sie komplett fertig. Ganz im Gegensatz zum Hintergrund, der auf diese Art und Weise einen unfertigen, skizzenhaften Charakter erhielt. So wirkt die Landschaft wie ein Rahmen, der das Hauptelement des Bildes einrahmt und sogar noch hervorhebt.

1

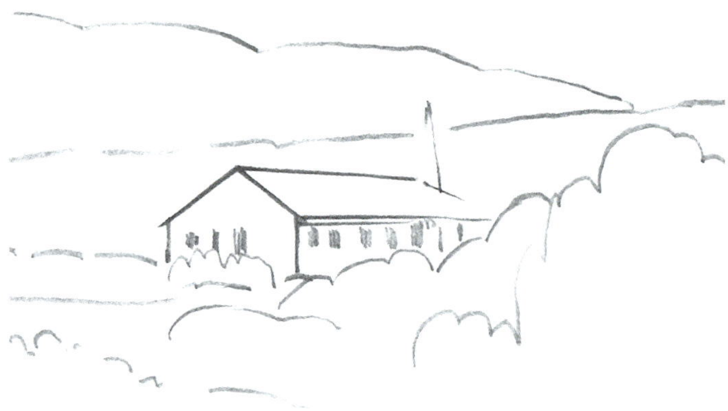

Die Kirche und die „Skyline“ der umgebenden Hügel mit wenigen Strichen vorskizzieren. Wichtig ist, dass Mauern, Dach und Turm von Anfang an mit geraden Linien angelegt sind – wenn Sie das freihand nicht gut können, nehmen Sie ein Lineal zu Hilfe. Im Gegensatz dazu, die Hügel und vor allem die Pflanzen in lebhaften, gerundeten Linien vorzeichnen.

TIPPS

2

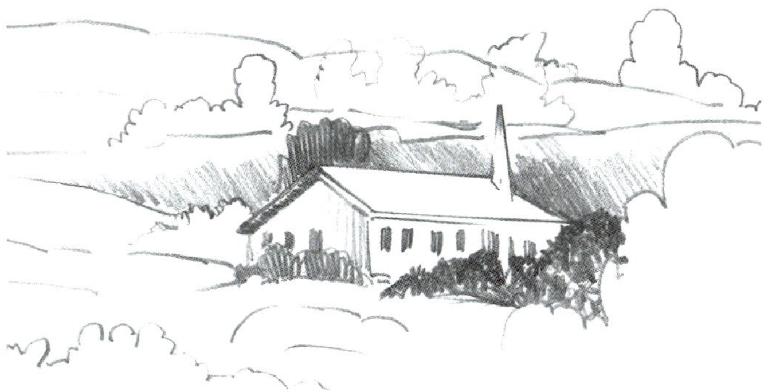

Die Bereiche von Licht und Schatten auf der Kirche sorgfältig schraffieren. Die Büsche im Vordergrund und direkt hinter der Kirche mit einem weichen Bleistift sehr dunkel abtönen. Der Hügel dahinter erhält eine Schicht Mittelgrau mit lockeren, diagonalen Schraffuren, die direkt hinter der Kirche am dunkelsten sind. Die Hügel mit weiterer Vegetation bedecken.

3

*Der Eindruck, dass das Dach in vollem Sonnenschein liegt, entsteht, wenn Sie das Papier hier einfach weiß stehen lassen.*

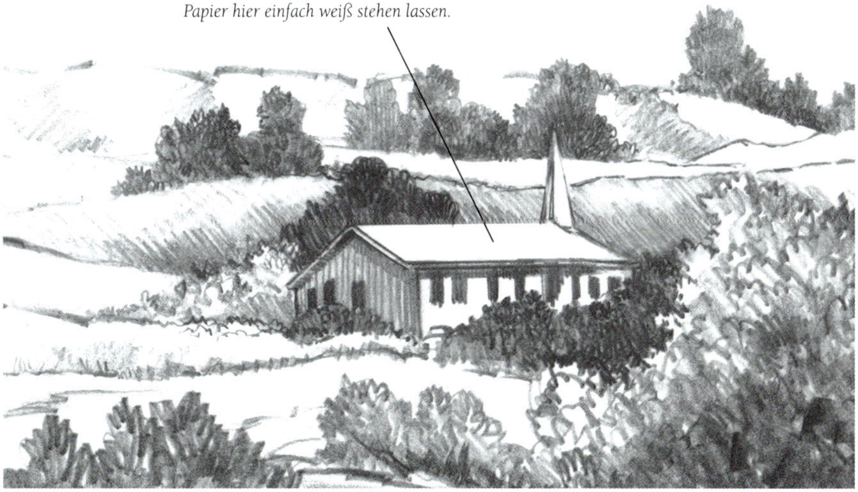

Während Sie die Pflanzen im Vordergrund und auf den Hügeln mehr oder weniger stark und naturgetreu ausarbeiten, deuten Sie die Hügel nur schemenhaft an. Achten Sie vor allem darauf, die Silhouette der Bäume dunkel, aber bewegt gegen den weißen Horizont abzusetzen. Auch die Büsche rechts im Vordergrund sollten dunkel, aber lebhaft und leicht wirken. Die Pflanzen, die das Kirchlein direkt umgeben, sind dagegen die dunkelsten Stellen im Bild und lassen das Weiß der Längswand in der Sonne hell strahlen.

Es ist noch kein Meister vom Himmel gefallen! Also nutzen Sie jede Gelegenheit, um zu üben. Denn Zeichnen ist mehr als Talent.

# Wichtige Perspektiven

Schon wenig Wissen über das Arbeiten mit Perspektiven hilft Ihnen sehr dabei, Bilder von Landschaften oder Gebäuden eindrucksvoller und besonders anschaulich zu gestalten. Vor allem die sogenannte Lineare Perspektive ist leicht zu erlernen und überaus nützlich.

## Grundbegriffe

Einige Begriffe sind gerade für das Verständnis von Perspektiven in der Landschaft besonders wichtig.

- Die Horizontlinie ist ganz einfach die Linie, die sich auf Augenhöhe des Betrachters befindet. Bei Landschaftsbildern ist sie fast immer identisch mit dem gezeichneten Horizont.
- Unter dem Fluchtpunkt versteht man den Punkt, an dem sich zwei Linien, die in der Wirklichkeit zueinander parallel verlaufen, treffen. Das mag theoretisch klingen, ist aber in Bildern schnell zu erkennen.
- Auch die Schienen von Eisenbahngeleisen treffen sich optisch im Fluchtpunkt – sie sind das klassische Beispiel für eine Ein-Punkt-Perspektive.
- Mit zwei Fluchtpunkten arbeiten Sie dagegen, wenn Sie ein Gebäude von der Seite zeichnen. Jede Seite hat dann ihren eigenen Fluchtpunkt – und diese liegen jeweils auf der linken sowie auf der rechten Seite des Gebäudes.

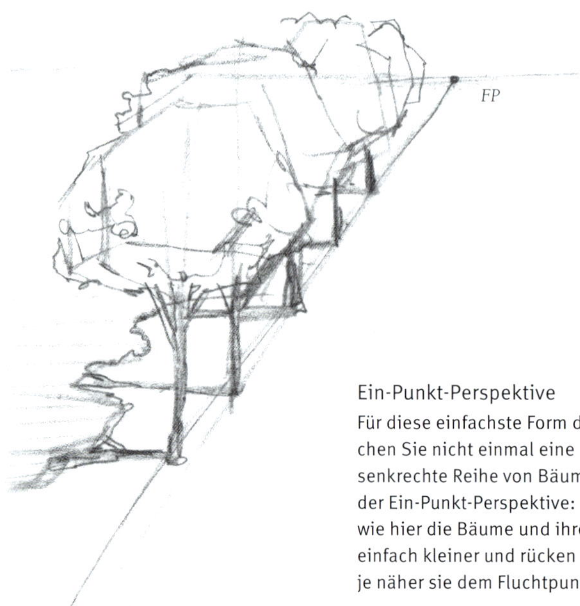


Ein-Punkt-Perspektive

Für diese einfachste Form der Perspektive brauchen Sie nicht einmal eine Horizont-Linie. Diese senkrechte Reihe von Bäumen zeigt das Prinzip der Ein-Punkt-Perspektive: Alle Gegenstände wie hier die Bäume und ihre Schatten werden einfach kleiner und rücken näher aneinander, je näher sie dem Fluchtpunkt kommen.

TIPPS

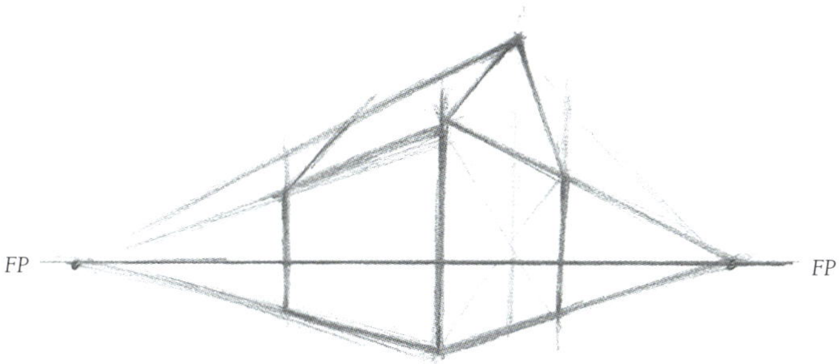


## Zwei-Punkt-Perspektive

In dieser Skizze sehen Sie die Fluchtpunkte, die Sie beim Zeichnen eines Gebäudes von der Seite anlegen müssen: Ziehen Sie zwei Linien von den Ecken des Gebäudes nach außen, die sich ein Stück entfernt treffen.

### Ein Dach richtig konstruieren

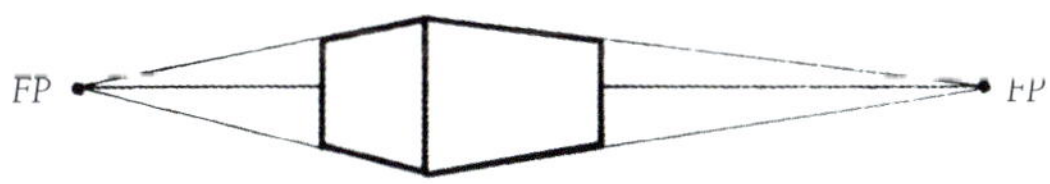


1 Sie zeichnen eine Schachtel aus der Zwei-Punkt-Perspektive.

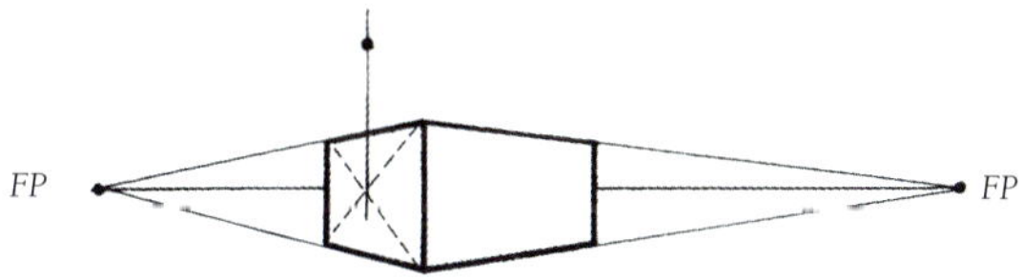


2 Sie ziehen von Ecke zu Ecke zwei Hilfslinien, die sich in einem Punkt kreuzen. Von diesem Mittelpunkt aus zeichnen Sie eine Linie senkrecht nach oben und machen dort, wo der Dachfirst sein soll, einen Punkt.

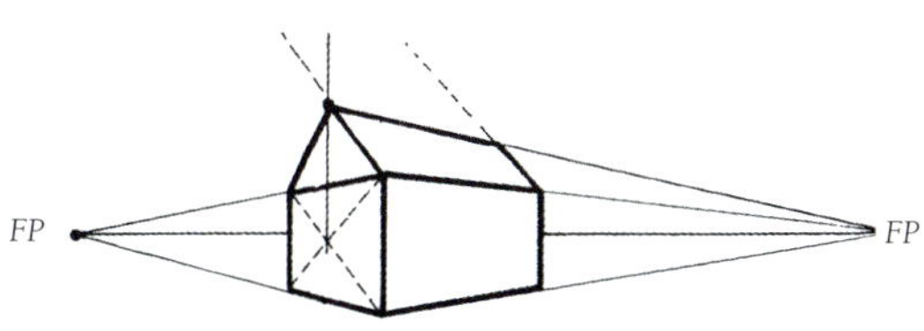


3 Mithilfe des rechten Fluchtpunkts zeichnen Sie den Winkel, in dem das Dach aufliegt, dann den First, der am markierten Punkt endet. Zeichnen Sie nun wie in der Abbildung das Ende des Daches ein. Die abgewinkelten Hilfslinien des Daches führen zu einem dritten Fluchtpunkt, der sich irgendwo am Himmel über dem Haus befindet.

Seien Sie bei den Skizzen nicht zu zögerlich. Nur Mut zum Strich!

# Tipps zum perspektivischen Zeichnen

Landschaften, aber auch die Gebäude darin, müssen perspektivisch richtig dargestellt sein, damit ein Bild überzeugend und lebensecht wirkt. Die Zeichnung des Schuppens unten zeigt, wie die waagerechten Linien sich zum Bildrand hin annähern. Die Linien würden sich an einem Punkt links bzw. rechts außerhalb des Bildes treffen. Wenn Sie das Prinzip erfasst haben, zeichnen Sie zum Üben am besten zunächst ein paar einfache Schachteln, dann schwierigere Objekte und Gebäude.

*Sobald die Linien der Grundkonstruktion stehen, machen Sie mit dem eingesunkenen Dach und ein paar Löchern in Dach und Wänden einen alten Schuppen daraus.*

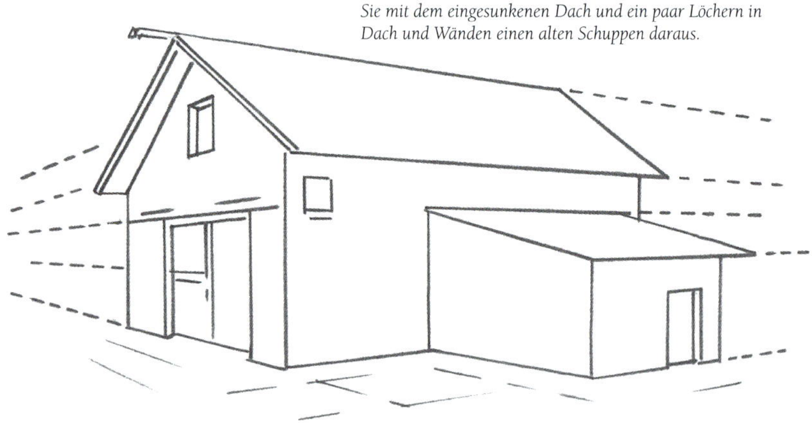

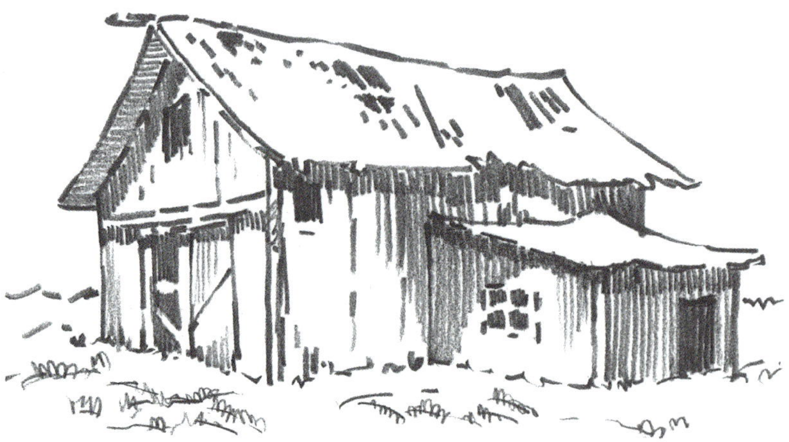

TIPPS

### Techniken richtig anwenden

Dieses Farmhaus irgendwo in den USA wurde vor Ort skizziert und später im Detail ausgearbeitet. Sie erkennen deutlich, dass der Zaun im Vordergrund und die Telefonleitung im Hintergrund rechts mit der Ein-Punkt-Perspektive angelegt sind. Das Gebäude selbst wurde in der Zwei-Punkt-Perspektive gezeichnet. Übrigens liegt der Fluchtpunkt des Zauns außerhalb des Blattes.

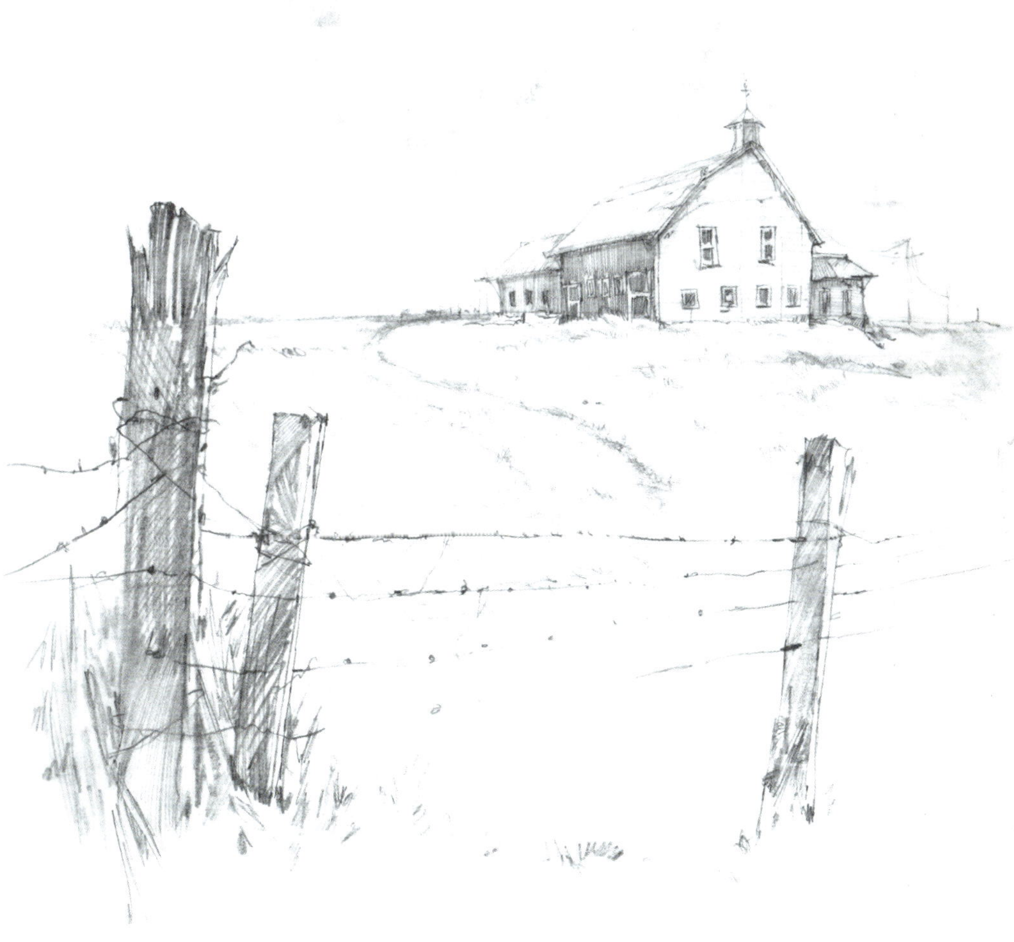

# Dramatische Perspektiven

Die Dreipunktperspektive ist für viele architektonische Zeichnungen wichtig. Beschäftigen Sie sich daher mit der Konstruktion auf dieser Doppelseite und zeichnen Sie das Gebäude mehrmals, bis Sie es richtig beherrschen.

TIPPS

Um hohe Gebäude aus der Vogel- oder Froschperspektive darzustellen, kommt oft die Dreipunktperspektive zum Einsatz. Hier wird die Konstruktion gezeigt.

**1**

Die vordere Ecke des Gebäudes von der Horizontlinie bis zum höchsten Punkt zeichnen. Drei Fluchtpunkte festlegen: zwei auf der Horizontlinie und einen dritten über der Vertikalen. Die Seitenlinien auf FP3 ausrichten, die Dachkonturen auf FP1 und FP2.

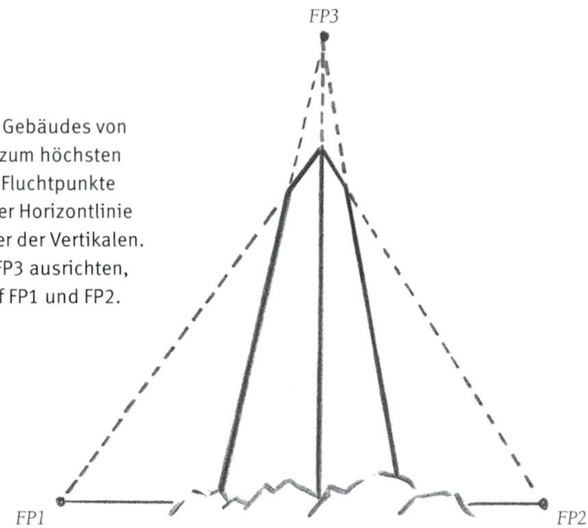


**2**

Für alle weiteren senkrechten Linien FP3 als Bezugspunkt verwenden, für die waagerechten Linien FP1 und FP2. Durch »Anbauten« in verschiedenen Höhen wirkt das Gebäude komplexer und interessanter.

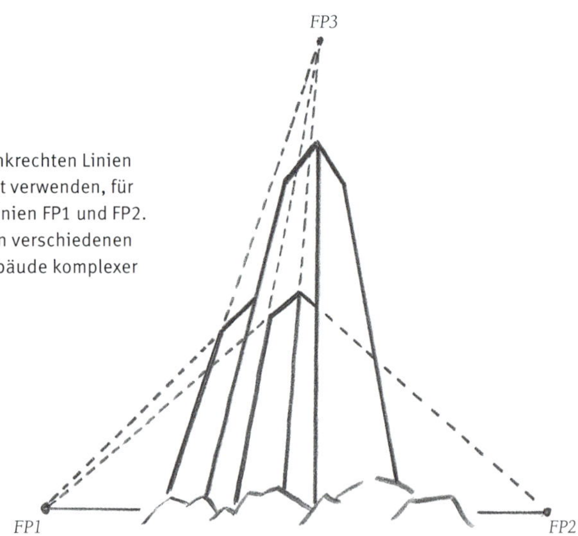

**3**

Bäume und andere Details müssen ebenfalls am Fluchtpunkt in der Höhe ausgerichtet werden. Weil die Horizontlinie in dieser Perspektive sehr niedrig liegt, ist viel Himmel zu sehen, und das Gebäude wirkt sehr dramatisch. Der Betrachter schaut sogar an den Steinen im Vordergrund auf.

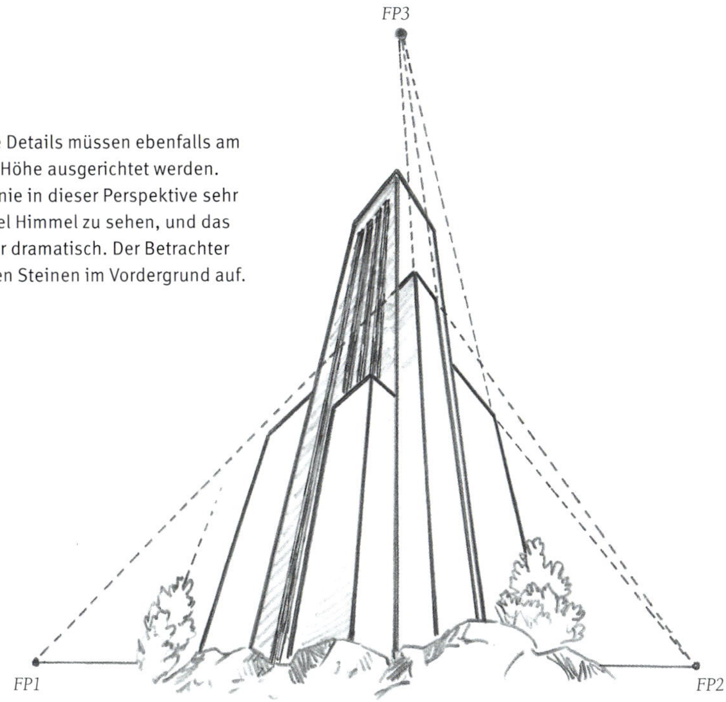


## Blick von oben

Hier ist die Dreipunktperspektive aus dem entgegengesetzten Blickwinkel zu sehen. Beim Blick aus extremer Höhe liegt der dritte Fluchtpunkt weit unterhalb des eigentlichen Motivs.

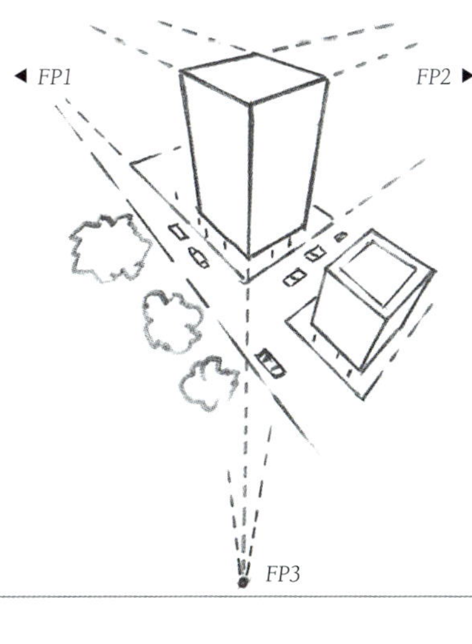

# Künstlerische Perspektive

Wenn Sie bei sehr komplexen Motiven von vorneherein viel Zeit einplanen, dann haben Sie auch die erforderliche Geduld.

Jeder Zeichner sollte die Regeln der künstlerischen Perspektive kennen, denn ohne sie können Straßen- und Architekturmotive nicht gelingen. Die künstlerische Perspektive ist ein Hilfsmittel, um auf dem Papier eine räumliche Wirkung zu erzielen. Die Regeln sind nicht kompliziert. In der Linearperspektive ist nur zu beachten, dass alle in die Ferne führenden Linien in einem oder mehreren Punkten (den Fluchtpunkten) auf der Horizontlinie zusammenlaufen. Die Horizontlinie ist eine gedachte Linie, die der Augenhöhe des Betrachters entspricht, aber nicht immer dem natürlichen Horizont.

Wer das Prinzip des perspektivischen Zeichnens verstanden hat, kann Motive wie diese Straßenschlucht in New York umsetzen, die durch ihre räumliche Wirkung besticht.

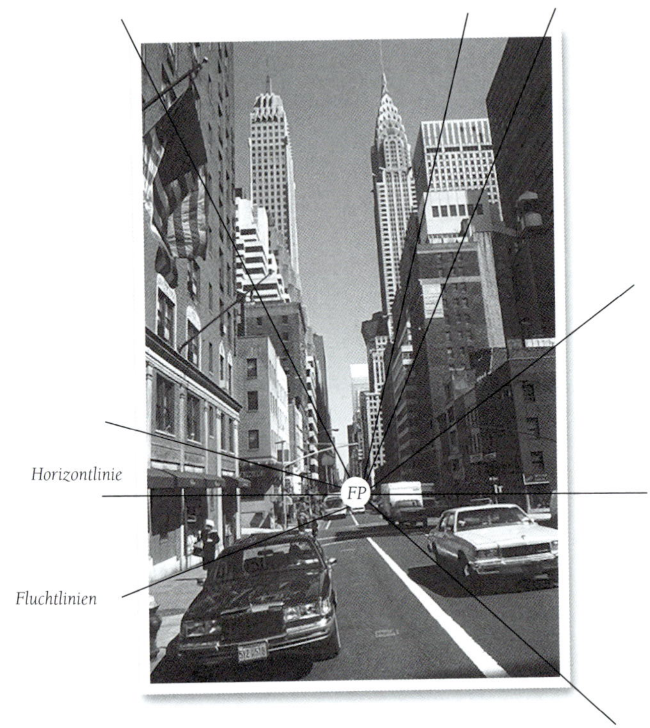


Den Fluchtpunkt finden

Noch vor dem Zeichnen muss auf der Kopie der Fotovorlage der Fluchtpunkt (FP) gefunden werden. Einfach den in die Ferne führenden Linien von Straßenrändern und Dachkanten mit Lineal und Bleistift folgen. Der Punkt, in dem sich die Linien schneiden, ist der Fluchtpunkt.

TIPPS

1

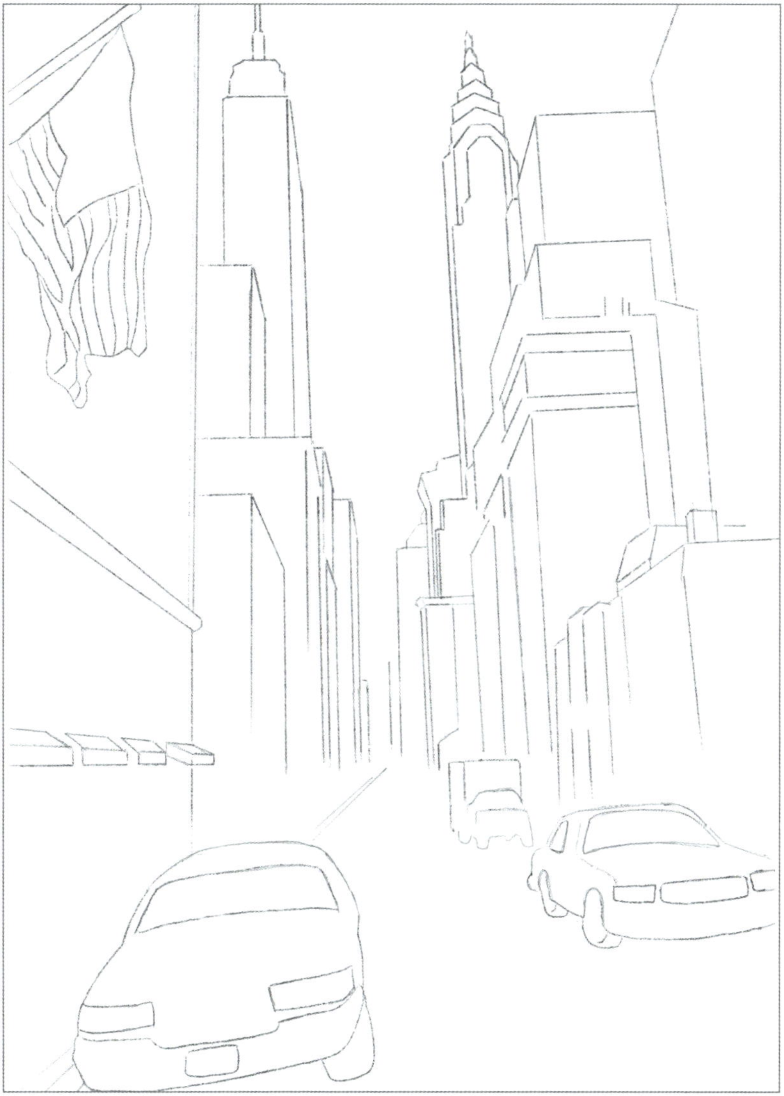

Nachdem der Fluchtpunkt in der Vorlage markiert ist, wird das Motiv mit Transferpapier übertragen. Für die Umrisse der Gebäude, die letztlich wie hohe Kästen aussehen, ein Lineal verwenden. Unbedingt darauf achten, dass alle parallelen Waagerechten auf den Fluchtpunkt gerichtet sind. Auch die Umrisse der Autos im Vordergrund werden jetzt übertragen.

Wählen Sie für Bilder mit vielen verschiedenen Oberflächen und Strukturen Zeichenpapier mit stärkerer Körnung – es wirkt sich auf Ihre Arbeit sehr positiv aus.

TIPPS

2

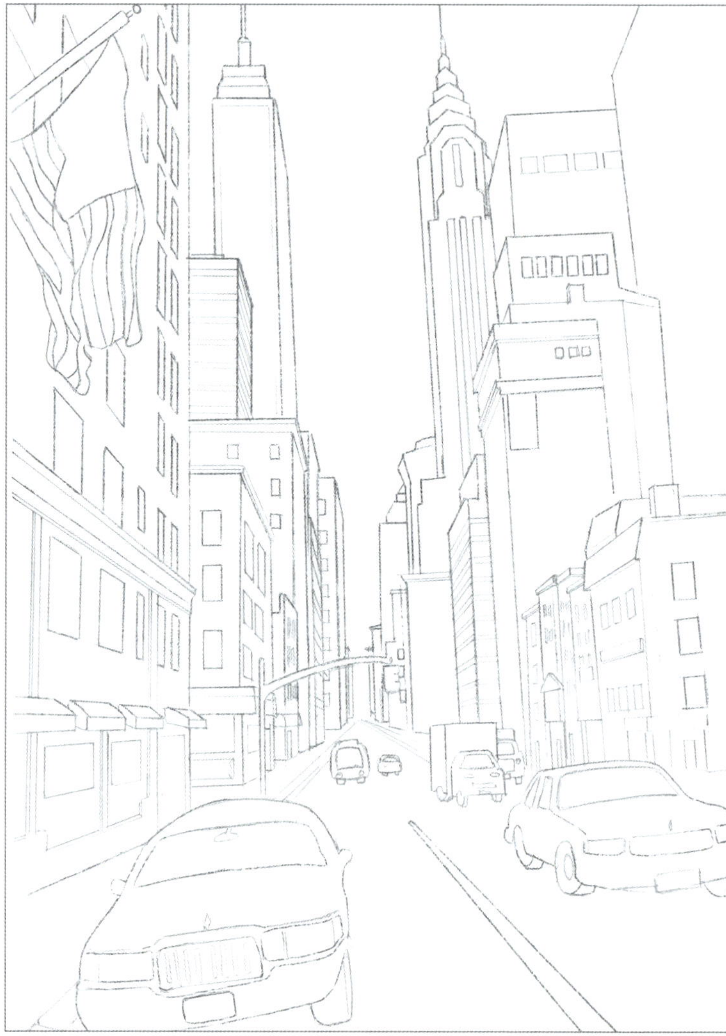

Wenn die Hauptkonturen übertragen sind, werden mit dem Lineal Fenster, Markisen und Mauervorsprünge übertragen. Auch müssen Sie darauf achten, dass zur Straße parallele Linien auf den Fluchtpunkt gerichtet sind. Um das Motiv etwas zu vereinfachen, brauchen nicht alle Details aus der Vorlage übertragen werden. Es genügt, nur die wichtigen Formen einzuzeichnen.

3

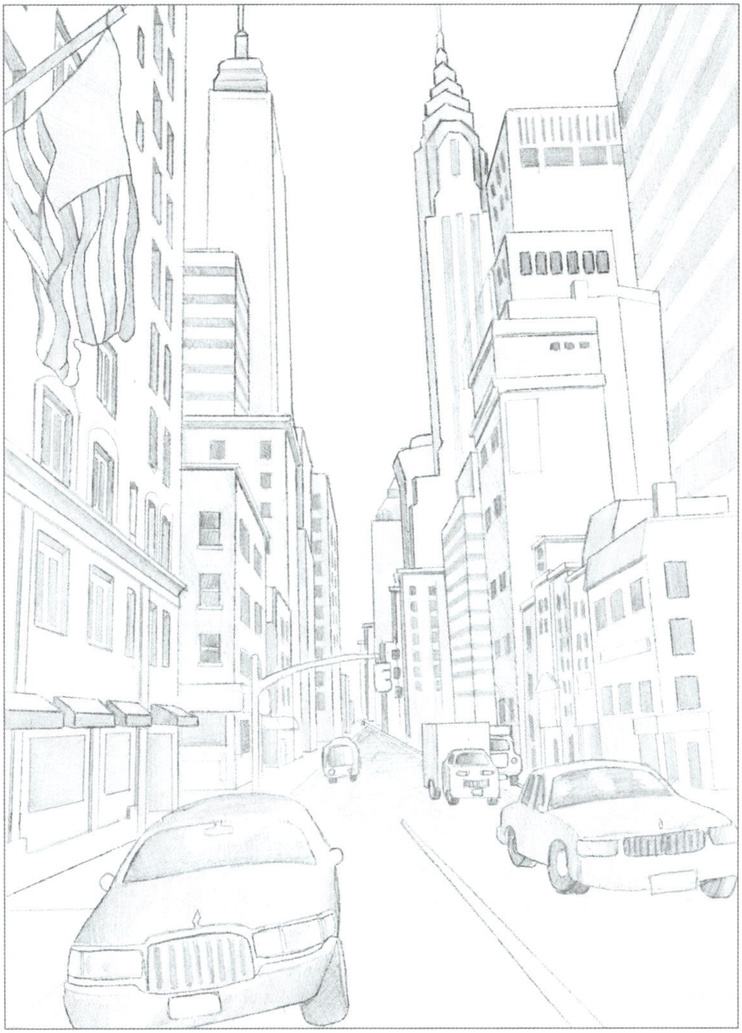

Vorlage und Transferpapier abnehmen. Weil sehr viele Linien übertragen wurden, sind einige möglicherweise verwischt oder ungleichmäßig dick. Mit einem Bleistift H und einem Knetradiergummi können einzelne Linien jetzt verstärkt oder abgeschwächt werden. Wenn die Konturzeichnung gut aussieht, können mit einem Bleistift 2H die Lichter (weißes Papier), Mitteltöne und Schatten eingefügt werden. Beim Schattieren der Gebäude muss der Sonnenstand beachtet werden: Das Licht fällt von rechts ein. Angestrahlte Flächen sind wesentlich heller als Flächen, die vom Licht abgewandt sind.

Im Laufe Ihrer Entwicklung als Zeichner erkennen Sie immer schneller, wann ein Bild fertig ist. Nicht überzeichnen!

4

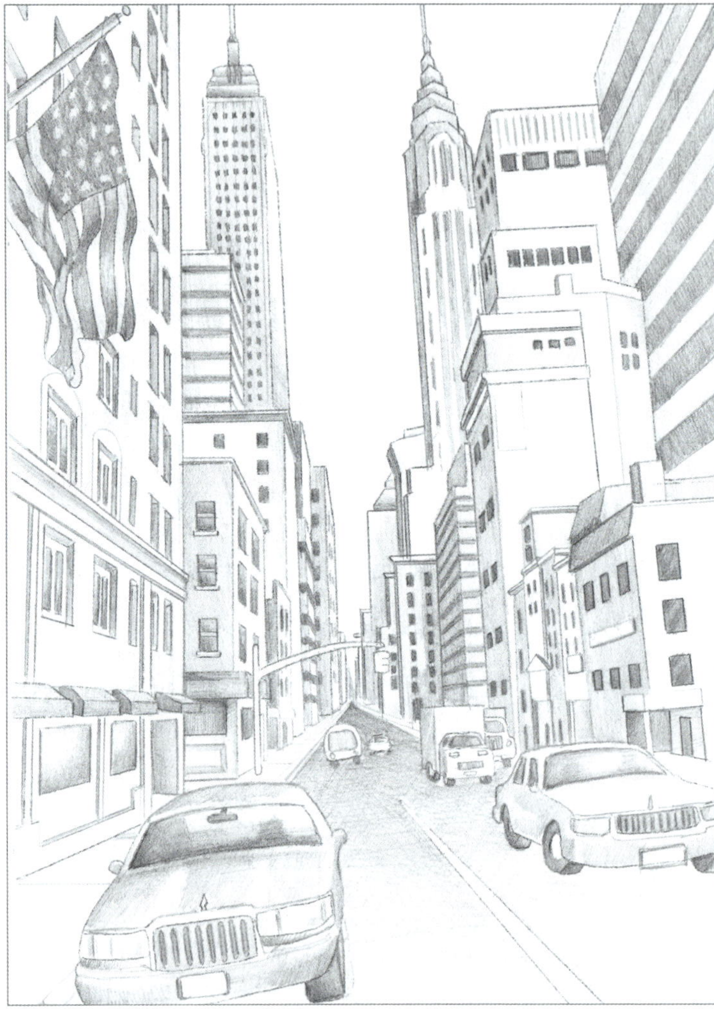

Nachdem die Tonwertverteilung festgelegt ist, das ganze Bild mit einer zarten Kreuzschraffur überziehen, damit nirgendwo Papier weiß bleibt. Mit dem Bleistift HB überall im Motiv Details ausarbeiten. Auf den Autos im Vordergrund werden durch fließende Grau-Verläufe ihre gerundeten Formen erkennbar. Dabei muss die Lichtrichtung beachtet werden. Das Grau der Straße mit zunehmender Distanz abgedunkeln. Dadurch wird die räumliche Wirkung verstärkt, denn Objekte im Vordergrund erscheinen heller. Beim Ausarbeiten der Gebäudedetails, alle Linien klar und scharf zu zeichnen. Auf größeren Fensterscheiben wird durch Tonwert-Verläufe der Glanz des Glases erkennbar. Personen in den Autos mit verschwommenen Schraffuren andeuten.

5

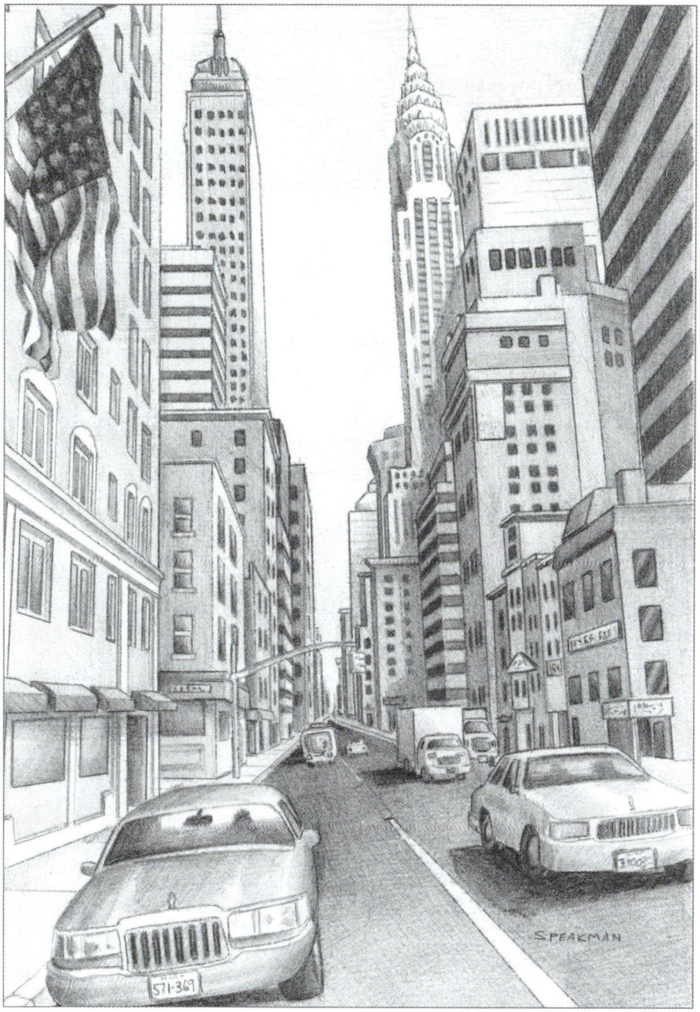


Mit Bleistiften 4B und 2B einzelne Bereiche nochmals mit Kreuzschraffuren überziehen. Die Bleistifte sind weich und ergeben dunklere Grautöne, beispielsweise für die Schlagschatten der Fahrzeuge auf der Straße oder für die Flagge, die sich dadurch besser vom Gebäude abhebt. Mit einem Knetradiergummi helle Lichtreflexe auf den Fensterscheiben auf der rechten Straßenseite andeuten, danach in derselben Richtung dunklere Streifen auf die Fenster zeichnen, um die Reflexe zu betonen.

15 MIN

Studieren Sie gelungene Fotovorlagen genau, um sie exakt und überzeugend darzustellen.

# Lebendige Texturen

Abwechslungsreiche Texturen eigenen sich gut, um den Blick durch die Komposition zu führen, denn er wandert wie von selbst von einem Muster zum anderen. In diesem Motiv tragen drei Texturen dazu bei: die raue, unregelmäßige Baumrinde, das glatte Metall des Laternenpfahls und das harte, unebene Backsteinmauerwerk.

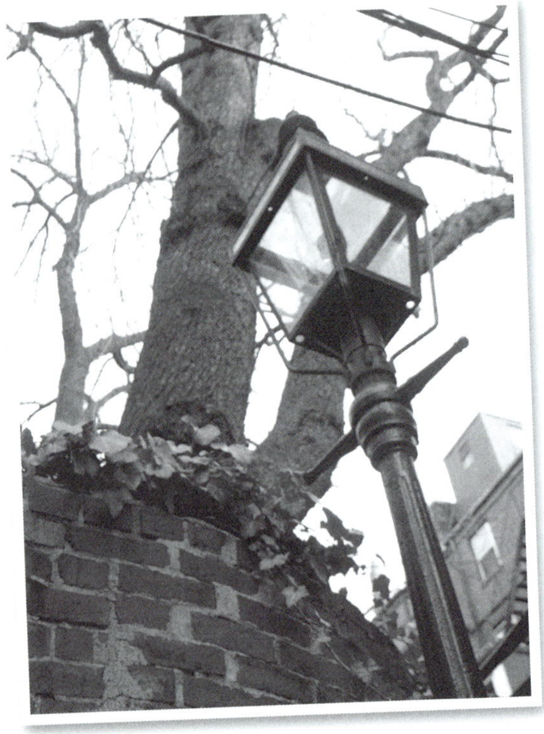

### Eine gelungene Komposition erkennen

Bemerkenswert an diesem Foto ist die ungewöhnliche Anordnung der Bildelemente. Baum, Mauer und Laterne bilden ein Dreieck, dessen drei Seiten aus ganz verschiedenen Texturen bestehen. Weil keins der Motivelemente am Bildrand endet, wird der Blick von allen drei Seiten zur Mitte gelenkt.

1

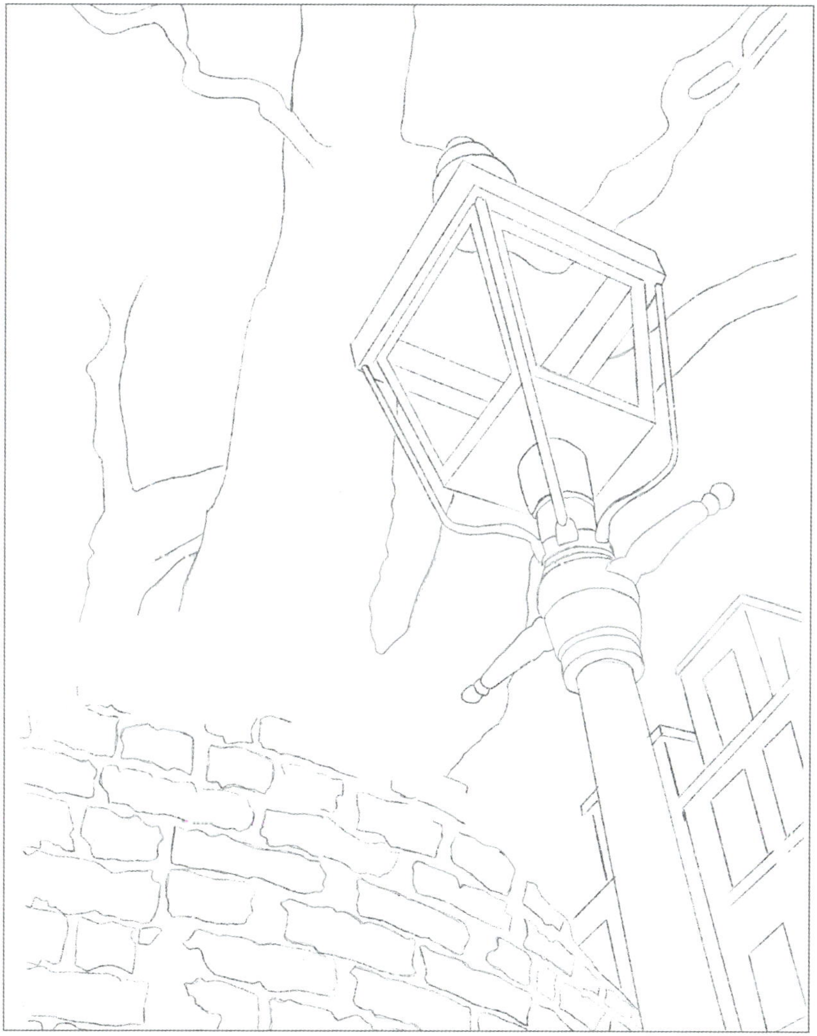

Zuerst die Vorlage auf ein Format vergrößern, das zum Zeichenpapier passt. Danach die wichtigsten Linien und Formen übertragen. Das ist wichtig, damit alle visuellen Bezugspunkte für die spätere Ausarbeitung zur Verfügung stehen. Die Laterne übertragen, dann den Stamm und einige Hauptäste des Baums, zuletzt die Mauer. Zeichnet man einzelne Ziegel ein, ist es einfacher, die Krümmung genau zu erfassen. Für die geraden Linien des Hauses im Hintergrund ein Lineal verwenden.

15 MIN

Der Himmel bleibt vorerst weiß. So lässt sich besser beurteilen, wo Lichter, Mitteltöne und Schatten liegen müssen.

2

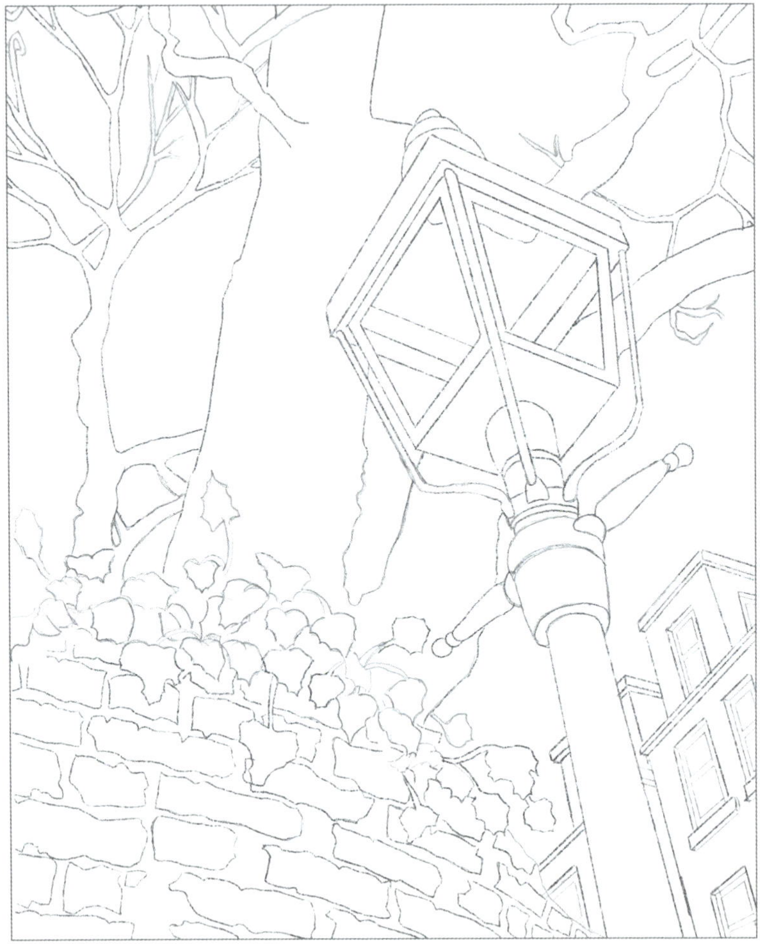

Das Transferpapier entfernen und unsaubere Linien mit einem Knetradiergummi bereinigen. Die Fensterscheiben mit einem Lineal einzeichnen. Die Blätter freihand zeichnen, dabei Form, Größe und Richtung ändern. Dünnere Zweige des Baums anhand der Fotovorlage einfügen. Dabei geht es weniger um die exakte Wiedergabe aller Details, sondern vor allem um die interessanten Winkel und Krümmungen des Geästs.

TIPPS

3

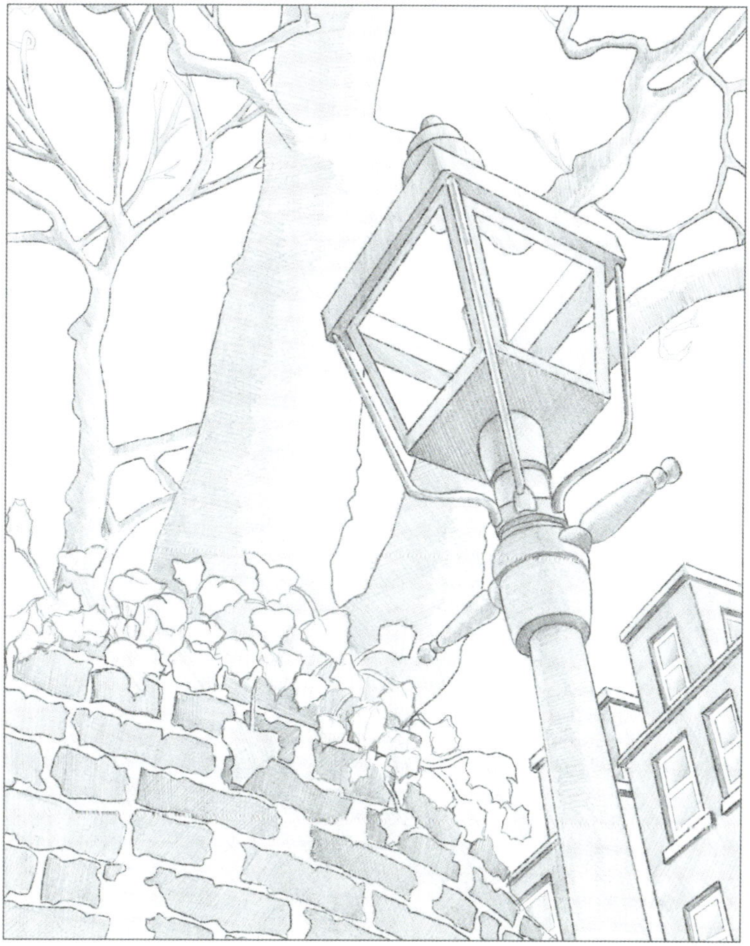

Mit einem Bleistift 4H mit Kreuzschraffuren erste Graustufen andeuten. Dabei mit zwei Tonwerten beginnen, von denen einer etwas dunkler als der andere ist.

15 MIN

Kneifen Sie die Augen zusammen – dann können Sie helle, dunkle und mittlere Grautöne besser erkennen.

4

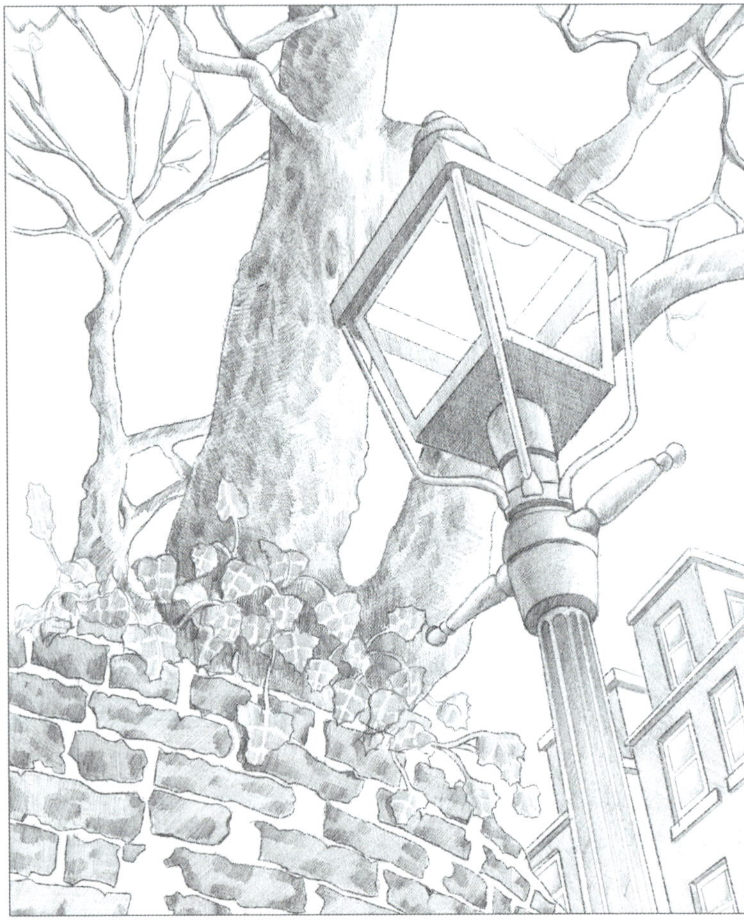

Die Tonwerte durch Schraffuren mit verschiedenen Bleistiften (2H bis 4B) weiter ausbauen. Dunklere Flecken vermitteln die raue Oberfläche der Baumrinde. Auch Unebenheiten des Mauerwerks können durch Flecken angedeutet werden. Beim Schattieren der Blätter bleiben die erhabenen Blattadern heller. Die senkrechten Rillen im Laternenpfahl werden mit einem Lineal eingezeichnet und anschließend mit Kreuzschraffuren überzogen. Dabei im dunklen Bereich stärker aufdrücken.

5

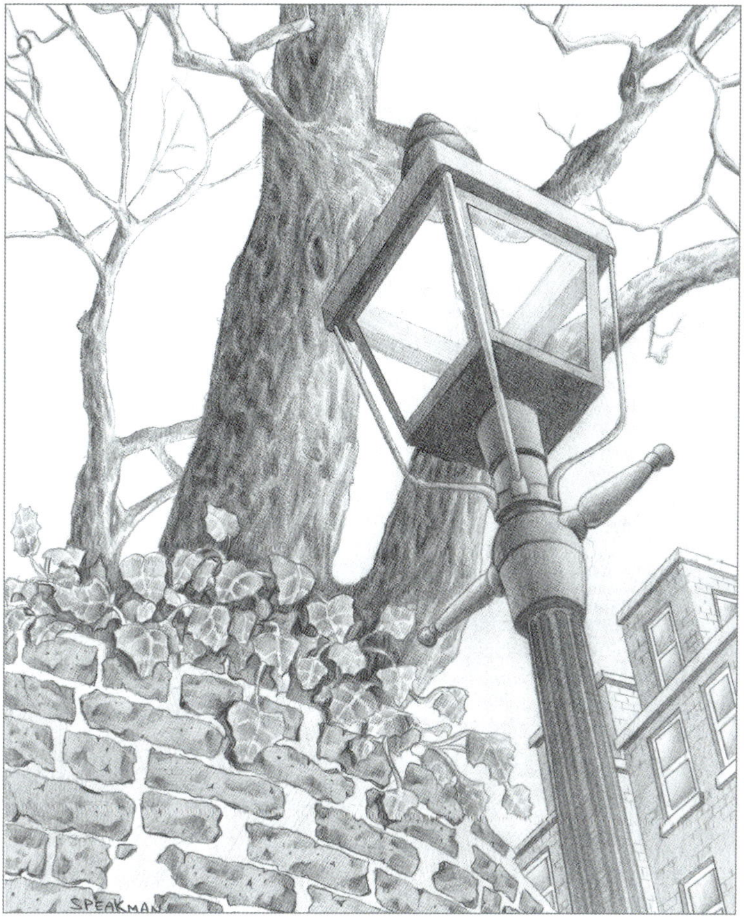


Wenn alle Elemente gezeichnet sind, werden die Texturen und Schatten nochmals verfeinert. Der Laternenpfahl soll glatt und matt aussehen. Das gelingt durch geduldiges Ausarbeiten der Tonwerte mit vielen Schraffurschichten. Die klaren, scharfen Konturen der Laterne bilden einen Kontrast zu den unregelmäßigeren Linien von Mauer und Baum. Die tiefsten Schatten, etwa die Schatten zwischen den Blättern und auf der linken Seite des Baumstamms, mit einem Bleistift 2B und kräftigen Druck nochmals abdunkeln. Zuletzt das Mauerwerk am Haus im Hintergrund andeuten. Die Linien verlaufen parallel zu den Gebäudekonturen.

# Städtchen auf dem Land

Ein Foto muss nicht perfekt sein! In diesem Foto ist nur die Straße mit den Häusern links und rechts interessant. Es ist aber eine perfekte Vorlage für die Zeichnung rechts.

Um die interessante Linie der Dächer noch stärker hervorzuheben, hat der Künstler sich die Freiheit genommen, das Umland des kleinen Städtchens optisch sehr weit zurückzunehmen. Erst in den letzten beiden Schritten wird das Motiv deutlich in die Landschaft eingebettet. Die Zeichnung ist auf der Grundlage eines Fotos entstanden, und hier sehen Sie auch, wie man so ein Motiv ganz einfach und schnell aufs Zeichenpapier überträgt.

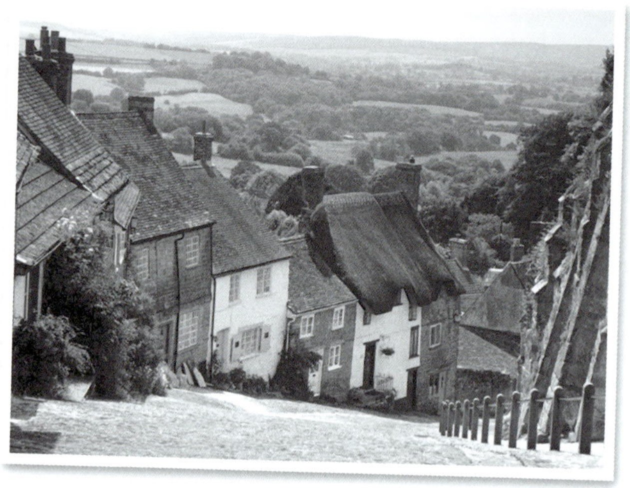

Hier erkannte der Künstler sofort, dass Vorder- und Hintergrund des Motivs im Grauton zu ähnlich und zudem auch ähnlich kleinteilig sind. Aus diesem Grund entschied er sich, den Hintergrund entscheidend abzuschwächen und dem Motiv wesentlich mehr Spannung zu schenken.

**1**

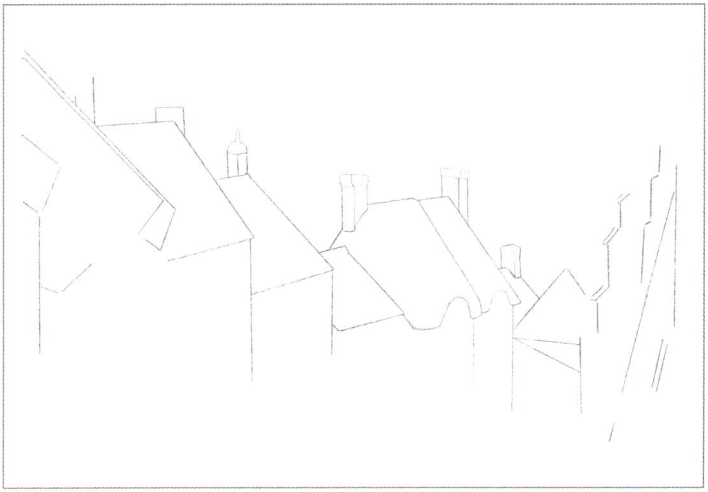

Vergrößern Sie eine Kopie des Fotos so, dass es ungefähr so groß ist wie das Format Ihres Zeichenpapiers. Legen Sie die Kopie auf das Blatt, ziehen Sie einen Rand und legen Sie ein Stück Kohlepapier zwischen Papier und Kopie. Fahren Sie nur die Konturen der Häuser kräftig nach, sodass sich die Linien aufs Papier prägen. Nehmen Sie ein Lineal, damit die Kanten und Ecken der Häuser exakt und gerade werden.

**2**

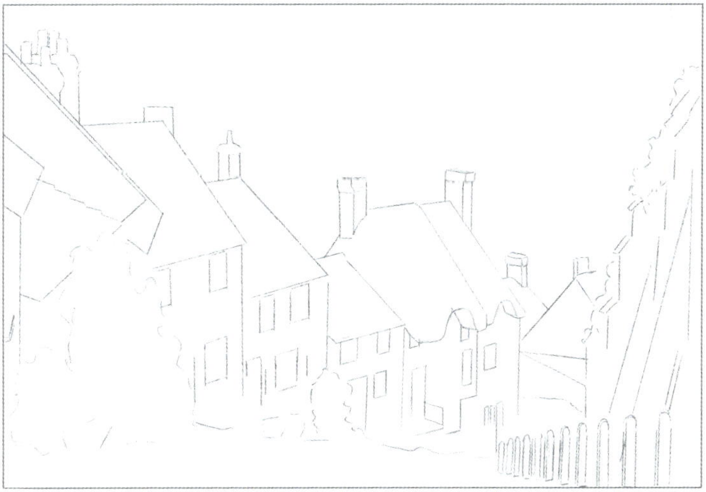

Lassen Sie das Kohlepapier an Ort und Stelle und zeichnen Sie auch die Umrisse der Fenster und Haustüren ein sowie alle Kamine. Die Zaunpfosten rechts vorne positionieren. Nach dem Entfernen des Kohlepapiers die Büsche und Bäume am Straßenrand vorskizzieren – Sie werden sie später einfach improvisieren.

Vertauschen Sie die schwarzen und weißen Anteile – so können Sie sofort überprüfen, ob das Hauptmotiv auch jetzt noch stark genug ist.

## Arbeiten mit Zwischenräumen

Bei sehr komplex erscheinenden Motiven achten Sie genau auf das Hauptmotiv – in der Abbildung links schwarz markiert. Was könnte man dort wie einen Zwischenraum betrachten? Z. B. den Bereich in der Abbildung links weiß markiert. Lassen Sie Ihr Auge über die Linie der Dächer links und rechts schweifen.

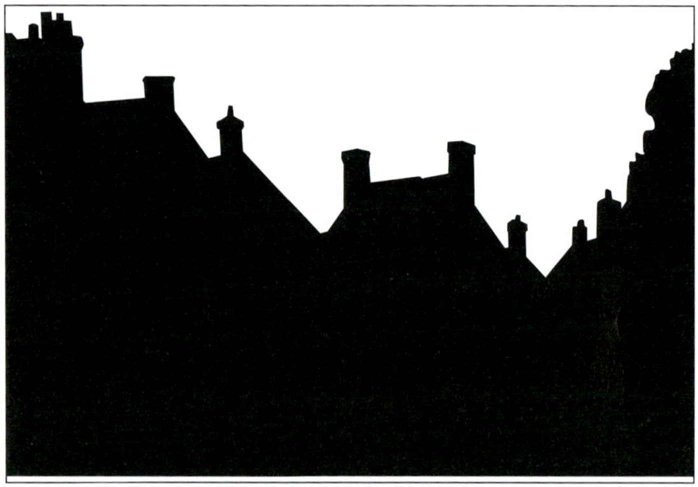

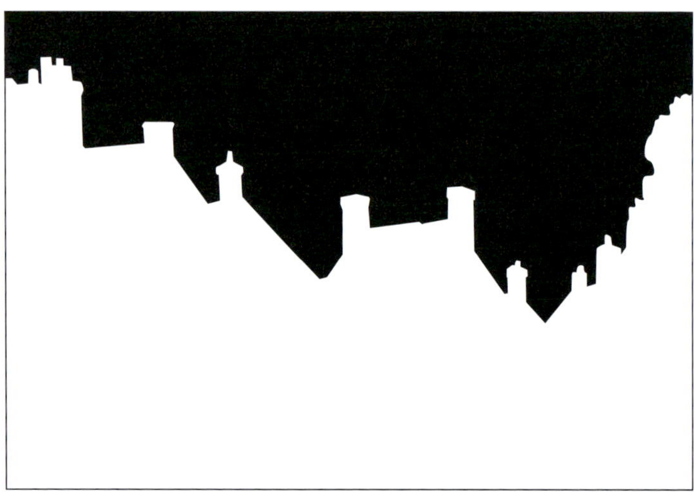

TIPPS

3

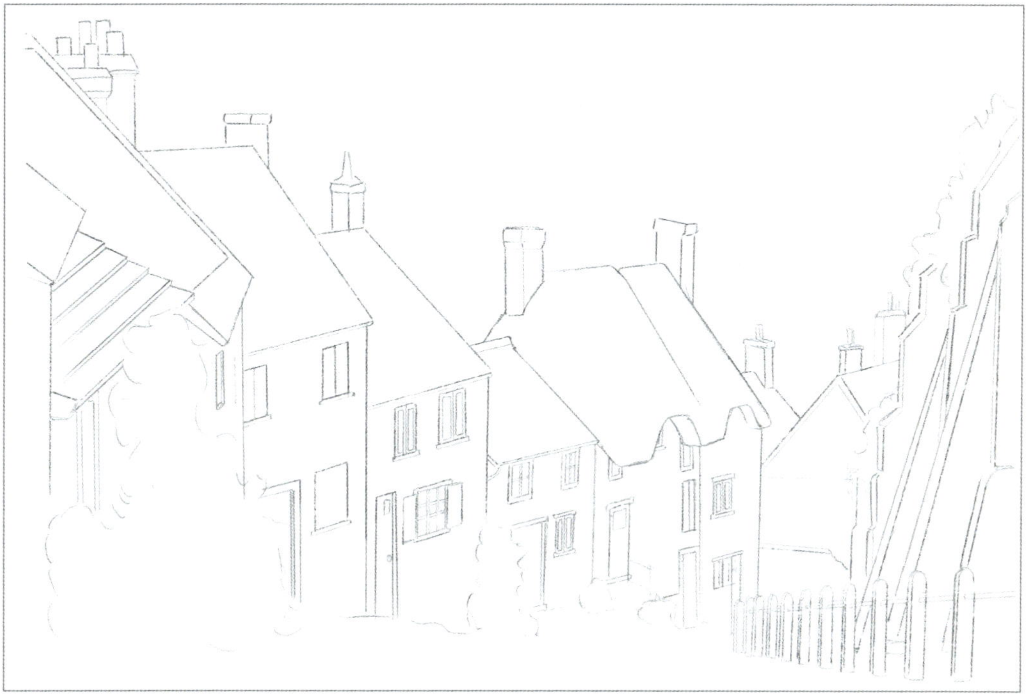

Sobald Sie die Grundelemente richtig übertragen haben, zeichnen Sie aus dem Stegreif weiter. Wählen Sie einen spitzen 4H-Bleistift, und zeichnen Sie die restlichen Linien ein – versuchen Sie, sie möglichst gerade und prägnant zu halten. Hin und wieder werden Sie eine Linie begradigen oder neu zeichnen wollen – dafür nehmen Sie den Knetradiergummi. Setzen Sie auch die Rahmen und Sprossen der Fenster ein: Hier können Sie vereinfachen und nicht jede Kleinigkeiten festhalten.

Bei den Dächern wirken die einzelnen Bestandteile dagegen belebend – zeichnen Sie diese möglichst wie in der Vorlage und vervollständigen Sie auch die Stützmauern und die Zaunelemente auf der rechten Seite.

Den Platz, den das Umland einnehmen wird, lassen Sie noch weiß.

Nicht nervös werden, wenn das Motiv zwischendurch etwas uneinheitlich wirkt: Mit dem Knetradiergummi etwas Grafit abnehmen, wo das Bild zu dunkel wirkt.

4

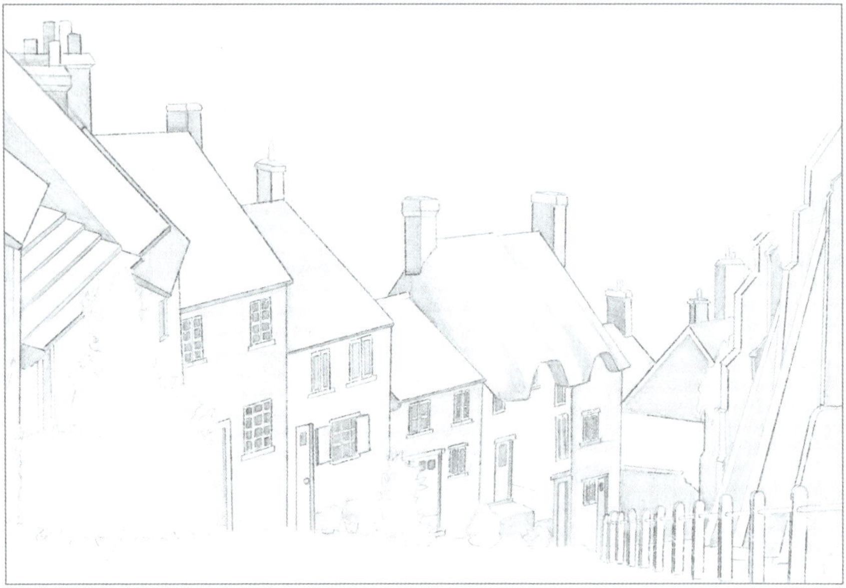

Eine erste hellgraue Grundierung mit dem 3B-Bleistift auf den Vordergrund auftragen. Lassen Sie dabei keine Fläche aus und drücken Sie bei den Elementen, die Sie dunkler darstellen möchten, stärker auf oder legen Sie mehrere Schichten grau übereinander. Wenn Sie beim Schraffieren die schon vorhandenen Umrisslinien überzeichnen, können Sie sie später wieder nachziehen. Auch jetzt noch bleibt der Hintergrund dagegen weiß.

## Dach

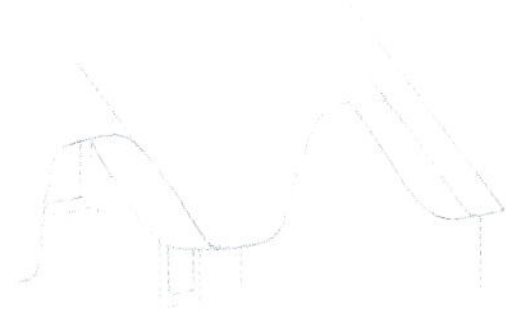

1 Mit einem H-Bleistift die Schrägen exakt und parallel einzeichnen. Die Rundungen dürfen etwas weicher und unregelmäßiger aussehen.

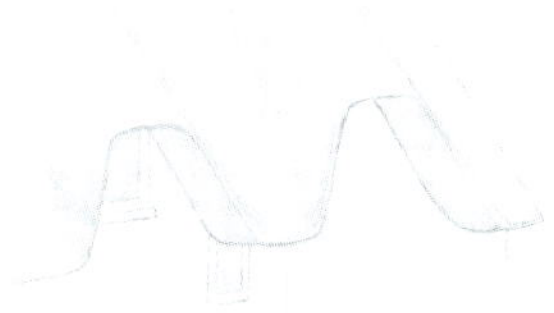

2 Mit leichten Kreuzschraffuren Schatten entstehen lassen, die weich wirken und eine organische Form haben. Die Fenster erhalten einen gleichmäßigen Grauton mit einem 2B-Stift.

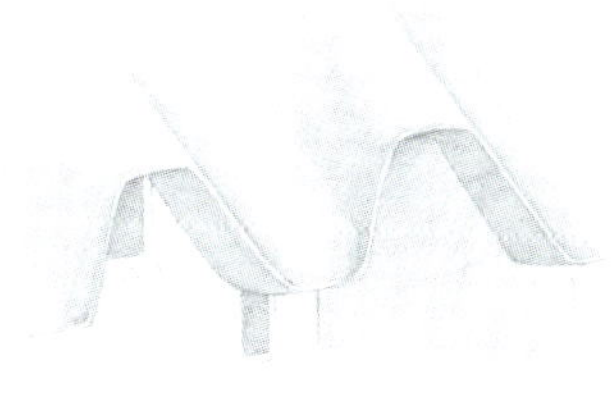

3 Mit Stiften in Härte 3H bis H immer neue Lagen von hellem Grau übereinander legen und dabei die Form des Daches immer weiter herausarbeiten. Dann erhält die angrenzende Hauswand eine mittelgraue Schicht in Kreuzschraffur.

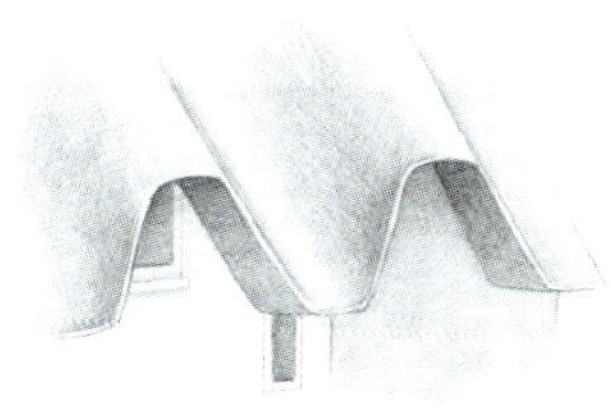

4 Diese Hauswand erhält nun ebenfalls einen feinen Schatten. Die Fensterscheiben kräftiger grau gestalten, ebenso Details wie die Regenrinne. So entsteht ein weites Feld unterschiedlicher Grautöne – und viel subtile Dynamik.

Das Bild lebt von der genauen Darstellung der Häuser und ihrer Dächer – nehmen Sie sich Zeit, die feinen Details sorgfältig zu gestalten.

Schreiben Sie Ihre Signatur an eine Stelle, an der sie gut sichtbar ist, aber nicht unangenehm auffällt.

TIPPS

5

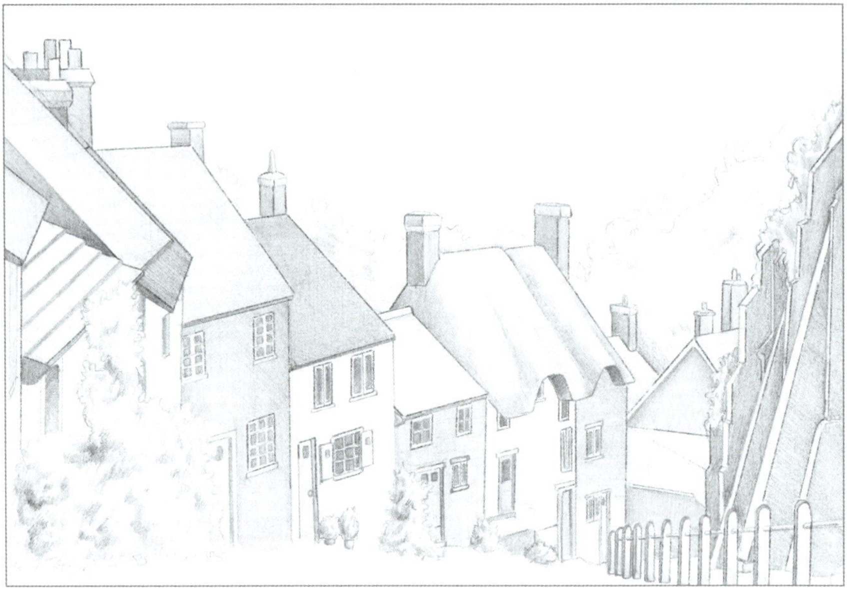

Nun ist es an der Zeit, Vorder- und Hintergrund des Bildes aneinander anzunähern: Mit dem H-Bleistift den Hintergrund mit ersten sehr leichten Schraffuren in hellem Grau abtönen und dabei die ersten Strukturen einzeichnen: Hügel, Buschwerk, Himmel und Bäume am Stadtrand. Während Sie diese Grundschraffuren allmählich weiter ausarbeiten, orientieren Sie sich an den Fenstern und Türrahmen – sie sind die dunkelsten Elemente des gesamten Motivs und sollen es auch bleiben.

Die Dächer der Häuser erhalten jeweils einen eigenen Grauton, damit man jedes Dach gut vom anderen unterscheiden kann. Achtung: Nehmen Sie besser verschiedene Bleistifte in unterschiedlicher Härte, als nur mit einem Stift immer stärker aufzudrücken. Immer neue Lagen von Schraffuren auf derselben Stelle führen nur dazu, dass sich das Papier wellt oder sogar einreißt: Jeder Härtegrad erzeugt einen anderen Grauton.

Jetzt ist der Zeitpunkt gekommen, um alle restlichen Elemente ins Bild einzufügen. Starten Sie mit dem Grashang links im Vordergrund – das Buschwerk vorne links etwas dunkler abstufen als das Gras. Dann die Bäume, die hinter den Dächern sichtbar sind, in leichtem Mittelgrau ausformen und das Buschwerk der Hügel im Farbton in etwa angleichen.

6

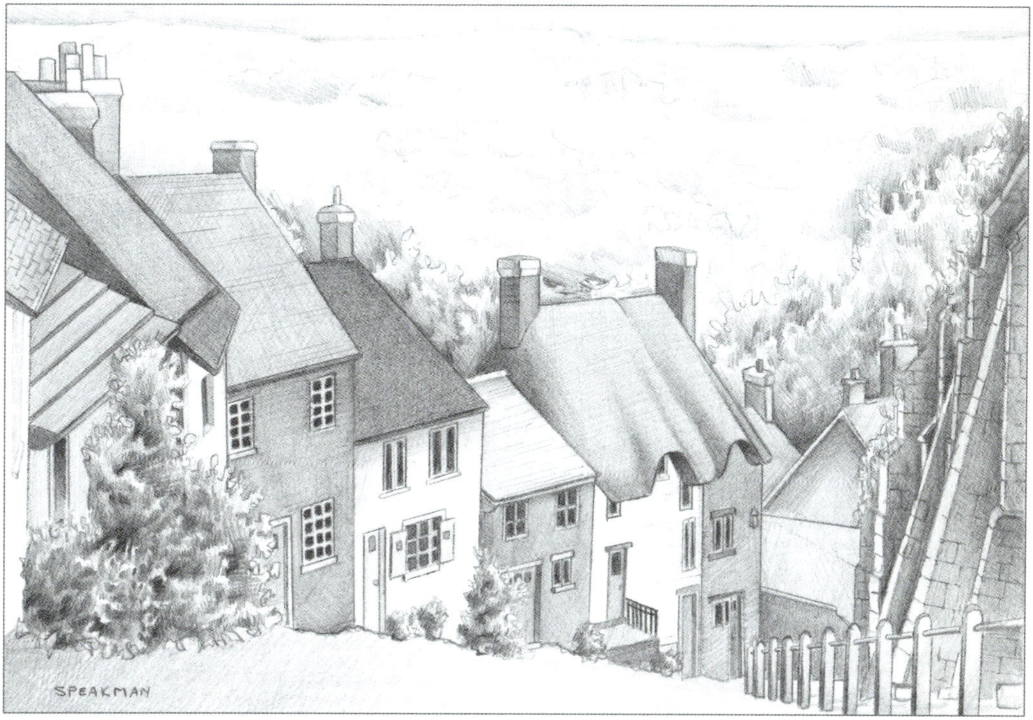


Zum Schluss die Einzelheiten überarbeiten, die dem Bild seine Spannung verleihen: Jedes Dach sollte einen einheitlichen Grauton haben, in dem es sich von allen anderen unterscheidet. Beim Dach vorne links einzelne Dachziegel einzeichnen, denn das Dach liegt dem Betrachter am nächsten. Dann alle Kanten kontrollieren – keine sollte beim Schraffieren überzeichnet worden sein.

Im Vordergrund noch eine Schicht Grau auf die Pflanzen geben und das Laub lebhaft strukturieren. Den Hintergrund etwas mehr ausgestalten, und den Himmel von leichtem Dunkel – direkt über dem Hügelkamm – bis Hell am oberen Bildrand abtönen.

# Die **KUNST** des ZEICHNENS

Werden Sie zum Zeichen-Profi mit Grundlagen- und Übungsbüchern aus der Reihe der großen Zeichenschule.

Die erfolgreichen Bücher zum Thema Zeichnen lernen online entdecken unter *www.die-kunst-des-zeichnens.de*

#dieKunstdesZeichnens

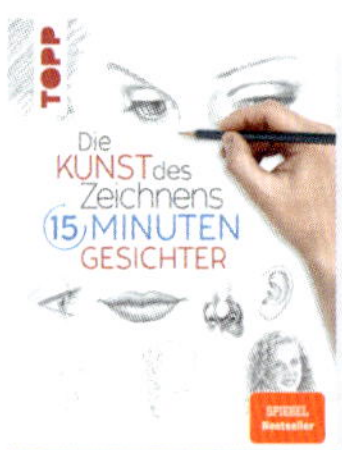

ISBN 978-3-7724-4770-9

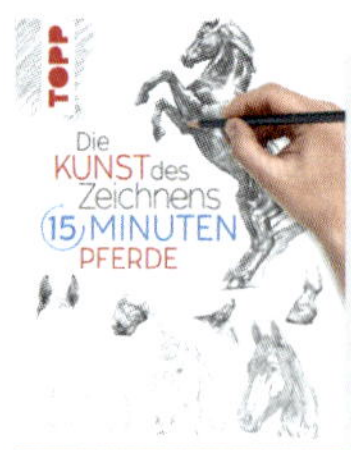

ISBN 978-3-7724-4771-6

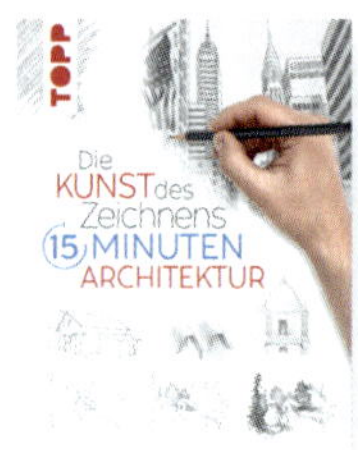

ISBN 978-3-7724-4772-3

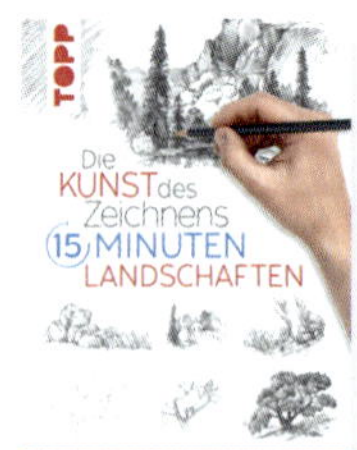

ISBN 978-3-7724-4773-0

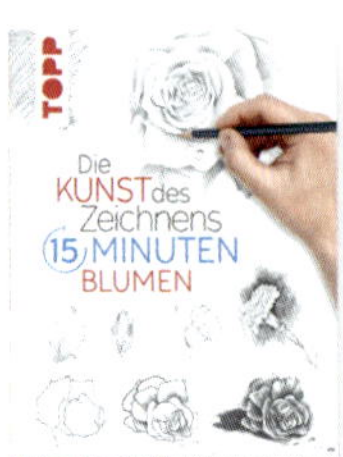

ISBN 978-3-7724-4774-7

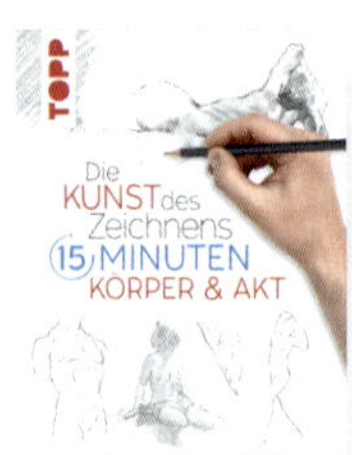

ISBN 978-3-7724-8277-9

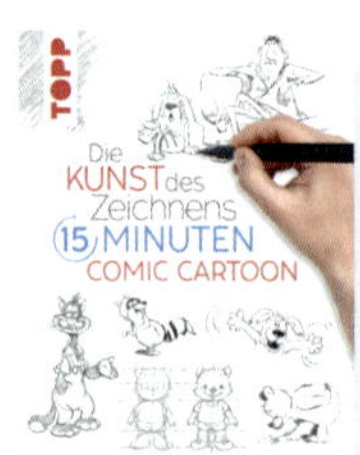

ISBN 978-3-7358-8036-9

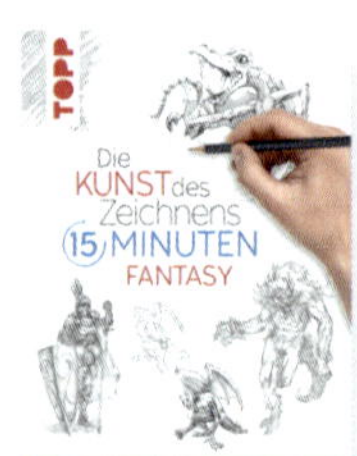

ISBN 978-3-7358-8091-8

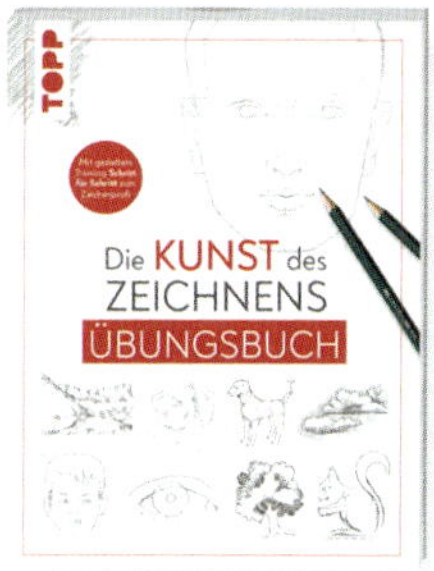

ISBN 978-3-7724-4760-0

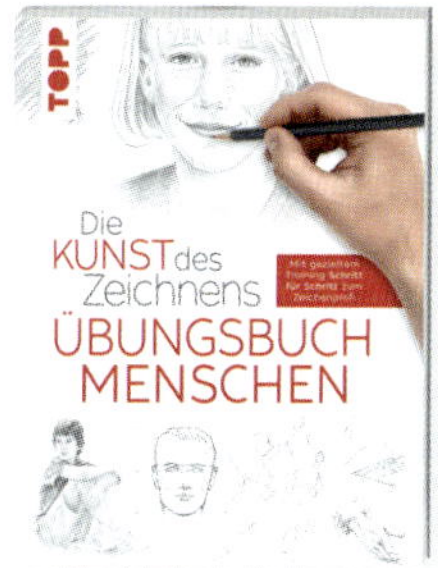

ISBN 978-3-7724-4761-7

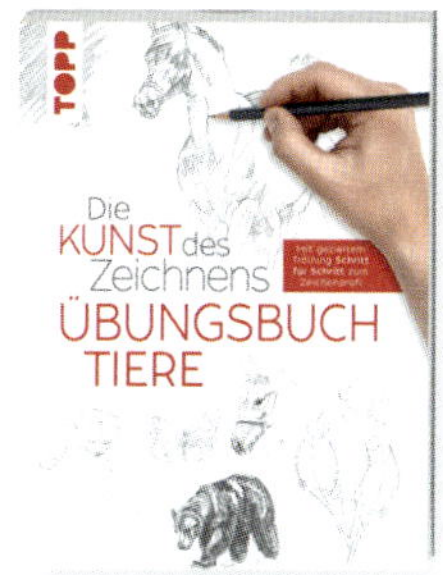

ISBN 978-3-7724-4762-4

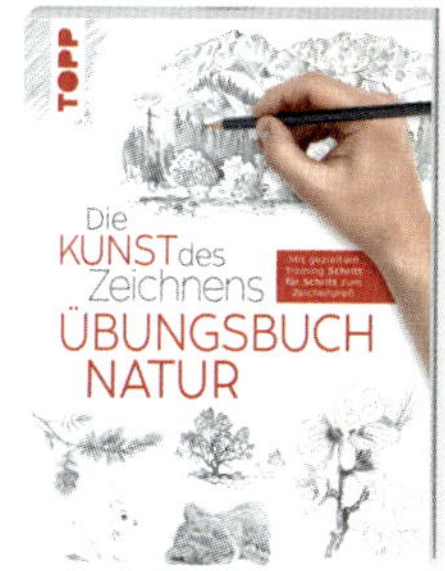

ISBN 978-3-7724-4763-1

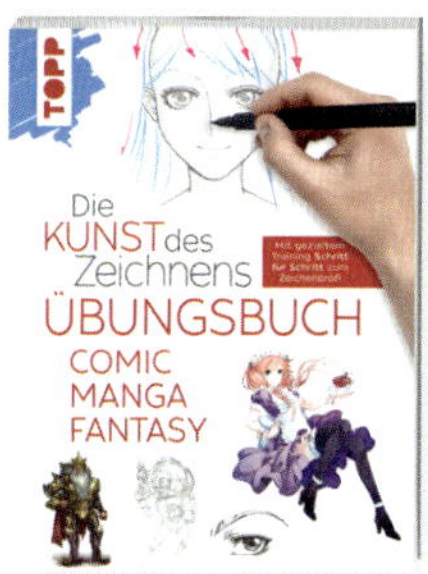

ISBN 978-3-7724-4765-5

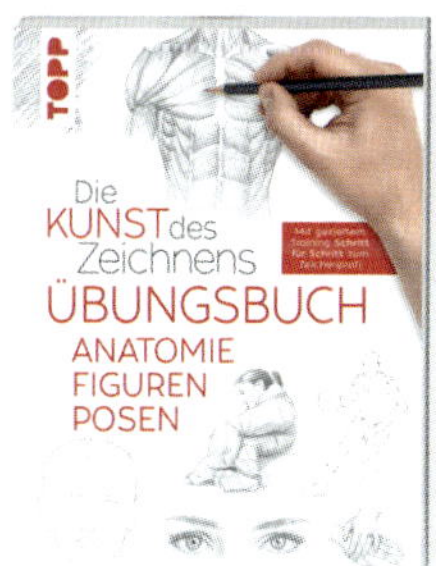

ISBN 978-3-7724-4767-9

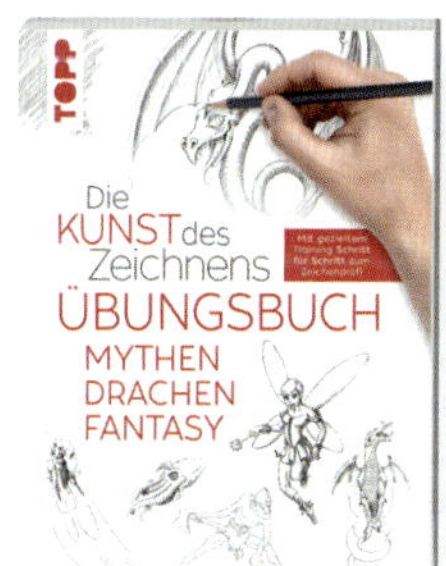

ISBN 978-3-7724-4768-6

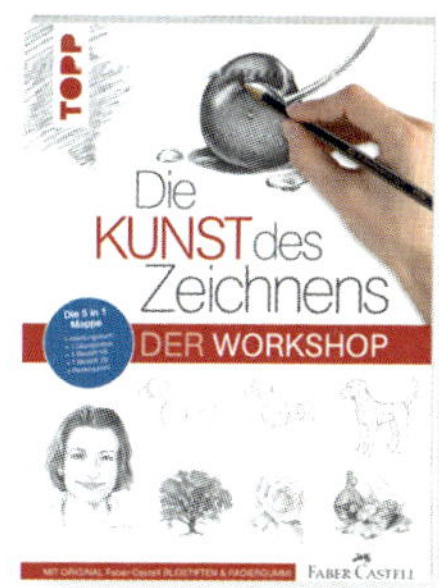

ISBN 978-3-7724-8259-5

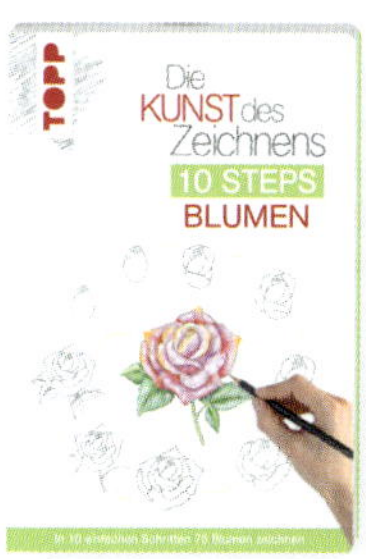

ISBN 978-3-7724-8390-5

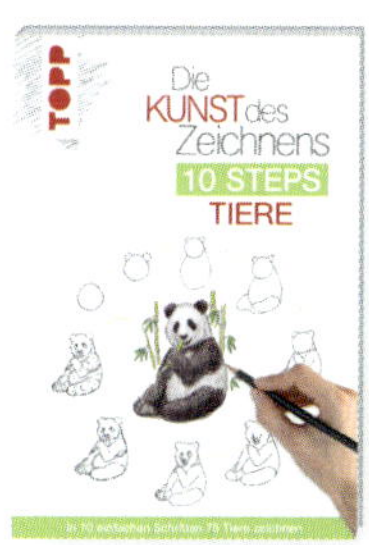

ISBN 978-3-7724-8391-2

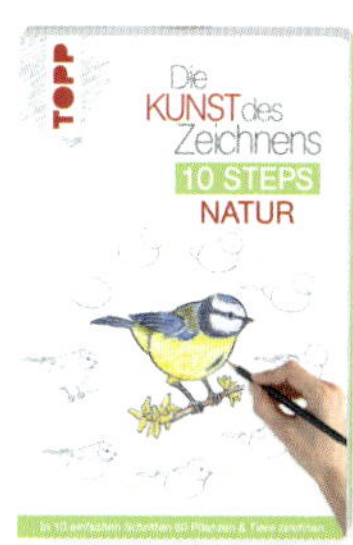

ISBN 978-3-7724-8392-9

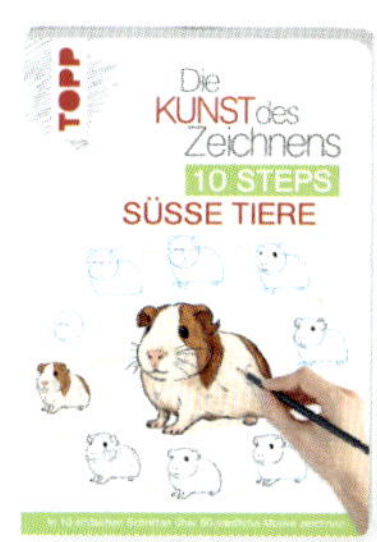

ISBN 978-3-7358-8103-8

FOTOS INNENTEIL: Walter Foster Publishing, Inc.

KONZEPTION: Hannelore Irmer-Romeo

LEKTORAT: Seline Gwinn

ÜBERSETZUNG: Verena Zemme, Miesbach; Wiebke Krabbe, Damlos

SATZ: Eva Hook

DRUCK UND BINDUNG: DZS Grafik, Slowenien

MIX
Papier | Fördert gute Waldnutzung
FSC® C106600

Penguin Random House Verlagsgruppe
FSC® N001967



9. Auflage 2024

ISBN 978-3-7724-8278-6 Best.-Nr. 8278